정전의 해부

정전현상 · 정전논쟁 · 정전이론

건지학술총서

07

A n a t o m y o f C a n o n

정전의 해부

정전현상·정전논쟁·정전이론

고규진

전북대학교출판문화원

서문

고전으로 여겨지는 문학작품 내지는 문학정전의 현재적 의미에 대한 관심은 이미 오래전부터 시작되었다. 서구의 온갖 현란한 문학이론을 가르치는 것이 재미나던 시절, 그 현학적인 강의의 지적 유희에 가담하여 스스로 "걸어 다니는 도서관"이 되고 싶어 했던 1990년대 초중반 학번 학생들이 졸업한 다음부터라고 생각한다. 문학이론 강의에서는 언제나 "위대한" 고전이 동원되었고, 독문학을 전공하면서 『파우스트』를 읽지도 않았냐고 꾸중 듣던 학생들은 종강모임 자리에서나마 졸업 전에 꼭 읽어보겠노라고 수줍게 다짐하곤 했다. 나는 그래야 인본주의적 인간이 될 수 있다고 격려하며 술잔을 채워주곤 했었다. 이 책을 탈고하는 지금 그때의 학생들이 보고 싶다.

그 당시에 이미 나의 서양문학이론과 독일문학 강의도－나의 시니컬한 말놀이에 따르자면－"수입학문의 르네상스시대" 덕분에 조금이나마 관심을 끌었던 것은 아닌지 가슴 한 구석에 찔리는 느낌이 있었다. 200년 이상의 서양 근대를 50년 만에 압축해서 간접 경험해야 했던 우리 사회에서 외국학문의 수입상들이 호황을 누린 것은 사실이다. 그러면서 근대의 이념은 포스트모던의 가치에 자리를 내주었고, 나의 서양문학이론 강의는 근근이 맥을 이어가다가 결국 스스로 간판을 내렸으며, 독일소설 강의계획서도 괴테의 『빌헬름 마이스터의 수업시대』나 『친화력』처럼 고전적 낭만성을 지닌 작품 대신 점차 문제작으로 불리는 동시대 작품으로 채워졌다. 그때는 또한 신입생 면접 때 "『파우스트』를 읽었는가?"가 "『파우스트』라는 작품의 이름을 들어보았는가?"로, "괴테를 아는가?"라는 질문이 제발 독일작가 중에 아는 사람 이름 하나라도 대보라는 통사정으로 바뀌어가던 시절이었다. 그러나 학생들의 무지에 대한 교수들의 한탄이 입시교육에 시달린 학생들 잘못은 아니었다. 독일 대학 독문과 학생들도 대학에 들어와 비로소 괴테를 알게 되는 시대라는 것을 교수들이 몰랐던 것이 더 큰 문제였다.

문학정전교육의 정합성, 문학교육의 수월성에 대한 고민은 "왜 요즘 학생들은 훌륭한 고전문학을 읽지 않지?"에서 "요즘 학생들의 관심과 기대에 부응하는 문학텍스트는 무엇일까?"로 옮겨갔고, 그때부터 우리 시대에도 "위대한" 문학텍스트가 여전히 최고의 교양수단이자 교육목표가 될 수 있는지 성찰해보고자 했다. 여전히 나는 이론의 수입상이어서 사회학자 게르하르트 슐체의 『체험사회』 같은 책을 통해서야 비로소 젊은 세대들이 고전문학 독서를 기피하고 힘들어하는 글로벌한 현상을 조금이나마 이해하며 씁쓸한 기분이 들었지만 그럴수록 연구하는 재미는 있었다. 마침내 정전현상을 주제로 삼은 논문이 한두 편 늘면서 단행본이 구상되었고, 그중 몇 편은 약간의 수정을 거쳐 이 책에 다시 수록했다. 유럽적 교양시민사회와 인문적 교양가치인 정전의 시대가 종말을 고할 거라고는 결코 생각하지 않지만, 내가 소속된 독어독문학과의 명칭은 "인문역량강화"라는 애매한 목적으로 포장된 교육부 주관사업 덕분에 얼마 전부터 독일학과로 불린다. 꼭 의도한 것은 아니었지만 어떻게 보면 이 책이 시민사회 전통의 문학관과 신자유주의적 대중사회의 불화에 대한 해독서로 읽힐 수도 있겠다 싶다.

이 책이 나오기까지 토막토막 쓰인 글들을 수업자료로 읽으며 토론에 참여한 우리 학과 학생들과 독일어 개념어 번역에 함께 고민해준 양유정 선생님에게 고마움을 전한다. 기록적인 올 여름 폭염에서 잠시나마 탈출하고 싶었던 소망을 접어준 가족도 모두 고맙다.

2016. 9.

磊川里 農家에서 고 규 진

목차

V. 현대사회의 정전현상과 가치평가

VI. 정전교육현장

들어가며

정전과 정전연구

정전이라는 문화현상에 대한 관심이 근래에 들어 일반화되었다. 문학연구에서뿐만 아니라 예술사, 음악학, 영화학 등에서도 정전은 매우 시의적인 연구주제로 부상했고, 그 결과 정전이라는 개념이 고전이나 대작 같은 전통적인 학문용어를 대체하는 듯이 보인다. 정전, 정전화, 정전형성이라는 용어는 여러 분과학문에서 특정한 관점을 성스럽고 구속력 있고 모범적이라고 확정하는 과정에서 쓰이며, 정전은 정전을 통해서 사회적인 가치와 의미를 구성하고자 할 때 생긴다. 정전형성과 정전화는 사회나 문화의 발전과정에서 하나의 집단－대개 정치적·문화적 엘리트－이 특정 텍스트를 선택하여 의미 깊고 가치 있는 전통으로 전승하는 문화적 조치의 결과이다. 좀 더 구체적으로 설명하자면 정전은 정전을 통해서 사회적인 가치와 의미를 구성하고자 할 때 생긴다. 정전형성은 텍스트와 그 텍스트의 의미를 보호하는 제도에 의해 뒷받침된다. 개방적이고 변화 가능한 구성원리를 지닌 문학정전과 달리 종교경전에서는 구약성서 신명기 4장 2절 "내가 너희에게 명령하는 말을 너희는 가감하지 말고"의 말씀과 같이 어떤 것도 보태거나 빼서는 안 된다. 정전의 형성과정에서 주석자의 권능은 텍스트보호뿐만 아니라 텍스트를 삶으로 전화轉化시키는 것을 목표로 한다. 이러한 전화가 없다면 모든 정전은 기능을 상실한다. 정전형성은 따라서 종결된 과정이 아니라 지속적인 상징적 현재화를 필요로 한다(Korte 2002, 28f.).

예술사적 담론에서 정전은 1990년대부터 어떤 사회공동체에서 본보기로 여겨지고 특정한 가치표상을 대변하는 것으로 기억되는 예술작품이나 건축물에 대한 호칭으로 쓰이고 있다. 더욱이 오늘날 예술 개념이 점점 더 자유롭게 확대되고 예술생산방식이 급변하면서 예술에 대한 전통적인 학문의 범주는 수정되어야 할 필요성이 커졌고, 이에 비례하여 정전과 가치형성의 문제가 더 중요하게 다루어진다. 음악학에서도 정전에 대한 담론은 고전주의와 낭만주의 레퍼토리 외에도 새로운 음악형식과 비유럽의 음악, 대중음악 장르를 대상으로 확산되는 추세이며, 음악사서술은 정전담론의 관찰자로서 더 이상 인습적인 정전만을 재생산해서는 안 된다는 광범위한 합의에 도달해 있다. 영화학에서도 최고의 영화로 평가될 수 있는 기준에 대해 부단히 토론되는데, 전통적인 문학정전의 붕괴에 결정적인 역할을 한 영화가 우선 예술로 인정받기 위해서는 무엇보다 작가주의영화가 영화정전의 대상이 되어야 한다고 주장된다. 문학에서는 특히 고대 고전을 포함하여 모범이 되는 "위대한" 문학작품과 달리 문학정전은 언제나 변화과정에 맡겨진 사회적 합의의 산물로 이해되고, 정전이라는 용어에는 고전텍스트를 읽어야 할 의무감에서 해방되고자 하는 시대분위기도 편승되어 있다는 점에서 민주적인 합의가 내포되어 있다.

독일의 경우 문학연구에서 정전이 관심의 대상으로 떠오른 것은 지난 세기의 80년대 이후이지만, 그 근원은 전통적인 권위의 전복을 위해 60

년대 후반 이후 전개된 제반사회변혁운동 및 대학에서의 커리큘럼 개혁 요구와 맥을 같이한다.[1] 실천적 성격이 강했던 미국 학계에서의 정전비판과 정전수정도 상당한 충격으로 다가왔고, 구조주의 이후 포스트모더니즘에 이르기까지 다양한 문학이론이 등장하여 정전문학을 대표하는 소위 고전적 텍스트를 바라보는 시각도 다양해졌다. 여기서 정전수정이란 정전에 대한 반성과 문제제기 및 정전을 재구성하는 것을 말한다. 정전수정은 정전을 적대시하는 과정이 아니라 정전을 선언적으로 확정하는 것과 실제적으로 정전을 이용하는 것 사이의 간극을 없애는 데에 기여한다. 달라진 시대적 상황을 반영하여 정전전통을 수정함으로써 정전의 존재의미를 지켜주는 것이다(Korte 2002). 또한 "문학의 위기"와 맞물려

---

1 필자와 동료 독문학자가 공동 번역한 『기호와 문학: 문학의 기본 개념과 구조』의 저자인 위르겐 링크(Jürgen Link) 교수는 한국어판 서문에서 자신의 학문이력은 1960년대까지 서독에서 찾아볼 수 없던 비판적인 문화과학적 방법에 대한 갈증과 이의 부재에 대한 불만에서 시작된 것임을 다음과 같이 지적하고 있다. "필자는 1960년대 초까지 대학 강의실에서 소쉬르, 야콥슨 또는 구조주의에 대해서 들어보지도 못했다! (...) 당시의 우리는 정신사적인 경향의 독점에 의해 기만당하고 피해를 받았다고 느꼈으며, 접할 수 있는 모든 비판적인 문화이론, 즉 구조주의, 기호학, 생성언어학, 시학, 문학사회학 그리고 문화유형학, 정신분석학, 담론이론, 소통이론 등을 외국으로부터, 특히 프랑스, 이탈리아 그리고 미국에서 수입하기 시작하였다."(링크 1994, v) 나치의 국가사회주의가 이데올로기 비판적 요소를 지닌 모든 이론들을 억압하고 추방했고, 그 결과 제2차 세계대전 종전 이후 독일 학계에서는 빌헬름 딜타이의 뒤를 이은 정신사적 경향이 절대적인 독점권을 행사했던 것이다. 그런데 격동기의 1970~1980년대에 한국에서 독어독문학을 전공한 대학생들도 대학생 시절의 링크 교수와 똑같은 욕구불만을 가졌을 것이다. 일제강점기에 일본에서 독문학을 배운 세대를 1세대라고 하면 1960년대에 독일에서 유학한 세대들은 2세대라고 할 수 있을 터인데, 대부분의 2세대 독문학자들은 이러한 독일의 학문풍토에서 공부했기 때문에 귀국 후 대학강단에서 정신사나 작품내재적 해석 같은 문학연구방법론에 적합한 작품 위주로 강의를 했고, 독일민족문학사를 장식하는 특정 작가와 작품에 대한 정신사적 해석을 통해 독일정신의 독특성 또는 위대성을 상찬해왔다. 엄밀하게 말하자면 우리나라에서 지배적인 독일문학에 대한 상(像)과 독일문학에 거는 기대는 이러한 일방적 수용 내지는 편식에서 비롯된 것이다.

신성처럼 등장한 문화학은 문학의 역사와 사회적 의미에 대한 스펙트럼을 넓히는 지평을 제공했고 이에 따라 "문화학으로서의 문예학" 또는 "문화학적 문예학"이 오늘날 독일 문학연구계의 방향전환을 주도하고 있다. 기억에 관한 연구는 문화학연구의 한 영역인데, 문학정전연구는 크게 보아 인류의 문화적 기억에 대한 연구라고 할 수 있다.

30년 넘게 정전에 대한 연구가 수행되면서 연구의 초점과 방향도 많은 변화를 겪게 되었는데, 초창기의 연구가 주로 권력의 심급이자 도구로서의 정전에 대한 비판에 쏠려 있었다면, 이후에는 정전현상의 역사적 맥락을 다각도로 규명하고자 하는 역사적 정전연구, 정전형성의 이데올로기적 성격, 정전형성에 대한 이론적 모델제시에 관심이 집중되었다. 반면 최근의 연구는 현대사회에 대한 제반이론을 바탕으로 정전문화의 가변적 특징이 문화사회학적인 측면에서 규명되는 한편, 다른 일각에서는 롤랑 바르트의 『텍스트의 즐거움』을 연상시키는 『정전의 즐거움』(Knoche, 2003) 같은 연구서의 제목이 상징적으로 보여주듯이 정전의 불가피성 내지는 정전의 복권 필요성이 다시 목소리를 얻고 있다. 후자의 경우에서는 정전을 새롭게 정립함으로써 문학의 공론장에서 영향력을 행사하고 경제적 이득까지 얻으려는 문학경영시스템의 보이지 않는 의도도 작용하고 있다. 현대사회의 매체들은 정전의 존재를 통해 커다란 이득을 누리는 분야이다. 신문과 잡지의 문예란 등은 정전의 존재와 정전형성을 위해 존재한다고 볼 수 있다(Neuhaus 2002, 20ff.).

몇몇 예를 들어보자. 독일의 유력지 『쥐트도이체 차이퉁Süddeutsche Zeitung』(이하 SZ로 표기함)은 2004년 3월부터 2005년 2월까지 매주 토요일마다 밀란 쿤데라의 『존재의 참을 수 없는 가벼움』을 필두로 20세기 소설과 노벨레 50권을 소개했고, 이것을 직영출판사에서 "SZ: 총서"

로 간행하여 자사의 온라인쇼핑몰을 비롯한 일반서점에서 매우 인기리에 판매했다. 이러한 호응에 힘입어 2005년에는 50권의 아동서적("SZ: 어린이 총서")과 100편의 영화("SZ: 시네마텍")가, 2006년에는 50권의 범죄소설("SZ: 범죄소설 총서")이, 2006년 9월 15일에는 유명 연극배우가 열 명의 작가의 작품을 21개의 CD에 녹음한 오디오북("SZ: 소설가 총서")이 연이어 시장에 선보였다. 나아가 2007년 4월에서 2008년 3월까지는 50권의 세계문학을 더해 마침내 2008년에 20세기의 위대한 소설 100권이 "SZ: 총서"로 확대 출판되었다. 이러한 총서 시리즈의 성공은 개개인이 문학텍스트를 선택할 때 거대 일간지의 문예란 기획기사가 매우 유용하고 편리하게 작용했다는 것을 증명한다. 독자들은 이 신문사의 권위에 기대어 "무지"에서 벗어나, 중요하지 않거나 "나쁜" 문학텍스트를 고르는 "실수"를 피할 수 있다고 생각했을 것이다. 선별된 텍스트는 SZ가 개별 텍스트의 판권을 가진 출판사의 협조를 얻어 어디서나 매우 저렴하고 쉽게 구입할 수 있었다.[2] 그런데 독자가 이 텍스트들을 선택할 때 누리는 편리함의 이면에서는 중요한 것을 읽지 않았다는 걱정 또는 읽었다는 안도감이 작용한다. 이러한 심리적 작용은 당연히 "SZ: 총서"의 권력이 불러일으키는 것이며, 그런 의미에서 선별된 리스트는 선택을 제한하는 권력이자 주관적 판단을 넘어서 규범적인 정전을 수용하라는 암묵적인 강요이다(Hermann 2007, 21f.). 중요한 것은 "SZ: 총서"의 경우 19세기까지의 전통적인 고전은 제외하고 20세기 소설작품으로 한정하여 변화된 시대의 문

2 2008년까지 집계에 의하면 2005년의 1차분 50권 "SZ: 총서"는 낱권 판매를 기준으로 총 1억 1,300만 권이 판매되어 엄청난 경제적 이득을 낳았다(http://www.dieterwunderlich.de/sz_bibliothek.htm(2016. 8. 6.).

학에 대한 규범을 반영하는 한편 이를 통해 정전수정의 중요한 선례를 제공했다는 것이다.[3]

문학전문가가 선택하지 않고 일반독자를 대상으로 문학텍스트에 대한 인기투표를 시행하여 정전을 구성한 사례도 흥미롭다. 독일의 체트데에프(ZDF) 방송은 "우리들의 최고의 것: 위대한 책읽기"라는 대규모 캠페인을 전개했는데, 이의 일환으로 2004년 7월 6일 여류작가이자 문학비평가인 엘케 하이덴라이히Elke Heidenreich가 진행하는 방송 〈책을 읽자!〉에서 한 시간 동안 이 캠페인이 소개되었다. 주된 내용은 독자들을 대상으로 시대와 작가의 출신지역에 구애받지 말고 세계 최고의 문학작품 50권을 선정하자는 것이었고, 설문조사를 위해 8,000여 공공도서관과 1만여 서점에 설문지가 비치되었다. 반향은 놀라웠다. 무려 25만 명이 자신이 좋아하는 책을 적어내어 50권의 책이 선정되었으며 51위에서 100위까지의 책도 발표되었다.[4] 1위는 『반지의 제왕』이, 2위는 성서가 차지했

---

3 우리나라에서는 1998년부터 세계문학전집 발간에 나선 민음사("세계문학전집", 2016년 6월 현재 344권)를 필두로 2000년대에는 문학동네("세계문학전집", 2016년 5월 현재 139권), 을유문화사("을유세계문학전집", 2016년 9월 현재 84권), 창작과비평사("창비세계문학", 2016년 8월 현재 49권) 등 내로라하는 출판사가 앞다투어 세계문학전집 시장에 뛰어들었다. 정전연구의 관점에서 긍정적으로 보자면 이러한 현상은 정전수정이나 재(再)정전화의 의지로 볼 수 있지만 각각의 출판사에서 전집으로 채택하는 기준이 과연 문학 고유의 보편적 특질과 엄격한 문학적 가치평가를 공통분모로 삼고 있는지는 연구대상이다. 또한 이러한 전집이 팔리는 이유가 중장년층의 교양욕구 때문인지 아니면 실전대비논술특강용 "서울대선정세계문학전집"(한국헤르만헤세, 총 100권) 같은 책보다 자녀에게 더 깊이 있는 독서를 권장하기 위한 것인지에 대해서도 실증적 연구가 필요할 것이다. 게다가 전 세계적으로 유례 없을 중복번역은 우리나라가 번역비평의 사각지대이고 번역료가 형편없이 싸기 때문에 가능한 일일 터인데, 문학중재제도의 단기적 이익과 관련된 전집발간 붐과 내실 있는 문학발전이 부합하는지도 의심스럽다.

4 체트데에프 편집진은 독자들이 참고할 수 있도록 미리 200권을 선정한 리스트를 제시했지만 설문참가자들이 여기에 구속될 필요는 없었다.

다. 우리에게도 잘 알려진 작품으로는 파트리크 쥐스킨트의 『향수』(4위), 생텍쥐페리의 『어린 왕자』(5위), 토마스 만의 『부덴브로크가의 사람들』(6위), 파울로 코엘료의 『연금술사』(8위), 『해리 포터와 현자의 돌』(9위)이 10위 안에 들었다. 영화화를 통해 우리나라에도 잘 알려진 베른하르트 슐링크의 『책 읽어주는 남자』는 14위, 괴테의 『파우스트』 1부는 15위, 제인 오스틴의 『오만과 편견』은 17위, 움베르트 에코의 『장미의 이름』은 19위, 독일 리얼리즘이 우리나라에서 그리 높게 평가받지 못했기 때문에 비교적 생소하지만 독일인들에게는 최고의 작가 중의 하나인 테오도어 폰타네Theodor Fontane의 『에피 브리스트』가 20위를 차지했다. 이 결과에서 가장 주목할 만한 것은 『반지의 제왕』 및 해리 포터 시리즈와 영화로 잘 알려진 최근문학에 대한 호감이다. 이것은 전통적으로 최고의 고전으로 불리는 작품의 유명세가 선호도조사에서는 절대적으로 작용하지 않았다는 것, 구체적으로 말하자면 문학전문가와 일반독자가 바라보는 문학의 규범성이 완전하게 일치하지 않는다는 것을 의미한다. 당연히 문학전문가와 문학전문가, 문학전문가와 일반독자 간은 물론이고 일반독자들 사이에서도 그룹, 계층, 일상미학에 대한 취향에 따라 문학을 바라보는 기준은 서로 다를 것이다. 이렇게 상이한 문학에 대한 평가기준은 새로운 정전과 옛 정전을 구별하는 데에 일조하며, 새로운 정전의 형성과정에는 옛 정전에 대한 비판의 흔적들이 담겨 있다고 가정할 수 있다. 지배문화에 대한 논쟁이 보여주듯이 정전이 강한 구속력을 갖게 되면 더 이상 다수의 지지를 받을 수 없다. 두 가지 사례에서 보이는 정전수정은 그러나 문학을 판단하는 가치척도를 반영했다기보다는 추천의 성격이 강하기 때문에, 굳이 의미를 찾자면 독자의 일차적인 선택과 문화변동의 기반으로 작용한다는 것이다. 그러나 개인적인 선택과 문학에 대한 판단은 이러한 문화적 기반 위에서 비로소 가능하기 때문에 이러한 결과를 과소평가할 수 없다.

특정 문학작품에 대한 선호는 시대적 현상의 반영이자 세대 간 차이의 표현이다. 정전의 복권에도 이러한 전제가 영향을 끼친다. 독일 중등학교와 대학교에서 제공되는 권장도서목록을 둘러싼 토론의 핵심은 고전텍스트의 의무적인 독서에 대한 찬반논쟁이었다. 학생들의 눈높이에 맞는 문학작품의 선정을 위하여 우선 인습적인 "학교정전"의 정당성은 박탈되었고, 학생들의 연령에 따른 관심사에 부응하기 위해 가능하다면 학생들과 삶의 현실 간의 직접적인 관계를 주제화한 현대문학과 아동문학 또는 청소년문학이 독일어 교과과정에서 강화되었다. 반면 독일어수업을 인류의 정신적 문화유산과 자국의 전통문화를 전달하고 중재하는 수단으로 이해할 경우, 정전화된 문학작품 없이는 불가능하다는 견해도 다시 관철되는 양상이다.

초기 정전연구의 현황을 집대성한 독일연구재단 지원 독일독문학자대회(1996)의 논문집 제목 『정전·권력·문화: 미적 정전형성의 이론적·역사적·사회적 측면』(Heydebrand 1998)은 이미 문학정전의 이율배반적 성격을 보여주고 있다. 정전은 한편으로 의미를 통제하는 권력이지만 다른 한편에서는 의미를 부여하는 문화현상이다. 문학작품을 제한적으로 선택하는 것, 곧 정전은 문학에 대한 소통을 비로소 가능하게 하고 그럼으로써 문학적 문화에 대한 전제들을 창조한다. 정전비판의 입장에 서 있는 정전 작가와 작품에 대한 후기구조주의적 이론논쟁 역시 정전 없이는 불가능하다. 독일의 중등학교에서 전래의 독서의무규정과 독서목적을 규정한 내용이 상당 부분 변화되었지만 문학교수법논쟁을 통해 새로운 정전목록의 출현으로 이어졌다는 것도 같은 맥락에서 이해할 수 있다.

엄연한 현실로서 기능하는 정전의 의미와 존재방식은 우선 "내부정전"과 "외부정전"이라는 개념의 도입을 통해 진단해볼 수 있다. 내부정전은 작가들이 그들의 선배작가들과 벌이는 문학논쟁을 통해 전승되는 전통으로서 문학 내에서 자체적으로 형성되는 것이다. 그래서 내부정전은 정전에 대하여 갑론을박하는 대학의 이론에 의해 실질적인 영향을 받지 않으며, 염세적으로 문학적 가치의 붕괴를 한탄할 필요도 없다. 외부정전은 가치 있는 것으로 인정된 작품들이 문학전통을 보호하려는 기관들(학교, 대학, 문학비평가 등)에 의해 전수됨으로써 생긴다(Willems 2001, 229). 외부정전과 관련하여 최근의 정전연구에서 주목할 만한 논거는 정전현상이 억압적인 것이 아니라, 오히려 개인을 최고의 문학이라는 상징적 자본과 만나게 한다는 것이다. 문화의 가장 복합적 텍스트인 문학과 대면하는 기회를 가진 이들에게 문화적 전문지식을 갖게 해주고, 어떤 공동체에서 인정된 정전문학은 그 어느 것으로도 대체할 수 없는 지적·정서적 경험을 제공하기 때문이다. 그러나 이러한 논리가 정전현상을 설명할 때 충분치 않은 것은 그 배경에 시민문화 계승자인 문학제도 동업자들의 전통적 문학관과 인습적 사고 틀이 전제되어 있기 때문이다.

반면 경험적이고 실증적인 사회과학적 시각과 메타이론적인 문화사회학의 도움을 받을 수 있다면 정전현상의 과거와 현재 그리고 미래가 보다 객관적으로 관찰될 수 있을 것이다. 이집트 고고학자이자 문화인류학자 얀 아스만Jan Assmann과 영문학자 알라이다 아스만Aleida Assmann 부부의 문화적 기억 개념, 부르디외의 문화사회학, 우리 학계에서 활발하게 논의되지는 않지만 현대사회의 복잡다단한 현상을 사회체계이론으로 정립한 니클라스 루만Niklas Luhmann의 예술사회학이 여기에 해당한다. 정전논쟁과 정전연구에서 불가피한 통시적·공시적 시야를 확보하기 위한 착안점은 상당 부분 이러한 이론 틀에 기대어 있다. 이런 점에서 정전연구는 여러 분과학문의 자극을 통합하는 학제 간 연구이며, 정전의 문제를 광범위하게 기술記述하고 모델화하는 것을 목표로 삼고 있다.

반면 정전논쟁은 정전을 옹호하는 입장과 성상파괴주의적인 입장이 서로 규범적으로 충돌하며 전개된 것이다. 문학사적으로 보자면 근대문학이 출발한 200여 년 전부터 문학의 구조와 효능, 시대적 상황에 따르는 문화적·사회적 기능과 그것의 변화, 문학을 매개하는 제도의 역할 등은 문학을 둘러싸고 늘 공존하는 논쟁점이었다. 정전논쟁은 이러한 질문에 근원적으로 답하기 위해 수행되는 근대 문학정전 형성과정에 대한 일체의 논쟁을 포함한다. 19세기 초 민족문학의 형성기에 독일의 작가들을 고전작가로, 그들의 문학을 고전주의로 체계화하고자 했을 때 17세기 말에서 18세기 초에 벌어졌던 프랑스의 "고대와 근대 논쟁"의 연장선상에서 고대가 어느 정도까지 동시대의 문학과 예술의 전범이 될 수 있느냐를 놓고 벌어진 일련의 논쟁을 대표적인 정전논쟁으로 볼 수 있다. 이 논쟁에서는 민족의 고전작가를 옹립하는 것이 현실적으로 시급한 전통적 정전의 해체프로젝트인지, 아니면 실용적인 의미에서 공존해야 할 정전의 확장인지, 그렇지 않으면 전승된 가치에 대한 공격인지를 놓고 격돌했다. 오늘날에도 수긍할 만한 정전논쟁의 또 하나의 예는 라디오와 영화 등 새로운 매체의 영향력이 컸고 새로운 여성패션과 센세이셔널리즘에 정향된 보도 그리고 스포츠 신기록이 초미의 관심이던 바이마르공화국시대에 문학의 시의적 의미에 질문을 제기함으로써 벌어진 것이다. 이 당시 한 문학잡지의 설문조사에서 대부분의 작가들은 문화적 구속력에 구애받지 않고 자신이 좋아하고 관심 있는 것을 쓴다는 답을 내놓음으로써 문학정전의 의미를 상대화했다. 가장 최근의 예는 독일의 명망 있는 잡지 『디 차이트Die Zeit』가 1997년 "아직도 문학정전이 필요한가?"라는 설문조사를 통해 문학정전을 둘러싼 논쟁은 영원히 계속될 수밖에 없다는 결과를 가시적으로 도출한 것이다(Vgl. Korte 2002, 29).

이 책은 크게 다섯 개 장으로 나뉘어 있다. I장에서는 근대 이전까지 서양고전의 정전화 과정과 동기를 역사적으로 조망한 후 종교경전의 불멸하는 위상을 목표로 삼은 종교문학이 정전형성과정에서 배제될 수밖에 없었던 상황을 근대문학의 태동논리와 더불어 논구하고 있다. II장에서는 근대문학의 정전화과정에서 결정적인 추동력으로 작용한 자율미학의 탄생과정을 분석하고 있는데, 특히 독일의 미학에서는 남성성이 중요한 역할을 했다는 것이 핵심이다. 이와 같은 성차별로 인해 여성작가와 그들의 작품이 근대 이후 문학의 정전화과정에서 받은 불이익(3절)과 남성의 시혜로 가능했던 여성작가의 정전화(4절)를 주제로 삼아 역사적 정전형성연구의 본보기를 제시하고 있다. III장과 IV장은 독일 문예학계의 정전논쟁과 정전연구 현황을 본격적으로 소개하고 비판적으로 점검한 이론부분으로, 이 책이 이미 활발한 한국문학교육학계의 정전연구에 조금이나마 기여할 수 있다면 여기에서 논구되는 다양한 이론 덕분일 것이다. V장은 현대사회에서 정전이 형성되는 현상을 특히 문학제도라는 사회적 맥락에서 살펴보고 정전형성의 토대가 되는 문학에 대한 가치평가도 시대적 환경이나 중재기관에 의해 영향받는 상대적인 것임을 밝히는 한편, 현대사회에서는 독자 입장에서도 문학을 통해 기대하는 지평이 크게 변화되었다는 것을 전제로 정전과 일반독자가 추구하는 일상미학 간의 관계를 사회학이론의 도움으로 규명하고 있다(1절). 2절에서는 다양한 가치평가의 형태와 가치척도의 유형을 세밀하게 정리해보고자 했다.

3절은 오스트리아 출신 여성작가 엘프리데 옐리네크Elfriede Jelinek의 노벨문학상 수상을 둘러싸고 벌어진 독일문단에서의 논쟁을 가치평가문제와 관련하여 분석하면서 오늘날 문학은 무엇이고 무엇이어야 하는지 고민해본 내용이다. 마지막으로 VI장에서는 정전논쟁과 정전연구가 정전 교육현장인 중등학교와 대학교에서 어떻게 실천적으로 수용되(었)는지 독일과 미국을 대상으로 분석하고 있다.

여기서 다루고 있는 정전에 대한 상이한 접근방식과 대립적인 입장들은 정전형성과 문학의 가치평가와 관련된 다양한 현재의 쟁점들을 포괄하고 있다. 정전연구의 가장 최근의 관심은 몇 십 년에 걸친 역사적 정전 연구의 결과로 확인된 사실들이 과연 문학사서술에 생산적인 영향을 끼칠 수 있는지, 그래서 정전의 목록과 문학교육의 내용이 실질적으로 바뀔 수 있는지의 문제이다. 더 나아가 문학정전을 포함한 전통적인 시민적 교양정전이 아직 유효한 것인지,[5] 유효하다면 왜, 어떻게 유용한 것인지에 대해서도 본격적인 검토가 이루어져야 할 시점이라는 것은 분명하다. 이 책의 각각의 장은 현재의 정전연구에서 제기되어 있는 이러한 시의적 주제를 의식하여 배치되었다.

---

5 우리나라에서도 번역되어 많이 판매된 디트리히 슈바니츠Dietrich Schwanitz의 『교양: 사람이 알아야 할 모든 것』 같은 작업을 예로 들 수 있다.

I.

근대 이전의 정전현상

01 정전전통과 정전현상의 역사

1. 정전 개념의 유래

정전이라는 개념이 고대 이후 어떠한 과정을 거치며 형성되고 발전되었는지 되짚어보는 것은 이론적으로 매우 정당하고 의미 있는 일이다. 그것은 우선 고대의 여러 문화권에서 상이한 방식의 정전형성현상을 목격할 수 있기 때문인데, 구약성서의 글들을 모으고 편찬했던 과정은 정전화의 대표적인 예다. 하지만 더 근본적인 이유는 정전의 어원인 그리스어 κανών이 오늘날과 다른 뜻으로 고대 그리스 전역의 사유체계에서 아주 다양하게 사용되었기 때문이다. 정전이 미적인 면에서 규범적인 것으로 고착된 저자 내지 텍스트를 일컫는 의미로 가장 먼저 사용된 것은 그리스 연설가의 역사를 다룬 네덜란드 라이덴의 문헌학자 다비드 룬켄David Ruhnken의 『그리스 연설가의 역사』(1768)에서였다 (Huber-Rebenich 2013, 264).

κανών은 갈대처럼 긴 모양의 줄기가 있는 식물[1]이나 그 줄기로 만든 가느다란 대를 의미하는 셈어에서 받아들인 것이지만, 그리스인들은 이 단어를 그러한 식물을 이용하여 만들어진 여러 가지 도구를 지칭하는 데에 사용했다. 이 단어가 차용된 시기는 그리스가 셈족의 문화와 적극적으로 교류하던 기원전 8세기경으로 추정된다. 그리스어로 수용된 κανών이라는 단어는 널리 유포되면서 시간이 흐름에 따라 아주 많은 대상들을 지칭하는 데에 이용되었다. 식물의 줄기뿐만 아니라 목재, 금속, 돌 등을 원료로 하는 막대기 모양으로 곧은 온갖 종류의 물건들, 예를 들자면 저울대, 베틀의 축, 소가죽으로 만든 방패 안쪽의 손잡이 등이 그것이다.[2] 수공업 분야에서 κανών은 대개 수준기나 수평기를 의미했다. 간격이 서로 다른 눈금들을 새겨 넣을 수도 있었던 이 도구는 오늘날의 자처럼 정확한 길이를 측정할 수는 없었지만 길이 간의 비율을 결정하는 데에 유용했다. 폴리클레이토스가 〈도리포로스〉라는 자신의 조각상[3]을 삽화로 이용하여 인체 각 부분들의 올바른 수학적 비율을 제시한 저작의 제목을 『Κανών』으로 붙인 것도 이러한 맥락에서 이해할 수 있다. 대부분 분실되어 몇 안 되는 단편斷片으로만 남아 있는 폴리클레이토스의 『Κανών』에서는 인체의 치수와 비례관계를 표현하는 데에 유용한 극히 복잡한 균형체계가 문제시되고 있다. 여기서 아름다움은 신체 각 부분

---

1 학명이 Arundo donax인 이 식물은 키가 6미터까지 자라고, 줄기의 지름은 1~3.5센티미터 정도이다. 오늘날에도 열대지역과 아열대지역에 넓게 분포되어 있다.

2 『초기 그리스 서사시 사전』에 의하면 κανών은 『일리아스』에서 방패 안쪽의 손잡이라는 의미로 두 차례, 베틀의 축으로 한 차례 등장한다(Snell 1991, 1326).

3 〈창을 든 남자〉라고도 불리는 이 조각상은 대략 기원전 450~440년경의 작품으로 추정된다.

의 대칭에 있지만 그 대칭들은 정해진 치수를 통해 일률적으로 규격화되는 것은 아니고, 자세나 동작에 따라 늘 새롭게 균형이 맞추어질 수 있는 긴장관계 속에 존재한다(Dummer 2001, 10). 비율에 대한 표명이라는 점에서 『Κανών』은 동시대의 κανών과 동질선상에 있는데, 〈도리포로스〉를 통해 인체에 대한 하나의 전형을 제시하고자 했다는 점에서 폴리클레이토스의 이 개념은 모방하거나 추구할 만한 가치가 있는 척도라는 의미로 확장될 수 있었다(Moog-Grünewald 1997, vii). 이후 κανών은 문체론이나 법률서, 그리고 철학 중에서도 특히 윤리학영역에서 비유적으로 수용되었는데, 여기서 중요한 것은 그릇된 것으로부터 진실한 것을 구별하거나 특히 선한 것을 인식하는 데에 필요한 규준을 찾아내는 것이었다. 아리스토텔레스의 경우 모든 사물에서 진실한 것을 보는 것은 규준이 되는 덕을 찾는 것과 동일한 것으로 간주되었고, 에피쿠로스의 논리학에서 κανών은 물리학과 윤리학에서 인식 획득을 위한 근본적인 규칙들로 정의되었다. 철학을 한다는 것은 도량형의 원기原器와 비유될 수 있는 표준적인 척도를 연구하고 확정하는 것과 같은 일로 이해되었던 것이다(고규진 2012, 13).

로마제국 초기에서야 그 쓰임새를 찾아볼 수 있는 라틴어 canon은 아우구스투스 황제 때 수력 오르간의 소리를 조절하는 파이프 판이라는 기술용어로 사용된 적이 있었고, 그밖에도 행정용어에서는 정기적인 징세나 국가에 대한 기여금 정도의 뜻이었다. 언어의 규칙, 운율의 도식, 목록 같은 전이된 의미로 수용된 것은 4세기경 문법학자들에 의해서였다(Kramer 2000, 5). 그런데 기독교 저술가들이 정전이라는 어휘를 도입한 것도 4세기 이후로 추정된다. 처음 등장한 것은 후기 고대의 기독교 신학자 에우세비우스(263~339)가 쓴 교회사 관련 저술에서였는데, 여기서 정전은 교회에 의해 인정된 마태복음, 마가복음, 누가복음, 요한복음을 지칭했다. 이렇게 보면 기독교적 의미에서 정전은 폴리클레이토스나 고대 그리스 철학에서와 달리 모방을 위한 척도가 아니다. 신에 의해 영감을 받은 성스러운 글들은 그 자체로 완결된 것이어서 처음부터 모든 모방의 가능성이 배제되었던 것이다. 따라서 훗날 정전 개념이 기독교로부터 영향을 받았다면 전형이나 모범이라는 측면에서가 아니라 "신에 의해 영감을 받은 성스러운 글들의 목록" 같은 표현에서 보듯이 카탈로그나 리스트를 뜻하는 의미론적 측면에서였다.[4]

2. 고대

그리스에서 κανών이 오늘날과 같은 개념으로 사용된 것은 아니었지만 문학의 정전형성과 관계있는 것으로 볼 수 있는 현상, 즉 저자의 목록과 같은 형식을 통해 존재했다. 이 목록의 근원이 어떤 것인지 확정할 수는 없지만 적어도 이러한 목록이 꽤 오랜 동안의 가치평가의 산물이라는 것은 가정할 수 있다(Huber-Rebenich 2013, 264).

---

4 최근의 신학에서는 정전연구의 관점에서 기독교의 경전을 이해하고자 한다. 서기 300년경까지 초기 기독교시대에서는 기독교의 융성과 함께 진정으로 기독교적이고 교회적인 것이 무엇인지에 대한 논쟁이 있었고, 교회는 기독교의 교리뿐만 아니라 기독교적인 삶이 무엇인지에 대해 규범을 세워야할 필요성이 커졌다. 그래서 무엇이 기독교 신앙을 위한 내적 법칙이고 구속력 있는 규범인지를 강조하기 위해 정전 개념이 도입되어 교회에 의해 공표되고 설교에서 형상을 얻은 구속력 있는 진실이라는 의미로 사용되다가 4세기부터는 교회에 의해 승인된 특정한 사물(공회의 의결, 특정 교회에 속하는 성직자 목록 등)에 대한 지칭으로 확대되었다. 이러한 맥락에서 오늘날 성경전서로 불리는 39권의 신약성서와 27권의 정경목록, 즉 기독교 경전을 정전으로 불렀다는 것이다(Kramer 2000, 7f.).

먼저 호메로스가 가장 오래된 동시에 가장 중요한 문학작품의 작가라는 것은 일찍부터 모든 그리스인들의 확신이었다.[5] 그래서 『일리아스』와 『오디세이아』뿐만 아니라 모든 서사시 아니면 최소한 대부분의 서사시는 호메로스로 일컬어지는 한 시인의 작품으로 여겨졌다.[6] 이러한 상황에서 정전형성을 위한 최초의 노력을 읽어낼 수 있다는 것은 자명하다. 하지만 이때는 정말 호메로스의 작품인지를 밝혀내는 것이 우선적인 문제였거니와, 긴 시간이 흐르는 동안 『일리아스』와 『오디세이아』만 호메로스의 작품으로 간주되었다. 결과적으로 이 두 개의 서사시만 척도를 제공하는 전형으로 숭배될 수 있었다. "역사학의 아버지"로 불리는 헤로도토스(기원전 484?~430?)는 『일리아스』와 마찬가지로 트로이전쟁을 소재로 한 서사시 『키프리아』가 『일리아스』와 내용상 모순이라는 이유에서[7] 이것을 호메로스의 작품으로 인정하지 않았다. 이러한 일련의 역사적 정황은 정전형성에서 문학적 질이 일차적인 문제가 아니라는 점을 분

---

5 일곱 개의 도시가 맹인 음유시인 호메로스의 고향이라는 명예를 두고 서로 다투었다는 사실도 이를 반증한다.

6 호메로스는 서양의 최초의 시인 중의 하나로 『일리아스』와 『오디세이아』의 작가로 여겨지지만 그의 전기에 대해서는 확실하게 알려진 것이 없다. 출생지도, 출생년도와 사망년도도 불분명하다. 도대체 호메로스라는 인물이 실제로 존재했는지도 확실하지 않으며, 어느 시대에 살았는지도 논의가 분분하다. 기원전 5세기의 역사가 헤로도토스가 호메로스가 자신보다 400년 전의 인물이라고 주장한 것이 최초의 진술인데, 이렇게 보면 호메로스는 기원전 850년 전후에 살았던 셈이다. 오늘날 연구에서는 대개 호메로스가 만약 실제 인물이라면 기원전 8세기 후반이나 7세기 전반에 살았을 것으로 추정한다. 나아가 호메로스라는 이름은 구전된 전설을 글로 엮은 여러 사람들에 대한 총칭인지, 아니면 호메로스라는 인물이 구전된 『일리아스』와 『오디세이아』를 집대성한 유일한 저자인지도 논란의 대상인데, 이것을 고전문헌학에서는 "호메로스 문제"라고 부른다.

7 『일리아스』에서는 파리스와 헬레나가 오랜 표류 끝에 스파르타에서 트로이에 도착하지만 『키프리아』에서는 좋은 날씨에 사흘 동안 항해한 것으로 묘사되어 있다.

명히 보여준다. 그보다는 오히려 서사시를 역사의 원전으로 이용하여 역사적 사실에 신빙성을 부여하고자 했던 역사가가 호메로스라는 저자의 권위에 의지했고, 결과적으로 호메로스의 정전화를 촉진했다고 볼 수 있다(Kramer 2000, 11). 이러한 맥락에서 헤로도토스 이후의 세대에 『일리아스』와 『오디세이아』의 정전화가 가속된 것으로 여겨진다.

호메로스의 서사시가 작품의 특징을 통해 정전화의 길에 들어선 것은 아리스토텔레스에 의해서였다. 아리스토텔레스는 『시학』의 서사시 단원 앞부분(24장 1절)에서 서사시가 본질적으로는 비극과 같은 플롯과 양식 그리고 구성요소를 가져야 한다고 하면서 호메로스의 서사시를 이에 대한 좋은 본보기로 제시하고 다음과 같이 주장한다.

> 그 밖에도 서사시의 종류는 비극의 그것과 동일하지 않으면 안 된다. 즉 그것은 단순하든지, 복잡하든지, 성격적이든지, 파토스적이어야 한다. 또한 그 구성요소도 노래와 장경場景을 제외하고는 비극의 그것과 동일하지 않으면 안 된다. 서사시에도 급전과 발견과 파토스가 필요하기 때문이다. 그리고 사상과 조사措辭도 그 나름대로 훌륭해야 한다.
>
> 이러한 모든 요소들을 최초로 그리고 적절하게 사용한 시인은 호메로스이다. 그의 두 시는 각각 그 구성이 상이한데, 『일리아스』는 단순하고 파토스적이며, 『오디세이아』는 복잡하고 (이 시에는 도처에 발견이 있다) 성격적이다. 뿐만 아니라 이 두 시는 조사와 사상에 있어서도 다른 작품들을 모두 능가한다(아리스토텔레스 2002, 139).

『일리아스』와 『오디세이아』가 다른 모든 서사시보다 뛰어난 작품이라는 아리스토텔레스의 판단은 미적 우월성을 근거로 호메로스의 두 서사시가 정전화의 대상이라는 점을 처음으로 분명하게 선언한 것이나 다를 바 없었다. 훗날 누구도 여기에 의심을 품지 않았다. 두 서사시는 학교에서 읽기와 쓰기를 배우는 교재가 되었으며 끊임없이 인용의 출처로 이용되었다. 비유하자면 그리스인들에게 호메로스는 많은 점에서 근세 초기의 프로테스탄티즘사회에서 성서가 맡았던 역할을 수행했던 것인데, 학생들은 "호메로스는 인간이 아니라 신이다."[8]라는 구호 같은 문장을 받아 적으면서 신성한 시인의 존재를 체감할 수 있었다. 당연하지만 특정 텍스트의 정전화는 필수적으로 다른 작품의 배제를 전제로 한다. 아리스토텔레스는 『일리아스』와 『오디세이아』 외의 서사시에 대해서는 부정적인 견해만 표명했고, 이러한 서사시를 읽는 독자의 수도 계속 감소했다. 호메로스는 그리스 서사시에 대한 동의어가 되었으며, 『키프리아』를 비롯하여 트로이전쟁을 다룬 고대 그리스의 많은 서사시들은 모두 전통에서 사라졌다.

둘째, 문학장르 중에서는 비극이 이미 고전 고대부터 정전화의 대상이 되었다. 잘 알려져 있다시피 아리스토파네스(기원전 448?~380?)의 희극 『개구리들』에서는 아이스킬로스(기원전 525~456)와 소포클레스(기원전 496?~406) 그리고 에우리피데스(기원전 484?~406?)가 그리스 3대 비극작가로 호명되어 있다. 기원전 405년에 초연된 이 작품에서 1년 전에 죽은 소포클레스와 에우리피데스에 대해 이렇게 평가할 수 있었던 것은 이 세 명의 시인들만 아테네의 연극경연전통에서 이미 정전작가로 확정되어 비극을 대표해왔고, 기원전 4세기 초에 재공연을 법적으로 규정할 때 이들이 가장 우선적으로 선택되었다는 것을 짐작케 한다(Dihle 1991, 156). 아리스토파네스는 이 희극에서 당대의 생존 비극작가들을 조롱하면서

8 영국 옥스퍼드대학교 보들리도서관에 보관된 밀랍 칠판에 적혀 있는 내용이다.

이미 죽은 아이스킬로스와 한 해 전에 죽은 소포클레스, 에우리피데스를 "제대로 된 시인"으로 간주하고 있다. 세 사람 중 최고는 아이스킬로스이고, 그 다음은 소포클레스와 에우리피데스 순이다. 아리스토파네스는 에우리피데스마저도 조롱의 대상으로 삼았지만 이 세 사람 외의 시인들은 조롱의 가치도 없는 것으로 무시한다.

이런 점을 놓고 보면 그리스인들은 처음부터 당대의 문학생산보다는 지난 시대의 문학이 비교할 수 없을 정도로 더 위대했다는 확신을 가지고 있었던 것으로 보인다.[9] 그러나 기원전 3세기 이전까지 호메로스와 3대 비극시인의 정전화는 실제적인 사실로서 받아들일 수 있는 현상이었을 뿐, 결코 어떤 구체적인 심급이나 질적 기준을 끌어들여 수행된 선택은 아니었다. 의도적인 정전형성이라고 명명할 만한 현상은 알렉산드리아도서관과 더불어 비로소 대두되었다.

기원전 3세기 말에 이집트를 통치한 프톨레마이오스 1세가 학문적 목적과 정치적 세력 과시를 위한 문화정치의 일환으로 알렉산드리아에 도서관을 건립한 것[10]은 헬레니즘의 시작을 알리는 것인 만큼 정전 개념의 역사에서도 중요한 의미를 지닌다. 알렉산드리아도서관에 수집되고 소장된 장서 관리에 시원을 둔 문헌학이 생긴 이후 이 단어는 텍스트비평,

---

9 진보라는 의식에 완전히 사로잡혀 있는 근대 이후의 세계에서는 실감할 수 없지만 그리스인들은 역사의 진행을 기본적으로 데카당스라는 시각에서 바라보았다. 오비디우스가 『변신이야기』에서 묘사한 "네 개의 시대"가 "제1의 황금시대", "은의 시대", "청동의 시대", "철의 시대"인 것만 보아도 그리스인들이 옛 세계와 과거의 문학생산품을 현재에서는 도달 불가능한 것으로 보는 세계상을 유추할 수 있다.

10 알렉산드리아도서관을 계획한 왕이 프톨레마이오스 1세(기원전 367?~283, 기원전 305년부터 재임)인지 그의 후임 프톨레마이오스 2세(기원전 308~246, 기원전 285년부터 재임)인지는 확실치 않다.

문법, 언어학, 문학비평의 맥락에서 전형으로 통용될 수 있고 모방의 가치가 있는 저술가를 지칭하는 용어로 등장했기 때문이다. 개별 장르에서 최고의 대표자로 선택된 저자목록이 정전으로 지칭된 것이다.[11] 하지만 선택의 기준이 무엇이었는지는 전해지지 않는다. 다만 이러한 목록이 학자들에게는 연구영역을 제공했고 가르치는 사람들에게는 수업의 교재로 활용되었으며 시인들에게는 모방의 대상이 되었을 것으로 추측된다 (Dubielzig 2005, 514). 요컨대 이때 선택된 저자들은 계속해서 언어사용의 규범을 제공하는 기능을 수행했고 개별적인 장르와 이러한 장르의 양식에 대한 전형으로 이용된 것이다. 이러한 목록들은 그때마다 약간의 변화가 있었지만, 개별 정전목록들이 어느 시대의 산물인지는 정확하게 알려져 있지 않다. 현재까지 잘 알려진 정전목록에는 앞서 거론된 세 명의 비극작가 외에도 아홉 명의 서정시인[12]과 세 명의 약강격 시인[13] 그리고 열 명의 아티카 연설가[14]가 포함되어 있다. 이때 장르별로 최고의 저자목

---

11 예컨대 기원전 1세기에 그리스어로 집필활동을 한 로마의 연설가, 저술가, 역사가인 디오니시오스는 오늘날 『펠로폰네소스 전쟁사』로 잘 알려져 있는 기원전 4세기의 아테네 장군이자 역사가인 투키디데스를 역사서술의 정전으로, 기원전 5~4세기의 그리스 역사가인 리시아스를 아티카 그리스어 연설의 최고 정전으로 소개했다. 특히 1세기 중반에 활발했던 수사학운동에서 정전은 아티카양식의 문체를 주도하는 개념이 되었고, 리시아스 같은 모범적 인물을 모방하는 것이 규범으로까지 격상되었다.

12 아홉이라는 숫자는 예술을 관장하는 여신이 아홉 명이라는 데서 착안한 것으로 핀다르, 스테시코로스, 시모니데스, 알카이오스, 알크만, 사포, 바킬리데스, 이비코스, 아나크레온이 여기에 해당한다.

13 아르킬로코스, 시모니데스, 히포낙스를 일컫는데 키케로와 퀸틸리아누스는 이 중에서도 아르킬로코스를 최고로 보았다.

14 안티폰, 안도키데스, 리시아스, 이소크라테스, 이사이오스, 리쿠르고스, 데모스테네스, 아이스키네스, 히페레이데스, 데이나르코스를 말한다.

록을 작성하기 위해 모든 문헌을 일람하며 평가한 학자는 알렉산드리아 도서관의 책임자였던 비잔틴의 아리스토파네스(기원전 257?~180)와 그의 제자이자 후임인 아리스타르코스(기원전 217?~145)로 알려져 있다. 작가를 선별할 때 어떤 기준이 작용했을 걸로 추측되지만 구체적인 판단기준이 무엇이었는지는 알 수 없다. 다만 수사학수업의 교재로 사용하기 위해 연설가를 고를 때처럼 교육적 관점이 중요한 역할을 했을 것으로 추정되기 때문에 작품의 내용보다는 언어와 문체상의 기준이 더 중요하게 간주되었다고 할 수 있다. 하지만 기원전 2세기부터는 문학정전과 수사학정전의 차이가 점차 의미를 잃게 되었다. 모범적 가치가 있는 문헌들이 독서나 교양의 교재로서뿐만 아니라 학교교육에서 문어文語표현능력을 위한 전형으로 이용되었기 때문이다.[15]

주목할 만한 것은 유대교나 기독교와는 반대로 하나의 텍스트가 아니라 작가정전이 중요했다는 것이다. 종교에서는 단 하나의 구속력 있는 정전이 오랜 시간에 걸쳐 안정적으로 고착되는 것이 중요했던 반면, 이 작가정전에서는 어떤 텍스트가 포함되어야 하는지에 대해 어느 정도 개방적이었고 더욱이 새로운 저자를 포함시킬 수 있는 가능성이 있었다(Schmidt 1987, 248).[16] 이렇게 선택된 저자와 그의 텍스트는 이후 학문적

---

15 고대의 학교는 3단계로 구성되어 있었다. 첫째 단계 마기스터 루디(Magister Ludi)에서는 읽기와 쓰기, 둘째 단계 그라마티코스(Grammaticos)에서는 문학적 교양, 셋째 단계 레토르(Rhetor)에서는 연설의 규칙을 배웠는데, 매 단계 교육에서는 주어져 있는 모델을 모방하기의 원칙이 적용되어 암기가 가장 중요한 학습목표로 제시되어 있었다(Kramer 2000, 18).

16 문화적 기억이라는 개념을 토대로 정전연구에 커다란 영향을 끼친 얀 아스만은 일단 구술문화와 문자문화의 차이를 전제한 다음, 구술문화를 수용하는 문자문화의 태도에 따라 문화가 상이하게 발전한다는 것을 규명한 바 있다(J.Assamann 1992). 이스라엘

인 작업의 대상이 되었다. 계속 복제되고 인용되어 권위를 인정받았을 뿐만 아니라 주석작업을 통해 다양한 해석과 토론의 대상이 됨으로써 어느 정도까지는 전승이 보장된 것이다. 정전의 보호 및 관리라는 측면에서 볼 때 정전작가로 대접받은 시인들의 작품조차 일부만 전해지고 있는 헬레니즘 이전 시대와 확연한 차이를 보이는 것이다.[17]

로마시대의 문학과 문학언어는 초창기에는 그리스 정전을 그대로 수용했기 때문에 그리스의 전형에 상당히 의존하고 있지만 시의적인 경향에 따라 그리스 정전에 대해 상이한 입장을 보였다. 아우구스투스황제시대에 로마의 문학자들 사이에서 자의식이 고양되고 로마의 문학이 그리스의 전형과 동등한 가치를 지녔다는 자체평가와 더불어 로마의 시인들도 일종의 "자기정전화"를 통해 자발적으로 정전의 대열에 합류했다. 베르길리우스와 함께 흔히 로마의 3대 시인으로 불리는 호라티우스와 오비디우스가 여기에 해당한다. 근세까지 가장 잘 알려진 고대시인 중의 하나로 인문주의시대에 다각도로 수용되었던 호라티우스는 자신의 송가頌歌에서 간접적으로 이러한 소망을 피력했고, 오비디우스[18]는 49편의

에서 문자는 구술적인 말의 순간성과 대비되는 영원불변의 성스러움을 의미하지만 그리스에서 문자성은 처음부터 성서처럼 유일무이한 진리를 담보하는 것으로 받아들여지지 않았다. 요컨대 이스라엘은 문자문화와 종교적 전통을 통일적인 문화적 기억으로 흡수한 반면, 그리스에서 문자문화는 전통에 대한 토론과 전통의 분화를 이끄는 매개체로 작용했다(고규진 2012, 50~53쪽 참조).

17 비잔틴의 아리스토파네스에 의하면 소포클레스의 비극은 130편이지만 오늘날 7편만 전해지고 있다. 에우리피데스의 경우도 75편에 달한다고 하는데 오늘날 17편만 남아 있다.

18 잘 보존되어 내려온 오비디우스의 작품은 후기 고대에서는 별 주목을 받지 못했지만 중세와 바로크의 문학과 조형예술 그리고 음악에 엄청난 영향을 끼쳤고, 낭만주의시대에 침체를 겪은 후 19세기에 다시 부활하여 오늘날까지 서양의 문화적 기억에 깊이

시가 수록된 자신의 시집 『아모레스』의 여러 군데에서 훌륭한 시인목록에 자신의 이름을 끼워 넣었다(Huber-Rebenich 2013, 265). 소위 "아우구스투스 고전기" 이후 로마문인들의 자기정전화는 결과적으로 로마의 정전형성으로 이어졌는데, 근세까지 변함없이 유지된 정전작가는 시문학에서는 베르길리우스와 테렌티우스였고 산문 분야에서는 키케로[19]와 살루스티우스였다. 특히 베르길리우스는 라틴어교육에서 중요한 작가로 대접받았으며, 『일리아스』와 『오디세이아』의 신화모티브를 가공한 그의 장편 서사시 『아이네이스』는 로마제국의 건국신화가 되었다. 아우구스투스황제 이후의 고전 고대와 후기 고대에는 이들을 주축으로 특정 시기와 문체를 대표하는 더 많은 작가들이 정전목록에 포함되었는데, 앞서 언급했듯이 정전작가의 목록은 시대의 취향이나 사회적 필요성에 의해 조금씩 변했다.

로마의 정전화과정을 확연하게 보여주는 자료는 연설가이자 수사학자인 퀸틸리아누스의 『연설가 교육』이다. 그는 저술가를 서사시인 및 서정시인, 장면시인(드라마작가), 역사서술가, 연설가, 철학자 등 다섯 종류로 나누어 분류하고 있다. 또한 이 책의 제10권 『연설교본』에서 그는 모방하기 위한 목적에서 먼저 그리스의 저자를, 다음으로는 로마의 저자를 평가하면서 목록으로 제시하고 있다. "목록에 수용하기", "시인에 대한 재판관", "모범이 되는 작가로 편입 또는 배제" 같은 표현을 통해 퀸틸리

뿌리내려 있다. 『변신이야기』가 단적인 경우이다.

19 정치가, 연설가, 철학자로 잘 알려진 키케로는 문체의 모범으로 여겨진 작가로도 유명하다. 그의 작품은 훗날 라틴어 황금기에 모범적인 전형으로 모방의 대상이 되었다. 소위 키케로주의는 키케로의 언어를 모방하고 지혜와 능변의 결합으로 요약되는 키케로의 교양이상을 추종하는 것이다.

아누스는 정전작가의 선택이 판단의 일임을 분명히 밝히고 있는데, 연설가로서 그의 판단기준은 당연히 연설가 교육에 목표가 맞추어져 있었다(Huber-Rebenich 2013, 266).

3. 후기 고대와 중세

후기 고대[20]에서는 정전목록에서 중심적인 지위를 누렸던 저자들이 핵심적인 작가로 고착되었다. 교부敎父였던 히에로니무스(347?~419?)는 『콘트라 루피눔Contra Rufinum』이라는 저서에서 살루스티우스의 저서, 키케로의 연설, 테렌티우스의 희극, 시인 베르길리우스와 호라티우스 등등을 언급하면서 이들에 대해 특정인들이 쓴 유명한 주석註釋까지 읽기를 권장했다. 중심적인 저자와 더불어 그들의 주석가들의 이름까지 거명된 것이다.[21] 문법과 주해註解라는 보조학문을 통해 텍스트의 의미가 해명되는 텍스트의 저자들은 그만큼 핵심정전[22]의 작가로서 위상을 보장받

20 후기 고대는 막스 베버 이래로 보편화된 시대구분이지만 문화사학자 야콥 부르크하르트(Jacob Burckhardt)가 이미 1853년에 "후기 고대시대"라는 표현을 사용한 바 있다. 정확한 시대구분은 학계에서도 논란거리이지만 대개 284년 로마 황제 디오클레티안의 즉위에서부터 로마제국 서쪽에서 이탈리아의 마지막 황제가 물러난 476년까지를 후기 고대로 보는 시각이 우세하다.

21 주석과 더불어 텍스트해석을 위한 토대가 마련되지만, 다른 한편으로 주석은 텍스트 작업의 외연이 확장되는 것을 의미하기 때문에 텍스트의 중요도가 정해지고, 선택과 배제의 과정이 심화되는 것도 불가피했다. 그만큼 텍스트비평이 중요한 학문적 작업으로 등장하게 된 것이다(고규진 2012, 62쪽 이하).

22 핵심정전은 생명력이 긴 위대한 전통으로서 세계문학사적으로 가치를 인정받는 작가나 작품들을 말한다. 특히 고대 고전작가들이 핵심정전 피라미드의 최상위에 위치한다. 핵심정전이 불변하는 이유는 정전활동의 증폭효과 때문이다. 핵심정전은 권장도

을 수 있게 되었다. 실제로 이들은 근세에 이르기까지 자유교양학문[23]이라는 교육프로그램에서 문법 과목의 대상이 되었고, 그럼으로써 문학생산에도 지대한 영향을 끼쳤다. 또한 후기 고대의 정치적·사회적 격변기에서 로마의 교양정전과 독서정전[24]이 지속될 수 있었던 것은 정체성 형성이라는 효과와 함께 문화적인 연속성을 보장하는 수단이었기 때문이다(Herzog 1989, 12).

핵심적인 정전작가의 위상은 기독교시대가 시작되고 기독교제도가 교육을 관장하게 되었을 때도 계속해서 유지되었다. 정전작가의 텍스트가 수사학교육에 도움이 되었기 때문이다. 하지만 이때부터 이교도의 문헌은 성서 연구와 주해를 위해 필요한 언어능력과 방법론을 중재하기 위한 보조학문이 되었다. 또한 서사시라는 형태로 발현된 최초의 기독교문학 장르는 이교도문학을 넘어서는 것으로 평가되었으며, 이교도

서목록과 공연계획에 들어 있을 뿐만 아니라 학교를 통해 중재된다. 또한 서적시장에서 상이한 간행본으로 제공되고 많은 주석과 해석이 뒤따른다. 매체의 프로젝트(영화화, 다큐멘트, 비디오)에서도 고전작가는 집단적 기억문화의 기본요소로서 늘 주목의 대상이 된다. 독일 교양시민계급은 괴테, 실러와 같은 고전작가를 독일민족의 가장 고귀한 정신으로 수용하는 가운데 자신들을 독일민족의 합법적인 엘리트로 자처했다(Korte 2002, 34).

23 문법, 수사학, 변증법 또는 논리학, 산술, 음악, 기하, 천문학 등 일곱 개의 과목을 말한다. 직역하면 "자유 학예"라고 할 수 있다. "자유"라고 칭해진 것은 직업교육과 달리 자유 시민의 소양에 필요한 과목이라는 점을 강조하기 위해서였다. 7과목이 확고하게 정해진 것은 후기 고대의 아우구스투스황제에 의해서였다. 초기 중세 때는 신학연구를 위한 예비교양과목으로, 대학이 생긴 후로는 신학, 법학, 의학 공부의 준비단계였지만 점차 인문학부(Facultas Artium)로 독립하게 된다.

24 독서정전은 저자의 이름과 작품의 장르, 작품이 생산된 시대 등을 포함하고 있는 권장도서목록이다. 학교나 대학교에서 수업과 세미나를 위해 권장되고 제도적으로 성적과 연관시킬 수 있기 때문에 특히 효과적인 정전화의 매체라고 할 수 있다.

문학은 좋게 보자면 형식적인 측면에서만 기독교문학과 상호관계를 맺을 수 있었다. 기독교문학도 곧이어 이교도문학과 유사한 정전화의 길을 밟게 되어 성서서사시의 작가들이 핵심작가의 반열에 오르게 되었다 (Huber-Rebenich 2013, 266).

지금까지 볼 수 있었듯이 정전의 초기 역사에서는 여러 장르의 문학창작에 전형적이고 모범적인 가치를 가진 것으로 평가된 작가정전이 문제시되었고, 이들 작가 가운데 학교에서 교육의 대상이 되는 작가가 선정되었다. 이러한 작가들로부터 공적인 삶에 필요한 수사학적 능력을 배우고자 한 것이다. 지역적으로 차이는 있지만 대략 7~8세기부터 라틴어는 더 이상 어느 나라에서도 모국어로 사용되지 않았고 교양계층을 위한 제2의 언어가 되었다. 하지만 라틴어를 자유자재로 구사하는 것은 교회와 행정관청에서 성공할 수 있는 전제였다. 따라서 기초적인 라틴어 능력이 중요시되었으며, 결과적으로 문법이나 어휘를 다루는 교본도 학교의 정전으로 수용되었다. 이러한 체계에서 로마의 고전작가들이 어느 정도까지 대표성을 지니고 있었는지는 동시대 문사文士들이 자신의 독서경험을 메모한 형태로 남긴 저자목록이나 여러 작품에서 발췌한 내용을 엮은 책, 도서관의 카탈로그, 해당 작가에 대한 주석이나 주해를 보면 알 수 있다.

교양교육과 문학생산이 특히 수도원과 성당의 학교에서 행해진 9세기경 카롤링거왕조시대에 학교에서 교육 대상 작가들의 고정적인 목록이 존재하는지에 대해서는 논란이 있다. 분명한 것은 후기 고대에 비해 고전작가들이 덜 읽혔고 기독교 문헌보다 역할이 적었다는 것이다. 그럼에도 베르길리우스의 경우는 변함없이 대표적인 작가로 인정되었다 (Schindel 1983, 431). 전형적인 기독교작가들이 지배적인 시대였고, 따라서 이 시대의 산문양식도 키케로 같은 문사보다는 후기 고대의 교회작가인 히에로니무스나 아우구스티누스를 모범으로 삼았다(Fuhrmann 2006, 16).

10세기의 도서목록은 상당히 달라진 양상을 보여주고 있다. 고대의 이교도시인과 철학자들이 특히 프랑스와 독일의 성당학교와 수도원학교에서 행해진 문법수업에서 확고한 자리를 차지하고 있다. 이렇게 된 데에는 훗날 프랑스인 최초로 교황이 된 실베스테르 2세(946~1003)의 영향이 가장 컸다고 전해진다(Huber-Rebenich 2013, 267). 발터 폰 슈파이어Walter von Speyer(963~1027)[25]의 운문으로 된 저서 『리벨루스 스콜라스티쿠스Libellus Scolasticus』에서 거명된 시인들은 대체적으로 로마의 모범시인들의 목록과 일치한다. 호메로스, 마르티아누스 카펠라, 호라티우스, 페르시우스, 유니우스, 보에티우스, 스타티우스, 테렌티우스, 루카누스, 베르길리우스가 여기에 해당했다. 이 목록은 매우 규범적인 것으로 인정되어 훗날 계속해서 저자목록의 근간으로 작용했다(Curtius 1993, 58ff.). 이와는 반대로 카롤링거왕조시대의 목록에서 압도적이었던 기독교시인들은 거의 등장하지 않는다. 여기서 알 수 있는 것은 12세기 초까지 고대의 이교도작가와 기독교작가는 확실하게 정전으로 자리 잡은 반면, 중세문학은 계속해서 고려의 대상이 되지 않았다는 것이다.

중세의 정전에 대한 최초의 전체적인 개관은 12세기 초 독일의 베네딕트파 수도승 콘라트 폰 히르사우Konrad von Hirsau가 쓴 『작가들에 관한 문답(Dialogus super auctores)』을 통해 알 수 있다. 기초단계수업과 상급

25 시를 통해 알려진 후, 나중에는 슈파이어의 주교이자 오토 3세의 궁정신부로 활약한 인물이다.

자수업[26]을 위한 독서권장프로그램인 이 목록에서는 기독교작가와 이교도작가가 구별 없이 병렬되어 있지만 기독교작가가 압도적으로 많은 수를 차지하고 있다. 그러나 12세기가 지나는 동안 지식인과 문필가들의 자의식이 분명하게 형성되면서 동시대 저자의 몇몇 작품도 정전의 대상이 되었다.

14~15세기의 수업에서는 일종의 개요서 같은 교본이나 어휘집의 등장과 더불어 특정 작가들을 다루던 경향이 쇠퇴했지만, 이러한 책에서도 작가들은 문법현상이나 어휘의 전거로 활용되었다. 이러한 교본들의 일부는 중세 후기의 스콜라학파의 교재에 머무르지 않고 정전화되기도 했다. 이러한 발전경향은 커리큘럼을 명문화한 동시대의 신학교 규정을 보면 알 수 있다. 다소간 차이가 있긴 하지만 테렌티우스, 베르길리우스, 키케로, 살루스트 같은 고전작가와 유벤쿠스, 세둘리우스, 아라토르, 아비투스 같은 후기 고대의 성경서사시작가들이 이 시기에도 계속 정전작가 대열에 합류해 있었다. 이들을 제외한다면 중세에서 정전형성은 역동성과 개방성을 바탕으로 상이한 조합도 이루어지고 새로운 작가들도 수용되었다(Rippl/Winko 2013, 268). 전체적으로 조망해보자면 고대에서 중세 전성기까지 라틴어전통은 고전작가 및 고전시대와 안정된 연관관계를 발전시키지 못했다고 할 수 있다. 그럼에도 불구하고 다양한 작가들이 정전의 역동성을 통해 보전되었고, 이를 바탕으로 훗날 시대마다의 필요에 따라 얼마든지 새로운 선택을 할 수 있게 되었다.

---

26 상급자수업에서는 세둘리우스, 유벤쿠스, 프로스퍼, '테오둘', 아라토르, 프루덴티우스, 키케로, 살루스트, 보에티우스, 루카누스, 호라츠, 오비디우스, 유니우스, 호메로스, 페르시우스, 스타티우스, 베르길리우스 같은 저자들이 추천되어 있다.

4. 인본주의 이후

"근원으로(Ad fontes)!"라는 모토와 함께 시작된 르네상스시대의 초창기에는 고대의 라틴어작가에게 관심을 쏟았다. 하지만 콘스탄티노플의 몰락과 함께 서쪽으로 망명자들이 유입되면서 점차 그리스시대의 작가들이 주목을 받았다. 후기 고대의 이교도작가와 기독교작가가 모두 수용된 것이다. 인본주의자들이 중세를 인본주의나 고대와도 구별되는 독자적인 시대로 간주함에 따라 중세의 문학도 계속해서 잊혀갔고, 인본주의를 높게 평가하는 분위기가 조성되면서 동시대의 신新라틴어문학이 점점 더 인정을 받았다.

인본주의시대까지만 해도 정전은 선행한 모든 시대의 서로 다른 특징을 지닌 정전들의 연속체이자 복합체였다. 물론 이 과정에서도 불쾌하거나 부적당하게 여겨지는 작가들은 배제되었다. 하지만 인본주의에서는 전통의 전승이 모든 사람들에 의해 동일하게 수행되지 않게 됨에 따라 처음으로 전통과의 단절이라고 할 만한 현상이 대두되었다. 성향이 서로 다른 인문주의자들의 진영 내에서 전통적인 저작의 중요성이 서로 상이하게 평가되기 시작한 것이다. 예를 들자면 이탈리아의 법학자이자 인본주의자였던 시코 폴렌톤Sicco Polenton(1375~1447)의 문학사 『라틴어 유명작가(Scriptorum illustrium Latinae linguae libri) XVIII』에서는 좁은 의미의 고대작가가 본격적으로 다루어진 반면, 기독교작가와 신라틴어작가는 간단히 언급되거나 충분한 지면이 할애되지 않았고 중세는 아예 제외되었다. 1세기가 지난 후 나온 스칼리제로Giulio Cesare Scaligero(1484~1558)의 『시학(Poetices libri) VII』(1561)에서도 중세는 전혀 언급되지 않았다. 그는 자신이 다룬 작가들을 전성기와 쇠퇴기라는 기준에 따라 다섯 시대로 구분하여 배치하였는데, 아우구스투스시대와 신라틴어시대가 전성기로 분류되어 있다(Fuhrmann 1993, 391f.).

인본주의에서는 학자들의 문학사서술이나 문학비평에서뿐만 아니라 특히 인본주의 학교의 설립 및 교육과정과 관련하여 모범적 가치가 있는 작가에 대한 문제가 새롭게 대두되었다. 능동적인 언어습득과 인본주의 연구라는 틀에 적합한 독서를 제공하기 위해서였다. 스칼리제로에게는 항구적인 "핵심작가" 베르길리우스가 시문학의 유일한 모범이었던 반면, 소위 키케로학파에 속하는 학자들의 경우에는 언어교육과 관련하여 단 하나의 최고의 모범 즉 키케로를 통해 훌륭한 라틴어 산문문체를 배울 수 있다는 극단적인 입장을 취했다. 그러나 에라스무스는『키케로학파(Ciceronianus)』(1528)에서 이러한 평가를 반박하며 문체적· 내용적으로 본받을 가치가 있는 모든 시대의 작가들에 대한 개방적 태도를 요구했다.

인본주의 라틴어학교의 커리큘럼이나 대학, 특히 종교개혁시대에 생긴 대학의 예과나 인문학부의 도서목록에서는 우선적으로 기독교시대의 고대가 중요했지만 언어습득이라는 목표를 위해 기독교 이전 고대의 전범들도 의도적으로 선택되었다. 여기서 루터와 함께 종교개혁을 선도했던 독일의 인본주의자 필리프 멜란히톤Philipp Melanchthon(1497~1560)[27]의 작업은 동시대의 학교와 대학교 규정에 수용되었고, 학생들을 통

27 멜란히톤은 대학과 학교의 개혁 및 연구와 교육의 방향설정에 큰 이바지를 했기 때문에 "독일의 교사"로 불린다. 그는 무엇보다도 학생들의 언어표현능력을 중시했다. 비텐베르크대학 총장 시절에는 새로운 교육규정을 만들어 우선적으로 인문학부에 적용시켰는데, 이를 통해 인본주의적인 고전교육이 신학교육에도 필수적임을 강조한 것이다.

해 이후 세대로까지 이어졌다. 특히 그는 『연설의 기술(Encomion eloquentiae)』(1523)에서 학생들이 언어적·도덕적 전형성을 배워 익히기 위해서는 최고의 작가들을 모방해야 한다고 역설했다. 멜란히톤의 이러한 주장에는 분명 최고의 정전을 제도화해야 할 필요성이 깔려 있다고 볼 수 있는데, 그의 뜻은 거의 한 세대가 지난 1558년 제자였던 요하네스 슈티겔Johannes Stigel에 의해 예나대학 인문학부의 정관으로 실현되었다. 또한 『제1의 법(Prima lex)』에서는 최고의 교육목표인 기독교교리의 올바른 이해를 위해서는 언어능력의 함양이 강조된다. 예과에서 이러한 능력을 기르기 위해 그리스 전통에서는 헤시오도스, 호메로스, 소포클레스, 에우리피데스, 테오크리토스, 데모스테네스, 리쿠르고스, 아이스키네스, 이소크라테스 그리고 라틴 전통에서는 베르길리우스, 테렌티우스, 키케로, 율리우스 카이사르, 퀸틸리아누스 등이 추천되었다. 아주 큰 대표성을 지녔던 이러한 목록에서 보듯이 기독교의 교부敎父들은 신학에서는 높은 평가를 받았음에도 불구하고 언어와 문체의 측면에서는 전형이 되지 못했다.

인본주의시대에서는 기초과정수업과 언어구술능력을 연설의 고전적 전형에 바탕을 둔 일련의 교본들이 만들어졌는데, 예수회학교에서 능동적인 언어습득을 위해서뿐만 아니라 도덕교육에도 이용된 수많은 학습드라마[28]가 그것이다. 예수회학교의 인본주의 교육전통은 바로크시대에 이르기까지 학습드라마와 명문화된 교육과정을 통해 계속되었다. 하지만 이 시대에서 특히 주목할 것은 학교교육에서는 여전히 고전작가들의 전범화전통이 이어졌지만, 점차 대두되기 시작한 소위 순수문학영역에

---

28 교육적 목적에서 학교와 대학에서 공연하기 위해 쓰인 드라마를 일컫는다.

서는 이러한 고전작가들이 민족어를 사용하는 작가들과 계속해서 경쟁해야 했고, 이러한 역사적 변천과정에서 정전형성이 점차 민족문학을 중심으로 본격화되기 시작했다는 것이다.

고대와 중세 그리고 인본주의 시대의 정전현상에서 가장 큰 특징은 역동성이다. 그러나 순수문학의 시대가 시작된 18세기는 문학생산의 측면에서뿐만 아니라 고대의 작가를 다루는 상황에서도 주목할 만한 단절이 생겼다. 학문세계의 "링궈 프랭커lingua franca"였던 라틴어의 자리에 계속해서 개별 민족어가 들어섬에 따라 소통 목적의 라틴어 습득 필요성이 사라졌고, 그에 따라 라틴어 습득을 위해 만들어진 인본주의시대의 교본은 쓸모없게 되었다. 또한 국가별로 교양과 교육의 기준이 달라지면서, 라틴어를 매개로 전체 유럽을 아우르는 학자공동체도 더 이상 보편적 권능을 행사할 수 없게 되었다. 또 하나의 결정적 동인은 신新인본주의에서 비롯되었다. 나라마다 특수한 차이가 있긴 하지만 독일에서 괴테시대에 전개된 신인본주의와 교양 및 교육 영역에서 수행된 세속화는 정전의 대상을 기독교 이전의 고대로 한정하는 결과를 초래했다. 그 결과 18세기 이전까지 정전 대상 작가의 폭은 상대적으로 넓었지만 이제는 거의 그리스와 이교도 시대의 로마작가들만 남게 된 것이다.

02 고대의 정전화동기

고대의 서사시·비극작가·희극작가

앞서 살펴보았듯이 그리스어 κανών은 근대 이후 소위 순수문학 분야에서 정전을 이해하는 식으로, 즉 가치평가를 통하여 제한하거나 제외시키면서 특정 작가나 개별적인 문학텍스트를 분류하는 것과는 직접적인 관계가 없었다. 말하자면 오늘날 우리가 그리스·로마 문학을 논하면서 정전 개념을 사용하는 것과 고대에서 κανών이라는 단어가 사용된 것과는 차원이 다르다. 그럼에도 오늘날 그리스·로마 시대의 정전의 존재에 대해 얘기할 수 있는 것은 『그리스 연설가의 역사』에서 정전을 최초로 "미적인 면에서 규범적인 것으로 고착된 저자 내지는 텍스트"라는 의미로 사용한 네덜란드 문헌학자 다비드 룬켄이 알렉산드리아의 학자 아리스토파네스와 아리스타르코스가 열 명의 아티카 연설가 정전을 확립했다고 밝힌 바 있기 때문이다. 아리스토파네스와 아리스타르코스의 정전 개념이 실제로 오늘날의 의미로 쓰인 것인지에 대해서는 많은 논란이 있지만(Dummer 2001, 12), 현재의 정전 연구의 관점에서 보다 흥미로운 것은 고대 문학비평의 영역에서 정전화로 귀착되는 일련의 발전과정이 존재했는지를 따져보는 것이다. 하지만 그리스인들이나 훗날의 로마인들이 정전화에 대해 일반적으로 통용되는 인식을 갖고 있었는지는 아직까지 문헌을 통해 규명하는 것이 불가능하다. 반면 정전화를 수행한 동기에 대해서는 비교적 유추가 가능하다. 이 경우 고대의 왕실연구소나 이 연구소의 부속도서관을 정전화의 동기와 관련지어보는 것이 문제에 접근하는 한 방법이 될 수 있다. 잘 알려진 대로 구술문화가 문자문화로 대체되는 역사적 신호탄인 알렉산드리아도서관은 아테네에 있던 플라톤아카데미를 모범으로 삼아 세워진 것이다. 헬레니즘문화의 중심이 된 이 도서관에서는 오늘날의 의미에서 문헌학적 비평이 수행되었고, 알렉산드리아의 많은 학자들이 개별 작가나 특정 저작의 정전화에 참여했다는 것이 정설이다. 알렉산드리아도서관 설립 이전인 기원전 8세기부터 그리스가 오리엔탈화되는 시기로 불릴 정도로 오리엔트문화가 그리스의 도시국가에 큰 영향을 미쳤으며, 문자를 성스러운 대상으로 여기던 오리엔트문화의 특성이 그리스에서도 적극 수용되었다. 그럼으로써 문자텍스트는 그 속에 담긴 내용도 내용이려니와 구술문화에서 문자문화로 이행되던 시기의 문화적 단절을 상쇄해야 하는 기능적 측면에서 주목의 대상이 되었다. 오리엔트문화의 방식대로라면 성문화된 글은 곧 법까지는 아니더라도 특정 집단이나 민족의 문화적 기억을 위한 근간으로 작동해야 했다(고규진 2012, 38 이하). 이러한 과정의 중심에서 정전화된 저작이 바로 호메로스의 『일리아스』와 『오디세이아』이다. 음유시인들에 의해 긴 세월 동안 구술전통으로 전해 내려온 『일리아스』와 『오디세이아』에는 호메로스를 통해 오늘날 우리에게 알려진 텍스트보다 당연히 더 많은 소재와 풍부한 내용이 담겨 있었겠지만, 문자를 통해 표현할 수 없거나 묘사가 어려운 것은 상당 부분 배제되었으리라고 추측하는 것은 어렵지 않다. 이렇게 보자면 문자화야말로 정전화가 이루어지는 가장 근원적인 배경이라고 할 수 있다(Dummer 2001, 13). 아리스토텔레스가 『시학』의 원천으로 삼았다는 점에서뿐만 아니라 제노도토스, 아리스타르코스, 아리스토파네스 같은 알렉산드리아 학자들의 주석과 비평 작업은 호메로스의 서사시에 더 한층 정전의 권위를 부여했고, 이후 호메로스 서사시의 영향력은 동시대 시인들과 식자층의 수많은 인용을 통해 굳건히 다져질 수 있었다(고규진 2012, 59 이하).

이와 더불어 호메로스 서사시의 정전화과정에서는 정치적 동기도 빠질 수 없었다. 기원전 8세기에 쓰인 것으로 추정되는 호메로스의 서사시는 아테네의 정치적 혼란기에 등장했던 참주 페이시스트라토스(기원전 600?~527?)에 의해 공적인 지위를 부여받는다. 빈민계층을 위한 개혁, 토지분배 등을 수행한 페이시스트라토스는 오락을 제공함으로써 정치로부터 국민의 관심을 돌리려는 독재자의 포석이긴 했지만 아테네 여신을 위한 대축제를 개최하는 등 아테네의 문화적 발전에 관심이 컸다. 여기서 호메로스의 서사시에 담긴 의미가 아테네 축제의 성격에 부합된다고 여겨지면서 이 축제에서 공식적인 낭독의 대상이 된 것이다. 종교적인 측면에서 텍스트에 대한 관심과 정치적 이해관계가 맞아떨어진 것인데, 이후 호메로스 서사시에 대한 많은 학자들의 비판[29]에도 불구하고 이러한

29 크세노파네스는 호메로스가 신들을 인간과 다를 바 없는 온갖 부도덕한 모습으로 그렸다고 비판했다. 플라톤의 엄숙주의도 신에 대한 모욕적 언사를 이유로 자신의 철학자 공화국에서 도덕적·존재론적 문제점을 노정하는 시인들을 추방한다. 그러나 이러한 비판들은 후세 학자들의 호메로스에 대한 우의적·알레고리적 해석을 통해 무마될 수 있었다(Hölscher 1987, 241).

전통은 중단 없이 계속되었다.[30]

그리스의 희극과 비극은 이러한 정치적 상황과 맞물려 호메로스의 『일리아스』와 『오디세이아』보다 더 분명한 정전화의 길을 걷는다. 비극의 경우 특히 훗날 10대 아테네 연설가로 뽑히기도 했던 연설가이자 정치가 리쿠르고스의 역할이 컸다. 플라톤의 제자이기도 했던 그는 국가재정을 담당하면서 아테네에서의 연극공연에 필요한 비용을 지원했고, 기원전 338년에서 326년에 이르는 재임기간 동안 아크로폴리스언덕에 세워진 디오니소스극장을 완성시킨 인물이다. 그는 아이스킬로스, 소포클레스, 에우리피데스의 모든 비극을 수집하여 어느 정도까지는 구속력 있는 필사본의 형태로 확정해 놓도록 했는데, 이것이 오늘날 "국가본國家本"으로 불리는 텍스트이다. 이 국가본은 계속해서 특별한 가치를 인정받게 되어 훗날 알렉산드리아의 학자와 사서는 이 비극작가들의 텍스트 필사본을 만들기 위해 이 판본을 빌린 것으로 알려져 있다. 세 작가의 텍스트를 모두 수집한 리쿠르고스의 노력은 또한 이 작가들의 입상을 세우는 일로까지 연결되었다(Dummer 2001, 14).

리쿠르고스가 비극텍스트의 수집과 공연에 열정을 보인 동기가 무엇인지는 확실하게 알려져 있지 않다. 그가 남긴 기록은 얼마 안 되는 단편적인 텍스트와 기원전 330년에 행해진 하나의 연설문에 지나지 않는다. 그래서 「레오크라테스을 고발하며」라는 연설문을 통해 이러한 동기를 유추할 수밖에 없다. 인용문이 많고 긴 이 연설문은 기원전 338년 아테네와 테베의 연합군이 카이로네이아전투에서 필립 2세 치하의 마케도니아

---

30 페이시스트라토스를 놓고 보면 정전화는 사회문화적 정체성과 일상문화 그리고 축제문화가 서로 잘 융합됨으로써 성공적으로 수행된다는 것을 알 수 있다.

에게 패한 후 아테네를 떠났다가 다시 돌아온 레오크라테스를 고발하는 내용이다. 리쿠르고스는 아테네가 힘들었던 시기에 고향을 저버렸던 레오크라테스의 사형을 요구한다. 그러나 투표결과는 가부동수가 되어 레오크라테스는 무죄판결을 받는다.[31] 정치적 투쟁의 결과야 어찌 되었든 간에 이 연설문에서 확실히 확인할 수 있는 것은 리쿠르고스가 아테네를 패배시킨 마케도니아에 대한 열렬한 반대자였고, 마케도니아에 대한 그리스의 문화적 위대함을 선언하고 지키기 위하여 디오니소스극장과 세 명의 비극작가의 텍스트를 적극 활용했다는 사실이다(Dummer 2001, 15).

아이스킬로스, 소포클레스, 에우리피데스는 사실 리쿠르고스 이전부터 드라마작법에서 대단히 중요한 의미를 지닌 삼인방으로 여겨졌다. 따라서 리쿠르고스가 정전화에서 수행한 역할은 기왕의 위대한 시인들을 공식적으로 확정했다는 것이다. 나아가 이러한 정전이 고착될 수 있었던 또 다른 이유는 연극조차도 경쟁이라는 방식을 통해 공연하기를 좋아했던 아테네인들의 독특한 심성에서 찾을 수 있다(Dummer 2001, 15). 아테네에서는 한 해에 두 차례[32] 디오니소스 신을 기리기 위한 비극과 희극 공연이 개최되었는데, 이 모든 축제행사는 경쟁의 형식으로 진행되었다. 공연을 희망하는 텍스트들 중에서 일정 수를 선택하여 공연하게 한 후 여기서 최고의 작품을 고르는 식이었다. 이러한 경연방식은 페이시스트라토스의 시대에 이미 윤곽이 확립된 것이다. 디오니시아를 위해 비극작가

---

31 이 결과는 얼마 후에 행해진 아이스키네스의 연설 「크테시폰을 고발하며」를 통해 알려져 있다.

32 1월 말에서 2월 초에 개최되는 레나이아와 3월 말에서 4월 초에 닷새간 개최되는 대(大)디오니시아를 말한다. 사흘간 계속되는 레나이아에서는 디오니시아와 달리 희극 공연이 중심이었다.

들은 삼부작 한 편과 사티로스극 한 편을, 희극작가들은 희극 한 편을 출품해야 했고, 아테네 최고의 정치가가 세 명의 비극작가와 다섯 명의 희극작가의 작품을 고르게 되어 있었다. 연극은 대개 나흘간 공연되었는데, 둘째 날에는 희극작가들의 경연이 거행되었고, 셋째 날부터는 매일 한 명의 비극작가의 삼부작과 사티로스극이 사흘에 걸쳐 공연되었다. 경연의 복잡한 과정에 대해서는 알려진 바 없지만 승자는 추첨으로 뽑힌 열 명의 심사위원들에 의해 결정되었다. 여기서 아이스킬로스, 소포클레스, 에우리피데스는 자주 승자로 등극함으로써 그 시대 최고의 비극작가로 확실하게 각인되었다.

희극작가의 경우에도 세 명이 선두주자였다. 아리스토파네스, 오이폴리스, 크라티노스가 그들이다. 이들이 명성을 얻게 되는 과정은 비극작가들의 경우와 대동소이할 것으로 추정된다. 그렇지만 이들의 텍스트는 "국가본"이라고 할 만한 것도 없고 훗날 알렉산드리아에서의 논쟁의 영향이긴 하겠지만 확실한 정전으로 자리매김되었다고 보기는 어렵다. 더욱이 오이폴리스와 크라티노스의 작품 중 온전하게 남아 있는 것은 한 편도 없다. 이러한 맥락에서 보자면 당대에 어느 정도 정전화가 되었다고 하더라도 그것이 텍스트의 보존을 보장하는 것은 아니니다(Dummer 2001, 16).

아테네에서 호메로스의 서사시, 비극작가, 희극작가는 근대 이후 문학의 정전화와 달리 문예학적이거나 학문적인 토대를 바탕으로 한 것은 아니지만, 상이한 동기에서 정전화의 길을 걸었다고 볼 수 있다. 『일리아스』와 『오디세이아』의 경우는 정치적 의도가 정전화의 계기로 작용했고, 비극작가와 희극작가가 정전화된 것은 그리스 특유의 경쟁적인 사고가 실현된 결과이다. 특히 이 과정에서 드라마의 경우는 작가들이 정전화된 것이지 작품들이 정전화된 것은 아니다. 리쿠르고스의 관심은 개별 작품의 미적 질이나 우수성이 아니라 비극 및 희극 작가들에 의해 창작된 작품 전체였기 때문이다.

그런데 알렉산드리아도서관의 학자들이 그리스문학을 받아들일 때부터 정전화의 방식은 크게 변한다. 알렉산드리아의 학자들은 우선 칼리마코스(기원전 305?~240?)[33]의 카탈로그작업이 보여주듯이 일단 남아 있는 모든 것을 완벽하게 모으는 데 주력했고, 텍스트비평이 그다음의 관심사였다. 오늘날의 의미에서 편집문헌학이 모습을 드러낸 것이다(Pfeiffer 1978, 114ff.). 정전화와 관련하여 중요한 것은 알렉산드리아에서 텍스트들이 어떤 식으로 선별되었는지를 규명하는 것이다. 그러나 여기에 대해서는 구체적으로 알려진 바 없기 때문에 전문가들도 조심스럽게 추측할 뿐이다. 여기서 기본이 되는 가정은 ἐγκϱίνειν이라는 그리스 단어가 "그 안으로 넣기", "무엇으로 받아들이기", "허용하기" 등을 의미하는 전문용어였다는 것이다(Dummer 2001, 17). 그러나 이러한 의미는 훨씬 훗날 비잔틴 인본주의를 이끌었던 콘스탄티노플의 대주교 포티오스(820?~891?)의 『비블리오테카Bibliotheca』와 970년경에 나온 것으로 추측되는 저자 미상의 백과사전 『수다Suda』에 등장하기 때문에 알렉산드리아시대에도 과연 똑같은 뜻으로 쓰였는지는 불분명하다. 나아가 두 경우 모두 아티카의 연설가들을 "선택"하는 데에 적용된 것이지,[34] 비극이나 희극 그리

33 헬레니즘시대의 시인이자 학자로 알렉산드리아도서관의 사서였다. 문헌학의 창시자로 여겨지는 그는 원인론(原因論), 즉 명칭, 제식, 풍습에 대한 신비적이고 전설적인 근원에 대한 연구로 명성을 얻었다.

34 여기에서도 마찬가지로 개별 텍스트의 선택이 아니라 작가(연설가)의 선택이 우선적인 관심이다.

고 서정시의 선택과 관련되어 있다는 어떠한 증거도 없다. 그렇기 때문에 알렉산드리아에서 텍스트들이 실제로 어떠한 절차와 과정을 거쳐 정전화되었는지 해명하는 데에는 별다른 도움이 되지 못한다.

지금까지의 논의를 요약해보자면 호메로스의 두 작품과 비극작가, 희극작가들은 전체적으로 볼 때 아주 다른 정전화의 과정을 거쳤다. 『일리아스』와 『오디세이아』의 정전화에서는 서로 연관성 있는 두 개의 과정이 작동했다. 첫 번째는 "문자화"이다. 두 번째는 아테네 축제에서 이 텍스트들을 완전하게 수용한 것인데, 이것은 서로 상이한 내용이나 표현을 담고 있는 여러 텍스트들을 배제하지 않고 전승했다는 것을 의미한다. 비극작가의 경우 세 명의 중요한 작가를 확정하고 그들을 정전화한 것은 아리스토파네스의 희극 『개구리』에 묘사된 바와 같은 아테네 연극 경연의 결과였고, 리쿠르고스에 의해 "국가본"으로 확정됨으로써 가능해진 것이다. 알렉산드리아에서는 정전작가로 확고하게 부상한 이 세 명의 비극작가들의 작품들이 선택됨으로써 정전화된다. 이미 언급했듯이 희극작가들의 경우도 비극작가들과 비슷한 경로를 통하여 정전화되었다고 추측할 수 있다.

그리스어 ἐγκρίνειν과 이것의 반대인 ἀποκρίνειν이라는 단어가 당대에서도 오늘날 정전연구의 중요개념인 선택과 배제를 의미했는지는 분명치 않다. 전거가 될 수 있는 그리스 문헌이 존재하지 않을뿐더러 선택과 배제를 통해 정전을 정하려면 최소한 어떤 학문적·미적 판단기준이 존재해야 했을 터인데, 이에 대해서도 일체 알려진 바 없기 때문이다. 그보다는 오히려 "결정하다", "판단하다"를 의미하는 κρίνειν이라는 단어가 그리스시대의 정전화를 설명하는 데에 도움이 되는 듯하다. 로마의 수사학자 퀸틸리아누스에 의해 이 단어가 사용되었을 때 이 단어는 마치 검열관이 그러듯이 시행을 삭제하거나 바람직하지 못한 책을 가려내는 일은 물론이고, 작가들을 모범적인 작가의 대열로 받아들이거나 완전히 배제하는 결정의 권한과 관련이 있었다(Dummer 2001, 20). 고전 고대와 고전 작가를 의미하는 "클라시쿠스classicus"라는 단어를 사용하여 최고 수준의 뛰어난 작가를 선택했던 것과 마찬가지로 정전은 기본적으로 법적 개념인 검열[35]과 유사한 사고에서 유래한 것이다.

이렇게 보면 "결정", "판단"을 의미하는 언어장言語場 κρίσις에서 나온 κρίνειν가 정전화나 정전형성과 관련된 일련의 의도적 행위와 관련되어 있고, 오늘날 관점에서 볼 때 근대문학이 등장한 18세기까지는 클라시쿠스라는 개념이 정전과 정전현상을 이해할 수 있는 키워드로 널리 사용되었다는 것이 정설이다.[36] 이 개념은 원래 특정한 역사적 시대를 지칭하는 정역학적 개념이었지만 1635년 프랑스 아카데미 창립 이후에는 더욱 관용적인 언어로 유럽 전역에서 일반화되었다는 사실도 덧붙일 수 있다.

---

35 앞서 소개한 아스만 부부에 의해 검열이라는 개념이 넓은 의미에서 자아의 정체성과 집단적 정체성의 결합을 분석하기 위한 문화사회학적 범주로 사용된 『정전과 검열』(A. Assmann/J. Assmann 1987) 이후 검열은 "문화적 기억"(J. Assmann 1992)과 더불어 정전논쟁과 정전이론의 중요한 개념으로 부상했다.

36 오늘날 고전(classic, classique, Klassik) 및 고전작가라는 용어는 고전 고대의 작품이나 작가를 의미할 뿐만 아니라 그리스나 로마 시대의 텍스트를 전형으로 삼는 텍스트와, 이러한 전형을 무시했지만 정전으로 수용된 작품과 작가를 모두 아우른다. 그래서 오늘날 고전적이라는 용어는 고전으로의 복귀나 고전의 극복 같은 역동적 과정과 상관관계가 있을 때 비로소 의미를 지닌다.

03 종교와 문학의 정전화

폐쇄적 정전과 개방적 정전

1. 기념비적 불멸성과 식물적 불멸성

한 텍스트가 영속적으로 남을 수 있는가의 문제는 훗날의 세대가 결정하는 정전의 문제와 관계가 있다. 어떤 텍스트를 정전으로 삼으면 그 텍스트는 다른 텍스트에 비해 상대적으로 더 오래 살아남거나 경우에 따라서는 영구히 지속될 수 있기 때문이다. 정전연구에서는 이러한 정전형성의 현상과 관련하여 두 가지 개념이 유익한 준거를 제공하는데, 하나는 폐쇄적 정전이며 다른 하나는 개방적 정전이다. 정전이 확고한 숫자의 텍스트로 구성되어 있고, 여기서 단 하나의 텍스트도 빼거나 새로 보태서는 안 될 때, 이 정전을 폐쇄적 정전이라고 부른다. 이 경우 어떤 텍스트가 정전에 속하고 속하지 않는지 명백하게 정해져 있다. 반면 개방적 정전은 미래를 향해 열려 있고 언제나 새로운 텍스트를 받아들일 수 있다는 점에서 폐쇄적 정전과 차이가 있다. 뿐만 아니라 개방적 정전은 그 자체 내에서 수정될 수도 있다. 이미 정전으로 인정받은 텍스트가 정전에서

탈락할 수도 있고, 덜 인정받았던 옛날의 텍스트가 다시 정전으로 받아들여질 수도 있다. 이런 점에서 개방적 정전에서는 정전적인 것과 비정전적인 것 간의 엄격한 분리가 없다고 할 수 있다(Auerochs 2001, 72). 개방적 정전에도 결코 배제될 수 없는 핵심적인 텍스트들이 없는 것은 아니다. 예컨대 서양문학의 정전에서 호메로스의 『일리아스』를 배제할 수는 없는 노릇이다.[37] 하지만 개방적 정전의 경계영역에 다가갈수록 무엇이 정전에 속하고 무엇이 그렇지 않은지 정확하게 구별하는 것은 불가능할 뿐더러 큰 의미도 지니지 못한다. 폐쇄적 정전은 텍스트의 형태가 역사를 거치며 변화하지도 않고, 변화해서도 안 되는 구체적인 텍스트들의 모음이다. 반면에 개방적 정전은 척도가 되는 것이 무엇인지 조절하는 이념과 같은 것이다. 개방적 정전은 제도에 의해 지속적으로 인정받는 것도 아니며, 비공식적이나마 보편적인 인정을 받는 것도 아니다. 따라서 개방적 정전은 언제나 재평가에 의해 바뀐다.

폐쇄적 정전은 우리에게 이미 익숙한 것이다. 폐쇄적 정전의 전형적인 모델은 보통 경전으로 불리는 일신론적 계시종교의 성스러운 텍스트이다. 반면 개방적 정전은 우리가 문학이라고 일컫는 것의 전통과 연관되어 있다. 폐쇄적 정전에서는 동급의 텍스트나 비슷한 종류의 텍스트 생산을 원천적으로 봉쇄함으로써 정전에 속하는 기존 텍스트에 권위를 부여한다. 이러한 권위는 일신론의 계시종교가 강조하는 절대적인 구속력

---

37 『일리아스』와 같이 모든 사람의 "이상적인 합의(consensus omnium gentium)"를 바탕으로 최고봉으로 여겨지는 세계문학작품을 절대적 정전이라고 부르기도 한다. 문학 내적인 특질이 초시대적이고 보편적으로 통용되는 가치를 담보하는 문학이 절대적 정전이다. 반면 특정한 역사적 시대의 원칙이나 주제에 따라서 정전으로 인정할 만한 본보기가 되는 작품들을 대표적 정전으로 부른다. 대표적 정전은 시대적 변화에 예속되어 있으며 특정한 그룹에게만 통용가치가 있다.

을 위해 꼭 필요한 것이다. 정전이 폐쇄적으로 운용되면 성스러운 텍스트를 쓴다는 것은 더 이상 불가능한 일이 된다. 성스러운 텍스트라는 폐쇄적 정전과 관련된 글쓰기는 언제나 동일한 정전텍스트를 전거로 삼거나, 종교전통의 지속성과 동질성을 떠받드는 이차적인 의미해석으로 국한된다. 유대교와 기독교 전통에서 새로운 근원의 계시를 드러내려는 글들–예컨대 유대교의 묵시록적 문헌이나 기독교에서의 그노시스파 문헌–을 단연코 거부하는 것은 이러한 폐쇄적인 정전운용의 좋은 본보기이다.

이와 반대로 문학전통에서는 새로 생산되는 텍스트들을 문학으로 인정하는 것을 거부하지 않는다. 정전으로 상찬되는 위대한 문학적 전형에는 미치지 못해도 옛날의 문학도 훗날의 문학도 원칙적으로 똑같은 문학이다. 물론 개방적인 문학전통에서도 정전텍스트의 권위는 결코 능가할 수 없는 것으로 여겨질 만큼 매우 크게 작동할 수 있다. 이러한 텍스트는 소위 "고전" 텍스트로 불리며 극단적인 경우에는 폐쇄적 정전으로 수렴된다. 알렉산드리아시대에 그리스시인들을 척도로 삼은 정전화현상이 여기에 해당한다. 그렇지만 이러한 최고봉의 정전 때문에 훗날의 문학이 위축되는 경우는 없다. 문학에서는 전형을 모방하는 것도 허용되며, 전형적인 문학작품의 해석 차원만을 강요하지 않기 때문이다. 어떤 문학에서 또 다른 문학이 탄생될 수 있기 때문에 선행 문학텍스트에 대한 투쟁적인 관계나 전통을 능가하는 가능성도 문학에서는 창조적 모방이라는 범주로 수용될 수 있다. 나아가 자율미학이 등장한 18세기부터 근대문학의 천재 개념은 더 이상 모방을 추구하지 않으면서 위대한 과거와 경쟁하고자 함으로써 문학에서 개방적 정전과 폐쇄적 정전이라는 이분법은 의미를 상실하게 된다. 결과적으로 문학생산에 주도적인 영향력을 행사할 수 있는 한정된 숫자의 텍스트를 거론하는 것도 무의미해졌고, 시대를 초월하는 탁월한 시적 질을 가진 불멸의 전형으로 인정받는 작품도 더 이상 존재할 수 없게 되었다. 문학의 질에 대한 평가는 이제 완벽하게까지는 아니더라도 역사에 맡겨짐에 따라 그 이전의 문학이 새로운 문학에 대한 전형으로 작용하면서 누렸던 불멸성은 이제 담보받을 수 없었다. 옛 시대 문학의 불멸성은 시대를 대표하는 텍스트를 확정하고 전승시키는 문학사영역에서 가공되었고, 다른 한편으로는 새로 창작된 텍스트를 통해 주의와 관심이 환기되어 다시 소생되는 방식으로만 존재할 수 있게 되었다(Auerochs 2001, 73).

우크라이나 출신의 예술사학자 모세 바라쉬Moshe Barasch의 기념비적 불멸성과 식물적 불멸성이라는 개념을 통해 보면 문학의 불멸성이 존재하는 이러한 두 가지 방식－문학사에서 대표적인 작품으로 남는 불멸성과 다른 작품의 도움으로 소생되는 작품의 불멸성－을 이해하기 쉽다(이하 Barasch 1998, 83f.). 역사적으로 보자면 내구적 안정성의 형식이든 반복적인 혁신의 형식이든 불멸의 전형은 분명 존재하고 전통 속에서 끊임없이 현존한다. 여기서 기념비적 불멸성은 마치 작품에 사용된 운율처럼 결코 부정할 수 없는 작품내재적 특성인 것 같은 인상을 불러일으킨다. 이러한 견해에 따를 때 기념비적인 불멸의 작품은 역사적 변화에 의해서도 전혀 영향을 받지 않는 것처럼 보인다. 반면 식물적 불멸성이라는 비유는 이 불멸성이 겨울이 지나면 다시 소생하여 싹을 틔우지만 또 다시 겨울의 휴지기를 피해갈 수 없는 식물처럼 특정한 주기 및 순환과 맞물린 것임을 시사한다. 그러나 자세히 음미해보면 식물적 불멸성이든 기념비적 불멸성이든 이 비유에서는 불멸성이 허구적인 것일 뿐만 아니라 견고한 것도 아니라는 점이 내포되어 있다. 그도 그럴 것이 아무리 기념비라고 해도 오래 존속하면 식물이 고사할 가능성이 생기는 것처럼 몰락의 가능성을 배제할 수 없기 때문이다. 또한 식물적 불멸성은 소생과 르네상스가 특정한 역사적 시점에 발생하며 그 시대를 살아가는 사람들의 관심과 노력을 통해 재생할 수 있다는 점에서 역사적 과정에 의존한다고 볼 수 있다. 말하자면 기념비적 불멸성이라는 본질주의적 견해는 돌의 영속가능성과, 불멸성을 식물의 존재방식처럼 과정으로 보는 견해는 정원사의 노력과 견줘볼 수 있다(Auerochs 2001, 74).

2. 성공한 정전과 실패한 정전

어떤 문학텍스트가 어떤 이유에서 시대를 초월하여 불멸의 정전으로 남을 수 있는지는 정전연구의 계속적인 과제이다. 시인과 작가도 자신의 존재가치를 불멸의 작품을 남기는 데에서 찾기도 한다. 그렇지만 문학의 역사는 이러한 시인과 작가의 노력에 대해 아주 드물게만 보답할 뿐, 대부분의 작가와 텍스트는 망각의 심연에 묻힌다. 그 이유는 어디에 있을까? 18세기 독일의 시인이자 번역가였으며 계몽주의 시대정신의 대표자였고 헤르더Johann Gottfried Herder(1744~1803), 괴테, 실러와 더불어 독일 바이마르 고전주의를 대표했던 빌란트Christoph Martin Wieland(1733~1813)[38]는 이에 대한 좋은 본보기를 제공한다. 빌란트의 경우에서 자신의 작품이 불멸의 작품으로 남기를 바라는 시인의 소망에도 불구하고 현실적으로는 문학사에서 언급조차 되지 않는 이유를 문학작

38 독일문학사에서 빌란트는 대개 『아가톤 이야기』(1776/1777)라는 작품이 독일 교양소설전통의 원조로 볼 수 있다는 점 때문에 다루어질 뿐이다.

품의 내적인 특성과 연관하여 살펴볼 수 있다.

빌란트가 1759년 6월 그의 친구 치머만Johann Georg Zimmermann에게 쓴 편지에는 "노아가 더 이상 존재하지 않아도 키루스는 남게 될 것이다."(Seiffert 1963, 456)라는 구절이 등장한다. 여기서 키루스와 노아는 각각 페르시아의 왕과 창세기에 등장하는 실제 인물이 아니라, 이들을 소재로 삼은 문학작품의 주인공들이다. 노아는 빌란트의 멘토였던 보드머Johann Jakob Bodmer(1698~1783)[39]가 1752년에 발표한 영웅시의 주인공이며, 키루스[40]는 이 편지를 쓸 당시 빌란트가 집필 중이던 영웅시[41]의 주인공이다. 이에 앞서 빌란트는 1753년 19세의 나이로 취리히의 문학계에 데뷔할 때 그의 스승 보드머의 영웅시를 열렬히 찬양하는 글을 발표하기

---

39 스위스 출신의 문헌학자 보드머는 독일 중고지독일어문학을 새롭게 발견하고 호메로스와 밀턴의 작품을 독일어로 번역한 인물이다. 보드머가 독일문학사에서 중요하게 다루어지는 이유는 특히 그의 친구였던 브라이팅거(Johann Jakob Breitinger, 1701~1776)와 함께 당시 "문학의 교황"으로 불렸던 고트셰트(Johann Christoph Gottsched, 1700~1766)와 벌인 문학논쟁 때문이다. 그의 문학이론은 1740년에 출간된 「시문학에서 경이로운 것에 대한 비평」에 집약되어 있다. 고트셰트가 프랑스의 문학을 전형으로 삼은 것과 달리 보드머는 영국의 시인 밀턴의 감각주의를 선호했다. 또한 고대문학을 숭상하는 것에 반대하며 중세를 찬양함으로써 독일 낭만주의에 지대한 영향을 끼쳤다. 보드머, 브라이팅거, 고트셰트 간의 문학논쟁은 프랑스에서의 "고대와 근대 논쟁"의 독일적 변용으로 볼 수 있다. 브라이팅거에게서 주목할 만한 것은 그가 자연의 모방이라는 전통적인 창작원칙 대신 창조적 환상을 강조함으로써 당시에 싹트고 있던 독일의 새로운 문학이론과 천재숭배사상에 지대한 영향을 끼쳤다는 것이다.

40 키루스대왕으로도 불리는 키루스 2세를 일컫는다. 고대 페르시아의 영토를 널리 확장하여 페르시아제국의 기틀을 다진 키루스 2세는 고레스라는 이름으로 등장하는 구약성서에서 바빌로니아의 포로였던 유대인을 해방시키고 고향으로 돌려보낸 관용적 군주의 모습으로 등장한다. 이러한 이상적인 상은 그리스에서도 수용되어 기원전 4세기에 크세노폰의 『키루파이데이아』 같은 작품이 나오게 되었다. 이런 의미에서 빌란트의 『키루스』도 성경서사시 또는 성스러운 시문학의 범주에 속한다.

41 보드머의 영웅시는 12개의 노래로 구성되었다. 빌란트도 자신의 영웅시를 원래 12개의 노래로 구성하려 했으나 다섯 번째 노래까지만 쓰고 미완성으로 남았다.

도 했는데, 6년이 지난 후 키루스를 주인공으로 하는 자신의 영웅시를 창작하는 동안 보드머와 그의 영웅시에 대한 입장이 전격적으로 바뀐 것이다. 빌란트는 보드머의 『노아』를 치머만의 저주에 가까운 악평처럼 "형편없는 서사시"(Seiffert 1963, 461)로 평가하지는 않았으나 『일리아스』와 같이 몇 안 되는 세계 최고 수준의 서사시에는 미치지 못한다는 점을 분명히 하는 한편, 이러한 편지글을 통하여 자신의 서사시가 보드머보다 승산이 있다는 점을 강조하고 있다. 이렇게 볼 때 "노아가 더 이상 존재하지 않아도 키루스는 남게 될 것이다."라는 말은 시의 영속성에 대한 희망, 즉 영원히 정전으로 살아남을 수 있다는 자신감의 표현과 같다. 작품의 불멸성은 시인들에게는 창작의 동인이기도 하거니와, 창작은 영속성의 측면에서 보자면 명예를 위한 노력과 경쟁(aemulatio)[42]으로 이해될 수 있다. 미래의 시간 속에서 작품은 망각과 보존이라는 선택을 피해갈 수 없다. 따라서 문학을 창작하는 데에 있어서 중요한 것은 작품이 이러한 선택의 과정에서 살아남을 수 있는 특성을 갖추어야 한다는 것이다.

하지만 빌란트의 확신에 찬 희망은 실현되지 않았다. 문학사가의 전문적인 관심을 제외한다면 빌란트의 『키루스』도, 보드머의 『노아』도 이미

---

42 고대에서부터 모범으로 삼은 작품이나 작가를 모방하면서도 이에 뒤지지 않으려는 경쟁심은 독창성과 대립적인 것으로 간주되지 않았다. 자신의 작품을 본보기가 되는 작품과 연관 짓는 것은 오히려 경쟁을 염두에 둔 것이었다. 로마의 수사학자 퀸틸리아누스의 주장을 문학에 적용하자면 동일한 사상, 주제, 제재를 작품화할 때도 서로 경쟁해야 마땅한 것이다. 18~19세기의 소설이론에서도 경쟁 개념은 중요한 역할을 했다. 작가들은 이전의 텍스트를 모범으로 삼는 동시에 이 텍스트들과 경쟁하고자 했다. 독일 교양소설의 발전과정도 이러한 틀에서 벗어나지 않는다. 괴테는 자신의 교양소설을 통해 교양소설의 유형을 확장하고자 했다. 말하자면 괴테의 『빌헬름 마이스터의 수업시대』(1795/1796)와 『빌헬름 마이스터의 편력시대』(1829)는 빌란트의 『아가톤 이야기』와 경쟁관계에 있을 뿐만 아니라 이 작품을 능가하려는 시도로 볼 수 있다.

오래전부터 읽히지 않는다. 대부분의 독자에게는 낯설고 이상한 작품에 불과하고 이러한 상황은 앞으로도 달라질 가능성이 없다. 그 이유는 오늘날 『노아』와 『키루스』 같은 성경서사시와 성스러운 시문학으로 불렸던 18세기의 종교문학은 철저하게 잊혔기 때문이다. 성경서사시작가들이 영원히 성스러운 소재를 문학적으로 가공함으로써 그들의 문학 또한 영원성을 보장받을 것으로 확신한 것과 정반대의 역설적 상황이 전개된 것이다. 『키루스』와 『노아』 같은 작품이 나온 18세기 중반에 성스러운 시문학이라는 개념은 두 가지를 의미했다. 첫째는 성경저술가에 의해 지어진 텍스트, 즉 성경문학 자체를 일컫는데, 그중에서도 시편詩篇은 특별한 위상을 갖고 있었다. 둘째로는 종교적 대상이나 성서와 관련된 문학, 말하자면 종교적인 송가, 찬송가, 성서의 테마를 다룬 드라마나 서사시를 의미했다(Auerochs 2001, 70). 이러한 맥락에서 볼 때 문학에서 가장 위엄 있는 장르인 서사시의 형태로 가장 위엄 있는 대상인 성서의 주제를 다룬다는 점에서 성경서사시는 아주 특별한 위상을 지니고 있었다. 성경서사시는 시인의 성공에 대한 보증수표였고 종교서사시인은 불멸성에 대한 희망을 품을 수 있는 가장 유리한 입장에 있었다. 그럼에도 불구하고 결과적으로 18세기의 성스러운 시문학이 이들의 기대와 달리 후세에서 그러한 명예를 얻지 못했다는 것은 정전연구의 관점에서 매우 흥미로운 일이다. 미리 말하자면 불멸에 대한 희망에도 불구하고 살아남지 못한 것은 문학텍스트의 영속성을 보장하는 기준이 역사적으로 변화하기 때문이거니와, 빌란트의 『키루스』는 기독교적인 진실이 퇴조하는 종교의 세속화과정과 자율적 근대문학의 탄생이라는 시대적 격변 앞에서 진정한 문학도, 성스러운 종교도 될 수 없었다.

문학텍스트의 영속성을 보장하는 기준이 무엇인지는 성경서사시운동과 경건주의의 중요한 대표자인 클롭슈토크Friedrich Gottlieb Klopstock(1724~1803)[43]의 문학관을 통해 재구성해볼 수 있다. 빌란트의 동시대 인물인 클롭슈토크는 18세기의 성스러운 시문학이 대개 그랬듯이 불멸의 전형을 위한 문학세계를 추구했다. 이 시대의 문학장르에서 서사시가 선호된 것은 고대의 전형적인 작품들의 영향 때문이거니와, 이 시대의 작가들은 이러한 전통적 장르를 추종함으로써 시인으로 인정받을 수 있었다. 또한 각각의 장르에 결정적인 기준들도 고대의 모범적인 작품에서 이끌어냈다. 이러한 당대의 문학체계는 새로이 불멸성을 얻고자 하는 이 시대의 시인들을 곤란한 상황에 빠지게 했다. 한 작품의 불멸성은 그 작품의 전형성에 달려 있기 때문에 시인들은 자신의 작품에서 어떤 전형적인 것을 만들어내야 했지만, 이러한 목적을 위해서는 어쩔 수 없이 고대의 전형을 기준으로 삼아야 했기 때문에 결과적으로 고대의 전형들이 훨씬 훌륭한 것임을 다시 확인하고 증명하는 셈이 되었기 때문이다. 그렇다고 고대 이후 새로운 작품들의 고유한 전형성이 원칙적으로 불가능한 것은 아니었다. 하지만 문학의 역사를 보면 오히려 진정으로 불멸하는 고대의 작품과 동시대인에 의해 인정을 받았지만 지속적인 명예를 얻지 못한 새로운 작품들은 분명히 구별된다. 특히 "고대와 근대 논쟁"에서 고대의 편에 섰던 사람들은 새로운 작품들을 아주 엄격하

---

43 클롭슈토크는 체험문학과 독일 비합리주의의 창시자로 일컬어지기도 한다. 대부분의 계몽주의자들처럼 이성의 법칙에 구속되지 않았던 그의 사상은 감상주의로 분류된다. 특히 문학적 묘사를 위한 요소 중의 하나로 사물의 가장 내밀한 특성을 강조하는 내면성 개념은 후대 문학에 큰 족적을 남겼다. 괴테의 『젊은 베르터의 고통』에서 주인공 베르터가 내면의 섬세하고 감상적인 감정에 휘말려 있을 때 외쳐 부르는 이름이 클롭슈토크이며, 그의 감상주의는 감성의 해방을 기치로 삼은 독일 슈투름운트드랑운동에 큰 자극을 준 것으로 평가된다.

게 선택하는 경향이 있었다. 예컨대 무궁무진한 가치를 인정받는 서사 작가로 고대에서는 호메로스, 베르길리우스가, 그 이후의 작가로는 이탈리아 출신의 타소(1544~1595) 정도만 언급될 정도였고, 아리오스트(1474~1533), 스펜서(1552?~1599), 밀턴(1608~1674) 등은 여기에서 제외되었다. 독일에서는 마르틴 오피츠Martin Opitz(1597~1639)가 완벽한 서사시는 미래에서나 기대할 만하다고 진단한 이래 클롭슈토크의 시대에 이르기까지 어느 누구도 그러한 수준의 작품을 내놓지 못했다는 확신이 지배적이었다.

다른 한편으로 "고대와 근대 논쟁"에서 근대의 편에 선 사람들은 고대 작품들의 우월성을 상대화하는 데에 적합한 논거를 제시했다. 고대의 시인들은 잘못된 종교에 사로잡혀 있었던 데에 반해 근대의 시인들은 진정한 종교인 기독교를 잘 알기 때문에 그들의 작품이 고대의 작품보다 더 도덕적 가치가 있다는 것이었다(Kapitza 1981, 367 이하). 클롭슈토크는 21세가 된 1745년에 장차 쓰게 될 『메시아』의 기본 윤곽을 이미 확정한 상태에서 자신이 다니던 학교의 졸업식 연설문을 통해 초기에 속하는 그의 시학적 입장을 표명하는데, 여기서 그는 이러한 논리를 이용한 바 있다. 철저한 인본주의교육을 받았던 기숙학교를 졸업하며 행한 이 라틴어 연설문에서 클롭슈토크는 시인으로서의 소명을 받은 자신이 다름 아닌 신의 명령으로 호메로스와 베르길리우스 그리고 밀턴을 능가하는 독일인의 민족시인으로 태어날 것임을 열렬하고 비장하게 천명한 바 있다.[44] 이

44 이러한 열렬함은 평생에 걸쳐 식지 않았다. 클롭슈토크는 기숙학교 시절에 계획을 세웠던 『메시아』에 거의 30여 년을 매달렸다. 기숙학교 졸업 후 2년 동안 예나대학에서 신학을 공부한 클롭슈토크는 1747년 라이프치히대학으로 옮긴 후 1748년에 주위의 권유에 의해 우선 『메시아』의 앞부분 세 개의 노래를 발표하여 큰 성공을 거두었고, 1773

연설의 포괄적인 주제는 시문학이 신성神聖의 영광을 찬양해야 한다는 것으로 집약된다. 이러한 목적을 위해 클롭슈토크에게는 전통적으로 신성이나 성스러움을 대변하는 두 종류의 텍스트, 즉 서사시와 성경이 전제가 되었다. 우선 서사시는 모든 예술 중에서도 가장 자연을 고결하게 모방하는 수단이고 "인간 정신의 위대함과 숭고함"의 표현이다. 또한 "확실한 신성"의 표상이기도 한데, 그 이유는 신이 스스로 "신과 종교의 숭모할 만한 비밀들을 인간에게 보여주기 위해" 서사시를 도구로 선택했기 때문이다. 그런데 문학텍스트와 종교텍스트를 혼융하여 토대로 삼은 클롭슈토크 특유의 시학에서 성경은 "숭고하고 진정한 신적 표현의 가장 완전한 전형"(이상 독일어로 번역된 Cramer 1780, 56f.)이다. 클롭슈토크가 성경이 시문학 자체라고 천명한 이유는 구약에 등장하는 홍해에서의 모세의 노래와 욥기, 시편에서 그리스도를 찬양하는 다윗의 노래, 아가의 솔로몬의 노래 등이 전통적으로 시문학적인 것으로 간주되었기 때문이다. 호메로스가 아니라 모세와 신의 예언자들이 "뛰어난 영감과 예견력을 지닌 시인(poeta vates)"의 화신인 것이다. 클롭슈토크는 이러한 전통을 수용하는 한편, 민중들에게 하늘의 섭리를 가르친 그리스도의 말씀이야말로 최고봉의 시문학 자체임을 천명했다. 그리스도의 성스러운 입에서 흘러나온 영생에 대한 모든 지침들은 모두 비유라는 시문학적 장치를 통해 제공되기 때문이다. 클롭슈토크에게 시작詩作을 위한 절대적 척도를 준 것은 이렇듯 서사문학이 아니라 성경이었다. 더욱이 구舊프로테스탄티즘의

년에 총 20개의 노래로 된 『메시아』를 완성했다. 그는 "인생의 가장 중요한 과제"를 쓰는 동안 감동에 북받쳐 울기도 하며 끊임없이 개작을 거듭했고 임종 때에도 『메시아』를 낭송할 정도였다고 전해진다.

교의敎義에 비춰볼 때 성경의 시문학은 그야말로 글자 하나하나가 신에 의해 고취된 것으로 여겨졌다. 그래서 신은 신성한 예언자들에게 성경 시문학의 영감을 불어넣었을뿐만 아니라 성경시문학을 성스럽고 휘황한 빛으로 감싼 장본인이다. 나아가 클롭슈토크는 성경을 신적인 숭고한 표현에 대한 완전한 전형으로, 성경시문학을 신 자신으로까지 고양될 수 있는 광휘로, 성경의 작가들을 누구도 완전히 모방할 수 없는 장엄한 인물로 찬양한다. 또한 구약성서와 신약성서를 지은 일련의 성경시인들이 나열되거니와, 클롭슈토크가 볼 때 이들을 제외하고는 더 이상의 성경시인은 존재할 수 없다. 클롭슈토크에게 성경과 성경서사시는 요컨대 불멸로 남아야 할 기념비적 폐쇄적 정전인 것이다.

그런데 클롭슈토크가 서사시에 대해 이야기할 때의 입장은 달라진다. 클롭슈토크는 당대의 밀턴에 이르기까지 서사시 장르의 역사를 개관하면서 서사시를 성경처럼 기념비적인 정전으로 보지 않고 개방적 정전의 원칙에 따라 진화하는 문학역사의 특성에 맞게 경쟁이라는 개념을 중심으로 분석하고 있다. 그의 판단에 의하면 밀턴은 호메로스와 우월을 겨루고자 했던 작가이다. 클롭슈토크는 또 자신의 비범함을 자랑하기도 하는데, 구원의 역사가 중심을 이루고 있는 자신의 『메시아』가 밀턴의 『실락원』보다 더 위대하고 더 훌륭한 소재를 다루고 있다는 이유 때문이다. 이를 통해 클롭슈토크는 호메로스를 능가하는 밀턴을 다시 능가하고 싶은 욕망을 내비친다. 요약하자면 성경의 시문학은 자체에 이미 절대적인 완전함이 내포되어 있는 반면, 서사시영역에서는 수백 년에 걸쳐 가장 위대하고 훌륭한 시문학으로 인정받기 위한 연쇄적인 경쟁이 수행되었다는 것이다.

클롭슈토크에 의할 때 근대의 시인들 중에서 밀턴이 이러한 경쟁에서 승리할 수 있었던 전적인 이유는 작품의 종교성 때문이다. 만약 순전히 시적이고 언어적인 성취와 자연의 모방이라는 차원에서만 본다면 단연 호메로스가 최고였다. 클롭슈토크 스스로도 호메로스는 자연이었으며, 자연은 호메로스였고, 호메로스의 운문은 창조될 수 있는 것들 중에서 가장 완전한 것이라고 단언함으로써 자연의 모방에 관한 한 호메로스를 능가할 수 있는 시인이 존재할 수 없음을 인정한 바 있다. 자연의 모방자인 호메로스를 모방함으로써 이러한 명확한 진리를 입증한 최초의 시인이 베르길리우스였다. 하지만 클롭슈토크가 보기에 근대 시인들이 고대 시인들에 견주어 내세울 수 있는 결정적인 장점은 대상과 소재의 선택에 있었다. 호메로스와 베르길리우스는 시적 완벽성에도 불구하고 진정한 대상의 결핍, 즉 진정한 종교성이 빠져 있다는 이유에서 유감의 대상이 된다. 그들은 이교도의 종교에 현혹된 시인들이다. 클롭슈토크에 의하면 훌륭한 서사시의 기준은 다루어지는 대상과 소재의 방대함 내지는 그러한 소재와 대상에 관심을 갖는 독자의 숫자이다. 그런데 호메로스 서사시의 소재는 그리스의 역사와 그리스인들에 국한되고, 베르길리우스 서사시의 대상은 로마인들의 관심일 뿐이다. 반면 기독교의 소재, 예를 들자면 원죄, 노아의 홍수, 그리스도의 수난 같은 것은 아주 보편적인 것이기 때문에 모든 인간과 관련되어 있다. 클롭슈토크는 바로 이 점에서 – 물론 이러한 주장에는 기독교가 유일하게 진실한 종교라는 전제가 따르지만 – 기독교 서사시가 고대의 서사시보다 우월하다고 간주한다. 그가 밀턴의 『실락원』을 긍정적으로 평가한 이유는 기독교 소재의 전경화, 신에 대한 복종과 경외심, 성경시문학에 대한 외경 등을 통하여 숭고한 기독교 서사시를 창조했다는 점에 있다.[45] 요컨대 클롭슈토크 논리의 핵심은 근대 시인들은 기독교라는 진정한 종교에 대한 찬양을 통해 고대 서사시와의 경쟁에서 우위를 점할 수 있다는 것이다.

클롭슈토크의 연설문에 나타난 시학은 고대의 서사시는 위대하긴 하지만 형이상학적으로 진실하지 않다는 것, 기독교 서사시는 시적 특질에서는 호메로스에 필적할 수 없을지 모르지만 유일한 신이 인간들에게 선사한 계시와 접목되어 있기 때문에 형이상학적 진실을 담보한다는 것으로 요약될 수 있다. 이러한 구분은 나아가 무엇 때문에 고대의 시문학과 기독교 시문학이 모두 불멸로 남아야 하는지에 대한 이유로 이어진다. 클롭슈토크에 따르면 고대 시문학은 철두철미 문학전통에 예속되어 있고, 인간들이 그것의 훌륭함을 인정하고 전수하기 때문에 현세에서는 계속해서 존속된다. 그러나 불멸성의 토대를 언제나 불확실한 인간적 전통에서 찾을 수밖에 없기 때문에 영원한 불멸성을 보장받지 못한다. 반면 기독교 시문학은 천국에서까지 진실로 통할 수 있기 때문에 형이상학적인 측면에서 불멸이 보장되어 있다. 그리스도나 하느님의 형상으로 나타나는 성스러운 시문학은 모든 사람에게 절대적인 의미에서 불멸성을 부여할 수 있는 유일무이한 것이다. 이러한 논리를 바탕으로 클롭슈토크는 자신의 『메시아』가 그리스도와 구원의 역사라는 최고의 소재를 선택함

---

45 클롭슈토크는 밀턴이 고대 이교도 서사시인의 완전성을 가지고 "천상의 지혜와 경건함"을 노래함으로써 "위대함의 정상"(Cramer 1780, 71)에 섰다고 평가한다. 하지만 자신이 계획한 『메시아』를 염두에 두고 "그러나 그대, 밀턴의 성스런 영혼이여! (...) 그대만을 따르지 않고 감히 더 위대하고 더 훌륭한 소재를 계획하고 있는 나의 대담함에 화내지 마라."(Cramer 1780, 75)라고 자신감 있는 경쟁심을 노골적으로 드러내고 있다.

으로써 영원불멸할 것이라고 단정하는 것이다.[46] 내용상 『메시아』는 그리스도의 수난과 부활을 묘사하고 있다는 점에서 일종의 영웅서사시에 가깝지만, 사건에 대한 서사적 묘사보다는 도취적이고 열광적인 관점에서 인간에 대한 그리스도의 사랑을 성서의 내용 그대로 찬양했다는 점에서 복음서에 더 가깝다. 다음과 같이 시작되는 첫 번째 노래에는 이미 이 서사시의 주제가 압축되어 있다.

> 노래하라, 불멸의 영혼을, 죄 많은 인간의 구원을,
> 메시아가 이 세상의 인간에게 베푸는 구원을,
> 고통받으며, 죽임을 당하고, 찬미되면서
> 아담의 족속을 다시 신의 사랑으로 이끈 구원을,
> 그렇게 영원한 자의 뜻이 행하여졌도다. 쓸모없었노라 사탄의 반항도
> 헛되었노라 유다의 배신도
> 신의 아들에게는. 그렇게 메시아는 위대한 화해를 수행했도다.
>
> (Klopstock 1974, Bd.1, 1)

반복하자면 클롭슈토크는 종교적 소재선택을 통하여 자신의 작품에는 불멸성이 형이상학적으로 보장되어 있다고 주장한다. 그는 인간의 전승과정의 저편에 존재함으로써 그러한 전승과정에 의해 침해되지 않는 어떤 심급에 의해 자신의 문학이 영원히 보존될 수 있다는 생각에 사로잡

---

46 클롭슈토크는 20개의 노래, 2만 개의 연으로 이루어진 『메시아』에서 독일문학에서는 최초로 『일리아스』와 『오디세이아』 이래 고전 서사시의 기본 운율인 헥사메터를 사용했다. 하지만 그는 자신의 표현대로라면 "독일의 헥사메터", 즉 음절의 수와 강약의 수가 임의적이고 운율에 얽매이지 않는 소위 자유리듬을 도입함으로써 시의 형식적인 형상화 측면에서 괴테, 횔덜린 등 후대의 많은 시인들에게 지대한 영향을 끼쳤다.

혀 있다. 『메시아』의 완성본이 나오고 7년이 지난 1780년 클롭슈토크는 「친구와 적에게」라는 송가에서 호라티우스의 송가에 나오는 "나는 광석보다 오래가는 기념물을 세웠도다."라는 시구를 인용하며 자신의 작품의 불멸성을 다음과 같이 예견한다.

언어의 고양,
더 세련된 언어의 울림,
더 다사롭고 더 고귀한 언어의 활동,
묘사, 시작술詩作術의 아주 내적인 힘

그리고 그대, 그대, 종교여,
성스러운 종교여, 숭고하고,
두렵고, 자애롭고, 위대하고, 거룩하구나,
신께서 보내셨도다.
나의 기념비를 세웠도다. 이제 여기에 있나니,
시대를 비웃고, 영원하다고 망상한
기념비들을 비웃는다,
눈에 보이는 건 벌써 잔해뿐인 기념비를. (Muncker 1889, 28)

1연은 시문학의 언어적 특질을 찬양하고 있으며, 2연은 종교와 신의 위대성에 대한 외경심의 표현이다. 구체적으로 보자면 클롭슈토크는 최상의 시적 언어인 서사시와 최고의 시적 대상인 기독교를 형식과 내용의 측면에서 수용하여 『메시아』를 창조함으로써 3연에서 언급되는 기념비가 비로소 건립될 수 있었음을 시사한다. 3연에서는 또한 자신의 시문학이 기념비로 비유될 뿐만 아니라 잔해에 불과한 다른 시문학과의 차별성이 강조된다. 자신의 기념비적 작품은 다른 작품처럼 유한한 인간과 불완전한 역사의 평가에 내맡겨질 수 있는 것이 아니다. 앞서 거론한 바 있는 기념비적 불멸성과 식물적 불멸성의 기준으로 볼 때 클롭슈토크는 분명 세월의 풍상을 견딜 수 있는 기념비적 불멸성을 자신하고 있다.

유감스럽게도 "시문학의 월계관과 성서의 종려나무, 다시 말해서 문학적 명성과 종교적 구원"(Martinez 1998, 223)을 똑같이 이루고자 했던 클롭슈토크의 소망은 현세에서는 충족되지 못했다. 불멸을 희구했던 그의 『메시아』도 오늘날의 문학사에서는 "영원하다고 망상한", "잔해뿐인 기념비"에 불과하다. 경건주의시대가 끝나고 『메시아』의 핵심적인 신학적 전제들이 일반대중들과 더 이상 호흡을 같이 할 수 없게 된 18세기에 이미 이 텍스트에 대한 열광은 싸늘하게 식었다. 대표적인 예로 계몽주의자 레싱에게 클롭슈토크의 작품은 사회적으로 인정받는 칭송의 대상일지언정 문학적 관심의 대상이 아니었다. 레싱은 클롭슈토크를 "독일의 호메로스"로 추켜올렸지만 『격언시』(1771)의 첫 번째를 장식하는 시 「독자에게 보내는 격언시」를 읽어보면 이 상찬의 반어적 의미를 어렵지 않게 눈치챌 수 있다.

> 누군들 클롭슈토크 같은 시인을 칭송하지 않겠는가?
> 그렇다고 누구나 다 그를 읽겠는가? - 그건 아니지.
> 우리는 덜 숭배되더라도
> 더 부지런히 읽히기를 원하네. (Lessing 1972, 9)

18세기 후반, 특히 초기의 티크Johann Ludwig Tieck(1773~1853)와 후기의 헤르더 그리고 19세기 초 그라베Christian Dietrich Grabbe(1801~1836)

등이 이 작품을 평가할 때 상투적으로 동원된 용어는 "지루함"이었다.[47] 이때부터 일상언어와 유리된 『메시아』는 이해하기도 어렵고, 메시지도 견디기 어려워서 읽히지 않는 작품이 되었다. 비록 보드머의 『노아』나 빌란트의 『키루스』보다는 더 알려져 있지만, 빌란트의 표현대로라면 『노아』처럼 『메시아』도 더 이상 존재하지 않는 작품과 다를 바 없게 된 것이다. 한 시대에 특출한 작품으로 여겨진 작품을 시대를 대표하는 작품으로 보존하는 것을 문학정전의 역사화라고 할 때, 『메시아』의 경우는 심지어 이러한 역사화과정에서도 살아남지 못했다.[48]

『메시아』가 문학정전의 역사화과정에서 배제되고 불멸의 대상에서 제외된 구체적인 이유를 명확하게 규명하는 것은 간단한 일은 아니다. 소설에 밀려 오늘날 서사시에 대한 관심이 사라졌다는 것도 충분한 근거가 되지는 못한다. 물론 독자의 취향변화 측면에서 낭만주의 이래 강렬하고 감각적인 독서가 필요한 시 장르는 서정시에만 한정되었고 서사시와 같이 특히 내러티브가 중요한 장르는 소설로 대체되었다는 논리도 가능하다(Martinez 1998, 228f.). 하지만 이러한 수용미학적 관점은 호메로스, 단테, 밀턴이 정전화된 이유까지는 설명하지 못한다. 그렇다면 이 텍스트가 기독교적인 서사시이기 때문일까? 이러한 추론도 분명한 해답을 제공

47 특히 재미있는 것은 모리츠(Karl Phillip Moritz)의 자전적 소설 『안톤 라이저』(1790)의 주인공 안톤의 이 작품에 대한 평가이다. 안톤은 위대한 텍스트에 대한 큰 기대를 가지고 『메시아』를 읽지만 『메시아』에서 계속해서 회자되는 "숭고함"에 질식될 것 같은 느낌을 받으며, "영원한 행복"을 "지옥의 고통"으로 체험한다(Auerochs 2001, 84).

48 예를 들어 계몽주의 독일문학을 전체적으로 개괄한 비교적 최근의 문학사에서도 동시대인들에게 갖는 『메시아』의 의미와 그것의 "창조적 언어의 에너지" 그리고 "찬가로서의 강렬성"에 대해서만 언급될 뿐 상세한 문학사적 조명은 받지 못하고 있다(Alt 1996, 152.).

하지 못한다. 왜냐하면 같은 기독교 서사시라고 해도 단테의 『신곡』[49]과 밀턴의 『실락원』은 이탈리아와 영국의 민족문학사에서 확고한 위상을 가지고 있는 반면 독일문학사에서 『메시아』는 확연하게 다른 처지에 놓여 있기 때문이다. 뿐만 아니라 단테와 밀턴의 서사시는 문학사를 통해 살아 있을 뿐만 아니라 이후 세대의 작가들이 본보기로 삼음으로써 생생한 생명력을 유지하고 있다.[50] 그렇다면 다른 예술보다 뛰어난 문학, 다른 문학장르보다 뛰어난 영웅시, 다른 영웅시보다 뛰어난 종교적인 영웅서사시, 다른 종교서사시인보다 뛰어난 밀턴 등을 모두 등에 업고 종국에는 성경 영웅서사시의 정상에 오르고자 했던 『메시아』가 독일인들의 『신곡』이 될 수 없었던 이유는 『메시아』라는 텍스트 자체의 특성에서 찾아볼 수밖에 없을 것이다.[51]

클롭슈토크는 자신의 작품이 종교성 때문에 역사적 변화에 의해 영향을 받는 문학전통과의 관련성을 초월하여 불멸할 것으로 생각했다. 하지만 문학체계에서 이러한 희망은 관철될 수 없었다. 문학이라는 개방적인

---

49 단테의 『신곡』도 후세대에 의해 정전으로 수용된 것이 아니라 처음부터 불멸성을 염두에 두고 쓰인 것으로 알려져 있다. 클롭슈토크는 단테의 작품을 『메시아』를 완성하기 얼마 전에야 알게 되었지만 높이 평가하지는 않았다고 한다(Martinez 1998, 215).

50 T. S. 엘리엇이나 에즈라 파운드의 단테 문학과의 관계를 떠올리면 될 것이다.

51 『메시아』와 달리 『신곡』이 지속적인 정전화에 성공한 이유도 텍스트 내적인 면에서 규명될 수 있다. 자율미학이라는 근대적 문학관의 대두와 함께 문학의 수용조건이 달라진 상황에서 정전화의 성공과 실패는 두 작품의 상이한 잠재적 가능성에 의해 결정될 수밖에 없었다. 『신곡』이 불멸의 기념비적 문학으로 수용될 수 있었던 것은 단테가 중세 시학의 신학적 요구를 특유의 서술방식을 통해 한편으로는 과도할 정도로 또 다른 한편으로는 역설적으로 충족시켰다는 점에 있다. 요컨대 『신곡』의 성공은 종교를 합법화하는 전략이 허구적 요소의 삽입을 통해 상대적으로 불안정하게 되었고, 그 결과 외연이 확장되는 독서방식을 통해 문학적 허구성이 인정될 수 있었기 때문이다.

정전체계에서 무엇이 살아남게 될지는 문학전통과의 관련하에서 비로소 확정되기 때문이다. 역사적 변화에 영향을 받지 않는 것은 계시종교의 성스러운 텍스트뿐이다. 계시종교는 언제나 성스러운 텍스트의 존재를 전제하며, 계시종교의 역사적 성격은 바로 이러한 텍스트와 논쟁을 통해서 발생한다. 성스러운 텍스트는 종교 자체가 존재하는 한 영속되며, 종교 내부의 구체적이고 역사적인 발전에 따라 존재가치가 좌우되는 것이 아니다. 요컨대 폐쇄적 정전으로서의 성스러운 텍스트는 계시종교의 역사성에 대한 내적 교정수단과 같은 것이다(Auerochs 2001, 85).

클롭슈토크의 송시에 나타나는 불멸성에 대한 믿음을 구조적인 측면에서 종교와 비교해볼 수 있다. 클롭슈토크는 진정한 신이 진정한 종교를 세웠고, 유일무이한 이 신과 종교의 진실이 기독교를 영원한 것으로 만들었듯이 기독교를 진실한 언어로 찬미함으로써 자신의 서사시 또한 영원할 것이 될 수 있다고 믿는다. 하지만 『메시아』라는 문학텍스트는 성스러운 텍스트도 아닐뿐더러 성스러운 텍스트가 되고자 하지도 않는다. 비자율적인 이차문헌적 문체의 특성과 더불어 칭송으로 도색된 교화적 텍스트로 볼 수 있기 때문이다. 클롭슈토크는 성서해석적인 텍스트를 통해 독자들이 텍스트 외부에 이미 존재하는 진실, 말하자면 기독교의 성스러운 텍스트에 전승된 진실에 대해 감복하게끔 하고자 했다. 이미 이러한 진실을 믿고 있는 독자에게 "묘사, 시작술의 아주 내적인 힘"을 통해 이 진실을 다시 한 번 강렬하고 설득력 있게 느끼게 만드는 것이 과제였다. 그럼으로써 기독교의 진실은 이 작품을 읽기 위한 전제가 되며, 이 서사시는 기독교도가 기독교도를 위해 만든 기독교문학이 된다. 여기서는 독자와 시인이 서로 기독교도임을 확인하는 것이 무엇보다 중요하게 여겨질 뿐, 기독교적 진실 외의 것은 문제시되지 않는다.

문학체계에서 자율성의 미학이 등장한 이후 문학이 종교를 위한 수단이 되거나 종교를 위해 복무해서는 안 된다는 것은 널리 인정된 합의였다. 이때부터 문학을 통한 종교적 찬사나 교화는 문학인지 의심을 품게 하는 문체적 특성으로 간주되어 금기의 대상이 되었다. 나아가 문학이 주어져 있는 진실에 관심을 갖고 이것을 묘사해야 한다는 문학관은 문학적 묘사를 통해 진실이 발견될 수 있다는 새로운 문학관에 자리를 내주게 되었다(Auerochs 2001, 86). 성스러운 텍스트의 규범적인 우월성을 인정하는 것도, 그 텍스트에 대한 경건한 부연설명도 결코 문학의 본령이 아닌 것이다. 오늘날 문학의 언어가 문학보다 우월한 언어의 파생물이라거나 시인이 결코 독자적인 언어를 구사할 수 없다고 한다면 언어도단으로 여겨지는 것과 같은 이치이다. 정전이론적으로 말하자면 어떤 문학텍스트가 정전의 지위를 쟁취할 수 있는 조건은 그 자신의 고유한 특성을 통해서야 가능하다. 정전형성과정에서 필연적인 다른 텍스트와의 경쟁에서 승리하기 위해서는 우월하다고 여겨지는 다른 텍스트, 예컨대 성경 같은 텍스트의 기본이념에 전적으로 의존하는 것은 방해만 될 뿐이다. 어떤 텍스트가 무엇인가에 대한 예찬이라면 이 텍스트는 미적인 특질이 없는 것과 마찬가지이다.

『메시아』는 탄생 이래 오늘날까지 문학과 종교의 틈새에 끼어 있는 불행한 존재이다. 종교의 측면에서 보면 시적인 면에서의 높은 성취에도 불구하고 이차적인 교화텍스트로서 무상함 외에는 기대할 게 없다. 역으로 문학전통과의 관련하에서 볼 때 "언어의 고양"을 통한 『메시아』의 시적 성취는 이 텍스트가 봉사하고자 했던 교화성이나 비의적인 장광설로 인해 가치를 상실한다. 나아가 『메시아』의 운명을 통해 역사적 변화를 수용하는 개방적 정전에서도 분명한 경계선이 존재한다는 것을 알 수 있다. 종교적 경건함으로 무장된 많은 동시대인들은 『메시아』가 신에 의해 주어진 사명이라는 클롭슈토크의 믿음에 공감했고 이 작품이 분명 불멸할 것으로 확신했다. 하지만 어떤 작품이 한때 의미 있는 것으로 여겨졌다고 해서 반드시 개방적 정전으로 수용된 것은 아니다. 한 작품이 특정 시대를 대표했다는 사실이 정전으로 수용되는 자격증이라고 가정한다면 한때 불멸했던 것은 영원히 불멸할 것이고, 과거에 인정받은 작품은 모두 기념비적 불멸성을 보장받을 수 있을 것이며, 문학정전은 언제나 새로 나오는 작품들로만 채워질 것이다. 하지만 개방적 정전의 개방성 원칙은 과거와도 관련을 맺고 있어서 당연하지만 옛날의 작품들도 나중에 정전으로 수용되거나 배제될 수 있다. 정전이 문학체계 내적으로 재편성될 때는 가능한 한 어떤 작품도 배제하고자 하지 않는다. 그때마다의 현재와 생동적인 관계가 맺어지면 어떤 작품이라도 식물적인 불멸성의 불씨를 되살릴 수 있다. 또한 계시종교의 폐쇄적 정전이 미래의 세대에게 과거의 표준적인 권위를 통용시키려는 의도를 가지고 있었다면, 개방적 정전을 특징으로 하는 문학체계는 미래의 세대들에게 무엇이 통용될지 스스로 결정하도록 위임한다. 그래서 불멸의 전형을 추구한 18세기의 성스러운 시문학은 정전화과정의 역사성을 이겨내지 못하고 원래는 그들의 불멸성을 보장해야 마땅한 어떤 것으로 인해 훗날의 세계에서 망각되는 역설적 상황에 빠진 것이다. 종교적 시인(poeta theologus)이 기념비적 불멸성을 희구했던 폐쇄적 정전으로서의 성스러운 시문학은 이렇게 문학정전의 역사화 현상을 증언하고 있다.

II.

근대문학의 형성과 문학정전

01 자율적 문학체계의 탄생

정전의 역사는 전형으로 여겨지는 작가와 저작을 선택하여 전승한 역사이고, 종교경전 같은 경우 영원무궁한 성스러움과 관련되어 있기 때문에 정전에는 언제나 보편화의 경향이 내재한다. 모든 시대를 초월하여 모든 시대에 통용되어야 하는 것이다. 말하자면 정전텍스트에는 마치 인류학적 상수와 같이 모든 문화를 포괄하는 초시대적 가치가 포함되어 있다고 전제된다. 이러한 가정은 문학정전에 대한 논의에서도 언제나 강조되어왔지만 다른 한편으로는 이미 오래전부터 논란의 대상이 되어왔다는 것도 부정할 수 없다. 정전연구가 본격화되기 전부터 말하자면 1970년대의 문학사회학연구에서도 문학정전은 취향을 주도하는 계층이 선호하는 텍스트유형으로 상대화되어 관찰되었다. 최근의 정전연구에서도 여러 관점에서 정전의 보편성이 논박된다. 먼저 정전의 역사를 구체적으로 연구하면 정전은 철저하게 역사적이며, 얼마든지 변화 가능하다는 점이 부각된다. 역사와 시대의 요청에 따라 정전이 부침의 대상이 되어온 예는 경험적으로 얼마든지 밝혀질 수 있는 현상이다. 현재로 시각을 돌려보더라도 정전은 더 이상 보편성이라는 규범적인 요구를 견지할 수 없으며, 경험적인 차원에서 하나의 정전이 아니라 복수의 정전이 중재되어야 할 필요성은 눈앞의 현실로 대두되어 있다. 오늘날 중등학교의 문학교육에서 소위 고전 정전이 겪는 위상변화와 문학의 위기는 학생들의 연령대와 눈높이를 고려한 텍스트의 선택과 복수정전의 제공을 통해 우회하거나 만회할 수밖에 없다. 포스트모더니즘을 위시한 현대의 철학적 성찰에서도 정전은 더 이상 확고부동한 철옹성으로 간주되지 않는다(Heydebrand/Winko 1994, 132f.).

근대에 들어선 이후 정전이 어떠한 역사적 조건에서 어떠한 변화과정에 맡겨지는지 연구할 때 18세기 후반의 시대전환기[1]에 대한 분석은 필수적이다. 정전연구의 관점에서 보면 우선 이 시기에 이르기까지 고대의 권위와 후광하에 보편적인 단수의 정전이 존재했고, 이 정전이 문체와 양식의 전형이자 통용되어야 할 가치의 패러다임으로 변함없이 전승되었다는 식의 진단은 일면적이다. 오히려 고대의 정전을 갱신하려는 반反정전[2]이 늘 대두되었고 정전과 반정전 간의 끊임없는 갈등과정에서 문학이

1 직역하면 "시대 사이의 문턱" 정도로 옮길 수 있는 시대전환기(Epochenschwelle)라는 개념은 철학자 한스 블루멘베르크(Hans Blumenberg)가 앞선 시대와 후속 시대 사이의 시대공간을 지칭하기 위해 도입한 역사서술 범주이다. 시대 간의 분명한 경계와 달리 "시대전환기"는 과도기라는 측면에 방점이 찍혀 있다(Blumenberg 1976).

2 지배적인 정전을 해체하려는 요구와 관련해서는 반정전이라는 개념이 유용하다. 독일어권 문학정전 자체가 성공적인 반정전화프로젝트의 예다. 1800년 이래 독일민족문학은 학문적 담론을 통해 점차 민족정전으로 인정받으면서 교양계층의 일상문화에서 고대 고전작가보다 우월한 지위를 점했다. 장르사적으로 보자면 소설이 문학사에서 성공적으로 등장한 것도 반정전의 정전화로 이해된다. 1770년대까지도 열등하고 해악적인 문학으로 거부되던 소설이 몇 십 년 후에는 특히 선호되는 장르로 자리 잡은 것이다. 급격한 정치적·사회적 변화과정에서 등장하는 반정전의 배경에는 사회적 장벽과 대표적인 문화권력을 파괴하려는 시도가 있다. 1980년대 이래의 미국의 정전논쟁에서는 소수

점차 근대화의 길로 들어섰다고 볼 수 있다. 그럼에도 고대의 문학적 전범이 늘 위계질서의 최상단을 차지하고 그 권위가 쉽게 흔들리지 않았던 이유는 사회적 상류계층이 정전을 통해 권력행사와 권력유지라는 기능적 가치를 실현하기 위해 엘리트교육을 위한 학교에서 전통적인 핵심정전 위주로 정전을 전승시켰기 때문이다(Schulz-Buschhaus 1988, 46). 그러나 사회가 사회 전체에 대하여 기능적 관계를 갖는 자율적인 부분체계로 분화하고 이에 따라 평등하고 다원주의적인 가치가 통용되는 사회로 진화하면 그때까지 통용되던 정전의 권위는 점차 합법성의 토대를 상실한다(Hahn 1987, 34ff.; Stanitzek 1992, 112).

18세기 후반의 시대전환기는 바로 이런 식으로 종교이념을 정점으로 하는 위계질서가 와해되면서 문학도 문학 자체의 목소리를 갖기 위해 사회의 부분체계로 분화를 시작한 과도기이다. 문학은 사회의 부분체계로 기능하면서도 문학체계 고유의 작동논리를 통해 사회로부터 독립적인 지위를 보장받기 위해 문학의 자율성이라는 프로그램을 내세웠다(Luhmann 1985, 21f.). 이 프로그램에서 가장 먼저 대두되고 가장 강하게 작동한 것은 천재 담론이다. 바람직한 작가상은 창조적 천재의 위상과 결부되었고, 천부적으로 주어진 존재인 천재에 의해 생산된 문학만 예술로서의 가치를 지닌 것으로 여겨진 것이다. 천재의 실제적인 의미는 천재의 미적인 형상 자체, 예를 들자면 베르터와 같이 예술성을 지닌 인물을 통해 산출되었는데, 천재라는 새롭고 독창적인 개념의 도입은 전통문

인종과 페미니즘 비평 그리고 포스트모더니즘문화이론의 관점에서 반정전이 대두되었고, 대학의 독서목록이 낡은 엘리트문화의 상징으로 강하게 거부되었다(Korte 2002, 27).

학과의 가장 두드러진 단절을 의미했다. 이에 따라 독자도 독특하고 진기한 천재에게서 언제나 새로운 것을 함께 느껴야하는 존재, 즉 "고독한 독자"(Heydebrand/Winko 1994, 134)로 거듭나야 했다.

천재 담론과 함께 자율적 문학체계의 탄생과정에서 특히 주목해야 할 것은 대개의 경우 작가들 스스로에 의해 전개되고 설정된 문학프로그램이다. 과도기의 문턱에 선 독일의 작가들은 문학의 혁신과 독창성을 기치로 내세웠다. 그러나 그들의 문학이나 문학프로그램이 진정한 혁신과 독창성으로 비쳐지기 위해서는 전해 내려온 문학정전의 존재가 전제되어야 했다(Heydebrand 1993). 아들이 아버지를 부정할 때 아버지가 전제되는 것과 마찬가지 이치인바, 전통적 정전을 무조건 배척하고 존재 자체를 무시하는 것이 능사가 아니라, 전통과 스스로의 입장을 구분하고 경계 지으며 갈등관계를 과시하고 증폭시킴으로써 혁신과 독창성을 드러낼 수 있었기 때문이다.[3] 이렇게 보자면 비록 의도적인 단절과 경계설정을 위해 대립적인 상을 만들어낼 목적에서이긴 했지만 과거의 문학발전에 대한 모델을 구성하는 것은 불가피한 일이었다. 규범으로 여겨져왔던 과거의 문학전통이 계속 이어질 수 있었던 것은 이러한 이유 때문이다(Schulz-Buschhaus 1988, 46ff.).

이에 따라 문학정전의 지형도 중층적인 구조로 변화되었다. 전통으로 전승된 단수의 문학정전이 초민족적인 고전작가, 민족문학작가 그리고 동시대의 현대작가를 아우르는 복수의 문학정전으로 확대개편된 것이다. 더욱이 작가와 비평가들은 종종 학파나 그룹을 결성한 후 전승된 문

3 헤럴드 블룸(Harold Bloom)은 이렇게 지나간 것을 부정하는 양태를 그의 유명한 저서 『영향의 두려움』에서 친부살해라는 테제로 공식화한 바 있다.

학작품 중에서 자신들의 문학적 이해관계에 부합하는 작품만을 정전으로 내세우기도 했다. 독일 계몽주의 이래 바이마르 고전주의와 낭만주의에서 그리스의 고전작가와 프랑스의 의고전주의 그리고 영국의 셰익스피어를 서로 다른 입장에서 수용하거나 비판한 것도 이러한 맥락에서 이해할 수 있다. 또한 오늘날 문학사에서 바이마르 고전주의로 불리는 바이마르의 문학적 유파가 막 모습을 드러내기 시작했을 때 이에 자극받은 일단의 작가들이 낭만주의라는 거대한 반정전의 기치를 내세운 것도 우연이 아니다. 이후 바이마르 고전주의와 낭만주의는 소위 독일문학의 고전기로 지칭되는바, 후대의 많은 독일작가들이 독일고전의 권위를 부정하지 않으면서도 한편에서는 바이마르 고전주의에 대해 다른 한편에서는 낭만주의에 대해 친화성을 보이거나 거리를 두는 것은 독일문학의 짧은 역사를 놓고 볼 때 어쩔 수 없는 자연스러운 현상이다.

독창성과 천재라는 개념과 더불어 문학이 개인화되는 과정에서 특히 예술로서의 문학의 자율성이라는 도그마는 이 시대 이후 문학체계의 진화과정에서 문학의 연속성과 공통분모가 유지되는 전제로 작용했다. 그래서 시대전환기의 문턱을 넘어선 이후에는 자율성이라는 도그마가 지배하는 가운데 목적지향적이고 교훈적인 요소로 채색된 문학은 문학체계에서 소외되거나 소외된 상태로 남았고, 정전화의 가능성에서 배제되었다. 소위 예술적 가치를 인정받을 수 있는 문학은 자율성을 지향했고, 자율성이라는 새로운 가치평가기준은 문학정전의 필요충분조건이 된 것이다.

또한 문학을 둘러싼 환경의 급격한 변화는 독자의 독서태도에도 영향을 미쳤을 뿐만 아니라 전문적인 문학비평가의 역할을 요구했다. 일단 독자의 입장에서는 고대의 전통이 권위를 상실함에 따라 새로운 독서대상을 찾아야 했다. 더욱이 문자해독인구가 급격하게 증가하고 여성도 독서활동에 가세함에 따라 많은 사람들의 독서욕구를 해결해줄 길잡이가 필요했고, 서적시장의 대량생산은 선택적 독서를 불가피한 일로 만들었다. 무엇을 선택해서 어떻게 읽어야 하는가의 문제가 절실한 당면과제로 대두된 것이다. 난독을 예방하는 "다이어트 조치"(Heydebrand/Winko 1994, 135)의 전문가가 활동하는 문학비평이라는 제도는 이러한 상황에서 탄생했다(Berghahn 1985, 16ff.). 문학비평의 초기 단계에서는 전승된 읽기방식이 추천되었다. 성서나 고대의 모범작가들의 작품을 읽을 때와 같이 반복적인 독서의 중요성이 강조된 것이다. 닥치는 대로 읽고 마음대로 삼킴으로써 소화불량에 걸리는 것보다는 정통학자들처럼 반복해서 집중적으로 읽고 형식적이고 문체적인 특질까지도 소화해야 했다(Stanitzek 1992, 113). 그러나 초기 낭만주의 비평에서는 새로운 독서규범이 제시된다. 육체와 감각의 규율화라는 부작용을 낳는 반복적인 독서, 즉 무조건적인 정전의 전유보다는 옛것과 새로운 것과의 차이를 인식하고 새로운 옛것인 민족고전의 의미를 찾아내는 독서가 권장되었다. 그런데 다른 것을 서로 구별할 줄 알고 같지 않음을 인정할 수 있는 독서에 대한 요청, 즉 차이의 원칙이 등장한 것은 획기적이다. 왜냐하면 자료정전[4]

---

4 정전연구가 정전의 존재에 대한 문제제기와 비판에서 정전이라는 실체에 대한 다양한 문예학적 연구로 바뀌면서 정전연구를 위한 전문용어도 새로 등장했다. 이러한 전문용어는 『정전·권력·문화』의 편집자인 하이데브란트(Renate von Heydebrand)가 학술대회의 결과를 정리하여 이 책의 끝에 게재한 글 「요약 시도」(Heydebrand 1998)에서 최초로 정립되었다. 자료정전과 해석정전은 정전과 정전형성의 특징을 설명할 때 가장 중요한 개념이다. 여기서 자료정전은 잘 알려져 있거나 애호되거나에 상관없이 한 공동체 내에 존재하는 질료성을 가진 모든 텍스트를 일컫는 것으로, 구체적으로는 많은 수의 작가나 작품을 의미한다.

의 의미로만 존재하던 옛것을 새로운 방식으로 바라볼 수 있는 대상으로 간주함으로써 해석정전[5]이 탄생하기 때문이다. 정전으로서 가치가 있는 텍스트일지라도 반복해서 읽고 새로 읽을 때마다 매번 다른 것을 발견할 수 있어야 한다는 요청은 후기구조주의와 해체주의를 통해 오늘날에도 여전히 강조되는 독서의 원칙이다.[6]

정전으로 전승된 것을 개혁하려는 시도는 결과적으로 문학 생산자에게나 수용자에게나 똑같이 새로운 것에 대한 요구로 귀결되었다. 반복하자면 생산자의 입장에서는 옛것과의 차이를 만들어내고 수용자의 입장에서는 옛것과의 차이를 인식하고 인정하는 가운데 새로운 것이 늘 존재해야 하는 차이의 원칙이 문학체계를 가동하는 역동적 추진력으로 자리잡았다.[7] 특정한 목적이나 교훈을 위한 문학이 아니라, 의미를 상실한 종교적 권위를 대신하여 윤리와 인식을 매개하는 기능을 수행하되, 어디까지나 미적이고 자율적인 예술로서 새로운 위상을 포기하지 않는 문학만

---

5 하이데브란트의 정의에 따르면 해석정전은 "정전에 내포된 기준 및 가치표상과 정전이 대변하는 프로그램을 내레이션의 형식으로 그리고(또는) 권위 있는 작품해석의 형식으로 담고 있다."(Heydebrand 1998, 616) 이러한 해석정전은 역사에 따라 변한다. 자료정전이 핵심정전이나 대표정전으로 변할 수 있는 것은 이러한 해석정전의 작용 때문이다.

6 예컨대 롤랑 바르트는 『S/Z』에서 "반복적 독서만이 (...) 텍스트를 반복으로부터 지켜낸다(반복해서 읽는 것을 소홀히 하는 사람은 어쩔 수 없이 언제나 똑같은 이야기를 읽게 된다)."(Barthes 1976, 20)라고 말하고 있다. 여기서 "똑같은 이야기"로 읽지 않는 방식은 곧 해석정전의 의미를 강조하는 것이다. 독서방식이 서로 모순적이고 상반되기 때문에 텍스트는 언제나 미결정성이 특징이라는 점을 강조하는 해체주의의 독서도 전통적인 해석정전의 불가피성을 급진적으로 표현한 것으로 볼 수 있다.

7 차이의 원칙이라는 규범이 확립되는 과정에서는 당연히 경쟁의 원칙이 작동했다. 이렇게 보면 문학체계에서 차이와 경쟁의 원칙은 살아남기 위해 언제나 상품의 혁신을 기치로 내세우는 자본주의의 시장경제와 구조적으로 유사하다.

이 정전화될 수 있었다.[8] 특히 이러한 문학은 엘리트계층에 속하는 작가와 비평가들에게서뿐만 아니라 문학의 특수하고 미적인 의사소통형식에 지속적인 관심을 가진 독서층에 의해서도 옹호되고 수용되었다. 이로써 문학은 새로운 미학적 인습에 따라 생산, 분배, 소비될 수 있었고, 교훈과 오락 기능을 수행하는 차원을 넘어 사회에 대한 관계에서 미적 의사소통이라는 새로운 기능을 중심축으로 내세우며 스스로의 가치와 위상을 급진적으로 재구성했다.

독일에서 특히 낭만주의자들이 세계문학정전을 정립하고자 한 것은 이러한 문학엘리트의 관심과 이해관계에서 비롯되었다. 이들에게 세계문학정전은 새로운 지평을 통해 계속 가공될 수 있고 다양하게 해석될 수 있는 무한한 가능성을 담보해야 했다. 이렇게 정전이 되풀이해서 읽힘으로써 한편으로는 옛것과의 대화를 의미하는 해석학적 작품해석의 전통이 시작되었고, 또 다른 한편에서는 해당 작품의 작가를 아예 고려하지 않거나 작가에 대해 비판적인 입장을 견지하며 수행되는 완전히 새로운 해석도 등장했다. 현재의 지평을 전통에 밀어 넣음으로써 해석학적인 지평의 융합을 시도하든 아니면 비판적으로 전통을 해체주의하든 간에 중요한 것은 과거의 전통과 관련을 맺는 모든 시도에서는 차이의 원칙이 절대적인 규범으로 작동한 것이다. 여기서 특히 반복독서의 대상이 될 수 있는 것, 다시 말해서 새로운 지평하에서도 늘 새로움을 제공할 수 있는

8 다만 이러한 원칙으로 인해 18세기 이후 서구문학에서는 동일한 유형의 정전이 지속적으로 창출되고 옹호된다는 점에서 일방통행로로 비칠 수도 있다. 여기에 대해서는 이 책의 IV. 4. 참조.

작품과 작가들만 정전으로 인정되었다는 것은 자명하다.[9]

반복적인 독서가능성의 원칙이 과거의 작품을 선별하여 정전으로 삼는 기준이 되었다면 현재의 새로운 작품이 정전의 가치가 있는 영역으로 진입하기 위한 기준은 다름 아닌 "전통의 문지기" 역할을 수행하는 문학비평가들에 의해 "계속해서 다시 거명되는 원칙"이었다(Heydebrand/Winko 1994, 137f.). 그러나 자료정전으로 진입했다는 것과 이 자료정전이 특정한 가치를 재현하고 있다고 인정받는 것과는 완전히 별개의 문제였다. 역사적이고 개인적인 맥락에서 행해지는 모든 해석은 어떤 텍스트에 어떤 가치들이 재현되어 있는지 서로 다르게 볼 수 있기 때문이다. 새로운 자료정전 또한 해석정전의 역동성에 내맡겨진다. 그러나 역사적으로 보면 특정한 해석과 가치를 특권화하고 이것을 최소한 일시적이나마 정전화의 기준으로 삼았다는 사실을 알 수 있다. 실제적인 목적에서 합의를 형성하고 이를 바탕으로 해석정전을 도출한 것이다.

해석의 무정부주의 대신 특정한 해석정전이 불가피했던 이유는 무엇보다도 학교라는 교육제도 및 문학엘리트와 다른 관점에서 문학을 대하는 대중의 기대 때문이었다. 작가와 비평가가 창의적인 능력과 개인적

---

9 정전의 발생과정에 대해 특히 주목하는 연구에서는 이러한 기준, 다시 말하면 반복적 독서를 견뎌내며 늘 새로움을 제공하는 내구력이 정전성과 지속적인 정전화의 외형적 기준이라는 점이 일반적으로 인정되고 있다. 반면 정전의 발생을 상이한 기준들의 끊임없는 투쟁으로 보는 연구도 많다. 역사적으로 어떤 작가와 작품들이 정전화되고 또 탈정전화되는지를 상세히 분석해보면 미적 기준보다는 종교적·도덕적·민족적·정치적 기준들이 더 큰 영향을 끼친 현상을 드물지 않게 규명할 수 있기 때문이다. 또한 반복적으로 읽을 만한 가치가 있는 것이 정전성의 일차적 조건이라는 관찰방식과 상이한 기준들의 투쟁이 정전의 발생을 낳는다는 견해에 거리를 취하면서 대부분 제도적인 권력이 정전의 발생에 결정적인 역할을 한다는 주장도 만만치 않다(Heydebrand/Winko 1994, 137). 이러한 주장은 대개 미국에서의 정전발생을 연구한 영미권 학자들이 대변하고 있다.

선호에 따라 작품을 선택하고 전승된 것과 대립적인 새로운 해석을 내놓았던 반면, 대중은 장기적인 삶의 지표가 될 수 있고 자신의 정체성에 긍정적으로 작용할 수 있는 문학작품을 원했다. 전문가들의 전문지식에 좌우되는 정전보다는 현실적인 이유에서 실체적인 것이 재현된 문학작품을 기대한 것이다. 대중이 원하는 문학작품은 가치나 문체의 차원에서 모두 보편타당성을 인정받아야 했고, 작품의 의미 또한 확정적인 해석을 통해 뒷받침되어야 했다. 자료정전 중에서 자아실현에 유익한 가치를 제공하는 작품을 선택하는 것은 그만큼 현실적인 문제였다. 그래서 18세기 중반 이후부터 특히 1800년경까지 학생과 독자 교육에 책임이 있는 교사와 교육자들에게는 정전을 확정하는 일, 즉 정전형성이 아주 시급한 과제로 대두되었다(Kittler 1987, 146ff.). 근대 이전에 정전을 취급했던 방식처럼 실질적인 미적·윤리적 가치를 중재할 수 있는 기준과 학교의 문학수업에서 적용할 수 있는 실용적인 기준을 충족하는 작품이 필요했던 것이다. 교육자들은 그래서 근대 이후 문학의 특징인 혁신적인 것, 실험적인 것, 반도덕적인 것의 수용을 억제하는 대신, 불사조처럼 영원히 죽지 않는 가치를 지닌 고전을 원했다(Gumbrecht 1987, 284).[10]

19세기를 거치며 20세기 초까지 학교교육의 목표와 교양시민계급의 입장에서 독일의 민족문학정전이 확정되고 강조되었다는 것은 이미 많은 연구를 통해 규명되었다. 사회사적으로 볼 때 대규모의 출판사업도

---

10 1800년경에 특히 정전형성에 대한 요구가 커진 것은 특히 학교에서의 독일어수업을 위한 실제적인 관심에서 비롯된 측면이 크다. 독일어수업의 초창기에는 공공의 문제에 대해 의견을 개진하고 해결책을 모색하는 데에 도움이 되는 정전교육에 치중했고, 1830년대 이후 독일민족문학사서술의 시대에는 문학을 통한 민족의 정체성형성을 위한 문학정전을 교육했다.

정전의 확립과 확산에 기여했으며, 특히 1867년 11월부터 시행된 출판법은 독일문학의 정전형성을 결정적으로 촉진했다. 민족고전작가의 작품이 자유롭게 출판될 수 있었기 때문이다. 민족문학사서술의 시대로 불리는 이 시기에 민족문학사는 소위 독일 고전주의[11]와 낭만주의를 척도와 귀감으로 삼았다. 독일 고전주의와 낭만주의가 정전으로 선택된 것은 작가와 비평가들의 영향뿐만 아니라 옛것과의 차이와 혁신을 문학정전의 결정적인 기준으로 인정한 문학애호가들의 취향도 작용했다. 그럼에도 불구하고 고전주의와 낭만주의가 문학사의 정전으로 수용된 것은 꼭 혁신적 요소 때문이라기보다는 문학사 집필자들의 생각에 이 시대의 문학이 문학역사의 진행과정에서 특정한 구조를 생성한 결정적 발전단계를 대표한다고 보았기 때문이다.

민족문학사서술의 시대는 또한 해석정전이 형성된 시대이기도 하다. 민족문학이라는 기치에 부응하고자 했던 대중적인 비평가, 학생 교육을 위해 출판된 학업본[12]에 실린 주석과 해제, 문학사에서 강조된 작가와 작품 등을 통해 해석정전이 고착된 것이다. 괴테와 괴테의 작품에 대한 대표적인 해석정전의 예를 들어보자. 먼저 괴테의 드라마 『타우리스 섬의 이피게니』(1787)는 괴테의 인본주의를 상징하는 드라마로 해석되었다. 이러한 해석정전의 전통은 바이마르공화국 때 독일 정신사의 대가이자

---

11 괴테, 실러가 소위 독일 고전주의로 자리매김하는 과정에 대해서는 고규진의 2012년 연구 3장 「근대 문학정전 형성의 역사적 예: 독일 고전주의」를 참조.

12 학업본에서 가장 핵심적으로 강조되는 것은 텍스트에 대한 주석인데, 역사비평본과는 달리 학업본의 주석은 아주 넓은 의미에서 텍스트에 대한 해설을 목표로 삼기 때문에 분석적이고 설명적인 기능이 우선된다. 나아가 학업본의 해제는 텍스트를 둘러싼 역사적 환경에 대한 사실 설명에 그치지 않고 현재적 시점에서 텍스트 이해 또는 상이하게 대치되어 있는 해석의 착안점들에 대한 지적도 포함한다(고규진 2010, 260).

최고의 독문학자로 꼽혔던 프리드리히 군돌프Friedrich Gundolf가 괴테를 다룬 저서에서 이 드라마를 독일 인본주의의 복음으로 상찬한 데에서 확연하게 확인된다. 유럽의 독문학자들이 대개 시대전환기의 독일문학을 전체 유럽의 낭만주의 사조의 변종으로 이해하는 반면, 독일에서는 오늘날까지도 이러한 해석정전의 전통에 의거하여 괴테는 독일적 고전시대를 대표하는 고전작가로 우뚝 설 수 있었고, 그럴수록 『타우리스 섬의 이피게니』는 괴테와 고전 고대, 유럽의 인본주의사상과 독일의 신인본주의의 가교로 남아 있어야 했다. 또한 괴테의 소설 『빌헬름 마이스터의 수업시대』는 젊은 주인공이 자기 자신 및 사회와도 조화로운 관계를 맺음으로써 교양을 성취하는 교양소설의 전범으로 해석되었는데, 이러한 스테레오 타입의 해석정전은 최근까지도 진행형이다. 교양소설이라는 개념을 통하여 해석되는 작품목록은 독일소설사의 중요한 작품 전체를 망라하고 있을 정도로 강력한 힘을 발휘한다. 이렇게 정형화된 해석정전은 1960년대 이후에야 부분적으로 문제시되었지만, 그럼에도 불구하고 아직도 통용될 수 있는 이유는 19세기의 인본주의적 사회적 규범과 교양이념이 오늘날까지도 지속되기 때문일 것이다.

02
자율적 문학체계와 여성문학

세기전환기는 여성의 문학활동과 관련해서도 중대한 의미를 지니고 있다. 근대 이전에는 여성이 대부분 교육을 받거나 공적 활동을 할 기회가 없어서 사회적 신분이 높은 극소수의 여성만 문학활동을 할 수 있었다. 시대의 문턱에 올라선 이후에야 비로소 여성이 작품활동을 시작할 수 있었고, 이때부터 여성작가에 대한 편견과 훼방이 대두된 터라 정전형성과 여성작가의 관계를 살펴보기 위해서는 이 시대에 주목해야 한다. 미리 말하자면 문학비평과 정전형성에서는 언제나 성별차이가 작품을 평가하는 기준이 되기 시작했고, 이러한 정전비평은 여성작가가 늘 핸디캡을 가진 상태에서 활동할 수밖에 없는 환경의 시발점이 되었다. 정전화과정에서 여성작가를 폄하하고 사갈시한 근본적인 이유를 분석하기 위해서는 특히 두 가지 역사적 사실이 중요하다. 그 하나는 남성과 여성의 본성차이를 토대로 남성과 여성이 상호보완적인 관계라는 성 모델이 정립된 것이다. 남성성과 여성성에 대한 엄격한 기준이 확립되고 이러한 성 모델의 규범이 엄격하게 교육되었다.

이 규범에 따르면 문학적인 글쓰기와 글쓰기를 통해 문학의 공론장에 진입하는 것은 여성의 본질에 맞지 않는 일이었다. 성 모델에 어긋나는 행위는 곧 죽음을 대가로 치러야 한다는 협박까지 가능한 시대였다. 헤르더는 약혼녀에게 보낸 편지에서 "울어대는 암탉과 배운 아녀자는 불길한 징조이다. 우리는 둘 다 목을 잘라야 한다."(Stephan 2001, 209에서 재인용)라고 쓴 바 있었다. 이러한 섬뜩한 경고성 협박은 엄격한 성차별 분위기에서 여성이 문학활동을 위해서는 얼마나 큰 용기가 필요했을지 짐작케 한다. 또한 여성의 공론장 진입 자체를 엄청난 정치적 행동으로 본 남성의 경계심이 상상 이상이라는 것도 알 수 있다. 본성에 따르는 성별역할 차이는 유명한 실러의 『종의 노래』(1799)를 통해 잘 알려져 있다. 여성이 마땅히 가정을 현명하게 관장하고 관리하는 정숙한 가정주부이자 아이들의 어머니로서 사적 공간에 머물러야 한다면,[13] 남성들의 의무는 사회적 삶의 무대에서 공적인 생산활동을 하는 것이다.[14] 실러가 형상화한 성별역할론은 이미 18세기 말의 학문적 담론을 통해 보편화된 것으로 동시대 남성 엘리트세계에서는 그리 새로운 것도, 놀랄 만한 것도 아니었다. 가령 학문적 담론을 통해 프랑스혁명의 개척자로 일컬어지는 루소는 교육소설 『에밀』(1762)에서 여성의 본성에 맞는 자연스러운 임무는 어느 시대를 막론하고 "(우리의) 마음에 들게 하는 것, 우리에게 쓸모 있는 것, 우리를 사랑하는 것 그리고 우리의 삶을 쉽고 편안하게 해주는 것"(Behrens

13 "(...) 그리고 그 안에서는 관장한다네/ 정숙한 가정주부가,/ 아이들의 어머니가,/ 그리고 현명하게 관리한다네/ 가정일에서는 (...)"

14 "(...) 남자는 밖으로 나가야 한다네/ 위험천만한 삶 속으로,/ 활동하며 노력해야 한다네/ 재배하고 거두어야 한다네,/ 수단방법을 다해 끌어 모아야 한다네 (...)"

1995, 439에서 재인용)이라고 단정한 바 있었다. 모든 인간을 위한 자유, 평등, 박애라는 프랑스 혁명이념의 선각자임에도 불구하고 루소는 성 담론에 관한 한 철저하게 남성적 권리의 옹호자였다.[15] 요컨대 이러한 여성관이 지배적인 학문적 담론으로 정착되고 여성적 규범이 엄격한 교육의 대상이 된 시대에 여성이 문학활동을 통해 공론장에서 자신의 목소리를 관철하려는 것은 너무나 한계가 분명한 위태로운 모험이었다.

정전화과정에서 여성 내지는 여성작가의 불이익과 관련된 또 하나의 역사적 요소는 여성작가의 문학적 성향과 관련된 것이다. 계몽주의 때부터 프랑스와 영국 그리고 뒤이어 독일에서 여성문필가들이 소설을 쓰기 시작했고, 이들은 많은 후배 여성작가들에게 본보기가 되었다. 그런데 이때의 여성문필가들은 재미있고 교훈적인 것을 추구하는 문학전통, 즉 "유익함과 즐거움"이라는 타율적 미학의 전통을 따르고 있었다. 역설적이지만 바로 이러한 타율적 미학의 글쓰기가 소설을 쓰기 시작한 여성문필가들이 작가로서 인정받을 수 있었던 전제였다(Heydebrand/Winko 1994, 140). 예를 들자면 계몽주의시대에 독일 최초로 여성에 의해 쓰인 소설인 라로슈Sophie von La Roch의 『슈테른하임 양 이야기』(1771)가 익명으로 출판되었을 때 도덕적이고 섬세한 감수성을 부각시켰던 발행인 빌란트의 서문이 이후 여성작가의 글쓰기와 여성작가로서의 기준에 범례적으로 영향을 끼쳤다. 그 결과 현대적 의미에서 정전이 형성되는 결정적 시기인 1800년경에도 여성의 경우 "유익함과 즐거움"이라는 문학적

---

15 올랭프 드 구주(Olympe de Gouges)의 『여성의 권리』(1791), 메리 울스턴크래프트(Mary Wollstonecraft)의 『여권의 옹호』(1792), 테오도어 고틀리프 폰 히펠(Theodor Gottlieb von Hippel)의 『여성들의 시민적 개선에 관하여』(1792)에서도 동일한 여성관이 나타나 있다.

효과를 증명할 수 있는 작품을 쓸 경우에만 저자성을 지닌 여성작가로 인정되었다. 역설적이지만 동시대 이후의 문학적 의사소통에서 여성작가가 저자성을 인정받기 위해서는 예술로서의 문학과 자율미학을 추구하던 남성작가와는 다른 글쓰기방식을 고수해야 했다. 여성작가에게 글쓰기방식의 다양성이 가능해진 것은 20세기 들어 남성과는 다른 규범과 기준이 적용되었던 여성의 사회화 조치가 완화되고 젠더, 즉 사회적 성의 역할을 여성 스스로 규정할 수 있는 공간이 확대되면서부터였다. 그 결과 의식적으로 남성적인 정전을 전유하거나 남성적 정전의 기준을 자신의 글쓰기와 가치평가의 척도로 삼을 수도 있었고, 반대로 그 기준을 여성에게는 낯선 것으로 과감하게 거부할 수도 있었다. 지난 세기 60년대 이후 페미니즘을 지향했던 일부 여성작가들은 물론 남성적인 정전의 기준을 거부하는 쪽을 택했다. 그럼에도 1800년경에 생성된 정전기준이 절대적인 영향력을 행사하고 있는 독일의 문학적 의사소통에서 페미니즘 성향의 글쓰기를 지향했던 여성작가들이 별반 인정받지 못하고 정전의 대열에서 낙오되는 있는 것은 엄연한 현실이다.

독일의 정전형성과정에서 여성작가가 남성작가에 비해 대표성이 현저하게 떨어지는 것은 지금까지 상술한 대로 1800년경 정전화과정에서 강요된 여성으로서의 역할과 여성적 글쓰기모델에 근원적인 원인이 있다. 하지만 오늘날까지 특히 독일에서 여성작가가 불이익을 받는 배경을 상세히 규명하기 위해서는 1800년 이후 김나지움과 대학 등의 교육기관에서 문학정전이 취급된 방식과 여성작가가 문학정전 중재시스템에 합류할 수 없었던 역사적 환경에도 주목할 필요가 있다. 문학체계 내부의 정전형성기제가 문학체계를 둘러싸고 있는 외부환경과 상호작용을 통하여 증폭될수록 여성작가는 그만큼 더 소외되었기 때문이다.

먼저 여성작가는 정전보다는 소위 여성문학이라는 틀에 갇히게 되어 남성 위주의 정전형성과정에서 주변화된 점을 지적할 수 있다. 천재 개념은 옛것을 부정하는 태도로서의 독창성을 정전과 결부시켰는데, 이때의 정전은 물론 남성 입장에서의 정전이었다. 정전의 대열에 합류하려는 여성작가는 남성적 문학전통에 기대야 했지만, 천재는 원래부터 남성들의 몫이었다. 그 결과 타율적인 미학에 준거한 글을 썼던 여성문필가들을 전범 삼아 여성적 전통을 계승한 대다수 여성작가의 문학은 훗날 문학중재자들의 시각에서 여성문학으로 분류되어 남성적 주류문학으로부터 배척되는 결과를 초래했다. 더욱이 19세기 내내 남성은 김나지움과 대학에서 예술적 가치가 있는 것으로 여겨진 고대 정전과 고전적인 민족문학 정전을 해독하는 방법을 습득했던 반면, 여성은 극히 예외적인 경우가 아니면 이러한 교육현장에서 배제되어 있었다. 장차 작가활동을 할 여성이 여성문학의 범주에서 벗어나 정전의 반열에 이름을 올리는 것이 더욱 요원해지는 상황이 지속된 것이다. 또한 똑같은 이유에서 여성은 형식과 문체의 기법에 대한 관심을 갖고 작품생산과 독서의 생산성 측면에서 혁신을 추구한 해석학적 모델을 익힐 수 없었던 탓에 전통적인 여성 특유의 작품생산방식을 재생산할 수밖에 없었다(Heydebrand/Winko 1994, 141). 20세기 초에 여성들에게 제도권 문학교육이 개방되어 이러한 상황이 점차 개선될 때까지 직접 문학엘리트그룹의 일원으로 활동하지 못한 여성들에게는 자율적인 문학체계에 입문하는 것이 원천적으로 차단되었던 것이다.

여성문학은 여성작가의 입장에서 어쩔 수 없는 선택이었을 뿐만 아니라 여성독자의 입장에서도 어쩔 수 없는 선택이었다. 말하자면 독자교육에서 배재된 여성은 문학엘리트그룹에 낄 수 없는 이상 전통적인 반복적인 독서모델과 독서습관을 답습했다. 여성은 문학에서 유익함과 즐거움을 기대했고, 이러한 기대는 오직 여성문학에서 충족될 수 있었다. 여성독자에게는 자율적 문학과는 다른 궤도에 있던 여성작가의 문학이 정전으로 작용했다. 어쨌든 중요한 것은 1800년 이후 문학적 의사소통에서는 타율적인 미학을 추구하는 여성작가도, 이러한 작품을 읽는 여성독자도 모두 문학에 대한 전문지식이 없는 사람들로 취급되었다는 것이다. 만약 문학엘리트그룹이 아닌 여성독자가 정전화된 남성작가의 텍스트를 읽는다면 사교모임에서 신망을 얻으려는 개인적 허영쯤으로 치부되었다. 문학엘리트와 직접 교제할 수 있었던 여성들조차도 여성이라는 단 한 가지 이유에서 동등하고 대등하게 문학담론을 나눌 수 있는 대상으로 인정되지 않았다. 이러한 편견은 여성의 문학활동에 비교적 너그러웠던 초기낭만주의 그룹에서도 예외는 아니었다. 글을 쓰는 사람은 남성이었고, 여성에게는 경건하게 경청하고 읽어야 하는 수동적 역할만 주어졌다. 문학의 생산적인 전유와 가공의 척도를 제공하는 문학비평도 당연히 남성의 전유물이었다. 19세기에는 간혹 여성비평가의 신간비평도 있었지만 주로 자율성영역에서 제외된 문학이 비평대상이었으며, 이것조차 익명으로 발표된 경우가 많았다. 여성비평가의 역할도 단순히 여성문학의 재생산에 머물렀다.

다음으로 정전화과정에서 남성의 계보가 주축을 이루고 여성이 변경에 위치한 또 다른 이유는 독일적 특수성에서 찾을 수 있다. 잘 알려져 있다시피 다른 유럽국가와 달리 소국가로 분할되어 있던 독일은 정치적 후진성을 문화국가라는 민족적 이데올로기를 통해 보상받고자 했다. 사회심리학이나 자아심리학으로 설명 가능한 이러한 보상심리가 작동하는 과정에서는 유럽문화에서 차지하는 독일인의 의미와 중요성을 과장되게 상상할 수밖에 없었는데, 당대의 상황에서 이러한 표상을 구현하는 것은 당연히 남성의 지위와 시점에서만 가능했다. 이와 관련하여 하이데브란트는 초기 낭만주의의 혁명적 경향, 성별역할차이에 대해 비교적 관대한 입장, 자율적 문학활동에의 여성의 참여허용 등도 자발적 신념보다는 독일남자의 문화적 선진성과 우월성을 과시하려는 목적에서 마지못해 그랬을 뿐 나중에는 모두 철회된다는 매우 첨예한 테제를 제시하고 있는데 (Heydebrand/Winko 1994, 143), 이러한 테제는 역사적 사실을 통해 논증될 수 있다. 먼저 프리드리히 폰 슐레겔Friedrich von Schlegel(1772~1829)은 초기 낭만주의의 혁신성을 상징하는 자신의 "점진적 보편문학"이라는 개념을 소설 『루친데Lucinde』(1799) 프로젝트로 구체화했지만 훗날 자신의 전집에 "미적 괴물"이라는 평가를 받았던 이 작품을 넣지 않음으로써 스스로 자신의 이론과 이론의 실천을 부정했다. 또한 여성이 남성과 동등하게 낭만주의 예술생산에 참여한 것과 서적시장에서 잠재적인 경쟁자로 대두된 것도 남성에게는 결국 위협으로 받아들여졌다. 시민사회에서 남성의 욕망에 의해 형성된 이분법적 성역할모델이 작동되면서 낭만주의적 여성친화성의 한계가 드러난 것이다(Schmid-Bortenschlager 1986, 145f.). 이런 의미에서 문학의 자료정전과 해석정전을 선택하는 데에도 남성의 작품이 전제조건이 되었고, 이러한 정전의 전승은 김나지움과 대학교육을 통해 추동력을 얻고 확대 재생산되었다.

우선 김나지움의 문학교육을 여성문제와 관련하여 살펴보자. 몇 세기 동안 남학생만의 전유물이었던 김나지움 독일어수업에서 다루어지는 독서정전[16]은 남성의 관심과 이해를 반영해야 했다. 평생의 독서취향이 길

16 작가의 이름, 장르, 문학사적 시대, 작품의 목록 등이 포함된 교안이나 교과과정 및 의

러지는 만큼 가장 파급력이 강한 정전기관[17]인 김나지움에서 습득되는 문화적 자본은 달변의 기술, 인본주의의 전형인 천재의 작품을 통한 교양, 국가의 자산인 고전문학작품의 전유 그리고 자율적 문학의 재생산을 위한 해석학적 의미생산능력 같은 것이었다. 그래서 19세기 후반기에 여성에게 교육기관의 문호가 개방되었을 때 여학생들은 남성의 이해관계와 가치표상에 정향되어 이미 튼실하게 제도화된 정전전통에 접목되었다. 남학생들과 같은 작품을 읽고 전문적인 독서방식을 배우게 됨에 따라 여학생들은 전통적인 여성적 사회화의 굴레에서 벗어날 수 있었다. 하지만 사회적으로 정해진 위치 때문에 여성만 경험할 수 있는 특수성 같은 문제는 자료정전이나 해석정전을 통해 접할 수 없었다. 이것은 여성의 사회화가 남성의 사회화에 흡수 통합되었다는 것을 의미한다.[18]

이러한 상황은 현재의 대학에서도 다를 바 없다. 1970년대 이후 여성

무적인 독서프로그램 그리고 권장도서목록 등을 일컫는다. 독서정전이 정전화를 매개하는 영향력 있는 수단이 이유는 제도권교육에서 시험 등을 통해 독서가 강제되기 때문이다(Korte 2002, 35).

17 정전의 선택과 전승 과정에 참여하고 공적으로 문학정전의 형성에 효과적인 영향력을 행사하는 기관을 말한다. 법적 제도하에서 정전교육을 수행하는 학교와 구속력 있는 시험제도를 통해 정전을 다루는 대학 등이 대표적이다. 이러한 기관에는 정치적·사회적 권력이 주어져 있다. 신학자들이 해석의 권력으로 감시하는 종교경전과 달리 문학정전은 매우 상이한 정전기관(학교, 대학 외에도 잡지나 시청각 매체에서의 문학비평, 서적시장, 도서관, 연극을 공연하는 극장 등)에서 다루어진다. 이 기관들은 유기적인 시스템에 의해 작동되는 것은 아니지만, 서로 다른 실천방식을 통해 정전화에 관여한다. 오늘날과 같은 매체사회에서 문학의 의미는 매체를 통해 재생산된다. 주목받지 못했던 소설이 영화나 방송극으로 성공하면 정전이 될 수도 있다(Korte 2002, 31).

18 오늘날 학교교육현장에서 여교사의 비율이 높아짐에 따라 독일어수업을 담당하는 여교사의 비율도 증가했지만 여성 특유의 삶의 경험을 반영하는 자료정전과 해석정전이 여전히 드문 이유는 여교사들이 이러한 제도를 통해 사회화되었기 때문이다.

작가에 대한 관심이 증대되면서 어느 정도 지각변동이 있었지만 대학에서도 자료정전과 해석정전을 기반으로 전통적인 남성정전이 유지되었다. 김나지움과 대학에서 전통적인 문학교육을 받고 동질적인 문학관으로 무장한 문학전문가사회에서 역사에 묻힌 여성작가의 유별난 작품세계를 연구대상에 편입하는 것은 쉬운 일이 아니다. 성별차이가 직접 남성적이거나 여성적인 시각과 연계되는 것은 아니지만, 여성교수의 낮은 비율[19] 또한 어느 정도까지는 여성작가의 불평등한 상황을 이해할 수 있는 사회사적 자료이다. 더욱이 전문적인 문학교육일수록 형식주의 미학이 관철된 문학작품을 선호하고, 문학입문수업에서 우선적으로 소개되는 신비평이나 작품내재적 해석 등은 자율미학에 충실한 문학텍스트를 전제하기 때문에 여성작가의 낯선 문학은 여전히 유별난 연구대상이다. 정전전승에 막강한 힘을 발휘하는 대학의 문학사서술 분야에서도 여성작가들은 변두리에 위치한다. 오늘날에는 문학사서술방법론이 다양해지면서 순수하게 미적인 요소만 문학사서술의 기준이 되는 것은 아니지만 그렇다고 타율적 미학에 복무하는 문학작품까지 관대하게 정전으로 재고되는 것도 아니다. 사회적 변두리그룹이나 피지배층의 문학은 집단주의적인 타율미학을 추종하기 때문에 문학사에서 중요하게 다루어지지 않는다. 간혹 직접적인 사회비판을 목표로 한 문학도 비평가의 후광을 입고 종종 정전으로 진입할 수도 있었다. 독일문학의 경우 게오르크 뷔히너Georg Büchner나 하인리히 하이네Heinrich Heine를 위시한 청년독

19 독일 대학의 문학 전공 여교수의 비율은 10% 정도이다. 20세기 후반 학생운동과 여성운동의 여진으로 대학의 여성문학이나 페미니즘문학 전공 교수 자리는 여성에게 할당되었다. 그러나 이러한 여성할당제는 결국 여성문학 외의 다른 분야에서는 오히려 여성의 교수 진입을 가로막는 역차별로 작용했다.

일파[20] 작가들이 여기에 해당하지만, 아무리 남성작가라고 하더라도 강도 높은 사회비판문학은 정전화의 가능성이 크지 않았다. 그럼에도 불구하고 분명한 것은 사회비판적인 남성작가들의 정전화 가능성이 여성작가에 비해 더 컸다는 사실이다. 여성작가는 같은 성향을 지녔다 하더라도 남성작가와 같은 대접을 받지 못했다. 이러한 차별대접의 이유가 뷔히너와 하이네의 문학이 자율미학의 형식적·문체적 요구에 부합되었기 때문인지 아니면 남성적 공통 인자因子 때문인지에 대해서는 또 다른 논의가 필요하겠지만, 이러한 예에서는 여성작가가 문학적 위계질서의 상부에 위치하는 남성들의 관심과 시야에서 여전히 벗어나 있다는 것만은 자명해 보인다.

---

20 청년독일파는 1830년 프랑스의 7월 혁명에 자극받은 자유주의적인 젊은 작가들의 문학운동을 일컫는다.

03
문학사서술과 성의 질서
독일 낭만주의 여성작가의 경우

1. 정전연구와 문학사서술의 문제

문학사는 영향력이 큰 정전형성의 기제이다. 문학사에서 선택된 작가와 작품, 즉 자료정전은 김나지움 독일어수업과 대학의 독문과에서 해석정전의 대상으로 전승되면서 핵심정전으로서의 위상을 공고히 한다. 물론 문학사서술에서 자료정전의 선택은 시대적 상황이나 새로운 문학연구방법론의 대두와 함께 변화할 수 있다. 독일의 민족문학정전은 1840년대 이후 정립된 대학 독문과의 독일민족문학사서술전통을 기반으로 유지되고 있다. 하지만 1960년대 말 이후에는 특히 사회사, 여성운동과 페미니즘 문예학, 미국의 정전논쟁과 포스트모더니즘의 영향하에서 문학사서술에 다양한 방법론이 적용되는 추세이다. 또한 매체의 발전과 더불어 문학정전의 위상과 기능이 급격하게 변하고 전통적 교양이념이 실효성을 잃어가는 후기 시민사회에서 고답적인 문학사의 정전형성기능이 독자의 요구를 시의적으로 반영하고 있는지 비판적으로 조명할 필요도

커지고 있다.

구체적으로 보자면 문학사를 통해 정전을 형성하는 절차는 적어도 두 가지 측면에서 문제가 있다. 첫째, 발신자(문학사서술)와 수신자(독자)의 의사소통적 합의를 통해 정해져야 하는 자료정전의 선택기준과 문학사서술에 적용된 정전해석방법은 가치에 대한 표상에 따라 얼마든지 논박의 대상이 될 수 있다. 그렇기 때문에 수신자의 달라진 가치평가기준을 고려하지 않는 문학사서술은 문제적일 수밖에 없다. 둘째, 발신자인 문학사서술에서 보이는 학문적 관심과 가치에 대한 표상은 오늘날과 같이 정전형성과 해석정전이 요동치는 시대에는 다른 발신자(영상매체 등)의 다양한 정보와 가치평가를 선호하는 많은 수신자의 관심이나 욕구와 일치하지 않는다. 따라서 문학사서술이라는 제도는 정전과 정전의 해석을 일방적으로 전파하고 강요할 수 있는 힘과 사회적 효력을 더 이상 유지할 수 없다는 비관적 진단(Heydebrand 2003, 16)도 얼마든지 가능하다.

독일의 문학사서술의 역사는 특히 이러한 문학사서술의 문제점을 단적으로 보여주는 좋은 본보기이다. 19세기 독일의 문학사서술에서 정립된 독일의 민족문학정전은 문화국가로서의 독일의 위상을 대변하는 문학적 성취여야 했다. 또한 민족문학정전은 민족의 교육을 위해 문학을 도구화한 해석정전에 의해 보호되었다. 그러나 거칠게 표현하자면 독일민족이, 특히 이 시기에 형성된 교양시민계급이 이러한 민족문학사서술에서 하등의 문제의식도 느끼지 못했다는 것은 영원히 아쉬운 대목으로 남을 엄중한 역사적 과오이다. 독일민족문학사서술의 문제점이 늦게나마 비로소 분명해진 것은 세계적 대재앙을 야기한 제3제국 출현의 원인이 독일민족주의의 과잉에 있었다는 반성과 함께였다. 나아가 현재에 눈을 돌리면 국가와 민족의 의미가 부차적으로 되어가는 글로벌사회에서 독일민족문학사서술에서와 같은 정전형성절차와 강단의 완고한 해석정전이 수신자와 의사소통의 단절을 겪는다는 것은 분명하다.

정전연구의 권위자인 하이데브란트는 독일 독문학계의 문학사서술에서는 현재의 상황에서도 "정전에 대한 의사소통에서의 장애"(Heydebrand 2003, 17)를 적극 고려하지 않는다고 지적한다. 독일 대학의 독문과에서는 시대의 새로운 요구를 반영하는 정전을 적극적으로 발굴하는 대신 전승된 민족고전과 현재까지 인정된 정전에만 집착한다는 것이다. 그리고 이를 보상하는 차원에서 새로 등장한 이론적 전문지식을 총동원하여 해석정전의 다양성과 완벽함을 추구하는바, 이러한 전략은 점차 약화되는 정전의 위상을 재차 공고히 하고 이를 통해 독문학의 권위상실을 미연에 방지하려는 수단에 불과하다고 비판되기도 한다(Vgl. Erhart 1998, 117f.). 독문학의 방법론적 다원주의는 소위 구속력 있는 작품에만 집중적인 관심을 보이는 것이다. 따라서 지나치게 이론적이어서 접근하기 어려운 독문학의 정전화조치와 다양한 매체를 통해 문학문화가 갈수록 탈정전화되는 사회현상 간의 괴리가 바로 독문학의 위기를 야기하고 증폭시킨다는 평가를 피할 수 없다(Erhart 1998, 118). 사실 문학문화를 뒤흔드는 가장 큰 진원지인 현대세계의 매체에 문제가 없는 것은 아니다. 이들 매체들은 정전을 방법론적 성찰 없이 피상적으로만 전유하거나 흥미와 재미를 유발하기 위해 정전을 이용한다. 그런 만큼 대학제도를 통해 까다롭고 세밀한 의미가 부여되는 문학정전이 공급되는 것과 김나지움을 포함한 공론장에서는 재미 위주의 문학이 소비되는 엄연한 현실적 모순을 해결하는 것이 문예학과 문학사서술의 당면과제이다.

이러한 과제를 해결하기 위해서는 우선 공론장에서 문학정전에 대한 공감이 갈수록 줄어드는 본질적 이유를 파악해야 한다. 먼저, 전통적 교양시민계급이 추구했던 문학의 교양가치가 점차 무기력해진다는 사실을 들 수 있다. 둘째, 젊은 세대의 여가문화에서 독서문화, 특히 고급문학의 독서는 경쟁력에서 현저하게 밀리게 되었다. 셋째, 현대사회는 더 이상 위계질서나 계층적 특성에 의해 구조화된 사회가 아니라 기능적으로 분화된 사회이다. 교양시민계급이 추구했던 가치는 상대화되며, 문학정전을 통해 추구되는 가치는 강요해도 되는 절대적 심급으로 인정받지 못한다. 넷째, 문학문화 자체도 근원적 욕구인지 아니면 필요에 의한 선택인지에 따라, 말하자면 서로 다른 사회적 기능에 의해 다양하게 나뉠 수 있다. 문학을 중재하는 매체의 원칙에 따라 제공되는 문학이 달라질 수 있으며, 고급문학보다는 갈수록 장르문학이나 대중문학이 선호되기 때문에 상이한 영역에 속하는 복수의 문학정전들이 공존한다. 동일한 수용자가 서로 다른 특성을 지닌 이러한 복수의 문학정전을 모두 받아들일 수도 있다. 교육과 계급을 통해 내재화된 아비투스로 인해 고급문화가 추구된다는 부르디외의 학설이 여전히 유효한지도 의문이다. 마지막으로 글로벌사회에서는 자국의 민족문화와 역사의 의미가 축소된다는 사실을 들 수 있다(Heydebrand 2003, 17). 인터넷에는 번역된 문학과 국경 없는 문학이 서로 무한경쟁을 벌이고 있다.

정전에 대한 관심이 쇠퇴하는 현상에 대한 진단과 대응방안은 개개인의 성향이나 문학관에 따라 상이할 것이다. 미적 감수성이 뛰어나거나 작품을 생산하는 사람들의 관심은 전승된 미적 탁월성이라는 기준에 따라 세계문학정전을 고수하고 싶을 것이며, 학문적 소통에 종사하는 학자들은 척도로 생각되는 핵심정전을 늘 모범으로 내세울 것이다. 또한 현대사회에서 전통적인 문학정전의 관철가능성에 회의적인 사람들은 기존의 문학사서술과 해석정전에 대해 전적으로 다른 평가를 내릴 것이다.

예를 들어 전통적인 문학사서술에서는 문학전문가가 아닌 일반수용자는 고려하지 않는다는 이의제기가 있을 수 있다. 상이한 영역으로 기능 분화된 오늘날의 문학문화에서 문학사서술은 이러한 부분영역에서의 정전형성을 관찰, 분석, 포용해야 하며, 미적 탁월성이라는 기준도 부분영역에 특화된 기준과 공존이 가능한지 검토해야 한다는 것이다. 나아가 자국의 역사와 문화경영을 위해서는 민족문학사서술이나 민족문학정전이 불가피하지만 배제된 작가들과 문학장르 역시 새롭게 조명해야 한다는 요구도 당연히 제기될 수 있다.

이러한 상황에서 "미적 가치와 역사적 가치의 일치"와 "정전과 문학사의 일치"(Speck 2003, 21)를 더 이상 신뢰하지 않는 진영에서는 최소한 전통적인 문학정전의 수정과 확장을 통하여 문학정전의 위기를 극복해야 한다는 목소리가 더 이상 생소하지 않게 되었다. 그중 대표적인 것이 젠더연구자들의 주장이다. 이들은 문학전통에서 여성작가들의 정전화가 미약했던 원인을 여성작가들이 자료정전에서조차 제외되고 남성적인 미학적 기준과 해석정전이 일방적으로 관철된 데에서 찾는다. 젠더연구의 관점에서 19세기 독일민족문학사에 뿌리를 두고 있는 여성작가의 배제 논리와 과정을 규명함으로써 문학사서술에 내포된 성의 질서(Honegger 1991)를 규명하는 한편 여성문학사를 통해 여성작가의 재조명과 정전화를 촉진하려는 것이다.

2. 낭만주의시대의 성의 질서

천재숭배문화와 더불어 미적 생산품으로서 문학이 상대적으로 자율적인 문화활동영역으로 분화된 18세기 말 이래 문학의 자율성 개념은 오히려 여성작가들의 저자성을 철두철미 배제하는 계기로 작용한다. 자율성은 문학과 문화의 생산을 담당하는 남성에게만 해당되는 개념으로 규정되었기 때문이다. 남성들은 여성이 생산하는 문학과 예술의 심판관으로서 여성의 문학활동에 대해 가치를 평가하는 입장을 견지했으며, 여성은 기껏해야 남성작가들에게 영감과 재능을 고취하는 뮤즈로 간주되었다(Becker-Cantarino 2000, 98). 여성작가는 어떤 작품을 쓴 작가로서가 아니라 낭만주의의 여성 또는 낭만주의의 글 쓰는 여성으로 불리면서 성적 담론으로 환원되어 게토화되었다. 덧붙여 낭만주의의 여성이라는 낭만주의자들의 담론에는 동시대의 비범한 여성들을 신화화하는 암시가 내포되어 있기도 하다(Sylvester-Habenicht 2009, 251). 여성들은 환상적이고 진실하고 독창적인 문학이라는 낭만주의프로그램을 지지하고 관철하기 위한 수단으로 간주되었다. 이러한 성별이분법은 자연법적 토대에서 남성과 여성의 기질과 특성을 확정한 결과인데, 여기에서는 훔볼트, 피히테, 헤겔을 중심으로 성차별의 근원을 살펴보자.

특히 빌헬름 폰 훔볼트Wilhelm von Humboldt의 포괄적인 비교인간학적 연구가 갖는 의미가 컸다. 이 연구는 실러의 권유로 두 편의 논문으로 집약되어 『호렌』[21]에 게재되었다. 훔볼트는 남녀의 특성 차이에서 비롯되는 성차이의 의미를 규명하기 위해 도덕적이고 육체적인 본성을 통합해서 관찰하는 방식을 택했고 육체적 성향의 차이를 바탕으로 성의 철학을 확립하고자 했다. 가장 먼저 근간이 된 사고는 생식에서 분명히 알 수

21 튀빙엔의 고타출판사에서 펴낸 월간잡지이다. 당시 독일의 문화계를 이끌던 인사들이 많이 참여하였고 후에 바이마르 고전주의의 초석이 되었다.

있는 것처럼 남성과 여성의 성차이는 정신적인 삶에도 영향을 미친다는 것이다. 「성차이와 그것이 유기적 본성에 미치는 영향」(1794)이라는 논문에서 훔볼트는 "생산력이 보다 영향에 어울린다면, 수용력은 반응에 어울린다. 첫 번째 것에 의해 촉진되는 것을 우리는 남성적이라 부르고, 나중 것이 고무하는 것을 여성적이라고 부른다. 모든 남성적인 것이 보다 자발성을 보여준다면, 모든 여성적인 것은 보다 수동적인 수용력을 보여준다."(이하 Humboldt 1960, 277쪽 이하)라고 진단했다. 여기에서 성행위는 성을 특징짓는 출발점이 되는데, 훔볼트에게는 두 힘이 서로 의존적이고 대립적이라는 생각이 중요했다. 대립성, 의존성, 보완관계는 마침내 성 간의 조화라는 생각으로 발전되어 "그렇게 하나의 힘은 다른 힘의 동경을 만족시키고, 두 힘은 서로 얼싸안고 조화로운 전체가 된다."라는 주장에 이른다. 나아가 능동성과 수동성을 양편의 축으로 삼고 일련의 대립 쌍들을 배치하는데, 이 대립 쌍들은 주로 남자의 본성이나 여자의 본성에서 나타나기 때문에 "남성적" 대 "여성적"의 대립으로 주제화되었다. 훔볼트는 "남성성이 지배하는" 곳에는 "능력", "삶의 힘", "강함", "자발적인 이성"이, 여성성의 권역에는 풍부하게 "넘쳐흐르는 충만", "소재"의 충만, "판타지의 우위"가 있다고 강조한다. "정신적인 생산"에서도 역시 남성적 이성이 깊이를 제공한다면, 여성적 환상은 넘쳐흐르는 충만함과 매력적인 기품을 제공한다. 그래서 오성과 개념은 남성에게, 감각은 여성에게 귀속된다.

> 남성의 전체적인 특성은 에너지에 맞추어져 있다. 남성적 힘, 파괴적인 열렬함, 외부에 영향을 주려는 노력, 남성의 부단함은 그것을 목표로 한다. 여성의 정서, 끈질긴 힘, 결합하려는 성향, 영향에 반응하려는 소질, 보존과 존재에 대

한 경건한 고집스러움은 이와 반대의 방향을 향한다(Humboldt 1960, 294).

이렇게 남성적인 생산과 여성적인 수용의 상호작용은 남녀의 지적이고 감성적인 힘을 규정할 때도 적용되고 성별특성은 성별기능으로 전이된다. 다음 해의 두 번째 논문「남성적 형식과 여성적 형식에 관하여」(1795)에서 훔볼트는 육체의 특성에서 비롯되는 양극성을 계속해서 견고히 한다. 여기에서도 성적 존재로서의 남성과 여성이 서로에게 갖는 등가성이 강조된다. 같은 해에 쓰였지만 그 당시에는 발표되지 않았던「비교 인간학 구상」에서 훔볼트는 한 걸음 더 나아가 인간의 본질을 학문적으로 규정하기 위해 성별차이를 더 상세하게 추적한 바 있었다. 여기서 그는 여성은 추상화나 분석 능력이 많지 않기 때문에 남성보다 진리탐구에 가까이 다가가지 못할 것이라고 주장한다. 여성은 남성보다 훨씬 더 성적 특성에 좌우되는 존재여서 여성으로서의 특징은 여성의 개성과 아주 내밀하게 얽혀 있으며 어머니라는 여성 고유의 감정이 전적으로 중요하다(Humboldt 1960, 333).

성관계 및 생식과 관련된 당시의 그림들이 성의 특성에 상응하는 비유로 많이 이용되었듯이, 훔볼트 역시 성관계를 창조적이고 생명을 부여하는 행위로 해석하였다.[22] 그러나 생물학적 성차이를 문화적 의미로 확장하는 이러한 방법의 문제점은 헤겔의 경우에도 확연하게 드러난다. 헤겔

22 오늘날의 시각에서야 동의할 수 없지만 당시의 시대상황에서 훔볼트의 이러한 접근방식은 여성혐오적인 전통적 입장과 달리 창조적이고 개혁적이었다. 요컨대 남성과 여성의 보완과 조화라는 이상주의적 관념론은 남성과 여성의 관계를 투쟁으로 보는 전통이나 이브의 후예인 여성을 도덕적으로 죄악시하는 기독교적 해석을 완전히 뒤집었기 때문이다(Becker-Cantarino 2007, 132).

은 1830년의 『철학백과사전』 3판에서 "대체적으로 남성의 고환은 활동적인 뇌이고 여성의 음핵은 비활동적인 감정이다."라는 "학문적" 해석을 내놓는다(Honegger 1991, 168에서 재인용). 헤겔은 해부학을 참고하여 여성한테는 변덕스럽고 원칙 없는 아이 같은 본성이 있어서 지적으로 약하다고 확언했다. 따라서 고귀한 학문, 특히 사려 깊은 논리적 추론에 적합하지 않고, 국사國事에는 재능이 없을 뿐만 아니라 전적으로 가정에 매달려 있는 여성의 존재는 사랑에 뿌리를 두고 있다. 헤겔과 훔볼트의 생각에 의하면 여성들은 특히 결혼 후에는 완전히 가사와 양육 등 일상의 평범한 영역에 사로잡혀 있는 존재일 뿐이다.

생물학적 · 해부학적 입장에서 출발하여 남성적 입장에서 남녀차이를 투영하는 것으로 귀결되는 훔볼트의 유비類比와 헤겔의 성별변증법은 본성을 풀이함으로써 객관적이고 일반적인 타당성에 도달하고자 한다. 그 결과 문화적 측면에서 생물학적 소여의 이분법, 여성과 여성성에 대한 사변, 성의 차이와 특성에 대한 믿음, 뿌리 깊은 선입견의 고착 등은 동시대 지식인들에게 폭넓게 수용되었다. 개별적으로 이러한 공론이 비판되거나 조롱되고, 개선되거나 달리 해석되었다 하더라도, 이러한 경직된 양극화 논리는 여성을 학문과 예술 생산에서, 당연히 문학영역에서도 변두리에 배치하는 배타적 근거로 이용되었다. 문학영역에서는 문학에 대한 고전적 이론과 근대의 계몽주의, 고전주의, 낭만주의적인 이론들이 1800년경의 미학 및 성담론과 뒤섞인다. 남성들이 문학을 비평하고 이론화할 때 중요한 것은 문학판단의 특수한 형식, 예술가의 천재적 창조성, 예술의 진리에 대한 문제였는데, 여기에 대한 대답에서는 언제나 성차별논리가 늘 중심축으로 작용했다(Becker-Cantarino 2007, 134).

특히 많은 영향을 끼친 것은 칸트의 『판단력 비판』(1790)에서의 취미

개념이다. 칸트에 의하면 "취미는 미적인 것을 판단하는 능력이다."(Kant 1956, 279) 예술작품은 우리에게 쾌와 만족 또는 불쾌와 혐오의 감정을 불러일으킨다. 그런데 여기서 말하는 취미는 누구의 취미인지, 남성과 여성이 서로 이분법적으로 구별된다면 취미도 서로 다른지, 누가 또는 누구의 취향이 어떤 텍스트를 문학작품이나 예술작품으로 규정할 수 있는지가 문제였다. 취미와 예술작품을 분명하게 개념적으로 확정하는 것은 그때나 지금이나 여전히 가능하지 않지만, 문제는 칸트가 여성에게는 천재가 될 수 있는 인류학적 전제가 결여되었기 때문에 예술가는 천재라는 구상에서 여성적인 것을 배제했다는 것이다. 칸트는 3대 비판서 이전에 나온 「미적인 것과 숭고한 것의 감정에 관한 고찰」(1764)에서 남성의 본성과 여성의 본성 간의 "매력적인 차이"(Kant 1960, 851)를 식별하는 것을 교육의 목표로 규정한 바 있었다. 그럼으로써 칸트는 모든 생활영역에서 성 간의 질적 차이를 자연스러운 것으로 내세운 동시에 여성의 학식과 정신적 관심과 문학적 능력에 대한 권리를 논박했다(Bovenschen 1979, 225f.). 그는 여성에게도 오성이 있다고 인정했지만, 여성의 아름다운 오성과 남성의 심오한 오성(Kant 1956, 851)을 구분하면서 감정은 여성에게, 오성은 남성에게 귀속시켰다. 또한 여성은 문학과 음악을 위한 느낌이나 감정을 가지고 있지만 예술적 오성은 가지고 있지 않으므로, 결국 여성은 성찰을 거치지 않은 수동적인 감정을 가진 인간인 반면, 남성은 능동적이고 분석적인 오성과 예술에 대한 이해능력이 있는 것으로 간주했다. 아름다움과 미에 대한 철학을 문학이론으로 가공한 「인간의 미적 교육에 관한 편지」(1795)에서 실러는 칸트와 마찬가지로 성별특수성의 문제를 부차적으로 다루긴 하지만, 순전히 남성의 관점을 드러낸다. 이러한 관점에서 보면 여성적인 것과 여성은 미美 자체이다. 그러나 실러가 미라는 개념으로 실제 여성들이 문학적이고 예술창조적인 능력을 가지고 있다는 것을 의미한 것이 아니라, 여성적인 것을 남성의 예술이 이상적으로 투영되는 표면으로 생각했다는 점이 문제이다.

여성에 대한 이러한 견해와 자연스러운 것으로 생각된 성차이는 점차 골격과 질서를 갖추어가던 당대의 문학담론, 특히 문학과 저자성에 대한 가치표상의 문제에서 본질적 요소가 되었다. 구체적인 작품과 그 작품의 작가에 대해 판단할 때 남성적으로 부가의미화된 가치표상이 지배하게 된 것이다. 경우에 따라서는 아주 노골적으로 여성은 시문학적으로 무능하다고 간주되었다(이하 Bovenschen 1979, 244f.). 예를 들어 칸트의 비판철학의 계승자로도 불리는 요한 고틀리프 피히테Johann Gottlieb Fichte는 「가정법 개요」에서 여성은 사회의 정신문화의 결과를 남성을 통해 얻는다고 주장한다. 이어서 그는 남성과 여성의 정신은 완전히 서로 다른 특성을 가지고 있는데, 남성은 특히 지식을 통해 이성적이 되고 "이성적 판단"으로 분명한 개념들을 발견하는 반면, 여성은 이미 "본성상 이성적"이고 전체적인 "감정체계가 이성적"이라고 진단한다. 요컨대 여성은 감정의 경계를 넘어 내면으로 들어갈 수 없으며 그래서도 안 된다는 것이다(Fichte 1960, 347f.). 그런 다음 피히테는 여성의 저자성에 대해 다음과 같이 경멸적으로 경고한다.

> 여성에게 점점 더 확산되는, 저술활동을 하려는 여성의 욕망에 대해 몇 마디 더 해보자. 저술활동의 목적은 두 가지밖에 생각할 수 없다. 학문에서의 새로운 발견을 학자들이 조사하도록 내놓든지 아니면 이미 알려진 것과 확실한 것을 평이한 서술로 널리 퍼트리는 것이다. 여성은 발견을 할 수 없다. (...) 여성이 가장 합목적적으로 쓸 수 있는 것은 여성에게 평이한 글, 여성교육에 관한 글,

> 여성을 위한 도덕론 같은 것이다. (...) 이 경우 여성 저작자는 또한 여성으로서 글을 쓰며, 그녀의 글에서 여성으로 나타나야지 변장한 남자로 나타나서는 안 된다는 것은 자명하다(Fichte 1960, 348f.).

여성은 여성을 위해 여성에게 유익하고 도덕적이고 쉬운 글을 쓰라는 것이다. 남성들을 위한 글, 학문적이거나 철학적인 작품을 써서는 안 된다. 여성저술가는 오직 여성의 교육자 역할을 해야 한다. 남성과 여성의 관계와 "저술활동하려는 여성들의 욕망"에 관한 피히테의 생각은 개별적인 논점에서는 비판받았지만 당대의 지식인과 작가들은 여성저술가는 남성 예술심판관의 판단에 의존해야 한다는 견해를 공유하였다. 남성작가는 이미 젊은 괴테가 『젊은 베르터의 고통』을 통해 예술가는 천재라는 구상을 표명한 이래 초기 낭만주의 때 본격적으로 독창적인 것, 창조적인 것, 천재적인 것을 자신들의 문학활동과 연계시켰고, 독창적인 천재[23]가 되고자 노력했다. 동시에 그들은 정신적·문학적 영역에서 본성과 자연의 이치에 따라 전통적인 후견인과 같은 책임과 감시의 역할을 행사하고자 했다.

요약하자면 여성의 저자성은 독창적 천재와 천재숭배의 시대에는 인정될 수 없었다. 늦어도 18세기 말부터 예술적 생산품으로서 문학은 자율적인 문화활동영역이었지만, 자율은 문화와 문학 생산자인 남성에게나 해당되었다. 남성은 대개의 경우 뮤즈의 기능이 주어진 여성들의 문학활동에 대한 예술심판관이었다. 확고한 성별질서에서는 근본적으로

---

23 타고난 천재와 구별되는 독창적 천재는 자신의 법칙과 소망에 따라 살고 어떤 규칙에도 얽매이지 않을 뿐만 아니라 어디에도 편입되지 않는 인간을 일컫는다. 자유롭게 자아를 펼치는 것이 독창적 천재의 목표이다.

남성만 문학을 생산하고 정전을 형성할 수 있었다. 낭만주의시대에 이러한 성차별적 미학을 대표하는 작가는 프리드리히 폰 슐레겔일 터인데, 그에게 여성들-대표적으로 도로테아 슐레겔(1764~1839)[24], 카롤리네 슐레겔-셸링(1763~1809)[25], 헨리에테 헤르츠(1764~1847)[26] 등-은 "아름답고 사랑스러운 여인, 시문학, 문학의 화신, 뮤즈, 자극을 주는 사람, 예비 작업을 도와주는 사람으로"(Becker-Cantarino 1999, 19) 양식화되었다.

여성성과 남성성을 기본 축으로 삼아 여성의 능력을 폄하하거나 남성적 본질과 구분 짓는 것은 괴테를 위시한 동시대의 관념론 미학과 문학비평에서 상존했던 현상이다. 괴테의 여동생 코르넬리아 괴테의 재능과 정신적 능력이 괴테에 뒤지지 않을 뿐만 아니라 어쩌면 괴테를 능가할지도 모른다고 진단하는 학자도 있다. 괴테 스스로도 여동생이 쓴 단편을 읽고 그녀의 글쓰기방식과 사고방식에 누차 감탄하곤 했다. 하지만 코르넬

24 계몽주의 철학자 멘델스존(M. Mendelssohn)의 딸인 도로테아 슐레겔은 낭만주의시대의 문학비평가이자 여성저술가이다. 1797년 친구인 헨리에테 헤르츠의 살롱에서 슐레겔을 알게 되었으며 1799년에 남편과 이혼한 후, 슐레겔과 공개적으로 함께 살았다. 그러던 중 슐레겔과 그의 형 아우구스트 빌헬름 슐레겔, 아우구스트 빌헬름 슐레겔의 아내 카롤리네 슐레겔-셸링과 함께 예나로 이주하여 그곳에서 노발리스, 티크, 셸링과 더불어 그곳을 낭만주의의 요람으로 만들었다. 그 당시의 상황에 비추어 커다란 스캔들로 여겨졌던 슐레겔과의 동거생활은 1804년의 결혼으로 종착되었다.

25 교수의 딸로 태어난 카롤리네 슐레겔-셸링은 일찍부터 학자 집안과 교류하는 환경에서 자랐다. 여류작가이자 번역가로 활동했으며 특히 많은 작가들과 낭만주의 사상가들로부터 뮤즈로 불렸다. 남편과 사별 후 스스로를 "요염한 젊은 과부"로 불렀던 카롤리네는 1796년 아우구스트 빌헬름 슐레겔과 결혼하여 예나의 낭만주의자들과 함께 활발한 문학활동을 펼치고 남편과 함께 셰익스피어의 많은 작품을 번역했으나 1799년 예나에 온 셸링과 사랑에 빠져 1803년 슐레겔과 이혼하고 셸링과 결혼했다.

26 헨리에테 헤르츠는 의사 집안 출신으로 일찍부터 여러 가지 언어를 배울 수 있었다. 헤르츠는 작가로서보다는 유명한 문학살롱을 창설하고 주도해나간 인물이라는 점에서 중요하다.

리아의 문학적 성공이라는 소망은 여성의 현실을 벗어날 수 없었다. 괴테는 여동생에게 편지를 열심히 쓰고 집안일과 요리법, 피아노를 공부하라고 충고했다. 코르넬리아는 생활세계영역과 가족의 테두리 내에서만 인정받을 수 있는 존재였다. 괴테라는 천재의 장중한 아우라 속에서 코르넬리아는 문학의 역사에서 목소리를 얻지 못하며 괴테의 여동생으로서만 취급될 뿐이다(Sylvester-Habenicht 2009, 13f.). 달리 표현할 수도 있다. 괴테는 예술을 창작하고 코르넬리아는 일기와 편지를 쓰지만 여성들의 편지조차도 예술심판관의 가치판단에 의해 정전적인 것으로 지위가 부여되지 않는다면 전승되지 않는다. 또한 현실적인 측면에서 여성은 성적인 사랑의 대상이 됨으로써 도덕적 활동과 만족의 길을 찾을 수 있다고 규정된 반면, 남성은 국가와 시민사회에서의 활동을 통해 완전해질 수 있었다. 또한 이상적인 견지에서 보자면 여성이 보여주어야 하는 순수하게 정신적인 사랑은 남성이 자발적으로 예술과 학문 활동에 종사하는 것과 동등한 가치를 지니는 것으로 비교되곤 했다. 여성은 예술창작과정의 객체이고 남성은 작가라는 주체인 것이다.

당대에 여성작가를 어떻게 평가했는지 구체적인 예를 들어보자. 남성작가와 비평가들은 우선 여성작가는 질적으로 뒤떨어진다는 오만한 선입견을 가지고 있었다. 여성작가의 활동은 딜레탕티슴이나 밥벌이 수단으로 평가되기 일쑤였다. 실러는 소피 메로Sophie Mereau(1770~1806)[27]

27 시민계급 출신의 소피 메로는 결혼생활에 대해 유보적인 태도를 가지고 있었지만 경제적인 이유에서 예나의 법학 교수였던 메로(Friedrich Ernst Carl Mereau)와 결혼했다. 남편의 소개로 실러를 알게 되었고 그의 적극적인 중재와 도움으로 소설, 시, 에세이 분야에서 많은 저작활동을 할 수 있었다. 태생적으로 자유와 사랑을 갈구했던 그녀는 많은 염문을 일으켰고 1801년에 이혼한 후에는 문학활동을 통해 재정적으로 독립할 수 있었지만 클레멘스 브렌타노의 아이를 갖게 되자 그와 결혼했는데, 브렌타노의

가 놀랍게도 예술에 근접할 만한 글 솜씨를 보이지만 어디까지나 "아녀자"의 딜레탕트라는 평가를 내린 바 있었다(Dülman 1992, 262). 또한 브렌타노는 라헬 파른하겐 폰 엔제Rahel Varnhagen von Ense(1771~1833)[28]를 평가하며 "그녀는, 불쌍한 그녀는 정말 글을 쓸 능력이 없다."(Dülman 1992, 262에서 재인용)라고 노골적으로 무시한 바 있었다. 여성들이 출판한 작품들은 당연히 무시되거나 경시되었고 미적인 형식을 지니지 못한 여성들의 문학으로 분류되었다. 여성들은 산문 따위나 읽고 기껏 편지나 쓸 수 있을 뿐이지만 남자들은 고급문학을 읽고 책을 쓸 수 있다는 식으로 여성과 남성의 능력차이를 당연하게 본 것이다(Becker-Cantarino 1999, 19f.). 여성들이 라헬 파른하겐처럼 익명이나 가명으로, 또는 도로테아 슐레겔처럼 남편의 이름으로 책을 출판하게 된 풍조도 이러한 분위기 탓이었다.

같은 맥락에서 당대의 천재담론을 이해할 수 있다. 천재로서의 시인이라는 구상은 오직 남성만을 대상으로 한 것이며 남성에 정향된 문학 개념에서 도출되었다. 여성은 남성의 자율적인 문학체계에 들어올 수 없었다. 가장 큰 이유는 여성들이 라틴어 학교와 대학을 다닐 수 없었고 따라

질투와 소유욕으로 인해 결혼생활은 그다지 행복하지 못했다. 메로는 친구에게 보낸 편지에서 브렌타노와의 결혼생활에서는 천국과 지옥을 오가지만 지옥일 경우가 많다는, 훗날 자주 인용되는 글을 남긴 바 있다.

28 유대인 출신의 라헬 파른하겐은 유대인과 여성의 해방에 앞장선, 낭만주의시대의 여성작가이다. 작가, 자연과학자, 사회저명인사, 정치가, 귀족들이 교우하는 살롱을 이끌었다. 1814년 무려 14살 연하의 외교관이자 역사학자였던 파른하겐과 결혼했다. 라헬 파른하겐은 여성이자 유대인이라는 이유에서 그 시대의 본격문학에 적극 참여할 수 없었지만, 일기, 아포리즘, 6,000여 통의 편지 등을 통해 19세기의 대표적인 여성작가로 꼽힌다.

서 여기에서 가르치는 언어와 문학 그리고 고대의 정전과 학문전통을 배울 수 없었기 때문이다. 18세기 후반부터 시민계급 출신 여성들이 문자를 익힐 수 있게 되면서 독서가능성과 사적으로 교육받을 수 있는 기회가 증대되었다. 그래서 여성독자층의 형성이 고급문학의 발전에 이바지한 것도 사실이다. 여기서 재산과 재능 그리고 문학을 접하는 데에 호의적인 조건을 갖춘 여성들이 적극적으로 문학활동에 참여하고 글을 쓰게 된다. 이들은 대개 시민계급이나 하위귀족 출신으로 1770년에서 1790년 사이에 태어났고 당대의 프랑스혁명, 나폴레옹전쟁, 메테르니히의 왕정복고를 겪으며 시대의식을 체득했으나, 여전히 시민으로서의 권리요구와 직업활동은 할 수 없었고 라틴어 학교와 대학에서 교육을 받을 수도 없었다(Vgl. Becker-Cantarino 2003, 102). 따라서 여성들의 글쓰기는 남성작가들과는 다른 교육과 체험으로부터 시작되었다고 볼 수 있다. 성별차이로 인해 체계적인 학교교육을 받지 못한 것이 여성들에게는 가장 치명적인 결점이 되었던 것이다. 그래서 문학 생산과 출판 그리고 비평은 오직 남성들에 의해 좌우되었으며, 이러한 이유에서 문학의 정전형성이 남성의 계보로 행해졌다. 남녀의 역할차이를 구분하는 확고한 성의 질서가 여성작가를 문학생산의 변두리로 추방하고 훗날의 문학사에서 남성만을 정전작가로 살아남게 한 것이다.

한편 작가이자 저널리스트이며 문학비평가인 헤르만 마르크그라프Hermann Marggraff가 1839년에 쓴 『독일의 최근 문학사조와 문화사조』에서는 "여성에게는 하나가 주어져 있지 않고 앞으로도 결코 주어지지 않을 터인데, 그것은 생산의 재능이다. 생산은 남성의 재능이다."(Becker-Cantarino 1999, 21에서 재인용)라고 당대의 여성차별적 논의를 단적으로 집약하고 있다. 1840년을 기점으로 본격화된 민족문학사서술에서는 이러한 관점이 그대로 수용된다. 이 시기의 비평가들은 여성의 문학을 정면으로 거부하고 순수하게 남성적인 민족문학정전의 파수꾼으로 활동했다. 그래서 19세기의 민족문학사서술에서는 예외적인 몇몇을 제외한다면,[29] 실제로 모든 여성작가들이 제외되어 있다. 이 점은 낭만주의 남성작가들과 친족관계에 있던 여성작가들의 경우도 예외가 아니었다. 그들은 생존 시에도 그랬던 것처럼 독일문학정전이 형성되던 19세기 내내 여성작가에 대해 일반적으로 통용되던 선입견으로 인해 대학의 독문학에서 정전작가로 용인되지 않았다.

베티나 폰 아르님Bettina von Arnim(1785~1859)[30]의 경우를 예로 들어보자. 우선 니콜라우스 레나우Nikolaus Lenau 같은 작가는 1842년 아르님이 서간집을 출판한 후 여성작가로서 성공과 명예가 최고점에 달했던 시기에 다음과 같이 비아냥거렸다.

---

29 아네테 폰 드로스테-휠스호프(Annette von Droste-Hülshoff)와 마리 폰 에브너-에셴바흐(Marie von Ebner-Eschenbach)가 여기에 해당한다. 이 여성작가들은 귀족 출신으로서 남성비평가들의 지원을 받을 수 있었다는 점에서 공통적이다. 그렇지만 여성작가들의 정전화조차도 남성비평가들이 기획한 특정한 방향에 따라 이루어졌다. 다음 절에서 별도로 다루고 있듯이 드로스테-휠스호프의 경우 특히 베스트팔렌의 지역적 특성과 가톨릭정신을 구현하고, 도덕적이고 예의 바른 여성작가로 양식화되면서 정전작가의 대열에 오를 수 있는 기반이 마련되었다(Vgl. Niethammer 2002).

30 클레멘스 브렌타노의 여동생인 베티나 폰 아르님은 부유한 시민계급 출신으로 많은 사교육을 받을 수 있었다. "낭만주의의 사포"로 불렸던 카롤리네 폰 귄더로데(Karoline von Günderrode, 1780~1806)와 1799년부터 교우했고 괴테 및 괴테의 어머니와의 교제도 1835년에 펴낸 서간집의 토대가 되었다. 1802년에는 오빠를 방문한 아힘 폰 아르님(Achim Von Arnim, 1781~1831)을 알게 되어 1811년에 결혼했다. 1831년에 남편이 죽은 후 서신교환을 출판하기 시작했으며, 1844년에는 오빠와 주고받은 수많은 편지를 독자적으로 출판해서 많은 유명세를 얻을 수 있었다. 사회비판적인 정치활동에도 적극 참여했다.

아녀자는 자고로 아녀자 이상의 존재가 될 수 없다. 천재적인 아녀자들에게서는 죄다 숫내가 난다. 그들은 숫염소 냄새를 갖고 있다. 베티나 같은 여자와도 교우하기란 분명 견딜 수 없는 일일 것이다.

숫염소라는 비유가 대개 고집이 세고 완고하며 무뚝뚝한 남성의 성격을 표현할 때 쓰인다는 점을 고려하면 동물비유를 동원한 이 인용문에 내포된 고착된 여성상과 성차별적 암시가 분명해진다. 여성들은 아녀자로서의 덕목을 갖추고 그 한계 내에서 안주해야 하는 존재인데, 그렇지 않은 아녀자들은 문제가 많다는 것이다. 요컨대 레나우는 "천재적인 아녀자들", 즉 여성의 본령을 떠나 활동하는 여성작가들을 있는 그대로 인정하는 대신 여성으로서의 자격까지 박탈하는 동시에 못된 성격을 가진 남성처럼 견딜 수 없는 존재로 비하하고 있다. 레나우에게는 여성이 오만하고 까다로울지언정 원래대로 암염소 같았으면 차라리 나았을 것이다. 분수를 잊고 남성의 영역에 들어선 여성이 작가로 인정받을 수 있는 길을 아예 차단하기 위해 무참한 인격적 모독이 행해진 것인데, 이것은 영국이나 프랑스보다 독일에서 더 유별난 현상이었다. 아르님이 승승장구할 때 요제프 폰 아이헨도르프Joseph von Eichendorff가 내린 과소평가도 당대의 통념에서 크게 벗어나 있지 않다. 비록 극단적인 인신공격은 아닐지라도 여성들의 창조적 능력과 여성의 저자성에 대한 남성들의 보편적인 성차별적인 회의를 재차 확인하는 수준에 머물러 있기 때문이다.

진지한 문제에서, 말하자면 종교적이거나 정치적인 문제에서 남성들의 영역을 침범한 곳에서 베티나는 불분명하고 환상적이기 때문에 정말이지 모자라기 짝이 없다. 그녀의 문학의 뿌리도 역시 오직 감정에 있기 때문이다.

아이헨도르프에게 여성작가로서의 아르님의 문제는 성의 질서를 통해 제한된 경계를 넘어섰다는 점이다. 여성다움의 속성인 "불분명하고" "환상적인" 감정만 가지고는 이성의 영역인 종교나 정치 같은 진지한 문제를 다룰 수 없다는 편견이 전제된 것이다. 나아가 이 인용문에는 아르님의 "도발"(Eichendorff 1990, 295)에 대한 아이헨도르프의 두려움까지 암시되어 있다. "남성들의 영역"이라는 표현은 남성작가들이 결코 잃고 싶지 않은 권력을 강조하는 것이되, 이 영역이 결코 여성이 "침범"하는 대상이 되어서도 안 되고, 될 수도 없다는 주장에는 여성작가들과의 경쟁에 대한 두려움과 공포가 잠재되어 있다. "문학 문제에서 이러한 오만하고 시기 어린 성의 정치"(Becker-Cantarino 1999, 22)가 독일문학사서술의 주도적인 전통으로 내려오면서 낭만주의 여성작가들은 오늘날까지도 여전히 학교와 대학 등 교육기관에서 성의 검열의 대상이 된 것이다.

3. 낭만주의 여성에서 여성작가로

이러한 전통에서 낭만주의의 여성들이 여성작가로 새롭게 조명을 받기까지는 긴 곡절의 시간이 필요했다. 일단 1900년까지 첫 번째 수용단계에서 낭만주의 여성작가들에 대한 관심은 우선적으로 개인적이고 전기적인 측면에 기울어 있었다. 낭만주의의 여성 정전-특히 카롤리네 슐레겔-셸링, 베티나 폰 아르님, 라헬 파른하겐, 도로테아 슐레겔 등-은 남성들이 낭만주의의 여성들을 신화화하면서 여성으로서 의미를 높이 평가한 결과이다. 문학이라는 남성 고유의 전문영역에서 여성을 배제한 것에 대한 보상의 성격을 지니는 이 신화화는 여성해방담론과도 연결되어 있었다. 학문적이고 남성적인 문학담론에서 감각적이고 에로틱한 사랑의 대상인 여성은 결혼이라는 굴레에서 벗어나 자유로운 존재로 살기를 요구받았던 것이다.

낭만주의의 여성들이 여성작가로 인정받는 데에는 같은 여성 입장에서의 수용이 중요한 가교역할을 했다. 여성의 입장을 염두에 둔 여성독자들은 낭만주의 여성작가들의 글과 삶을 통해 개인적인 영감을 받고 여성들에게 공통적인 면을 찾아내고자 했는데, 이것이 낭만주의 여성의 문화적·역사적 역할을 재조명하는 전기傳記와 여성사에 대한 요청으로 이어졌다. 예컨대 베티나 폰 아르님을 여성 살롱문학과 괴테 추앙자로 각인된 이미지에서, 개성을 지닌 여성작가로 새롭게 조명한 최초의 문헌학적·문학사적 작업이 가능했던 것도 이러한 분위기에서 비롯된 것이다. 구체적으로 리카르다 후흐Ricarda Huch(1864~1947)의 획기적인 저서 『낭만주의』(1899~1900)에서 낭만주의 여성은 낭만적 사랑을 통해서 자신의 합법성을 얻고 정체성을 형성할 수 있었던 개성적이고 비범한 인물로 그려져 있다. 특히 아르님은 남성작가인 오빠 클레멘스 브렌타노와 대조적으로 조명되며, "날카로운 내면의 통찰력과 아름다운 환상과 강렬하고 밝은 의식세계를 가진 작가로, 자연을 섬세하게 정신으로 옮긴 번역가"라고 평가되고 있다(Huch 1951, 520). 아르님에 대한 이러한 상像은 훗날 남성독문학자들의 여성문학에 대한 표상을 결정짓는 중대한 전기가 되었다. 물론 이러한 수용은 일면적이다. 아르님의 민주주의적 성향, 프랑스혁명에 대한 열광 등 당대에 논의하기가 불편했던 정치적 입장은 부각되지 않은 반면, 여성적 본질로서의 사랑과 헌신 같은 주제만 선호되었기 때문이다. 또한 뒤늦게야 대학에서 공부할 수 있었던 여성들이 낭만주의의 여성에 대한 중요한 문학사적 저술을 펴내게 된 것도 도로테아 슐레겔, 라헬 파른하겐, 카롤리네 슐레겔-셸링, 베티나 폰 아르님, 카롤리네 폰 귄더로데 등이 문학사의 여성작가 정전에 편입되는 촉매가 되었다는 점을 부연할 수 있다. 물론 이들이 정전으로 선택되게 된 배경에는 문학 분야의 엘리트에 속했고 위대한 남성작가들과 가까웠었다는 점이 함께 작용했다.

낭만주의의 여성을 여성작가로 재조명한 두 번째 국면은 지난 세기 60년대 이후 여성운동에서 시작되었다. 이때부터 전기나 개인사가 아니라 문학작품 자체가 본격적으로 재조명되고 가치 평가되기 시작했다. 그 결과 70년대에는 낭만주의 여성작가뿐만 아니라 동시대의 여성작가들도 선택적으로나마 대학 독문과의 연구와 교수의 대상으로서 정전의 위상에 접근할 수 있었다. 이때 특히 문화정치적으로 중요한 의미가 있는 현대의 여성작가들이 낭만주의의 여성을 여성작가를 정당화하는 증인으로 내세워 창조적으로 전유했을 뿐만 아니라 생산적인 공론장의 영역으로 끌어들인 것이 결정적인 영향을 미쳤다. 한나 아렌트Hannah Arendt의 『라헬 파른하겐: 독일계 여성유대인의 인생사』(1959), 잉게보르크 드레비츠Ingeborg Drewitz의 『베티나 폰 아르님: 낭만주의·혁명·유토피아』(1969), 크리스타 볼프Christa Wolf의 『어디에도 설 땅은 없다』(1979)와 『카롤리네 폰 귄더로데: 어떤 꿈의 그림자』(1979)가 대표적일 터인데, 이들의 저작 또는 소설은 제목만 보아도 위대한 낭만주의 여성에 대한 위인전이 아니라 낭만주의 여성작가들의 정치적·사회적·문화사적·문학사적인 의미에 천착한 것임을 알 수 있다.

여성작가를 문학사적 전통과 연관시킨 이러한 텍스트가 적극적으로 수용되면서 학문적 연구대상으로 떠오르고 전집이나 새로운 판본의 출판도 활발해짐에 따라 낭만주의 여성작가 중에서도 특히 라헬 파른하겐,

카롤리네 폰 귄더로데, 베티나 폰 아르님은 정전작가가 될 수 있었다. 그럼에도 대학의 독문학과에서는 이들 텍스트의 미적 가치에 대해 회의적인 목소리가 작지 않고, 문학연구자들은 의도적으로 이들의 텍스트에 관심을 두지 않는 경향이 엄연히 존재한다.[31] 반면 대부분의 출판사와 매체 등은 낭만주의 여성작가를 읽는 새로운 독자층(특히 여성독자층)을 시장 확대의 호기로 삼고 낭만주의 여성작가의 정전화를 촉진하고 있다. 바로 이러한 괴리, 즉 이 글의 서두에서 언급된 대학제도에서 제공되는 문학정전과 공론장에서 소비되는 문학정전 간의 차이가 오늘날 문예학과 문학사서술이 해결해야 할 당면과제인바, 이러한 과제는 정전연구의 관점에서 여성작가와 문학정전의 문제를 심도 있게 재조명하는 것을 의미한다.

성의 질서라는 개념을 축으로 돌이켜본 낭만주의 여성작가들의 경우를 놓고 보면 "성이 정전을 만든다."라는 과감한 결론도 오랜 역사적 경험을 통해 설득력을 얻게 된 격언처럼 들린다. 남성적 가치가 일방적으로 독주하는 사회에서 그 남성적 가치가 과연 보편타당한 것인지 성찰되지 않듯이, 문학연구 분야에서는 성의 질서 때문에 남성 위주의 문학정전이 존재하고 여성문학과 여성작가들은 차별을 당한다는 사실에 대해 진지한 학문적 반성이 충분치 않은 게 엄연한 현실이다. 문학정전을 문화적 유산이자 인류의 집단적 기억이며 부르디외의 의미에서 문화적 자본으로, 달리 말해서 언어라는 상징적 수단을 매개로 문화적 가치를 전수하기 때문에 문화적으로 인류가 꼭 소유해야 할 대상으로 이해한다면 대

31 예를 들어 헬무트 샨체(Helmut Schanze)의 주도하에 비교적 최근에 새롭게 출판된 『낭만주의 핸드북』(1994)에서도 전체 788쪽 가운데 겨우 12쪽만 "여성들과 낭만주의 그룹의 형성", "여성성 이론"이라는 제목으로 할애되어 있다.

학의 문학정전은 편협할 뿐만 아니라 더 이상 대표성을 지니지 못한다(Becker-Cantarino 1999, 26). 또한 여성작가와 그들의 텍스트가 명백하게 대표성의 반열에서 배제되어 있다는 것이 전반적으로 수긍되고 있음에도 정전논쟁에서는 여전히 성의 특수성과 권력관계에 대한 담론이 소홀히 취급되며, 설령 거론되는 경우에도 대부분 미적 가치라는 전가의 보도를 가지고 여성작가의 문학을 열등한 문학으로 취급하면서 성의 정치학을 우회하고자 한다.

성의 정치학을 고려하는 정전연구에서 미적 가치는 결코 보편적으로 통용되는 절대적인 기준이 될 수 없다. 오늘날에는 모든 사람들이 무조건적으로 받아들여야 하는 동일한 문화가 불가능한 것과 마찬가지로 모든 사람에게 똑같은 방식으로 말을 건네는 하나의 문학이 가능하리라는 생각은 수구적이다. 다른 한편으로 무수한 텍스트와 문학작품을 선택하지 않고 무제한적으로 수용할 수 있으리라는 것도 유토피아적 망상에 지나지 않는다. 하지만 분명한 것은 문학정전이 남성만의 선택기준에 의해 좌우되는 시대는 끝났다는 것이다. 그런 만큼 지금까지 정전화된 소수 여성작가와 정전화되지 못한 많은 여성작가들에 대한 연구는 새로운 문화사적·문학사적 지평을 열어줄 것이며, 사회사나 심성사에 관심이 있는 문학연구가 이미 오래전에 제시했어야 마땅한 질문들을 던져준다는 지적(Heydebrand/Winko 1994, 157)은 현 시점에서 가장 설득력이 있다. 정전연구의 최종 결론처럼 회자되는 전승된 정전의 확장, 보완이 능사가 아니라 역사적으로 분명 존재하지만 감춰져 있던, 여성이라는 질곡을 감내하며 객체로서의 뮤즈가 아니라 주체로서의 뮤즈가 되고자 했던 여성작가들의 신세계를 개척하는 것이 문제인 것이다.

04

여성작가의 정전화과정

드로스테-휠스호프의 경우

아네테 폰 드로스테-휠스호프(1797~1848, 이하 드로스테로 약칭함)는 낭만주의시대의 다른 여성작가들과 달리 생존 시에도 이미 활발한 작품 활동과 출판을 통해 유명해졌고 사후에는 전집이 출판되고 중요한 작품들이 명작선집에 채택되어온 작가이다. 요컨대 그녀는 문학비평, 문학사, 김나지움과 대학, 신문과 잡지, 방송, 영화, 텔레비전 등 문학을 중재하는 기관에서 전승에 관심을 갖고 꾸준히 재생산함으로써 이미 정전화의 길에 들어선 여성작가이다. 2000년에는 작품과 편지의 정확한 생성사와 서신교환 파트너에 대한 상세한 정보와 함께 면밀하게 편집된 총 25권의 역사비평본(Droste-Hülshoff, 2000)이 20여 년 만에 완결됨으로써 드로스테는 마침내 정전화과정에서 성공적인 종지부를 찍게 되었다. 역사비평본이 출판되기 전까지도 드로스테는 일생에 대한 세부적인 연대기, 작품의 수용사와 수용의 모델, 개별 작품에 대한 연구 등을 통해 폭넓은 관심의 대상이 되어왔다.

문학생산이 성의 질서를 통해 이루어짐으로써 여성이 작가로 인정받기 어려웠던 낭만주의시대에 드로스테가 필명을 떨칠 수 있었던 이유는 여러 가지가 있겠지만, 그 중에서도 글을 쓰는 동료이자 파트너였던 레빈 쉬킹Levin Schücking(1814~1883)의 영향이 절대적이다. 쉬킹은 드로스테가 본격적으로 문학활동을 시작할 때부터 늘 곁에 있었고 그녀의 작품생산과 작품의 구성양식에 결정적으로 도움을 준 후원자였다. 반면 당대에 여성의 문학생산에 주어진 전제와 한계를 충분히 고려하여 드로스테를 문학의 공론장에 소개하고 등장시켰다는 점을 고려하면 오히려 그녀의 독창적인 문학세계를 저해하는 예술심판관의 역할도 마다하지 않았다고 볼 수 있다. 우선 언급할 수 있는 것은 두 사람의 차이이다. 쉬킹은 신교도이며 청년독일파 출신으로 수입이나 유산 없이 살아야 했던 야망 있는 작가였지만, 드로스테는 가톨릭을 믿는 귀족으로 생계를 위해 글을 쓰지 않았으며 자신의 직업활동을 여성적인 전통에 따라 부차적인 일로 생각하고 있었다. 페미니즘 관점의 정전연구는 상이한 성향을 가진 이 두 사람의 관계를 상세하게 추적하여 이 시대에 여성이 어떻게 정전작가로 등장할 수 있었는지를 분석함으로써 역사적 정전연구의 방향과 모델을 제시하고 있다(Niethammer 2002; Heydebrand 2002). 이러한 연구는 또한 작품해석의 새롭고 다양한 관점을 열어줌으로써 소수의 작가만이 영예를 누릴 수 있는 역사비평본 간행으로 이어졌다고 할 수 있다.

앞서 기술한 대로 이 시대에는 글을 쓰는 남녀 파트너 관계에서도 예외적인 몇몇 경우를 제외하고는 남성만이 천재와 작가로 인정될 수 있었다. 남성 파트너만이 공론장에서 정전작가의 가능성이 있었고, 여성 파트너는 편지나 일기 같은 사적 장르에 종사하던가 아니면 종교생활이나 도덕을 위한 문학 또는 고결한 연애시나 연애소설을 통해서 특히 여성독자의 독서욕구에 부응해야 했다. 이것조차 대부분 익명이나 가명으로 발표되었고, 번역이나 서평 같은 부차적 활동을 통해 남성 파트너의 조력자가 되어야 했는데, 고급문학을 지향하는 문학작품은 부득이 남성 파트너의 이름으로 발표되기도 했다. 여성 파트너의 멘토 역할을 잘하는 남성 파트너라면 사회적인 교분 관계를 잘 활용하여 여성 파트너의 작품도 발표할 기회를 마련해주었는데, 경우에 따라서는 자신의 논평을 통해 지원하곤 했다. 그럼에도 글을 쓰는 남성에게 여성 파트너는 언제나 자료를 제공하고 영감을 주는 뮤즈로서 남성 파트너를 보완해주는 역할이 당연시되었다. 따라서 여성 파트너가 이룬 업적조차 늘 남성 파트너의 이름으로 조명되었고 여성 파트너가 어느 정도 주목을 받게 된다면 그 이유는 그녀가 남성 파트너의 곁에 있었다는 단 하나의 사실 때문이었다 (Heydebrand 2002, 168).

하지만 드로스테와 쉬킹의 관계는 이러한 시대 분위기 및 역사적인 경험적 현실과 완전히 딴판으로 보인다. 어찌됐던 결과에만 주목해보자면 남녀의 성별역할이 역전된 것처럼 보이기 때문이다. 둘 간의 관계에서 쉬킹이 여성의 역할을 맡은 것처럼 보이며, 드로스테는 성공한 남성작가처럼 오늘날까지도 계속해서 세계적으로 명망이 높아지는 정전작가로 인정되고 있다. 드로스테가 죽은 지 30년 후, 즉 저작권 보호기간이 만료된 다음 쉬킹이 제안하고 편집까지 맡은 세 권짜리 드로스테 전집이 코타출판사[32]에서(1878~1879) 간행되었다. 또한 예수회 신부 빌헬름 크라이텐Wilhelm Kreiten이 드로스테의 조카 엘리자베트 폰 드로스테-휠스호

32 코타출판사는 1659년 튀빙겐에서 설립되었다. 1889년까지 코타 가문의 소유였다가 1956년에는 역시 출판업에 종사했던 크뢰너 가문의 소유가 된다. 1977년부터는 에른스트클레트출판사와 합병하여 오늘날에는 클레트-코타출판사로 불리고 있다.

프와 함께 작업한 4권 5책의 전집이 뮌스터의 나세출판사와 파더본의 쇠닝출판사에서 간행되었다(1878~1887). 이러한 활발한 작품출판에 힘입어 드로스테는 오래전부터 연구의 대상이 되었다. 반면 쉬킹의 많은 저작은 거의 찾아보기 힘들고, 그의 삶과 작품도 드로스테와의 관련하에서만 주목을 받고 있다. 오늘날 쉬킹은 드로스테의 전집간행과 관련하여 상세히 연구되고 저널리스트이자 비평가로서의 면모가 부각되긴 하지만 대개는 진지한 경향성과 시대비판이 특징인 그의 소설작품은 통속문학으로 분류되어 더 이상 출판되지 않는다.

드로스테의 경우를 놓고 보면 지금까지 누차 강조된 남녀의 성별차이가 정전으로 수용되는 데에서 결정적인 역할을 하지 않은 것처럼 보인다. 그러나 자세히 들여다보면 여기에는 복잡한 현상들이 얽혀 있다. 우선 여성작가로서의 드로스테에게는 소녀시절부터 성인으로서 활동할 때까지 집안과 측근들로부터 후원과 방해가 공존했고, 여성이라는 이유 때문에 문학생산과 동료 여성작가들과의 관계에서도 늘 이중적이고 양가적인 태도를 취해야 했다. 더욱이 그녀의 문학적 명성은 파트너이자 후원자인 쉬킹과의 협력관계가 낳은 전략과 양보와 타협의 결과이다. 요컨대 쉬킹의 후원과 정전화 전략으로 드로스테가 정전작가가 될 수 있었기 때문에 드로스테라는 작가의 상이 왜곡된 것은 아닌지 그래서 오늘날까지도 여성이라는 범주에 의해서만 일면적으로 수용되고 있는 것은 아닌지 살펴보는 것은 정전연구의 관점에서 흥미로운 주제이다. 미리 말하자면 드로스테는 여성이라는 이유에서 아슬아슬한 줄타기의 모험에 의존한 후에야 여성작가로서 정전화될 수 있었다.

1. 여성작가로서의 출발

정전작가로 인정받기 위해 오늘날까지도 필요한 기준이 문학적 재능이라면 드로스테는 말할 나위 없이 정전작가로서 소양을 다 갖춘 작가이다. 비범한 언어능력, 풍부한 환상, 재치 있는 위트, 독창적인 세계인식, 예민한 감수성, 섬세한 정서와 더불어 신체적인 병까지도 드로스테의 작가로서의 천분을 설명해주는 요소이다(Heydebrand 2002, 169f.). 이러한 개인적 특성은 가족 내에서 때론 경탄의 대상이 되기도 했지만, 여성이라면 더욱 엄격히 지켜야 할 사회적 규범과의 잦은 마찰로 인해 때로는 비난의 대상이 되면서 외톨박이 신세를 자초하기도 했다. 하지만 긍정적으로 보자면 이러한 갈등과 반항심리가 훗날 그녀의 문학적 생산성과 작품의 질을 담보하는 싹이었다고 할 수 있다. 그럼에도 다른 측면에서 도움이 없었다면 드로스테는 재능이 있었지만 결국 딜레탕트로 머물러야 했던 동시대의 여성과 같은 운명을 겪었을 것이다. 첫 번째 도움은 출신성분과 교육이었다. 귀족 출신인 드로스테는 귀족의 딸에게 부과되는 의무를 모두 감내해야 했지만, 통상적인 소녀교육만 받은 것이 아니라 남자형제들과 함께 가정교사를 통해 라틴어와 기본적인 학문적 지식을 접할 수 있었다. 또한 드로스테는 부모와 친척들을 통해서 단편적이긴 하지만 백과사전적 지식의 다양성을 체득한바, 출발부터가 동시대의 다른 여성작가들과는 달랐다. 또한 귀족집안 미혼여성으로서의 의무(가사 돌보기, 친척간호, 친척자녀 돌보기와 교육)와 특권(사교모임참석, 가족행사, 극장 및 연주회 관람, 친척방문여행 등) 또한 그녀의 글쓰기에 지대한 영향을 미쳤다. 집중력이 요구되는 창조적 작업에 필요한 시간이 부족했다는 것이 단점이었다면,[33] 낭독모임, 담소, 토론 등을 통해 교양을 쌓을 수 있는 기회가 많았다는 것이 장점으로 작용했을 것이다. 요약하자면 드로스테는 귀족 출신답게 제한된 사회적 관계 속에서 살았을지라도, 이러한 속박을 오히려 인간에 대한 날카로운 관찰, 비판적이면서도 유모와 해학을 겸비한 시각, 동시대에 대한 깨어 있는 의식으로 발전시키는 계기로 삼음으로써 문학세계의 폭과 깊이를 확장할 수 있었다. 드로스테의 작품에서 귀족 정치제도나 종교문제, 전쟁과 폭력 같은 현상, 남녀차별의 문제점 같은 무거운 주제가 아주 독자적인 방식으로 분석되고 판단되는 것도 이러한 연유에서이다.

드로스테의 문학세계에 더 결정적으로 도움을 준 또 다른 측면은 역설적이지만 불행한 연애에서 추론할 수 있다. 귀족계급 혼인인습의 희생양이 되어 결국 실패로 끝난 사랑과 결혼이 그녀의 문학세계에 실존적 깊이와 무거움을 드리우게 된 것이다. 드로스테가 진지하고 지속적인 관계를 맺고 있던 남자는 시민계급 출신에 재력도 없었던 하인리히 슈트라우베Heinrich Straube였다(이하 Gödden 1994, 115ff.). 또한 그녀는 규범에 개의치 않고 아우구스트 폰 아른스발트August von Arnswaldt를 비롯한 몇몇 남성들을 대상으로 자유분방하게 자신의 여성적 매력을 실험하고 있었다. 행여 남자라면 모르거니와 귀족집안 출신 규수가 여러 남자를 동시에 사귀는 것은 터무니없는 일이었다. 또한 시민계급 출신의 가난한 남자를 오랫동안 곁에 두고 있는 것도 가족의 인내심을 시험하는 일이었다. 결국 친척들은 아른스발트와 결탁하여 음모를 꾸미고 유일하게 깊은 사이였던 슈트라우베와의 관계를 파괴한다. 드로스테 자신이 젊은 시절

33 드로스테의 많은 작업은 미완성 상태로 남아 있다.

의 파국이라고 불렀던 이 사건을 드로스테가 영원히 미혼으로 살게 되는 가장 근본적인 이유 중의 하나로 추측하는 데에는 무리가 없을 것이다. 만약 드로스테가 전통적인 규범에 따라 아내이자 어머니로서의 삶을 살았다면 결코 위대한 작가가 될 수 없었을 것이기 때문이다. 어쨌거나 연인의 상실은 가족들에 의해 강요된 죄의식과 더불어 실존적인 문학세계의 탄생에 기여했다. 당대부터 천재미학의 가장 큰 구성성분이었던 이러한 실존적인 차원[34]이야말로 드로스테가 정전작가로 들어설 수 있었던 기반이 되었다(Heydebrand 2002, 171).

마지막으로 드로스테의 어머니 테레제의 도움을 들 수 있다. 어머니는 드로스테의 시가 당대의 여성작가들에게 요구되던 도덕적이고 종교적인 가르침이나 사교모임에서의 오락을 위한 문학과는 전혀 다른 뛰어난 미적 특성을 갖고 있다는 것을 직관적으로 알고 있었다. 평범한 가족들이 문학에서 기대하는 것과는 딴판인 고독한 경험의 표현, 개성적인 감정, 시대적 사건에 대한 정돈된 안목 등이 전근대에서 벗어난 근대적 글쓰기의 미학적 특징이라는 것까지는 몰랐다 하더라도 어머니 테레제는 드로스테의 작품을 아낀 나머지 서랍 속에 조심스럽게 감추어놓고 언젠가 빛을 볼 날이 오기를 고대했다. 1838년에 뻔히 들여다보이는 약자를 사용하여 익명으로 출판된 드로스테의 첫 시집 『아네테 엘리자베트 v. D... H...의 시』는 결혼도 하지 않은 딸에게 과감하게 출판을 허락한 어머니의 도움 없이는 불가능했을 터인데, 만약 어머니가 이 첫 시집의 출판을 가로막았다면 드로스테는 정전작가가 될 수 있는 기회를 잡을 수 없었을

34 미완성으로 남은 「레드비나」에서의 죽음에 대한 무시무시한 환영 같은 예를 들 수 있다.

것이다. 하지만 드로스테의 두 번째 멘토인 맹인 철학자 크리스토프 베른하르트 쉴리터Christoph Bernhard Schlütter에 의해 발행된 이 시집은 크게 실패했다. 인쇄된 300권 중에서 172권을 가족이 되사갔다고 하는데, 이것은 나중에 나오게 될 시집, 즉 쉬킹에 의해 1844년 출판된 『남작의 딸 아네테 드로스테-휠스호프의 시』의 출간을 보장받기 위한 것으로 추정되고 있다(Woesler 1997).

재능 있는 딸의 고립된 상황을 안타깝게 여긴 어머니가 딸이 14세이던 1811년에 맨 먼저 선택한 멘토는 젊었을 때 꽤 필명을 떨쳤던 안톤 마티아스 슈프리크만Anton Mathias Sprickmann이었는데, 그는 고독해하던 드로스테와 친하게 지내며 그녀가 그녀의 길을 갈 수 있도록 힘을 보탰다고 전해진다. 두 번째 멘토는 드로스테가 37세 때인 1834년부터 드로스테의 대화 파트너로 일하면서 1838년의 첫 시집을 내게 해준 쉴리터였다. 그러나 쉴리터는 드로스테의 희망과 달리 이 시집에 세 편의 서사시와 한 편의 담시 외에는 드로스테 가족의 전근대적인 문학관에 부합되는 종교시만을 수록했다. 그는 또한 의도적으로 드로스테에게 베스트팔렌주의 가톨릭 환경에 부합하는 이미지를 부여하고자 했기 때문에 종교적이고 도덕적인 시나 고향 베스트팔렌의 풍경을 담은 내용이 있는 시를 쓰도록 강권했다(Woesler 1997, 11ff.). 만일 드로스테가 무작정 이러한 충고를 따랐더라면 드로스테는 오늘날 베스트팔렌 지방 출신의 무명 여류작가로 묻혀 있었을 것이다.

2. 당대 여성작가들과의 관계

드로스테가 종교편향성과 지방색에 함몰되지 않고 당대의 주도적인 문학세계와 정치적으로나 정신적으로 자유주의적인 엘리트문화에 접목될 수 있었던 또 다른 이유는 친척들의 도움으로 알게 된 교양과 학식이 있는 부인들의 살롱을 통해 엘리트독자들에게 인정받을 수 있었기 때문이다. 드로스테는 10대 후반부터 내내 살롱 부인들의 후원을 받고 작품의 소재를 얻는 등, 훗날 자신의 표현대로라면 "정신적 교양"을 쌓을 수 있었다. 하나의 예를 들자면 은행가의 아내로 예술사와 예술품 수집에 조예가 깊었던 지빌레 메르텐스-샤프하우젠Sibylle Mertens-Schaaffhausen 같은 경우는 드로스테와 말을 놓을 정도로 친해진 이후 문헌학자와 여류시인들에게 드로스테를 소개해주는 역할을 떠맡았다. 1828년에는 메르텐스-샤프하우젠의 살롱에서 바이마르의 괴테와 교우하며 문학활동의 도움을 받던 쇼펜하우어의 여동생 아델레 쇼펜하우어Adele Schopenhauer(1797~1849)를 알게 되었는데, 상당한 영향력이 있던 아델레 쇼펜하우어는 드로스테의 천재성과 유별난 특성을 즉각 알아보고 상세하고 적확한 비평을 통해 드로스테를 적극 지원했다. 드로스테는 또한 이 살롱에 출입하던 아델레의 어머니이자 당시의 성공적인 여성작가인 요한나 쇼펜하우어 외에도 꽤 많은 여성 저술가들과 교류하였던바, 드로스테가 독자적으로 문학의 공론장에 데뷔하려는 결심이 이 시기에 무르익었다는 것이 정설로 여겨지고 있다(Heydebrand 2002, 174). 그러나 여성(작가)들과의 만남은 한편으로 후원세력을 얻게 된 의미가 있었지만 다른 한편으로는 드로스테가 여성으로서 자신의 문학세계를 관철하기 위해서는 많은 장애를 물리치지 않으면 안 된다는 자각에 이르는 계기도 되었다.[35] 메르텐스-샤프하우젠의 살롱에서 교우하던 대부분의 동료 여성 작가들[36]이 추구하던, 여성적 본분에 입각한 과도한 감상놀음이나 도덕 선생 같은 글쓰기는 오히려 드로스테 자신이 문학계에서 격리된 존재임을 깨닫게 만들었기 때문이다. 여성작가로서 자의식과 신성한 소명의식에 대한 긍지 그리고 여성적인 시학 등으로 무장하게 될 드로스테가 여성 작가들과의 관계에 감사하면서도 거리를 두는 이중적 태도를 취한 것도 이런 이유 때문이다. 드로스테가 정전작가가 될 수 있었던 것은 여성작가들의 네트워크에 힘입어서가 아니라 레빈 쉬킹을 비롯한 몇몇 영향력 있는 남성들 덕분이었다는 것은 분명한 사실이다.

3. 남성작가와의 만남과 협업

드로스테와의 관계에서 쉬킹이 처음부터 당시의 관행과 반대로 여성이 해야 할 역할을 맡은 것은 아니었다. 둘의 관계가 긴밀해지기 시작한 1839년부터 드로스테는 존경하던 여성작가 카타리나 쉬킹의 아들로 17살이나 연하였던 쉬킹에게 한편으로는 어머니와 같은 보호자이자 원조자였으며, 다른 한편으로는 남자의 도움을 필요로 하는 여성이었다. 드

---

35 14세의 이른 나이부터 드로스테는 레빈 쉬킹의 어머니이자 베스트팔렌의 첫 여성작가였던 카타리나 쉬킹(카타리나 부쉬로도 불림)과의 만남을 통해 문학계에서 진정으로 인정받는 데에는 여성성이 장애물로 작용한다는 분명한 의식을 갖게 되었다. 카타리나 쉬킹은 자신의 시가 남성들로부터 얼마나 악의적인 평가를 받았는지 얘기해주었다고 한다(Vgl. Heydebrand 2002, 174).

36 당시의 시대적 분위기와 소위 여성적인 문학을 추구하는 견지에서라면 어떤 여성작가도 여성의 글쓰기가 신의 소명이고 여성도 천재일 수 있다는 생각을 품을 수 없었던 것은 너무도 당연하다.

로스테는 다방면의 재능을 갖고 있던 쉬킹에게 합당한 일자리를 중재해 주려고 노력하는 한편, 그의 프로젝트에 도움을 주기 위해 익명으로 자신이 쓴 작품을 보내기도 했고 그의 작품출판을 위해 역시 익명으로 재정적 지원도 아끼지 않았다. 쉬킹의 소설 중 중요한 많은 부분을 자신의 이름을 내걸지 않고 직접 썼을 뿐만 아니라 작품집을 내기 위해 준비해두었던 원고를 내주기도 했다. 파트너 관계의 초창기에 쉬킹은 글을 쓰는 여자 친구의 재능과 재산과 작품으로 이익을 취했던 당대의 남성작가와 크게 다를 바 없었다. 심지어 1843년 쉬킹이 다른 여성과 결혼하면서 둘의 관계가 소원해진 이후에도 드로스테는 쉬킹이 계획하는 작품을 위해 여러 편의 시를 써서 보내주기도 했다(Heydebrand 2002, 176).

쉬킹은 드로스테의 살롱 시절 이후부터 헌신적으로 멘토 역할을 수행했다. 드로스테를 편협한 가족의 문학관에서 해방시킨 쉬킹의 과단성이 없었다면,[37] 드로스테가 문학의 공론장에 성공적으로 데뷔할 수 없었을 것이다. 그는 특히 주도적인 당대문학, 즉 종교적·도덕적 관습에 얽매이지 않는 자유주의적 청년독일파의 문학과 후기 낭만주의의 역사를 소재로 한 담시를 적극적으로 접하게 만들어주었고, 자기 방식대로 주변 환경에서 강요되던 전통의 굴레에서 벗어날 수 있었던 드로스테의 기왕의 능력을 더욱 북돋았다. 쉬킹은 청년독일파의 일원인 카를 구츠코프Karl Gutzkow가 발행하던 진보적 잡지 『독일을 위한 전문電文』에 드로스테의 발표작에 대한 상세한 비평을 썼고, 드로스테 문학에 대한 깊은 안목과 혜안으로 주변의 지인들에게 드로스테 문학의 특성을 널리 알리려고 노력했다. 드로스테를 정전작가로 만든 소설 『유대인의 너도밤나무』가

37 이로 인해 쉬킹은 드로스테의 어머니로부터 끝까지 냉대를 받았다고 전해진다.

완성(1839~1840)되고 1842년에 코타출판사의 잡지 『교양 있는 독자를 위한 조간』에 이 소설이 발표된 것도 모두 쉬킹의 격려와 중재 덕분이었다. 드로스테는 쉬킹의 도움으로 이 신문에 계속해서 시를 발표할 수 있었지만, 쉬킹의 설득으로 자신의 완전한 이름은 포기해야 했다. 1844년에 나온 『남작영애 드로스테-휠스호프 시집』은 쉬킹이 당시의 문학엘리트였던 코타를 설득한 결과인데, 드로스테는 여성다운 조심스러움으로 출판사가 손해를 볼지 염려한 반면, 쉬킹은 사례금을 높이 책정해달라고 요구했다고 한다(Heydebrand 2002, 177). 쉬킹은 또한 드로스테가 죽은 후에도 유고집 출판과 전기를 통해 드로스테의 명성을 높이는 데 결정적으로 기여했다.

드로스테를 적극 후원하게 되면서 쉬킹은 여성이 남성을 위해 맡았던 것과 정반대되는 역할, 즉 여성을 위한 남성 뮤즈의 역할을 떠맡았다. 드로스테와의 관계가 쉬킹의 작품에 현실적이고 실용적인 도움을 주었다면 두 사람의 연애관계는 드로스테의 생산성을 지속적으로 추동하는 힘이 되었다. 1839년부터 담시와 산문으로 본격적으로 시작된 드로스테의 창작활동은 1841년과 1842년에 최고조에 달했고 이때 쓰인 작품들이 1844년의 시집에 수록되었다. 이때 드로스테는 쉬킹에 대한 경쟁심리에서 날마다 한두 편의 시를 탈고했다고 한다(Heydebrand 2002, 177). 1843년 사랑하던 남자친구를 경쟁관계에 있던 루이제 폰 갈Louise von Gall에게 빼앗긴 슬픔은 새로운 창조적 힘으로 작용하여 「그대 잘 가요!」(1844)라는 유명한 시의 탄생으로 환생했다. "나의 팔이 마음대로 자유롭게/ 창공을 향해 펼쳐지는 한,/ 맹금猛禽의 격렬한 외침은/ 내 마음의 격렬한 뮤즈를 일깨운다."(Droste-Hülshoff 1994, Bd.1, 304.)라는 마지막 연은 쉬킹과 루이제 폰 갈을 떠나보낸 빈자리에 비로소 진정한 뮤즈가 탄생하는 심리적 과정을 보여주고 있다. 그런데 뮤즈의 탄생을 포고하는 이러한 고백은 주관적 경험과 쓰라린 실존적 고통을 자양분으로 삼는 남성적이고 격렬한 천재시학에 다름 아니다.

드로스테가 정전작가가 될 수 있었던 것은 이와 같이 여성작가로서의 한계를 극복하고 천재시학의 대열에 합류할 수 있었기 때문이다. 멘토이자 프로모터였던 쉬킹의 헌신적인 뒷받침을 결코 과소평가할 수 없지만, 1841년 1월 쉬킹이 드로스테에게 보낸 편지에서 드로스테를 천재로 칭하고 자신은 그저 재능이 있을 뿐이라고 적은 것은 의미심장하다(Droste-Hülshoff 2000, XII, 3). 쉬킹은 천재시학을 인정하지 않을 수 없는 남성으로서 기꺼이 드로스테의 뮤즈를 자청한 것이다. 글을 쓰는 파트너 관계에서 남녀의 역할이 전도된 현상은 이밖에도 두 사람의 재정상태에도 원인이 있었다. 드로스테의 표현대로라면 쉬킹은 언제나 재정적 수입을 염두에 두어야 하는 "글을 쓰는 근로자"였던 반면, 드로스테는 작품을 통한 수입에 의존하지 않아도 될 만큼 형편이 좋아서 글쓰기는 부차적인 일이었다. 결과적으로 드로스테는 독자와 타협하지 않고 오늘날까지 통용되는 정전으로서의 가치평가기준, 즉 개성적이고 혁신적인 글쓰기와 천재미학의 글쓰기방식을 추구할 수 있었다. 그렇지만 쉬킹은 수준이 높긴 했어도 기본적으로 당대에 유행하던 문체와 줄거리구조를 통해 독자의 취향에 부응하는 통속문학을 목표로 삼을 수밖에 없었다. 단적인 예를 들 수 있다. 쉬킹이 페르디난트 프라이리그라트Ferdinand Freiligrath에게서 위임받아 〈아름답고 낭만적인 베스트팔렌〉이라는 프로젝트를 진행할 때 드로스테는 익명으로 발라드와 산문을 써주었다. 이때 쉬킹은 독자의 기대에 부응하기 위해 베스트팔렌 지역을 미화하고 이상화하는 통속적인 글을 쓴 데 반해, 드로스테는 야생적이고 거친 자연의 위협과 초기 산업화단계의 파괴성을 묘사했다. 이때 쉬킹은 드로스테 작품의 암울한 줄거리를 개연성이 떨어지지만 어쨌건 행복해 보이는 식으로 통속화시켰다고 한다(Niethammer 1993, 81ff.). 이러한 타협이야말로 쉬킹이 남성작가임에도 불구하고 오늘날 드로스테라는 여성정전작가의 이름을 통해서만 기억되는 가장 큰 이유라고 할 수 있다.

4. 드로스테-휠스호프의 수용과 성의 문제

드로스테의 정전작가로서의 위상은 여러 문학중재 제도와 기관에서 드로스테라는 인물과 그녀의 작품에 대해 상반되는 다양한 해석을 내놓음으로써 더욱 굳건해질 수 있었다. 일각에서는 기본적으로 보수적인 그녀의 태도와 뿌리 깊은 가톨릭신앙 그리고 베스트팔렌에 대한 뛰어난 묘사와 매우 독창적이지만 여성으로서의 덕목과 자숙을 지킨 점[38]이 높이 평가된다. 그러나 또 다른 일각에서는 드로스테의 인간적 면모와 작품 내용에 대한 위와 같은 평가를 문제시하며 작품의 수사학적이고 미적인 질을 강조한다. 후자는 오늘날의 드로스테 수용에서 척도로 작용하는 가치이지만, 역사적으로 보자면 서로 다른 시각에 따라 정전으로 여겨지는 작품의 선택도 변화를 겪어왔음을 알 수 있다.

---

38 개별적 비평에서 문학사로 넘어가는 과정을 관찰해보면, 문학사는 상위에 위치한 가치와 규범 체계에 보다 중요한 의미를 부여한다는 것을 알 수 있다. 19세기 문학사의 저자들은 타고난 속성상 여자는 공개적으로 자신의 입장표명을 해서는 안 되었지만 실제로는 그렇지 않았다는 역설과 씨름해야 했다. 이 모순을 해결하기 위해 도덕성이나 예의 같은 문학과 직접 연관이 없는 이질적인 자질들이 공식화되고 이를 통해 여성들의 문학사 진입이 허용되었다(Niethammer 2002, 189).

드로스테가 베스트팔렌 및 가톨릭과 관련되어 수용되고 초기 문학사에서 여성으로서의 도덕성과 예의범절이 부각된 이유는 초기의 작품출판과 사후의 전집출판에서 선택된 작품과 작품집의 배열과 상관관계가 있다. 먼저 베스트팔렌과 관련된 수용이 부각된 예를 들어 보자. 드로스테는 1844년 코타출판사에서 나온 시집에 실릴 시를 여성의 저자성이 신에 의해 부여된 권리라고 주장되고 있는「나의 직업」과 선조들의 전통과 접목하고 싶은 희망을 피력한「나의 선조들」그리고 여성작가로서의 동료의식과 존경을 표명한「카타리나 쉬킹」등의 순서로 배열하려 했지만 가시적인 성공전략을 염두에 둔 레빈 쉬킹에게 설득되어 맨 앞에 시대상을 담은 시들을 배치할 수밖에 없었다. 쉬킹은 여성작가로서 과도한 자기주장을 앞세우는 대신 드로스테를 베스트팔렌의 여류작가로 부각시키고자 했다(Niethammer 2002, 185). 결과적으로 이 시집의 첫 작품은「머물고 싶은 않은가 아니면 그렇지 않은가 (베스트팔렌에서)」가 장식했는데, "베스트팔렌에서"라는 괄호 속의 삽입문은 쉬킹이 의도적으로 덧붙였다고 한다. 유감스럽게도 드로스테가 앞에 배치하고자 했던 시들은 "잡다한 내용의 시"라는 표제하에 뒷부분으로 밀려났다.

다음으로 드로스테의 가톨릭신앙은 그녀의 멘토였던 쉴리터가 실패로 끝난 1838년의 첫 시집『아네테 엘리자베트 v. D... H...의 시』를 토대로 1851년에『신앙의 해』라는 유고시집을 내면서 부각된 것이다. 쉴리터는 이 작품집을 가톨릭신앙고백문학이라고 칭했고, 이러한 평가는 후기 낭만주의의 거장이자 열렬한 가톨릭 신봉자였던 아이헨도르프에 의해 적극 지지되었으며, 초기 문학사와 학교에서 사용되는 작품선집에서 드로스테의 작품을 선택하는 결정적 기준이 되었다. 드로스테 사후에 나온 전집에서도 이러한 작가상이 답습되었다. 쉬킹의 드로스테 전집

(1878~1879)에서는 1844년의 시집 출판 당시와 마찬가지로 베스트팔렌의 여류작가로서의 프로필이 강조되었고, 크라이텐의 전집(1878~1887)에서는 쉴리터의 전략과 마찬가지로 가톨릭신앙의 측면에 방점이 찍혔다.[39]

오늘날과 같이 드로스테 문학의 미적 질이 높이 평가되게 된 계기는 리얼리스트의 대가 테오도어 슈토름Theodor Storm(1817~1888)의 영향이 컸다. 슈토름은 드로스테를 가톨릭사상을 중재하는 작가가 아니라 삶과 시를 통해 직접적인 감동을 주는 작가로 이해했다. 그래서 그는 자신이 편찬한 시선집詩選集에 형식과 내용 면에서 출중하다고 판단한 드로스테의 시 「이끼 속에서」와 「늙은 신부의 주일」 그리고 「까마귀들」의 발췌 부분을 수록하는 한편, 파울 하이제Paul Heyse와 헤르만 쿠르츠Hermann Kurz에 의해 출판된 『독일의 새로운 주옥같은 단편』 제24권(1876)에 『유대인의 너도밤나무』를 적극 추천했다. 슈토름에 의한 시의 선택과 드로스테의 산문작가 이미지는 오늘날까지 그녀가 독창적인 초기 리얼리스트로 각인되고 정전작가로 전승되는 결정적인 계기가 되었다.[40]

드로스테에 대한 상반된 평가와 논쟁은 그녀가 그만큼 확고부동한 정전작가임을 증명하는 것인데, 여기에서는 드로스테가 여성이었다는 사

---

39 쉴리터와 쉬킹에 의한 정전화전략은 드로스테로서는 마뜩치 않은 일이었다. 드로스테가 결국은 타협했지만 두 사람의 익명화전략에 이의를 제기했던 것은 자신이 특히 가톨릭적으로 이해되는 것에 대한 거부감 때문이었다. 이런 이유에서 그녀는 아이헨도르프의 긍정적인 평가에도 불구하고 그와 일정한 거리를 취했다.

40 오늘날까지 『유대인의 너도밤나무』는 최소 115회의 개별 출판이 있었는데, 1916년까지 이미 약 100쇄(1쇄는 1,000부)가 출판되었다고 한다. 1884년 4월에서 1968년 12월까지는 총 519만 부가 팔린 것으로 집계되고 있다(Niethammer 2002, 191). 또한 19세기의 주도적인 장르로서 지금까지 김나지움 권장도서목록의 대부분을 차지하는 단편소설모음집에서 드로스테의 이 소설은 늘 단골메뉴로 등장하고 있다.

실과 그럼에도 남성의 미학을 추구했다는 것이 결과적으로 크게 작용했다. 남성과 여성이라는 부가어는 특히 19세기부터 문학사에서 늘 가치를 평가하는 척도로 작용했고,[41] 지금도 예외는 아니다. 대개의 경우 성공적으로 여겨지는 모든 문학, 즉 위대하고 새롭고 장엄하고 명확하고 지적인 문학들은 천재와 마찬가지로 남성작가의 영역으로 간주된다. 이에 반해 완전히 실패한 문학으로 평가절하되는 많은 특성들은 여성적인 것으로 분류된다. 좋게 표현해서 순수한 감정, 모성, 사소한 것에 대한 경건함, 이질적이고 어두운 것 등이 여성작가의 본령이다. 그렇지만 이것조차 대개의 경우 형식의 결핍과 사랑과 결혼 등의 주제에 몰입하는 도식적 글쓰기 등을 문제 삼으며 통속적인 것으로 비판된다. 요컨대 이러한 모든 특성을 전형적인 여성문학이라는 게토를 통해 남성이 지배하는 문학의 본류에서 배재하는 것이다.

여기에 비교해보자면 드로스테의 경우 한편으로는 언어구사능력과 상상력의 측면은 물론이고 도덕적·종교적·정치적 측면에서도 개혁적인 에너지와 천재성이 인정되면서 남성적 정신을 구가한 것으로 인정된다. 또 다른 한편에서 드로스테의 문학은 오랫동안 여성적인 것으로 이해되어 왔던 것들, 즉 기본적으로 보수적인 태도와 종교적 경건함 그리고 감수성과 섬세한 리얼리즘 등을 구현한 것으로 평가되기도 한다(Heydebrand 2002, 181). 그런데 드로스테와 그녀의 문학세계는 바로 이렇게 두 얼굴을 지녔다는 점에서 정전화가 촉진될 수 있었다. 19세기 내내 비평가들은 남녀의 성역할을 문제 삼았던 드로스테의 작품을 애써 외면하며 그녀를

41 심지어 같은 남성작가를 놓고도 실러는 남성적이라는 이유에서 여성적 특성 때문에 손해를 보는 괴테보다 높이 평가되었다(Heydebrand/Winko 1996, 222ff.).

여성작가로 분류해왔었고, 호의적인 경우에는 드로스테 문학을 남성적 특성과 여성적 특성의 이상적인 결합으로 보면서도 언제나 최고의 여성 작가라는 딱지를 붙이는 비평가들도 있었다. 하지만 오늘날 드로스테는 여성작가는 도적적·종교적·교훈적이어야 한다는 함정에 빠지지 않고 자유로운 상상력과 서술의 자유를 구가한 근대미학을 대표하는 작가로서, 자신의 소망대로 영원성을 누리는 작가로 남아 있다. 1843년 7월 24일 엘리제 뤼디거Elise Rüdiger에게 보낸 편지에는 문학공론장에서의 경쟁과 이에 대한 불편한 심사 그리고 영원에 대한 소망이 다음과 같이 표현되어 있다.

> 모든 사람들이 다 유명해지기 위해 뒤죽박죽되어 버둥거리는 것을 보면 내 손가락도 움직이고 싶어 근질근질해져. 참아야지! 참아야지! 하지만 어떤 사람이 물 위에 머리를 내밀기 무섭게 다른 사람이 그 사람 뒤에서 한 치 높이 솟아올라 그 사람을 내리누르는 것을 보면, 또 하이네가 벌써 완전히 잊히고 프라이리그라트와 구츠코프도 쓸모없게 된 걸 보면, 간단히 말해서 유명인들이 서로를 먹어치우고 진딧물처럼 새로 생기는 걸 보면, 차라리 소파 위에 다리를 쭉 펴고 눈을 반쯤 감은 채 영원에 대해 꿈을 꾸는 것이 나을 것 같아.
>
> (Droste-Hülshoff 2000, X, 1, 88f.)

05 교양소설의 정전화와 해석정전

1. 독일적 현상으로서 교양소설과 교양소설론

독일 문예학에서 소설의 한 하위 장르를 지칭하기 위하여 빈번하게 사용되는 교양소설이라는 개념[42]은 독일문학과 독일서사문학의 독특성을 대변하는 가장 확실한 표징으로 간주된다. 독일소설을 통칭하는 개념은 아니더라도 혹자에게는 교양소설이야말로 독일소설의 알파이자 오메가로 여겨지는 듯하며, 또 다른 사람들에게는 최소한 교양소설이 추구하는 목표로서의 교양이념이나 교양이상은 독일소설문학의 가장 중요한 특성

42 여기서 특별히 발전소설 개념을 교양소설 개념과 별도로 고찰하지는 않는다. 교양소설의 개념을 보편적 문학유형으로 정착시켰던 딜타이에게서는 두 개념이 거의 동의어로 쓰였기 때문이다. 학자에 따라서는 두 개념을 분리하거나 위계화하려는 시도가 없지 않다. 예컨대 1926년에 간행되었지만 그 중요성 때문에 1960년대에 재출판된 멜리타 게르하르트(Melitta Gerhard)의 『괴테의 "빌헬름 마이스터"에 이르기까지의 독일 발전소설』에서 교양소설은 발전소설과 달리 괴테와 괴테 이후 시대의 역사적인 부분 현상으로 이해되지만 발전소설과 교양소설이 구조적으로 명확하게 구별되는 것은 아니다(Gerhard 1968, 1).

이자, 독일정신사의 일관된 발현으로 간주된다. 요컨대 교양소설은 일반적으로 가장 독일적인 문학장르로 받아들여지는 것이다.

딜타이의 정신사적 문학연구방법론이 교양소설의 개념정의에 끼친 영향은 익히 잘 알려져 있다. 1920~1930년대를 교양소설연구의 르네상스 시대라고 일컬을 수 있다면, 그것은 예의 "시민계급시대의 이상주의 문예학자"(Steinecke 1987, 72) 딜타이의 정신사적 연구의 권위와 후광에서 비롯된 것이다. 이 시기까지의 독일의 문예학자들은 적극적이든 소극적이든 토마스 만의 경우처럼 괴테의 『빌헬름 마이스터의 수업시대』와 같이 고백적이고 자서전적인 교양소설유형을 "전형적으로 독일적인"(Mann 1974, XVI 701f.) 것으로 인정하고, "유럽서사예술에 대한 유일한 독일의 기여"(Mann 1974, X 360)라 칭송했던 것이 일반적이다. 교양소설연구의 제2의 르네상스라고 할 수 있는 1960년대 말 이후에는 교양소설을 독일소설사의 맥락에서 체계화하는 것이 대세이다. 대부분의 교양소설연구서에서 빌란트의 『아가톤 이야기』가 교양소설장르의 태두로 재평가되는 것도 이때부터이다. 빌란트와 괴테의 소설이 분명 공통점이 있고 빌란트가 괴테에게 전형이 된 것은 사실이다. 그렇지만 두 사람의 소설은 각각 매우 상이한 문학적 사건으로 이해할 수 있다. 빌란트의 『아가톤 이야기』가 독일어권의 새로운 소설로 받아들여지고 모범적 기능을 수행한 것은 사실이지만 교양소설이라는 새로운 장르의 원형으로 볼 수는 없는데, 그 이유는 빌란트가 문학의 생산과 수용에서 언제나 영국문학을 모범으로 삼았고 후대의 작가들도 주로 번안과 각색의 기법 측면에서 빌란트를 모방했기 때문이다. 이와 반대로 괴테의 『빌헬름 마이스터의 수업시대』는 고유한 문학적 방책이 없던 독일소설의 초창기 국면이 지난 후 어떠한 전형의 도움도 없이 선구적 혁신을 이루었기 때문에 많은 점에서 모방의 가치가 있고 능가하고 싶은 소설로 간주되었다. 말하자면 『아가톤 이야기』가 후위後衛문학이었다면 『빌헬름 마이스터의 수업시대』는 독일소설의 길을 개척한 작품이었다는 점에서부터 교양소설의 원조로 간주될 수 있었다. 교양소설의 독일적 특수성이 강조되는 것도 이러한 발생사적 배경 때문이다. 반면 외국의 독문학에서는 교양소설의 교양이념을 일찍이 헤겔이 실현되지 않은 것으로 진단한 것처럼 명백하게 실현될 수 없는 것으로 보면서 교양소설을 독일적 현상이라기보다는 유럽소설문학사의 큰 틀에서 발전소설의 한 경향으로 편입하려는 경향이 두드러진다. 가장 최근에는 교양소설의 주도적 이념인 교양은 정체성의 위기를 극복하기 위한 유일한 교육적 대안으로 재부상하여 강조되기도 한다(Vosskamp 2004; 2009). 그런데 교양소설을 둘러싸고 벌어지는 논쟁적 연구상황은 기실 교양소설연구에 내재된 근본적인 문제점, 즉 확실한 결과를 기대하기 어려운 해석학적 순환에서 비롯된다. 교양소설이라는 정의는 이 개념의 유용성을 검증해주어야 할 작품들에서 추론될 수밖에 없는데, 막상 이 작품들을 교양소설로 이해하기 위하여 괴테의 『빌헬름 마이스터의 수업시대』라는 전형을 끌어들이는 것은 역시 어떤 해결방안도 제시하지 못하기 때문이다(Steinecke 1987, 54).

이러한 경향은 비교적 최근의 교양소설연구에서도 마찬가지이다. 교양소설을 "오직 호의적인 역사적 조건하에서만 신뢰할 만한 종합으로서 답해질 수 있었던 (...) 아포리"(Jacobs 1983, 278)로 정의하면서 교양소설의 역사를 "어느 때에도 순수하게 실현되지 못한 문제적이고 완성되지 않은 장르의 역사"(Jacobs 1983, 278)로 규정하는 위르겐 야콥스Jürgen Jacobs의 연구서는 가장 두드러진 성과이다. 하지만 그의 연구는 역사적 문맥의 분석을 통해 이 장르가 어떠한 정신사적·사회사적 조건에서 발생하였으며 이후 어떤 이유에서 어떠한 변화를 겪는지를 상세하게 추적함으로써 큰 성과를 거두었음에도 불구하고, 독일의 많은 소설작품을 모티브와 테마의 측면에서 교양소설이라는 장르의 변형으로 이해하기 때문에 개별 문학작품에 대한 해석에 있어서는 일정한 한계와 선입견을 드러낸다. 더욱이 이 책의 출간 후에 마르쿠스 크라우제Markus Krause와 함께 작업한 연구서(Jacobs/Krause 1989) 또한 교양소설의 개념을 개별 텍스트에 적용함으로써 교양소설에 대한 실용적인 정의를 목표로 삼고 있다는 점에서 그의 방법론은 해석학적 순환의 틀에서 벗어나지 못한다. 이러한 연구경향은, 교양소설에서 다루어지는 근본적인 테마는 오직 개방적이고 종결될 수 없는 담론으로서만 다루어질 수 있다는 테제에서 출발하여 교양소설을 "깨어진 목적론"이라는 범주로 포괄하는 클라우스-디터 조르크Klaus-Dieter Sorg의 연구(Sorg 1983)에서도 마찬가지이다. 1990년대의 대표적 교양소설연구서라고 할 수 있는 게르하르트 마이어Gerhart Mayer의 경우는 더 극단적이다. 그가 교양소설과 "반反교양소설"이라는 개념을 통하여 해석을 시도하는 작품들의 목록은 독일소설사를 이루는 중요한 작품 전체를 망라하고 있다(Mayer 1992). 독일소설은 가장 최근의 소설텍스트에 이르기까지 온통 교양소설 아니면 반교양소설인 것이다.

장르에 관한 이론의 특징은 물론 가능한 한 특정한 시대의 현상에 얽매이지 않는 초시대적 포괄성을 견지하는 것이다. 그러나 특정한 장르개념 하에 비교 가능한 역사적 대상들, 즉 개별 문학텍스트에 나타나는 작품 고유의 역사성에 주목하는 대신 그 역사적 성격을 과도하게 확장함으로써 초시대적인 위상을 부여하고자 한다면 장르이론은 작품해석에 규정적인 해석방식을 강요한다. 하지만 기본구조의 확실한 유사성 때문에 어떤 특정한 장르의 범주에 포함될 수 있는 작품이라고 할지라도 개별 작품의 구성요소들은 대부분 작품을 낳은 역사적 토양과 작가의 창작의도에 따라 다양하게 변주되어 나타난다. 요컨대 작품의 내용과 의도 그리고 작품에서 구현되는 문제들은 장르라는 수사학적 구조보다 훨씬 더 강하게 시대와 연관되어 있기 때문에 교양소설장르에 대한 초시대적 개념규정은 일정한 문제점을 노정할 수 있다. 또한 통상 교양소설로 칭해지는 작품도 교양소설이라는 특수한 범주보다는 오히려 서구문예학에서 보편적으로 인정되는 더 큰 범주의 소설유형학적 개념, 예컨대 사회소설의 대비개념인 개인소설이나 전기소설 같은 개념으로 환원될 수 있는 가능성이 아주 없는 것도 아니다(Laufhütte 1991, 299ff.). 행복하지 못한 인생 및 삶과 타협할 수 없는 비극적 예술가정신이 전경에 배치되어 있는 고트프리트 켈러Gottfried Keller의 『초록의 하인리히』 같은 작품은 교양소설과 구조적 유사성은 찾을 수 있지만 그보다는 작가의 멜랑콜리한 세계관이 더 두드러지는 전기소설로 읽을 때 진가를 느낄 수 있다(고규진 2001). 여기에서는 이와 같은 문제의식을 전제로 교양소설론이 독일소설이론 뿐만 아니라 독일민족문학사를 형성하는 가장 주도적인 해석정전으로 자리 잡은 배경을 파악해보고자 한다.

2. 『빌헬름 마이스터의 수업시대』에 대한 딜타이의 해석

잘 알려져 있다시피 딜타이의 『빌헬름 마이스터의 수업시대』 해석의 요점은 "나의 출생이 거부한 나의 본성의 조화로운 형성"(Goethe 1981, Bd. 7, 290f.)을 간절히 원한다는 주인공 빌헬름의 유명한 작중 발언을 이 소설의 강령으로 간주할 뿐만 아니라 더 나아가 작품에서 이러한 목표가 달성되었다고 주장하는 데에 있다.

> 이러한 교양소설들은 이렇게 사적인 삶의 관심영역에 제한된 한 문화의 개인주의를 표현한다. (...) 삶의 불화와 갈등은 성숙과 조화에 이르기 위한 길에서 개인이 필연적으로 통과해야 할 지점으로 나타난다. 그리고 "인간의 최고의 행복"은 인간 존재의 통일적이고 확고한 형식으로서의 "개성"이다. 괴테의 빌헬름 마이스터에서만큼 이러한 개인의 발전에 대한 낙관주의가 더 쾌활하고 확실하게 표현된 것은 없다(Dilthey 1988, 120f.).

하지만 딜타이가 인용한 이 구절은 빌헬름이 삶의 목표를 진지하게 성찰한 이후의 표현이 아니라 혼돈의 연극세계에 발을 들여놓은 자신의 행동에 대한 변명의 성격이 짙다. 말하자면 귀족과 같은 태생적 특권이 없는 시민으로서는 연극배우가 되는 것만이 공적인 인간이 될 수 있는 유일한 가능성이라는 생각에서 나온 말이기 때문에 딜타이의 이러한 판단이 작품 전체의 맥락에서 벗어나 있다는 지적(Steinecke 1987, 72)[43]은 타당하다. 또한 딜타이는 교양소설을 사적인 삶의 관심영역에 국한된 한 문화의 개인주의의 발로로 규정지으며 이러한 자신의 견해를 증명하기 위하여 "개성"이야말로 인간의 최고의 행복이라는 괴테의 문구를 인용한다. 하지만 이 문구 역시 『빌헬름 마이스터의 수업시대』에 등장하는 것이 아니라 『서동시집』 중 「줄라이카의 시편」 "백성도 하인도 정복자도/ 모두

43 또한 많은 연구자들은 연극과 관련된 이 작품의 전반부와 삶의 목표와 관련된 성찰이 등장하는 후반부 사이에 놓여 있는 갑작스런 반전을 당혹스러워한다. 이것은 말하자면 『빌헬름 마이스터의 수업시대』 전반부를 자지하는 빌헬름의 "연극 소명"을 그의 교양과정의 첫 번째 단계로 이해할 수 있는지의 문제이거니와 빌헬름의 연극에의 길은 얼마 지나지 않아 그릇된 길로 드러난다.

들 말해요, 어느 시대에도/ 이 세상 사람에게/ 최고의 행복은 오직 개성이라고"(괴테 2006, 130)가 원용되었다는 점에서 『빌헬름 마이스터의 수업시대』 해석과는 직접적인 연관성이 없다(Steinecke 1987, 72). 이 작품을 교양소설로 이해할 때 자주 이용되는 논거, 즉 소설에서 빌헬름이 과오도 교양과정에 속하며 과오는 오직 방황을 통해서만 치유될 수 있음을 인식한다는 것을 백번 인정한다 하더라도 소설의 결말부는 딜타이가 주장하는 바와 같은 주관성과 개성의 유토피아가 실현된 모습과는 거리가 멀다. 딜타이는 괴테에 의해서도 표명된 바 있고 일찍이 헤겔에 의해서도 간파된 바 있었던 작품의 반어적 의미를 등한시한 채 이 소설의 교육적 요인을 강조함으로써 사적인 것의 내면화라는 특성과 조화롭고 낙관적인 측면을 부각시켰다. 그러나 반어적 구조야말로 교양소설의 가장 큰 특징이다. 『빌헬름 마이스터의 수업시대』에서도 개인적 완성과 공동체적 완성이라는 이념은 상호 용해되지 않고 병렬적으로 진행되기 때문에 교양의 유토피아와 사회의 유토피아는 서로 예리하게 비교되며 상대화된다(고규진 1990). 여하튼 딜타이의 이러한 해석은 크나큰 동조를 얻었고, 『빌헬름 마이스터의 수업시대』는 이때부터 개체의 조화로운 교양이라는 의미에서 교양소설로 이해되었다. 딜타이에 의해 다시 부활된 고전적 교양 개념은 점차 새로운 단계로 접어들던 빌헬름시대의 독문학계에서 커다란 중요성을 갖게 되었으며, 조화와 사적인 영역을 강조하는 딜타이의 해석방식은 별 이의 없이 급속도로 융성하게 된 괴테의 문학에 대한 척도가 되면서 오랫동안 문학사의 주류로 인정되어온 것이 사실이다. 하지만 분명한 것은 딜타이의 『빌헬름 마이스터의 수업시대』 해석은 현실과 연계성을 스스로 끊어버리고 정치적인 윤리성을 포기하며 오직 내면성에서 교양을 발견하려는 경향성을 보였던 빌헬름시대의 민족주의적 교양문화담론과 연계되어 있었다는 점이다. 사적인 영역의 강조는 빌헬름시대의 정치적 분위기에서는 내면성에로의 도피, 비정치적인 노선에로의 방향설정, 그리고 국가에 대한 절대적 복종을 강요하는 이데올로기적 장치를 원활하게 도와주는 도구였다.

반면 『빌헬름 마이스터의 수업시대』의 출간 이후 딜타이에 이르기까지 이 작품에 대한 평가는 아주 다양한 양상을 띠고 있었다. 실러는 1796년 괴테에게 보낸 편지에서 『빌헬름 마이스터의 수업시대』의 주인공이 이상화하는 힘을 상실하지 않고 특정한 활동적 삶에 들어선다는 진단을 내린 이래 누구보다도 이 작품의 문학적 질을 높이 평가했다. 또한 친구 실러의 최초의 전집 편집자였던 크리스티안 고트프리트 쾨르너Christian Gottfried Körner는 실러의 긍정적인 평가를 더 적극적으로 수용하여 빌헬름의 발전과정은 내적인 소양과 외적인 상황의 상호작용에 의해 형성되는 아름다운 인간 본성에 대한 모범으로 절찬했다.[44] 그럼에도 불구하고 실러는 작품의 형식, 다시 말해서 소설형식 전반에 관해서는 비판적 입장을 견지했다. 그에 의하면, 이러한 소설형식은 시적이지 못할 뿐만 아니라 오직 오성의 영역에 속해 있기 때문에 시적인 예리함이 결여되어 있고 산문적 정조와 시적 정조 사이에서 동요하기 때문이다. 실러, 쾨르너, 훔볼트, 노발리스, 슐레겔 등 비평사적으로 볼 때 『빌헬름 마이스터의 수업시대』 수용의 첫 번째 국면에 해당되는 비평가들은 입장과 정도의 차이에도 불구하고 한 가지 공통적인 견해를 보여주고 있는데, 그것

---

44 딜타이의 『빌헬름 마이스터의 수업시대』 해석은 실러나 쾨르너의 이와 같은 해석의 착안점을 적극 수용한 결과이다. 다만 실러의 교양이념을 딜타이의 경우처럼 비정치적 담론으로 해석할 수 있는지는 이 글의 틀을 벗어나는 또 다른 문제이다.

은 이 작품이 소설장르의 전형적인 본보기이지만 동시에 이 장르의 가능성과 한계에 대한 본보기라는 것이었다. 소설이 산문의 현실을 배경으로 교양이념과 같은 주제, 즉 주체의 시적 정조로의 고양을 그려내는 데에 적합한 장르인지가 문제였다. 노발리스가 초기 낭만주의 시학 이념에 입각한 『하인리히 폰 오프터딩엔Heinrich von Ofterdingen』을 통해 『빌헬름 마이스터의 수업시대』의 산문적이고 합리적인 세계와 대비되는 중세의 신과 종교의 세계를 시적으로 표현하고자 했던 것도 이러한 맥락에서이다.

헤겔의 『빌헬름 마이스터의 수업시대』 진단은 더 유보적이었다. 헤겔은 『미학강의』에서 주체가 불가피하게 현실과 화해할 수밖에 없고 세계 속에서 특정한 입장을 취하게 되는 것은 어쩌면 "비더마이어적 속물성"일 수도 있음을 은근한 반어적 어조로 설파함으로써 괴테에 의해 의도된 『빌헬름 마이스터의 수업시대』의 교양이상을 상대화시킨 바 있었다(Hegel 1970, 220f.). 헤겔은 개인과 현실의 조화가능성과 시적 형식으로서 소설의 가능성에 대해 회의했던 것이다. 반면 헤겔의 제자였던 카를 로젠크란츠Karl Rosenkranz는 헤겔의 반어적인 유보적 태도와 달리 교양이야말로 소설의 적합한 대상이며 괴테의 경우처럼 주체는 언제나 교양의 문제를 생각하지 않으면 안 된다고 주장했다. 로젠크란츠의 예에서 알 수 있듯이 고전주의적 비평양식이 답습되었던 이 시기에 괴테라는 작가의 명망은 괴테 소설이야말로 소설의 가능성에 대한 전형이자 증명으로 칭송되는 경향을 지배적으로 만들었다. 교양소설이라는 명칭을 처음 사용한 카를 모르겐슈테른Karl Morgenstern의 경우에는 교양소설과 주체의 내면성 간의 관계를 본격적으로 논의했다. 산문세계의 개체에게는 외적인 행동에 제약이 따르는 만큼 개체의 내면적인 발전이 관심의 중심대상이 될 수밖에 없다는 것이 그의 논지이다. 따라서 소설은 일차적으로 주체의 내면의 점진적인 교양을 그려야 한다는 것이다. 상이한 착안점을 전제해야 하겠지만 1820년경까지 『빌헬름 마이스터의 수업시대』 해석에서 나타나는 지배적인 경향은 역사철학적·사회학적 관점에서 소설은 산문세계 현실에서 개인의 문제와 발전을 보여주어야 하며, 『빌헬름 마이스터의 수업시대』는 이러한 소설의 과제를 경탄할 만한 정도로 훌륭하게 성취했다는 것이다. 소설이 산문형식이라는 단점에도 불구하고 시적 장르가 될 수 있다고 믿은 비평가들이 『빌헬름 마이스터의 수업시대』에서 소설장르의 특성이 완전하게 구현되었다고 주장한 반면, 소설이 시가 될 수 있는 가능성을 믿지 않았던 비평가들은 『빌헬름 마이스터의 수업시대』를 거부하는 입장을 취했다. 그러나 이러한 회의론자들에게도 괴테의 소설은 한편으로는 목표에 가장 근접한 작품으로 여겨졌고, 다른 한편으로는 그렇게 미적 질이 뛰어남에도 불구하고 소설장르의 태생적 한계 때문에 필연적인 실패를 그만큼 분명하게 보여주는 작품이었다. 또한 이 시기에는 소설의 과제가 인간의 내면과 관련이 있다는 견해가 두드러졌던바, 교양 개념은 이러한 소설 정의에서 어느 정도까지는 역할을 수행했다. 그러나 분명한 것은 모르겐슈테른에 의해 규정된 교양소설이라는 개념이 동시대인에게는 그다지 큰 반향을 얻지 못한 낯선 개념이었다는 것이다(Steinecke 1987, 62).

1820년대 이후 특히 7월 혁명 이후에는 개체의 내면성과 교양을 출발점으로 삼는 『빌헬름 마이스터의 수업시대』 해석의 경향이 현저하게 퇴보한다. 예를 들어 월터 스콧Walter Scott류의 역사소설에 대한 관심은 현실과 객관적 세계에 대한 가치평가로 이어지면서 개인의 생각이나 감정, 요컨대 개성의 발전에 대한 문제는 상대적으로 입지가 좁아졌다. 빌헬름 마이스터가 스코트 소설 주인공과 대조적인 인물로 파악된 것은 어쩌면 이러한 경향의 자연스러운 귀결로 볼 수 있다. 역사소설의 유입 및 역사소설에 대한 관심과 더불어 점차 시대소설이나 사회소설이 유행하면서 교양소설 주인공과 사회소설이나 시대소성의 주인공에 대한 대조적인 이해방식이 첨예화된 것이다. 루트비히 뵈르네Ludwig Börne에게 괴테의 『빌헬름 마이스터의 수업시대』는 독일의 정황과 마찬가지로 부자유스럽고 편협하고 고루하다는 의미에서 "전형적으로 독일적인" 소설에 불과했고, 주인공 즉 "맥 빠진 빌헬름"은 수동적이고 눈물을 잘 짜는 독일적 인간상의 대표였다. 하인리히 라우베Heinrich Laube, 테오도어 문트Theodor Mundt 등 청년독일파 작가들은 이러한 논리를 계속 발전시켰다. 문트는 개인의 운명을 그리기 위해 세상에 대한 폭넓은 묘사를 단념하는 것에 대해 심각한 우려를 표한 바 있었다. 문트의 『빌헬름 마이스터의 수업시대』 해석에서 주목할 만한 것은 『빌헬름 마이스터의 수업시대』에서는 시대에 대한 폭넓은 묘사를 배경으로 한 개인의 교양의 일대기가 전개된다는 것이다. 문트는 교양사를 넓은 의미로 파악하면서 그 전까지만 해도 부정적으로 여겨졌던 『빌헬름 마이스터의 수업시대』의 산문적 성격, 즉 시민세계의 일상에 대한 상세한 묘사, 경제적인 것의 소재화 등을 긍정적으로 생각했다. 말하자면 역사소설, 시대소설, 사회소설의 영향으로 이 시대의 소설비평은 이전까지 괴테 소설의 해석에서 간과했던 요소에 눈을 돌렸고 개인의 내면에 주목하면서도 사회비판과 사회묘사에 대한 관심을 강하게 부각시켰던 것이다. 탑의 결사(Turmgesellschaft)가 빌헬름에게 건네준 도제 수료증을 개인주의적 교양프로그램으로 읽는 대신 개인의 사회적 책임과 개인의 사회에 대한 관계를 묘사한 것으로 해석한 것이 단적인 예이다. 반면 19세기 중엽에 이르러 테오도어 피셔Theodor

Vischer는 소설에 대한 헤겔의 착안점에 기대어 소설의 과제를 잃어버린 시에 대한 보상에서 찾으며 괴테 소설에서와 같은 내면적 교양의 불가피성을 역설했다.[45] 결론적으로 보자면 딜타이에 이르기까지 모르겐슈테른이나 피셔와는 다른 방식으로 『빌헬름 마이스터의 수업시대』를 보고자 했던 19세기 비평가들은 가급적 『빌헬름 마이스터의 수업시대』에 나타나는 당대의 사회적 문제와 경제적 현안에 대해 관심을 표했고, 이 소설에서 자유주의이념은 어떻게 변화되는지, 주체(개인의 유토피아)와 사회(사회의 유토피아)의 갈등양상은 어떤 식으로 드러나는지 읽어내려고 했던 것이다(Swales 1982, 218f.).

이렇게 보자면 『빌헬름 마이스터의 수업시대』를 전형으로 삼은 교양소설 개념은 딜타이 이전까지만 하더라도 『빌헬름 마이스터의 수업시대』가 19세기 내내 소설시학과 소설에 끼친 수많은 자극을 포괄하기에는 너무 협소한 개념임을 알 수 있다. 다시 말하자면 『빌헬름 마이스터의 수업시대』를 매우 특수한 하나의 소설유형, 즉 교양소설이라는 틀로 봄으로써 『빌헬름 마이스터의 수업시대』의 의미를 제한하는 경향, 구체적으로 말해 "(교양소설) 장르 개념의 이데올로기적 경화증硬化症"(Selbmann 1988, 24)은 바로 딜타이의 교양소설 개념 정의로부터 보편화된 것이다. 초기 토마스 만에게서 눈에 띄게 반복되는 비정치적인 개체의 윤리적·정신적 교양담론 내지는 독일적인 인본주의적 교양의 신화도 이러한 맥락에서 이해할 수 있다. 딜타이식의 "전형적으로 독일적인"

---

45 피셔의 시대에는 교양소설의 내면성을 지지하는 미학자의 수가 증가했고, 교양소설의 특성을 증명하는 작품들, 즉 슈티프터(A. Stifter)의 『늦여름(Der Nachsommer)』(1857)과 라베(W. Raabe)의 일련의 작품이 이 시기에 나오긴 했지만 소설장르에 대한 전체적인 논의의 폭으로 볼 때 이러한 경향은 부차적이었다(Steinecke 1987, 71).

장르로서 교양소설은 수상쩍을 정도로 보수적인 장르임에 틀림없다. 그럼에도 불구하고 때때로 비판적 거리 없이 인구에 회자되는 교양소설에 대한 이러한 개념 정의는 교양소설 자체에 의해서라기보다는 교양소설에 대한 딜타이식의 해석정전이 독일사회와 대학의 문예학연구 분야에서 핵심정전으로 자리 잡았기 때문이라고 볼 수 있다.

3. 해석정전으로서 교양소설론

교양소설을 논할 때는 우선 교양 개념 자체에 대한 상세한 고찰이 불가피하다. 교양 개념은 대략 18세기 후반기부터 이상주의적 인간학과 교육학을 특징짓는 주도적 상투어였으며, 19세기 초반 고등교육기관이 포괄적으로 재조직될 당시에는 고등교육의 목표로 설정되었다. 하지만 시간이 지나면서 이 개념은 점차 이상주의적인 파토스를 잃고 유산시민계급의 지적·정신적 자산에 대한 사회적 표지, 즉 교양시민계급임을 증명하는 사회적 레테르로 이용되다가 19세기 말에는 니체의 혹독한 교양 속물인간 비판과 더불어 애초의 이상주의적 함의를 상실한다. 그때 이후 교양은 지속적인 위기를 표현하는 대명사로 인식되고 있다(Vierhaus 1972). 예컨대 국가를 절대이념의 현현顯現으로 여기고 국가에 대한 맹목적인 복종을 교양의 현실화로 간주하는 교양문화담론은 교양시민계급이 사회의 소수계급으로 몰락한 빌헬름시대 후기에 와서도 여전히 쇼비니즘 세력에 의해 이용되고 보존되었다(김수용 외 2001, 145).

교양의 역사적인 의미론은 주체가 계층이나 조합 따위에 의해 프로그램처럼 미리 정해진 길을 따를 수 없게 된 계몽주의 이후의 사회에서 발생한다. 주체는 철두철미 삶의 계획과 선택 그리고 상이한 경력을 통해 다양한 목표와 가능성이 열려 있는 미래 속으로 자신의 삶을 스스로 형성해나가지 않으면 안 되었다. 이러한 사회구조에서의 삶은 기회를 의미하기도 했지만 동시에 위험으로부터도 자유롭지 못했다. 사회사적으로 볼 때 이러한 상황은 18세기에 점차 형성된 시민사회에서 사회적 조건 때문에 자신이 속한 영역이나 그 영역의 특수성에 의해 규정될 수밖에 없는 주체들이 언제나 사회와의 차이를 경험하면서 생긴 것이다. 여기서 각각의 주체들은 사회에서 자신이 수행하거나 수행해야만 하는 역할의 합계가 자신의 정체성인지 아니면 그 이상의 어떤 다른 것을 통해 자신의 정체성을 추구해야 하는지 알 수 없게 된다. 이러한 갈등은 주체가 자신만의 독특한 개성을 사회적 의무인 객관적 조건과 조화롭게 일치시킬 경우 해결될 수 있다고 믿었으며, 이러한 이상적 상태가 바로 교양의 성취로 간주되었다. 교양은 주체와 사회적 요구가 분리될 수도 있는 위험성을 미연에 방지해야만 하는 프로그램을 대변하는 개념이었던 것이다 (Plumpe 1996, 540).

따라서 이상주의적 인간학의 교양 개념에는 두 개의 병렬적인 가정이 전제되어 있다. 하나는 주체는 일종의 내재적 목적론이라고 할 수 있는 자아형성에 대한 동기를 가져야 하고, 다른 하나는 특권화된 심급을 통해 주체를 이끌어준다는 의미에서 교육이 불가피하다는 것이다. 이 두 요소는 자아실현과 사회적 역할의 조화로 불릴 수 있는 유토피아적 상태로 융합되어야 한다. 이렇게 볼 때 이상주의의 교양이라는 구상에는 본질상 엔텔레키 신화에서 요구되는 것과 같은 개체성과 보편적 법칙의 효력을 고수하려는 사회 간의 긴장관계가 바탕에 놓여 있다. 주체 편에서는 가급적 그 자신의 교양에 대한 욕구를 포기하려고 하지 않는다. 그렇다면 주체와 세계 또는 자아와 타자 간의 차이를 극복할 수 없는 상황은 항시 존재하기 마련이다. 따라서 자아와 세계 간의 긴장을 완화시키고자 했던 이상주의적 교양 개념은 일종의 예정조화설이나 아니면 최소한 자아와 세계, 주체와 사회의 조화를 실현할 가능성에 늘 매달릴 수밖에 없었다 (Plumpe 1996, 540f.).

그렇다면 괴테의 『빌헬름 마이스터의 수업시대』에서는 이러한 교양 이념이 실현되었을까? 앞서 예로 든 헤겔의 지적대로 『빌헬름 마이스터의 수업시대』에서 이러한 이념은 실현되지 못했고, 교양소설로 지칭되는 어떤 작품에서도 결코 실현된 바 없다. 그렇다면 교양소설장르의 본질은 유화적인 작품 결말에 내재된 암시적이고 유토피아적인 특성과 실제로는 경험하기 어려운 주체와 객체 간의 조화를 유보하는 서술장치에서 찾을 수밖에 없을 것이다(Jacobs 1983, 277f.). 단적으로 말하자면 『빌헬름 마이스터의 수업시대』에서 연극배우로 입신하고 싶은 빌헬름의 자아형성욕구는 과오에 과오가 거듭되는 실패로 종결된다. 또한 단순한 우연이나 탑의 결사에 의한 빌헬름의 교양과정이 유기적이고 조화로운 개성형성에 도달한다는 증표는 작품 어디에서도 찾아볼 수 없다. 우연 때문에 생기는 빌헬름의 우스꽝스러운 좌충우돌과 억지스러운 탑의 결사의 인위적 교육을 고려하면 빌헬름이 도제 수료증에 대해 못마땅한 발언을 하는 것은 오히려 작품 전체의 구조와 아주 어울리는 일이다. 뿐만 아니라 교양성취여부에 대한 생각도 수시로 뒤바뀌는 주인공의 우유부단은 행복한 조화를 이룬 사람의 태도와는 거리가 멀다. 빌헬름의 무능과 수동성은 주인공에 대해 거리를 두는 반어적 서술태도와 직접적인 관계가 있다. 단순하고 표면적인 해석을 방해하는 유예장치에 의해 빌헬름은 교양이념의 실현이라는 도식에서 해방될 수 있다(Steinecke 1987, 56). 그렇지 않다면 『빌헬름 마이스터의 수업시대』가 개성의 발전과 성취에 대한 이야기가 아니라 불쌍한 어느 개의 이야기라고 빈정댔던 괴테의 참뜻을 이해할 수 없을 것이다.

소설사적으로 볼 때 1774년에 나온 괴테의 초기작 『젊은 베르터의 고통』(이하 『베르터』로 약칭함)[46]과 『빌헬름 마이스터의 수업시대』를 작가의 창작의도와 함께 수용사적으로 대별해보는 것은 흥미로운 관점을 제공한다. 『베르터』가 출간되었을 당시 교회와 계몽적인 교육자들은 괴테의 소설이 풍속에 위배되고 젊은이들에게 나쁜 영향을 끼치기 때문에 마땅히 금지되어야 한다고 주장했다. 그들의 눈에 베르터와 괴테는 "도덕적으로 병든 자"들에 불과했다(Jäger 1984, 32f.). 괴테 소설의 문학적 가치와는 관계없이 당시에는 문학으로부터 사회적 유용성을 기대하는 것이 당연시되었던 것이다. 괴테의 입장에서는 한 사람의 작가로서 도덕적·종교적·정치적 입장과 관계없이 주체와 사회의 관계를 극단적인 방식으로 묘사함으로써 문학적·사회적 효과를 염두에 두었겠지만 계몽주의적 엄숙주의의 반발은 그만큼 거세었다. 훗날 괴테가 『베르터』 당시의 일을 회고하면서 문학이 교육적 목적을 가져야 한다고 주장했던 당시의 비판

46 최근의 번역본에서 우수(憂愁)와 감상(感傷)의 분위기가 지배적인 "슬픔" 대신 "고뇌"라는 단어를 선택한 것은 다행스러운 일이다. 하지만 슬픔이라는 표현이 베르터의 처절한 삶을 담기에는 모자란 것처럼 고뇌도 주인공의 괴로움과 아픔과 죽음을 온전히 표현하기에는 어감이 부족하다. 베르터의 죽음이 단순히 사랑의 불가능에서 비롯된 것이 아니라 사회의 질곡, 개인적 삶에서의 실패 등이 복합적으로 작용하여 생의 에너지가 소진된 결과라고 한다면 고뇌보다는 "고통"이 더 어울린다. 고뇌가 정신적 차원에서 괴로운 번뇌에 초점이 맞추어진 단어라면 고통은 이러한 갈등과정뿐만 아니라 출구를 찾을 수 없는 막막함과 극단적 선택의 불가피성에 대한 암시까지 함축할 수 있다. 더욱이 작품에서 베르터의 사랑은 육체적 고통을 동반하는, 치유하기 힘든 악성 열병과 비교되어 있다(고규진 2015).

들은 오직 내용과 소재만을 염두에 둔 선입견이었다고 부정적으로 평가한 사실은 그가 도덕적·정치적으로 유용한 소설을 쓰고자 했던 것이 아니라 다만 매혹적인 문학작품을 염두에 두었다는 것을 의미한다. 괴테가 『베르터』 이후의 작품활동에서는 도덕과 교육을 지향하는 비평가들의 요구에 상당히 따르는 태도를 보인 것은 사실이다. 이후의 판본에서 『베르터』는 얼마간 바뀌었다. 괴테는 작품 속의 편찬자의 글에서 베르터의 연적이었던 알베르트에 대한 평가를 보다 낫게 고치는 동시에 베르터의 상궤에서 벗어난 부정적 특성들을 삭제해버린다(Plumpe 1997, 230). 이러한 역사적 사실은 『베르터』에 대한 당대의 거센 반발에 대해 괴테가 얼마나 큰 심리적 부담을 느꼈었는지에 대한 증빙이 되는데, 교양소설로서 『빌헬름 마이스터의 수업시대』는 문학을 둘러싼 이러한 시대적 분위기와 연관하여 살펴볼 수 있다. 우선 『베르터』가 근대사회로의 진입과정에서 사회적 요구와 차이를 경험할 수밖에 없었던 주체를 소설사적으로 볼 때 어떤 작품도 능가할 수 없을 만큼 첨예하게 연출했다면 『빌헬름 마이스터의 수업시대』에서는 주체와 사회의 갈등이라는 사회적 뇌관을 완전히 반대방식으로 제거했다고 볼 수 있다. 『베르터』에 비교하자면 『빌헬름 마이스터의 수업시대』는 극적 요소가 철저하게 배제되고 교육적 의도가 인위적으로 설치된 강령적 성격의 작품이다. 그렇지 않다면 『빌헬름 마이스터의 수업시대』에서는 독일의 정치적·사회적 상황 때문에 어쩔 수 없이 정말 궁색한 소재를 다룰 수밖에 없었다는 괴테의 탄식을 이해할 수 없을 것이다(Steinecke 1987, 24f.). 자신의 작품이 고전적 작품이 될 수 없다는 것은 괴테 스스로 잘 인식하고 있었다. 여기서 괴테가 말하는 고전적 작품이라는 것은 개인이 보다 큰 자유를 누리고 공적이 삶이 보장되는 방향으로 정치적 상황이 개선되었을 때에야 비로소 나올 법한 훌륭한 독일소설을 일컫는다. 다시 말하면 괴테는 『빌헬름 마이스터의 수업시대』가 서유럽의 다른 사회소설들에 비해 여러모로 소설장르의 존재조건이 열악한 상황에서 집필된 것임을 누구보다도 잘 알고 있었다. 괴테에게 교양이상이 주제화된 소설은 최선의, 최고의 소설장르가 결코 아니었던 셈이다. 따라서 괴테 개인의 전기적 배경과 소설사를 고려한다면 『빌헬름 마이스터의 수업시대』와 소위 교양소설은 『베르터』가 불러일으켰던 당시의 추문을 만회하려는 일종의 보상심리의 결과물이며(Plumpe 1997, 230), 사회적 조건이 소설의 존재방식을 어떤 식으로 제약하는지에 대한 좋은 본보기이다.

이렇게 보자면 『빌헬름 마이스터의 수업시대』를 이상주의적 교양프로그램이 문학적으로 발현된 작품으로 보는 것은 지나치게 단순한 등식이라고 할 수 있다. 빌헬름이 자유로운 발전과정을 통해 아무 문제없이 자신의 개성을 형성한 인물이라고 보기도 어려울 뿐더러, 비밀리에 빌헬름을 감시하며 이끌었던 탑의 결사의 박애주의 원칙을 의심할 나위 없는 이상적인 교양프로그램으로 평가할 수도 없기 때문이다. 더욱이 『빌헬름 마이스터의 수업시대』의 속편인 『빌헬름 마이스터의 편력시대』에서 괴테는 30여 년 전의 이상주의적 교양프로그램을 더 이상 주제화하지 않는다. 『빌헬름 마이스터의 편력시대』에서는 교양소설의 형식적 특징인 단일시점에 의한 전기적 서술도 포기되며 19세기의 달라진 현실, 즉 기능적으로 분화된 사회에서는 개체 또한 기능주의적 방식으로 이해될 수밖에 없음을 보여주고 있다(Plumpe 1997, 541). 사실 『빌헬름 마이스터의 수업시대』에서 탑의 결사도 젊은이의 교육보다는 한층 일반적인 사회적 변화가능성을 탐구하고 있다. 괴테는 "자의식과 더불어 스스로를 해방하며 상승하는 사회계층의 낙관적이고 활동적인 세계상황"(Jacobs 1983, 278)이 더 이상 자명하다고 믿지 않은 것이다.

문학사가 프리드리히 젱글레Friedrich Sengle는 유명한 『비더마이어 시대』에서 소설양식 전체가 시간이 흐르면서 "문학사적 신화"에 의해 아주 철저하게 가려져 있기 때문에 교양소설은 본보기도 없는 장르에 지나지 않는다는 자신의 회의적인 비판이 "동업자들"에게서 거의 이해를 얻지 못하는 상황이라고 진단한 바 있었다(Sengle 1972, 906). 실제로 대부분 헤겔학파의 후예인 젱글레의 문예학 전공 "동업자들"은 교양이 괴테의 대상일 뿐만 아니라 독일소설 전체의 대상이며, 그럼으로써 소설에서 주인공의 삶이 실질적인 주체의 발전과 완전하게 일치한다는 신화를 독일적인 충직함으로 재생산해왔다. 그러나 개체성과 보편성, 사적인 이성과 공적인 이성, 개인의 자발적인 사고와 사회적 요구를 모순으로가 아니라 완전히 동일한 것으로 체험할 수 있는 주체의 존재가 과연 가능할까? 괴테는 이미 여러 장치를 통해 이것의 불가능성을 일찌감치 지적했음에도 괴테의 권위와 괴테의 소설은 괴테 자신의 의향에 관계없이 복음이 되었다. 그 결과 작가 자신의 의견에 의하면 불쌍한 어느 개의 이야기인 『빌헬름 마이스터의 수업시대』는 개성의 자유로운 발전에 대한 이념으로 편향된 채 전승되어왔다.

작품창작의 측면에서 이러한 복음으로 인해 후대의 독일소설은 교양소설의 도식에 사로잡힌 나머지 너무 많은 대가를 지불해야 했다. 괴테의 모방자이자 계승자를 자처한 소설가들이 그려낸 19세기 독일소설의 주인공들은 대개 선량하고 온순하지만 달리 보면 참으로 따분하고 지루한 순종적이고 체념적인 인간들이다. 독일소설사를 통틀어 가장 문제적인 인간인 베르터와 같이 상궤를 벗어날 정도의 개성도, 다재다능한 인간적 매력을 지닌 흥미로운 인물도, 추하고 악하고 무절제한 인물도 거의 찾아보기 힘들다. 발자크, 플로베르, 졸라의 프랑스소설에서와 같이 형이상학적 교양이념과 관계없는 바람둥이나 출세형 인간이나 가난뱅이나 사회적 투사가 연출하는 흥미진진하고 사실적인 에로티시즘과 사회적 상승욕구, 자본의 폭력과 계급투쟁 같은 주제는 아예 문학의 대상이 될 수 없었다. 작품수용의 측면에서도 교양소설론의 선교사들이 독일 문예학연구에 끼친 영향은 지대하다. 독일 문예학에서 19세기와 20세기를 대표하는 교양소설로 회자되는 두 작품의 예를 들어보자. 지나온 삶에 대한 쓰디쓴 기억과 함께 미래에 대한 희망도 없이 망연자실한 상태에서 노년의 시간을 소비하는 『초록의 하인리히』의 주인공은 자기 자신에게 이르는 길을 향해 고군분투한 교양적 인간으로 미화되었다. 그러기 위해서 주인공의 운명을 결정했던 사회경제적 조건은 이 작품의 이해에서 부차적인 것으로 배제되어야 했다.[47] 나아가 서양의 전통적 교양이념이라고 할 만한 이념은 모두 토론의 대상이 되지만 주인공의 사회와의 관계설정은 제1차 세계대전이라는 죽음의 잔치에 참전하는 것으로 포기되는 『마의 산』은 온갖 사회적 장애에도 불구하고 주체의 우월성을 신뢰하는 인본주의적 교양소설의 대표작으로 칭송되곤 한다. 이러한 규정적이

47 굳이 『초록의 하인리히』를 소설유형학으로 분류하자면 전기소설로 보는 것이 타당할 듯하다. 전기소설에 해당하는 소설들은 상이한 정신사적·사회사적 상황을 배경으로 이용하고, 특정한 시대에 특징적 본보기가 되는 인물을 그려내기 위해 상이한 역사적 가능성들을 고려한다. 그런 점에서 전기소설은 한 인간의 일대기라는 기본구조가 확고하지만 역사와 시대에 따라 출현방식은 아주 다른 소설형식들을 두루 아우를 수 있는 포괄적인 소설유형학 개념이며, 따라서 초역사적 장르 개념으로서 장점이 있다. 이렇게 본다면 『초록의 하인리히』를 옛 세계의 교양이념이 붕괴한 19세기의 달라진 현실, 즉 기능적으로 분화된 사회에서는 필연적으로 개성 또한 굴절될 수밖에 없다는 켈러의 비판적 현실인식이 멜랑콜리한 자서전의 탄생으로 주제화되면서 주인공의 일대기가 일인칭 회고담의 형식으로 발현된 전기소설로 보는 것이 작품의 진면모에 다각도로 접근할 수 있게 한다(고규진 2001, 19).

고 규범적인 해석은 독일적 소설에 대한 이론인 교양소설론의 불가피한 선택인 동시에 딜타이 이후 교양소설이라는 해석정전의 거대한 영향력과 경직성을 동시에 보여준다. 요컨대 해석정전으로서 교양소설론은 독일의 정치적·사회적 발전의 후진성으로 인해 소재가 제한될 수밖에 없었던 독일소설의 불운을 내면성과 주관성에 대한 끊임없는 탐구라는 독일소설의 행운으로 화려하게 포장한 마술적 기능을 오늘날에도 여전히 충실하게 수행하고 있다. 이렇게만 보자면 교양소설은 독일 콤플렉스를 과잉 지적유희로 보상받으려한 낭만주의 시대정신과 일맥상통하는 면도 있다. 바로 이러한 독일 특유의 정신사적 전통 때문에 교양소설은 문학의 공론장에서 여전히 매우 선호되는 장르이기도 하다.[48] 그렇지만 반대의 경우를 들자면 독일소설전통을 넘어 현대소설의 무한한 가능성을 개척한 귄터 그라스의 『양철북』을 전통적인 교양소설에 빗대어 반교양소설로 정의할 때 해석정전은 텍스트 고유의 다양한 특질을 미리 제한하는 선입견과 굴레로 작용한다는 우려에서 자유로울 수 없는 것도 사실이다.

48 예를 들어 슈테판 바크비츠(Stephan Wackwitz)는 1970년대 격변기 대학을 무대로 고금(古今)을 넘나들며 인간의 삶의 가능성을 성찰하는 『새로운 인간』(2005)을 내면서 제목 바로 아래에 교양소설이라는 것을 명기하고 있다. 그런가 하면 게르하르트 헨쉘(Gerhard Henschel) 같은 작가는 10여 년 전부터 소설장르를 지칭하는 개념을 제목으로 삼고 동일 주인공의 다양한 체험을 그린 소설을 꾸준히 발표하고 있는데, 『교양소설』(2014)은 『연애소설』(2010), 『모험소설』(2012), 『예술가소설』(2015) 등으로 발표된 시리즈의 다섯 번째 소설이다.

III.

정전연구현황

01 정전현상

1. 정전현상에 대한 찬반논쟁

정전연구는 정전의 존재와 정전현상에 대한 찬반논쟁에서 시작되었다. 정전현상에서는 언제나 정전과 비정전이라는 극명한 대조와 이분법이 전제되기 때문에 사회적 인정과 배제가 문제시된다. 정전논쟁의 초창기에는 정전 개념에 수반된 배타성이라는 부정적 속성으로 인해 정전이 비판과 의심의 대상이었다. 정전비판은 현대사회의 현상이기도 한 정전에 대한 전적인 무관심과 불신 그리고 배제와 편입의 법칙에 종속된 문화적 전통을 벗어나고 싶은 포스트역사주의 의식에 주목한다. 위계질서와 폐쇄적인 문화전통을 타파하려는 시대적·사회적 분위기를 적극 수용하면서 정전의 해체나 파기의 당위성을 주장하는 것이다.

가장 기본적인 정전비판은 정전을 검열의 결과로 보는 데서 출발한다. 어떤 문학전통에서나 과거의 수많은 문학텍스트가 배제되어온 것은 사실이다. 이러한 배제를 가장 가시적으로 수행하는 장치가 검열인바, 정전은 검열을 통과한 문화적 산물이다. 그러나 검열은 사법적 강제만을 의미하는 것도 아니며, 일단 검열의 대상이 되었던 텍스트가 영원히 잊히는 것도 아니다. 역사적으로 볼 때 특정 시대의 사법적 검열에 의해 출판이 금지되거나 심지어 분서갱유의 대상이 되었어도 훗날 버젓이 정전으로 자리 잡은 텍스트는 수도 없이 많다. 동독의 경우를 놓고 보면 박해의 대상이 된 텍스트가 오히려 정전텍스트로 복귀할 수 있는 잠재력이 더 컸으며, 사회주의 문화권에서 헤게모니 담론에 복무한 정전텍스트는 사회주의의 몰락과 함께 사장되었다. 사법적 검열과 정전은 역설적 관계를 맺고 있다. 그러므로 검열은 정전형성의 법적 전제가 아니라 정전이 형성되는 하나의 조건이며, 어떤 텍스트에 대한 비판적 토론과 가치평가를 위해 도입된 비유적 개념으로 이해하는 것이 타당하다. 검열은 포괄적인 의미에서 전통의 감시자일 뿐만 아니라 텍스트와 의미를 보호하는 제도이기 때문에 정전과 검열은 상호보완적 개념으로도 볼 수 있다(Jan u. Aleida Assmann 1987, 19). 이렇게 보면 정전화와 검열은 어떤 사회가 자신을 드러내 보이는 표식이다. 어떤 명백한 이유에서 어떤 텍스트가 배제되었을 경우, 이때 작용한 검열형식은 특정한 진리 개념을 관철하거나 인식론적 규범을 통용시키는 데에 따르는 불가피한 부작용으로 볼 수 있다(Hahn 1987, 30). 명시적으로 검열 개념을 끌어들인 것은 아니지만 부르디외의 사회학이론에서도 검열 개념이 비유적으로 사용되고 있다. 부르디외에게 검열은 표현을 조절하는 장場의 구조를 지칭할 뿐, 적합하게 여겨지지 않는 견해를 억압하기 위한 사법적 조치는 아니기 때문이다. 그러므로 "단의성의 신화"(Zima 1975, 87)를 위한 사법적 조치라는 좁은 의미로 검열 개념을 현대의 복잡다단한 정전문제에 직접 적용하는 것은 일면적이다. 그도 그럴 것이 문학비평은 "문학은 본질적으로 가치들을 평가하는 소통의 장소"(Willems 2001, 260)이기 때문에 만일 평가가 검열과 동일시된다면 이는 평가를 하지 말라는 요구와 다를 바 없기 때문이다. 당연하지만 평가 없는 문학, 정전 없는 문학이 문학의 진정한 해방을 의미하는 것은 아니다. 실상 모든 문예학적 진술은 항상 가치평가와 정전화와 정전형성을 전제하고 있으며, "문학사는 언제나 정전의 역사였고 정전의 역사는 또한 언제나 정전변천의 역사"(Willems 2001, 219ff.)였다는 점을 부인하기 어렵다. 따라서 바람직한 정전비판은 정전의 존재 자체에 대한 비판이 아니라 정전화를 추동한 제반 이데올로기적 기제와 넓은 의미의 검열에 대한 비판이어야 한다.

정전의 불가피성을 인정하면서도 검열과 관련하여 정전의 비민주성을 지적하는 양가적 시각도 존재한다. 오늘날처럼 시장의 독재가 문학생산까지 좌우하고 갈수록 문학의 권위가 잠식되는 현실에서 정전텍스트의 정립은 그 어느 때보다 필요하다고 인정된다. 독자 입장에서도 독서를 통한 개인적 정체성 형성과 사회적 위치 설정을 위해 텍스트의 홍수에서 정전텍스트를 가려내는 문제가 절실하다. 반면 전통을 확정하는 과정에서 소위 낯설고 진실하지 않고 잘못된 것으로 여겨지는 모든 것들이 정전의 이름으로 배제되는 현상을 놓고 보면 "모든 정전의 이복 자매는 검열이다."(Löffler 2003, 5)라는 단언도 어느 정도 수긍할 수 있다. 정전은 그 자체로 민주적인 질서에 위배되며 문학을 선별과정에 맡기는 사회는 민주적인 사회가 아니라는 것이다. 그러나 민주주의라는 제도에서는 선택가능성이 크게 열려 있을 뿐만 아니라 이미 존재하는 것을 합법적으로 거부하는 것도 하나의 선택으로 용인된다는 점을 감안하면 민주주의와 검열 그리고 정전 간의 관계에 대한 이러한 논리도 너무 단순하다.

규범을 유형학적으로 분류하면서 세 가지 층위의 검열 기술을 규범 유지의 전제로 제시한 미국의 사회학자 탤컷 파슨스Talcott Parsons의 이론은 정전과 검열의 관계에 대한 흥미로운 관점을 제공한다(이하 Hahn 1987, 30f.). 먼저 한 사회에서는 인식의 근원을 다루는 규칙에 따라 특정한 사실이 진실과 거짓으로 구분되고 거짓은 배제의 대상이 된다. 파슨스는 이것을 인식과 관련된 검열이라고 부르는데, 기독교에서의 검열이 여기에 해당한다. 신적 존재에 의한 계시가 진지하게 받아들여야 하는 세계해석으로 볼 수 있는지 아니면 망상의 기호인지는 인식의 근원인 성서를 취급하는 방식에 의해 결정된다. 제외된 것의 비진실성이 분명하게 설명될 수 있다면 배제라는 의미에서 검열이 수행된 것이다. 두 번째는 카섹시스cathexis와 관련된 검열이다. 카섹시스는 어떤 사람이나 사물 그리고 생각에 정신적·정서적 에너지가 투자되고, 이러한 대상에 대한 관심이 끊임없이 축적되는 과정을 의미하는 정신분석학 용어이다. 여기에서는 통상적인 상궤에서 벗어나 있기 때문에 어떤 다른 것으로 여겨지는 모든 것, 예를 들자면 추한 것, 우스꽝스러운 것, 경멸스러운 것, 구역질나는 것 등이 배제와 거부의 대상이 된다. 그런데 이러한 거부에서는 부정된 대상의 존재 자체가 아니라 그 대상이 갖고 있는 매력적 흡인력이 부인된다는 점이 특징적이다. 예를 들어 특정한 음식을 터부시하는 것은 무조건적 금지를 통해서가 아니라 그 음식의 부정적 속성과 특성을 제시함으로써 먹고 싶은 욕구를 아예 차단하는 방식을 통해 이루어진다. 비근한 예를 들자면 이슬람에서는 돼지고기의 조직이 인간의 살과 유사하다는 것, 그래서 돼지고기를 먹는 것은 인간을 먹는 것과 같다는 식으로 돼지고기에 대한 혐오를 조장한다. 미적인 취향형성을 위해 이루어지는 검열도 이러한 과정에 의존한다. 단순하게 특정한 유형의 예술작품이 금지되고 비방되는 것이 아니라, 이러한 예술작품이 수용자에게 결코 만족감을 주지 못하는 이유를 제시함으로써 검열의 기준과 자신의 규범을 동일시하는 수용자를 만들어내는 것이다. 마지막으로 도덕과 관련된 검열에서는 대상에 대한 카섹시스를 목표로 하는 검열과 달리 부정된 다른 것의 존재나 그것의 매력을 거부하는 것이 아니라 그것의 허용여부가 문제시된다. 금지된 것은 현실적으로 엄연히 존재할뿐더러 사실 재미있고 매력적이기도 하다. 도덕적 검열은 이데올로기를 동원하여 부정할 때조차도 금지된 것을 현실적으로 존재하는 정상적인 전제로 인정하고 그것의 허용가능성을 도덕적 잣대에 의지하는 검열을 말한다. 서로 다른 정치체제나 서로 다른 경향성을 지닌 문학에 대한 찬반논쟁이 여기에 해당할 것이다.

한 사회의 통일성은 최소한의 가치 내지는 규범의 존속을 공동으로 인정하는 것에서 출발한다는 파슨스의 구조기능주의 사회학의 관점에서 볼 때 검열은 이러한 통일성의 전제이다. 사회적 규범이 검열과 사회구성원의 자발적·수동적 동의라는 거름망을 통과한 부산물이라면, 정전텍스트 또한 이러한 과정을 통해 여과된 최소한의 문학적 규범으로 볼 수 있다. 여기서 정전과 검열의 상호관계를 다시 한 번 확인할 수 있지만, 자세히 보면 문학정전텍스트에 관한 한 이러한 진단은 상당히 표피적이다. 왜냐하면 자율미학의 등장과 함께 자율적 체계로서의 문학은 문학 외적 기준보다는 문학체계 자체의 검열 내지는 문학내적 평가기준을 보다 우위에 둠으로써 오히려 사회적 검열의 기준과 대립각을 세우기 때문이다. 근대 이후의 문학은 소위 인식론적 검열, 카섹시스 검열, 도덕적 검열의 산물이 아니라 이러한 검열에 저항하는 제도로 정착되었다. 규범화된 담론의 인식론적 경계를 넘어서고 전통적인 아름다움의 기준을 파괴적으로 전복하며 추醜의 미학과 악惡의 미학을 추동한 텍스트가 훗날 확고한 정전의 위상을 획득할 수 있었다. 원래 미학의 대상이 아니었던 추와 악이 미와의 관계 속에서 미학의 필수적 요소로 떠오른 것이다(로젠크란츠 2008). 이렇게 본다면 문학정전은 모두 검열과 규범의 안티테제이기 때문에 문학을 단순히 검열의 결과로 보는 시각은 편협할 뿐만 아니라 옳지도 않다. 다만 문학정전연구의 입장에서 제기될 수 있는 질문은 자율적 미학이라는 문학 자체의 기준과 이것의 결과인 문학정전이 전체 사회구성원의 이해관계와 일치하는가의 여부이다.

그래서 두 번째 예로 들 수 있는 정전비판은 정전이 특정계층의 이해관계의 산물이라는 점에서 출발한다. 특히 민주주의 성향을 가진 학자들에게 정전이 불편한 심기를 불러일으키는 이유는 작품선별의 원칙 때문이 아니라, 특정한 사회집단의 가치를 대변하는 텍스트가 이러한 집단의 대변자에 의해 공정치 못한 방식으로 정전화된다고 보기 때문이다. 그러나 문학정전은 한 사회의 모든 집단과 계층을 민주적으로 대표하는 정치적 과제를 수행해야 한다. 이러한 입장에서 볼 때 정전은 결정권을 가진 한 사회의 특권층과 그들의 이데올로기적인 권력의지와 결탁되어 있을 뿐이다. 이러한 정전비판은 정전형성을 권력에서 소외된 사회적 소수를 배제하는 정치적 과정으로 이해한 미국의 정전논쟁에서 특히 두드러졌다. 그 결과 모든 사회집단을 대변하기 위해서는 문학정전이 전폭적으로 재구성되어야 한다는 자유주의자들의 주장이 관철되었고, 정전논쟁 이후 대학의 문학교육과 문학사 커리큘럼에는 미국 내 소수민족의 문학과 여성문학이 대폭 반영되었다.[1] 사회적 다양성을 보장하기 위해 정전을 수정하고 개방하고 확장하려는 전략에서는 사회적으로 각각 다르게 평가

1 여기에 대해서는 이 책의 VI. 1 참조.

될 수 있는 저자와 텍스트의 특수성도 용인되었으며, 더 이상 문학성 자체가 문제가 아니라 문학텍스트와 비문학텍스트의 차이를 제거하는 것이 중요하다는 급진적 주장까지 등장했다. 그러나 커리큘럼을 개정할 때 목표로 삼았던 자유주의적인 미국적 가치가 실제 현실의 정치적·사회적 영역에서 실현된 것은 아니다. 그렇기 때문에 이러한 주장을 개진한 자유주의적 지식인들은 그들이 지원하고자 하는 집단이 처해 있는 현실의 정치적 조건을 변화시키는 것보다 오직 정전을 바꾸는 데에만 진력했다(Schmidt 2007, 12)는 평가를 받기도 한다. 말하자면 정전비판프로젝트는 사회적 다양성의 반영이라는 "가상의 이미지 정책"만 추구했을 뿐, "정전 수정을 통해 사회영역에서 정치적 효과를 일으킬 수 있는 방법에 대한 분석"(Guillory 1993, 8)이 없었기 때문에 파급력에 한계가 있었다.

그런데 과연 정전을 특정계층의 이해관계의 산물로만 볼 수 있을까라는 의문은 남는다. 이러한 정전비판을 확실한 팩트로 간주할 수 없는 문학사적 근거는 많다. 우선 정전텍스트가 특정한 집단 및 그 집단의 확신과 가치를 대변한다는 것도 전적으로 맞는 것은 아니다(Schmidt 2007, 11). 예컨대 프란츠 카프카나 귄터 그라스 같은 작가가 사회의 어떤 집단이나 그룹을 대변하고 있다고 단정적으로 말할 수 없다. 카프카와 그라스 문학의 주제는 공시적·통시적으로 인간존재의 문제와 인간사회와 역사라는 보편적 문제를 다루고 있다. 또한 19세기에 횔덜린이 많은 사람들에게 읽히지 않았다고 해서 어떤 집단이 의도적으로 횔덜린 문학을 배제한 것도 아니다. 더욱이 오늘날 어떤 특정 집단이 호메로스의 『오디세이아』를 통해 집단의 이익이 대변된다는 느낌도 가질 수 없을 것이다. 이러한 예는 얼마든지 가능하다. 다른 한편으로 정전비판 입장에서 주장하듯이 정전텍스트와 정치적 권력구도가 결합되어 있다는 가정도 명확하지 않다. 권력을 가진 집단과 권력을 빼앗으려는 집단의 정전은 서로 다를 수 있지만 늘 그런 것은 아니다. 정전텍스트가 모두 이데올로기적 동질성을 갖고 있다고 단정할 수 없으며, 개별 정전텍스트를 억압적인 현재 상황을 고착시키는 어떤 이데올로기적 함의를 내포한 것으로만 볼 수도 없다. 오히려 정반대로 말할 수 있다. 일반적으로 정전텍스트의 가장 두드러지는 특징은 일방적인 이데올로기로 환원할 수 없는 복잡성과 개방성이다. 예를 들어 기독교, 유대교, 이슬람교 간의 화해가능성을 이상적으로 그리고 있는 레싱의 『현자 나탄(Nathan der Weise)』(1779)에서 모종의 부정적인 현재 상황이 지지된다고 주장하는 것은 어불성설이다. 오히려 『현자 나탄』은 종교 간의 갈등이 지구촌의 가장 심각한 문제로 대두된 오늘날 모든 집단에게 매우 시의적인 교훈이 된다는 점에서 정전텍스트이다. 마지막으로 문학은 일차원적으로 특정한 사회집단, 예컨대 저자가 소속되어 있거나 저자가 염두에 둔 수용자들이 속한 집단의 가치에 얽매여 있는 것도 아니다. 세익스피어나 괴테에 등장하는 귀족계급은 사라졌지만, 이들의 텍스트는 수백 년을 거치면서 완전히 이질적인 집단들에게 다양한 사회적 확신과 의미를 제공하는 텍스트로 높이 평가될 수 있다(Schmidt 2007, 11). 반면 사회주의 리얼리즘의 대표작에 등장하는 노동자들의 이야기는 신자유주의 체제의 노동자들이 보기에는 요순시대에나 가능한 순진한 일들이다. 당파성에 복무한 문학은 정전의 기회를 상실했다. 결론적으로 문학정전을 정치적인 입장이나 특정한 사회집단의 이데올로기적 이해관계의 산물로 간주하는 정전비판은 문학정전의 다의성과 복잡성을 간과하는 경향이 있다고 비판될 수 있다.[2]

2 문학작품의 복잡성을 정치적으로 환원한 단적인 예는 히틀러의 제3제국 이데올로기

정전이 특정한 사회집단의 가치를 대변한다는 의구심은 지난 세기 60년대 이후 정전의 역사에서 배척되었다고 여겨진 계급, 성, 인종이라는 범주의 도입을 통해 더욱 증폭되었다. 계급의 관점에서 정전에 대한 공격은 좌파를 대변할 수 있는 정전에 대한 요구로부터 시작되었다. 1960~1970년대 서독의 좌파 진영은 서독의 문학정전에는 노동자계급이 문학텍스트에 재현되어 있지도 않고 노동자계급 출신의 작가도 없다는 점에서 정전을 비판했다. 전승된 정전은 너무 시민계급 위주라는 이유로 비판되었거니와, 대학의 문학세미나에서는 괴테와 실러 또는 뷔히너와 클라이스트와 카프카 대신 마르크스주의와 공장노동자들의 노동환경을 다룬 1920~1930년대의 노동자문학과 기록문학 그리고 노동현장에 대한 르포르타주가 다루어지기도 했다. 다음으로 1970년대 후반과 1980년대의 페미니스트들은 성性의 관점에서 여성들이 정전에서 배제되었다는 것을 줄기차게 비판했다. 이후 젠더연구의 측면에서 여성작가들은 재정전화의 대상이 되었을 뿐만 아니라 지난 수세기동안 망각되었던 여성작가가 재발견되었고 남성적 가치에 의해 좌우되는 문학에 대한 가치평가도 비판되었다. 마지막으로 1980년대 후반과 1990년대에는 인종이라는 범주를 통해 정전비판이 수행되었다. 인종이 다양한 사회라는 것을 근거로 정전확장과 정전수정의 요구가 거셌던 미국만큼은 아니었지만 독일

를 독일문학전통의 연장선상에서 본 것이다. 독일의 문학정전은 19세기를 거치며 독일민족의 정체성형성에 기여하기 위한 목적에서 지배계급에 의해 구성되었고, 이러한 과정에서 비합리주의적이고 인종주의적인 제국주의의 토대가 닦이고 히틀러의 국가사회주의에서 정점에 달했다는 해석은 생소한 것이 아니다. 경우에 따라서는 히틀러와 독일 낭만주의 간의 직접적인 관계가 주장되기도 한다. 특히 구동독에서는 1970년대 후반까지 이러한 주장이 관철되었지만 어느 경우든 문학정전의 복잡성이 지나치게 정치적 이데올로기로 단순화된 문제점이 있다.

에서도 독일에 거주하는 사람들의 인종적 다양성을 성찰해야 한다는 요구가 제기되었다. 귀화한 이주노동자들이 점차 독일어로 문학활동을 시작함에 따라 문학정전도 인종적 이질성을 반영해야 할 당위성이 제기된 것이다. 나아가 계급, 성, 인종이라는 범주는 문학정전이 다양한 사회집단과 소수자들의 경험과 가치를 성찰해야 한다는 요구로까지 확장되었다. 그 결과 동성애, 양성애, 성전환, 장애, 종교, 편부모, 이민 문제와 그 밖의 여러 종류의 사회적 소수자들을 다룬 문학텍스트가 연구와 강의의 대상이 되었으며, 이러한 소수자들을 문학적으로 대변하는 작가들이 발굴되고 조명되었다.

서구의 문화혁명으로 불리는 1960년대 말 이후 오늘날까지 문학정전에 대한 비판에서 "성스럽지 못한 삼위일체", 즉 인종, 계급, 성이라는 범주는 거의 전가의 보도처럼 위력을 발휘하기도 했다. 그러나 이러한 사회학적 범주가 전통적인 문학정전의 완전한 폐기와 전복 그리고 재구성으로 이어질 정도로 파괴력을 가진 것은 아니다. 인종과 성의 관점에서 작가와 작품이 긍정적으로 재평가된 결과 오늘날 정전의 확장과 정전의 수정에 인종과 성의 범주가 어느 정도 기여한 것은 사실이다. 하지만 계급의 문제는 다르다. 계급적 관점에서 정전을 재구성할 수 있는 가능성은 정치적 구조의 재편을 전제로 전통적인 정전의 폐기가 이루어질 때에야 가능한 일이기 때문이다. 다른 한편에서 보자면 성, 인종, 계급의 범주가 정전화과정과 정전형성이라는 복잡한 현상을 다 설명할 수 있는 것도 아니다. 간단한 예를 들어보자. 19세기의 문학사를 서술할 때 클라이스트, 호프만, 뷔히너 같은 최고 반열의 작가가 종종 배제되는 경우가 있었는데, 이것을 인종, 계급, 성 차별의 결과라고 볼 수는 없다(Schmidt 2007,

13).[3] 그들이 배제된 이유는 같은 시대에 활동하던 낭만주의 여성작가들이 남성들이 만든 성의 질서에 의해 당대부터 불이익을 받아 정전화될 수 없었던 것과는 다른 성질의 것이다. 정전화에서 배제된 작가들이 모두 인종, 계급 또는 성을 근거로 배제된 것이 아니라는 반론이 가능한 역사적 예는 수없이 많다.

그런 만큼 문학정전의 유효성에 문제를 제기하고 이를 해체하려는 경향과는 반대로, 현실에서는 전통적인 정전을 더 적극적으로 옹호하는 목소리도 작지 않다. 대표적인 두 사람의 예를 들 수 있는데, 이들은 반정전적인 연구경향과는 정반대의 입장에서 의식적으로 정전을 협소한 의미로 해석한다는 점에서 공통적이다(Schmidt 2007, 14). 먼저 미국의 비평가 헤럴드 블룸의 『서양 정전(The Western Canon)』(1994)은 본격적인 정전 논쟁에 기여하는 정전이론을 제공한 것은 아니다. 하지만 이 책은 미적·정신적 영향력에서 최고봉에 있다고 여겨지는 26개의 구체적인 작품을 열거하고 해석하며 서양고전문학정전의 가치를 옹호함으로써 정전수호의 선봉장 이미지로 널리 유명해졌다. 블룸에게 정전은 제도적·사회사적 과정의 산물이 아니라 정신적으로 위대한 것 간의 투쟁이자 텍스트들이 살아남기 위한 싸움이다. 나아가 블룸은 정전의 위상을 갖고 있는 고대부터 현재까지 전 세계(극동, 인도, 유럽, 러시아, 미국과 라틴아메리카, 이스라엘, 서인도, 아프리카, 캐나다, 오스트레일리아, 뉴질랜드 문화권 등) 1,500여 개의 작품목록을 부록에 제시하고 있다. 정전에 관한 논쟁이 한창일 때 전 세계의 보편적인 정전의 목록을 제공하고 나선 블룸의 저서는 반동적으로 일체의 정전비판과 정전논쟁을 아예 무시한다. 그에게 중요한 것

---

3 이 책의 II. 3.을 참조.

은 인간의 역사와 삶 자체이자 문학적 천재정신의 산물인 문학정전의 확고부동한 의미를 재확인하는 것이다. 그런가 하면 독일의 문예학자 하인츠 슐라퍼Heinz Schlaffer는 『독일문학의 짧은 역사』에서 "후세의 문화적 기억에 보존된 문학으로 성공한 시대가 독일사에서 드물기 때문에 독일문학의 역사가 짧다."(슐라퍼 2004, 22)라고 진단하며, 진정한 의미에서 독일의 문학은 "18세기에 갑자기 부흥하여 1770년에서 1830년 사이에 전성기를 맞고 19세기에 정체되어 있다가 1900년에서 1950년 사이에 두 번째 절정을 이루고 결국 종말을 맞았다."(슐라퍼 2004, 27)라는 매우 도발적인 평가를 내리고 있다. 바이마르 고전주의와 예나에서의 낭만주의 그리고 1900년 이전에 태어나 20세기 초반부에 주로 오스트리아 빈과 체코의 프라하를 중심으로 활발한 활동을 한 작가들을 제외한다면, 이 책의 과감한 우리말 번역 제목처럼 "독일문학은 없다"는 것이다. 그러나 비교문학의 관점에서 내린 이러한 진단은 한편으로 독일 고전주의와 낭만주의 및 소위 고전 근대로 불리는 20세기 초의 독일(어권)문학이 세계적인 차원에서 정전의 반열에 올라 있다는 과시적 표현으로 이해될 수 있다. 또한 성공한 작품과 실패한 작품의 차이를 내세우는 이러한 논리에는 헤럴드 블룸의 보편적인 정전과 같이 독일 민족문학의 좁은 테두리를 벗어나 보편성과 초시대성을 통해 후세의 문학에 영향을 끼침으로써 불멸의 문학으로 인정되는 고전 정전에 대한 확고한 믿음이 전제되어 있다.

2. 정전의 역설: 해체주의와 정전현상

수많은 역사적 예증과 논거가 이데올로기적 선입견과 함께 실타래처럼 얽혀 있는 정전현상에 대한 찬반입장은 실상 포스트모던사회의 다가치적이고 다문화적 혼돈의 표현이기도 하다. 데리다의 해체주의는 이러한 다원주의적인 포스트모던 사회에로의 이행을 촉진했을 뿐만 아니라 고전으로 일컬어지는 철학의 정전텍스트에 대한 새로운 독서방식을 제공함으로써 일단은 정전을 부정하는 입장에 서 있는 듯이 보인다. 그러나 미리 말하자면 데리다의 해체주의 철학텍스트는 그 자체가 이미 중요한 철학의 성과로 인정받고 있다는 점에서 이미 정전화과정에 들어서 있다. 정전의 해체독법이 철학의 새로운 정전으로 귀결된 것이다. 정전의 역설로 부를 수 있는 이러한 정전현상에서는 먼저 정전이 단순히 찬성과 반대, 폐기와 존치의 대상이 될 수 없다는 것을 알 수 있다. 또한 역설적 정전인 해체주의에서 "정전에서 해체로"와 "해체에서 정전으로"(Kleinschmidt 2007, 43)가 동일한 차원에서 수행되는 구조를 분석해보면 보편적인 정전형성의 구조를 유추할 수 있을 것이다.

『그라마톨로지』의 저자 데리다는 「기호론과 그라마톨로지」라는 제목으로 정리된 크리스테바와의 대화록에서 "그라마톨로지는 학문성의 개념과 규범을 존재론적 신학[4]과 로고스중심주의 및 음성중심주의와 연결하는 모든 것을 해체해야만 한다."(Derrida 1986, 80f.)라고 재차 역설한 바 있다. 데리다식으로 표현하자면 이성, 질서, 합리성 등의 의미가 내포된 로고스중심주의 및 말을 글이나 문자보다 높이 평가하는 음성중심주의와 결합된 규범이 바로 불변하는 본질적·절대적 권위로서의 정전이다. 데리다는 서구의 철학전통에서 발화된 말은 사고, 진리, 의미가 이상적으

4 신의 존재를 경험이 아니라 선험적 개념의 도움으로 사고하는 칸트의 선험적 신학을 의미한다.

로 조화된 것으로 이해되었고, 그럼으로써 문자의 의미는 제대로 평가되지 않았다고 비판한다. 음성이 존재와 존재의 의미 그리고 의미의 동일성에 절대적으로 가깝다는 이데올로기가 지배해온 것이다(Derrida 1974, 12).

이와 반대로 데리다는 문자 또는 차연으로 명명할 수 있는 새로운 글의 개념을 제안한다(Derrida 1986, 66). 기호적 성격과 관련하여 말을 절대화하고, 기표를 통해 표현되는 표상으로서 기의의 우월성을 근본적으로 문제 삼기 위해서였다. 데리다가 말하는 글의 혁명은 기호의 혁명이다. 기호의 차이는 표상의 표현인 말하기, 즉 음성중심주의의 전제인데, 데리다는 이 기호의 차이를 역으로 로고스중심주의전통에 대적하는 쪽으로 이용한다. 체계를 기호차이의 체계로 본 소쉬르의 연구를 급진화하면서 기호와 의미의 현존성 및 동일성에 대한 표상과 정반대되는 기호의 근본적인 차이를 제시한 것이다. 데리다에 의하면 각각의 기호는 그것이 아닌 다른 기호를 지시하기 때문에 자체 내에 그것의 흔적을 지니고 있으며, 따라서 의미의 현존과 부재의 동시성이 특징이다. 그는 기호가 역동적이고 무한한 지시사슬로 기능하기 때문에 이것을 "차이들의 유희"라고 부른다. 다른 한편 이러한 지시사슬과 차이들의 유희는 "어떤 요소도 스스로는 전혀 현존하지 않는 다른 요소를 지시하지 않고는 기호의 기능을 가질 수 없다."라는 것을 의미하는데, 이것은 "말해진 언어의 영역"에도 "쓰인 언어의 영역"에도 모두 다 해당된다(Derrida 1986, 66). 이렇게 보면 데리다의 음성중심주의 비판은 음성과 글의 비대칭적 관계를 단순히 뒤집기 위한 것이 아니다. 기존 위계질서에서 로고스중심주의와 음성중심주의 전통의 논거, 즉 선험적 기의로서 정전의 논거를 통해 반대논거를 제기하는 것이 중요하다(Kleinschmidt 2007, 12). 풀어 말하자면 데리다가 정당성을 부여한 글이라는 파생품은 언어의 질서체계에서 보완재로 이해될 경우에만 말에 대한 우월성을 가질 수 있다. 똑같은 논리가 해체주의 방법론에도 해당된다. 해체는 외부에서 구조 자체를 뒤흔드는 것이 아니라 구조 안에서 이루어져야만 효과적이며 어떤 것을 실행할 수 있기 때문에 필히 내부에서 작동해야 한다는 것이다(Derrida 1974, 45).[5]

이러한 문자 이해와 사고 틀은 해체주의적 독서과정에서 구성의 동인이 된다.[6] 텍스트의 의미구조에 대한 해체는 생산품을 생산되기 이전으로 되돌리며, 생산품이 되는 과정에서 생겼던 억압과 의미의 위계질서를 드러낸다. 정전이 넓은 의미에서 의미의 모든 척도를 의미한다면, 해체주의는 위계질서화의 과정을 밝히는 가운데 정전의 정체성과 정전 이전의 차이를 드러내는 탈정전적 동인이다. 또한 해체주의는 텍스트를 종결된 체계로 파악하지도 않으며, 분명한 최종적 의미를 전제하지도 않는다. 하나의 텍스트를 해체한다는 것은, 배제된 것이야말로 텍스트의 본질을 이루는 요소임을 증명하기 위해 중심적으로 보이는 의미와 대립되는 의미를 발굴한다는 것을 뜻한다. 해체주의는 이런 식으로 텍스트라는 전제를 토대로 텍스트와 함께하면서도 텍스트에 대립되는, 그럼으로써 텍스트를 불확실하게 만드는 역설적인 절차이다(Kleinschmidt 2007, 46). 바로 이러한 텍스트에 대한 이의제기가 해체주의의 탈정전적 추동력이

---

5 데리다는 차연이라는 신조어를 통해 모든 일원론과 표준, 단일성과 정체성에 대한 모든 표상을 파괴하고, 치환의 끝없는 유희를 통하여 진리의 권좌를 비우고자 한다. 정전이 척도, 표준, 규범, 규칙을 의미하는 한, 해체라는 개념은 정전의 적수이다. 그렇지만 데리다의 논리에서는 이원적 대립이 의문시되고 둘 간의 상호의존성으로 인해 보충적인 것이 정당한 권리를 보장받을 수 있다. 따라서 대립적인 것이 어떻게 서로 보완되는지를 규명하는 것이 데리다를 생산적으로 읽는 것이다(Kleinschmidt 2007, 43).

6 해체주의를 해체구성으로 번역하는 것은 바로 이러한 특징 때문이다.

다. 정전에 대해서도 마찬가지이다. 정전은 사고와 말하기의 동일성과 정전이라는 추상적 척도를 토대로 철학, 문학, 예술에서 정당성과 보편타당성을 요구하는 텍스트들의 집합이다. 이러한 정전에 대해 해체주의는 정전의 정전성도 결국 구성된 것으로 폭로하지만 그렇다고 비타협적으로 비난만 하지는 않는다. 서양형이상학의 전통하에 있는 텍스트를 선택적으로 받아들이면서 가치의 질서를 비판적으로 해체하는 것이다. 요컨대 척도로 여겨지는 것의 구속력을 문제 삼기 위해 전통적으로 중요한 텍스트를 인용하고 해부하며 가치들을 새롭게 조정하고 배열함으로써 데리다는 가치의 전도 외에도 전통적인 작품 개념의 전도를 수행한다. 정전작품은 해체주의적으로 취급된 다음에는 더 이상 그 자체로서 전승될 수 없다. 구속력 있는 정전성이 있다는 점에서 관심의 대상이 된 그러한 작품들은 정전화과정에서 얻게 된 지위를 벗어 던진 하나의 텍스트로 이해된다. 해체주의에서는 정전작품이라는 표현 대신 기호가 사용되는 모든 예술생산품에 통용되는 텍스트의 개념이 중요하기 때문이다.

1) 해체주의의 정전화

해체주의에 대한 비판은 하버마스의 표현대로라면 "부정적인 근본주의"(Habermas 1983, 218)에서 연원하는 방법론 때문이지만 이러한 비판은 해체주의가 다루는 내용 때문이기도 하다. 해체주의는 독서와 해체의 대상으로 삼는 텍스트에 근본적으로 의존한다는 것이다. 그런데 바로 이런 이유에서 데리다와 달리 어떤 정전을 옹호하거나 데리다의 텍스트가 열어놓은 철학에 대한 또 다른 관찰방식을 거부한다면 데리다에 대한 비판은 실패할 수밖에 없다. 왜냐하면 텍스트를 면밀히 분석해서 더 많은 의미를 끌어내는 해체주의의 생산적 동인은 해체된 텍스트를 새롭게 읽을 수 있는 가능성을 부여하는 한편, 이러한 방법론적 절차를 통해 텍스트의 정전성을 보증하기 때문이다.

해체주의의 시대가 언제 종말을 고할지는 쉽사리 예단할 수 없다. 텍스트의 경계에서 텍스트 해체작업을 계속하는 한에서는 계속 영향력을 발휘할 것이기 때문이다. 데리다는 해체주의의 탈정전적 동인을 강조하기 위해서 해체주의는 "방법론도 비평도 아니고, 분과학문도 메타학문도 아니며, 메타언어도 이론도 더욱이 철학도 아니"(Kleinschmidt 2007, 46 재인용)라고 단언한 바 있었다. 그럼에도 해체주의의 개념들은 과잉 사용되면서 본래의 의미가 퇴색하였고, 해체주의의 원리는 개념화되어 확정되는 가운데 독자적인 학문 분과로 경직되었기 때문에 해체주의의 영향력은 현저하게 줄어든 듯이 보인다. 예컨대 권위 있는 프랑스어 사전『그랑 로베르Grand Robert』(제2판, 1986)의 "차이(différence)"라는 표제어에서 데리다의 차연(différance) 개념이 차이라는 단어가 변형되어 사용되는 다섯 번째 예로 채택된 것을 들 수 있다(Kleinschmidt 2007, 56f.). 데리다에게 차연 개념은 모든 사고의 근원과 근원적 사고를 해체하기 위한 결정적인 무기이다. 차연으로서 문자의 원리는 동일성에 대한 표상과 의미의 현존을 파괴하고, 그 의미는 부재하는 의미의 흔적을 통하여 대체된다. 그렇기 때문에 어떠한 개념이나 기표도 그것의 표상과 동일하지 않다. "철두철미 차이와 흔적만 존재"(Derrida 1986, 70)하지 의미의 현존은 존재하지 않는 것이다. 그러나 세계적으로 권위 있는 사전에 차연 개념이 수용됨으로써 원래의 의도와는 정반대로 차연이라는 신조어는 동일성을 부여받게 되었다. 차연이 언어체계로 수용된 것에서는 두 가지 역설을 볼 수 있다. 하나는 차연 개념의 독창성이 상실되는 것이다. 차연은 어느 곳에서도 권위를 행사하지 않는 개념임에도 불구하고 사전에 등록됨으로써 권위를 부여받고 원래의 의도와 반대로 파괴 대상이던 위계질서구조에 편입되었다. 두 번째 역설은 이와 더불어 해체주의가 망각될 위험에 처한 것이다. 차연이라는 어휘를 사전에 받아들인 것은 해체주의 자체도 유별나고 특출한 것이 아니라 명멸하는 철학적 유파의 하나 정도로 자리매김하는 것이며, 해체주의가 얼마든지 수용될 수 있는 만큼 무시될 수도 있다는 것을 명시적으로 보여주기 때문이다. 해체주의 입장에서 보면 원치 않는 전략적 합병에 무장해제를 당하게 된 것이나 마찬가지이다.

이러한 예에서 간과할 수 없는 사실은 수용과 배제라는 권력의 메커니즘이 권력에 대한 파괴적 분석을 목표로 하는 해체주의보다 훨씬 힘이 강하다는 것이다. 하나의 지식정전으로 수용됨으로써 해체주의는 알 만한 가치가 있는 어떤 것으로 동화되어 특유의 파괴력을 상실한다. 해체주의가 지식정전으로 수용되는 현상을 구체적으로 파악해보기 위해서는 미셸 푸코의 꼴레쥬 드 프랑스 취임연설로 잘 알려진 「담론의 질서」(1970)에 주목할 필요가 있다. 훗날 성과 진리에 대한 연구의 바탕이 되는 이 강연의 핵심은 모든 사회에서 담론의 생산은 통제되고, 선택되고, 조직되고, 유도된다는 것이다. 이것은 특정한 조치를 통해 수행되는데, 이러한 조치의 과제는 담론의 힘과 위험을 제어하고, 담론으로 인해 위협적이고도 곤란한 돌발 사태가 일어날 수도 있는 가능성을 미연에 방지하는 것이다(Foucault 1991, 10f.). 나아가 푸코는 진리에의 의지를 지배적인 배제체계로 규정하면서, 이러한 의지는 서로 얽혀 있는 온갖 실천행위, 특히 교육과 책과 출판사와 도서관이라는 시스템과 학자사회에 의해 강화되고 끊임없이 갱신되었다고 본다. 또한 이러한 진리에의 의지는 사회가 지식을 평가하고 분류하고 분배하고 지정하는 방식에 따라 더 철저하게 안전을 보장받을 수 있다. 근본적인 안전장치를 갖는다(Foucault 1991, 15).

푸코의 진단에 비춰보면 해체주의는 철학의 디스포지티브Dispositiv에 위협적으로 끼어든 돌발 사태처럼 보인다. 나중에 출판사, 책, 사전 등을 통해 사회의 지식체계로 편입되었지만 처음에는 체계의 외부에서 진리에의 의지에 맞서 작동하는 어떤 힘처럼 보인 것이다. 그러나 푸코에 따르면 권력은 잠시라도 이러한 외부의 힘 내지 다른 어떤 권력을 허용하지 않는다. 『지식에로의 의지: 성과 진리 1권』에서 다양한 힘들의 유희가 특징인 권력은 끊임없이 변모하며 제도와 권력 장치를 통해 행사되는 것으로 분석된다. 또한 푸코는 빅토리아시대부터 성이 자본주의 체제를 위한 생물학적 생식으로 규정됨으로써 성문제가 제한적으로만 다루어지다가 저항과 더불어 성담론이 자유로워졌다는 소위 억압가설을 뒤집는다. 푸코는 성에 대한 담론들이 폭발적으로 증가하고 다양해졌지만 성억압에 대한 저항을 성에 대한 권력체계와 지식체계, 즉 디스포지티브의 일부라고 본다. 푸코는 지식·권력·성·복합체라는 개념을 토대로 단일한 담론이 예컨대 계급마다 다른 성담론 같은 다양한 담론들로 바뀌지만, 그럼에도 이러한 담론들은 권력구조로 통합되어 "권력의 편재"(Foucault 1983, 94)를 증명한다고 본다. 앞서 말했듯이 권력의 전략은 제도와 권력 장치 형태로 수행되는데, 성에 관한 디스포지티브와 관련해서는 규정된 성규범을 관리하고 제어하는 정신병원이나 청소년보호소 같은 시설이 여기에 해당한다.

여기서 성억압과 성담론을 각각 전통적인 철학과 해체주의로 대체해보면 철학에서 해체주의가 갖는 의미를 유추할 수 있다. 철학전통에서 진리로 간주되는 것에 대한 해체주의의 저항은 새로운 논증과 입장과 인식조건을 내세워 철학이라는 권력구조를 바꾸려는 것으로 보인다. 해체주의에서 진리는 위계질서적인 수직층위가 아니라 동일화할 수 있는 어떤 진리도 인정하지 않는 연쇄고리 같은 수평층위로 옮겨지는데, 진리에 대한 이러한 의지와 전략은 부정을 통해 효력을 인정받으려는 전략이나 욕구로 보인다. 푸코가 말하는 디스포지티브의 의미에서 보자면 서양의 형이상학은 해체주의를 포용 내지 수용하면서 지식을 더 생산해내고, 담론을 더 증대시키는 긍정적인 권력메커니즘이다. 성억압에 대한 저항이 디스포지티브의 부분인 것처럼 진리의 억압에 대한 해체주의의 저항도 디스포지티브의 일부이다. 그리고 성담론이 지식을 생산하고, 담론을 증대하고, 권력을 만들어내는 긍정적인 메커니즘으로 흡수되듯이 해체주의담론도 이러한 메커니즘의 일부로 합병되어 디스포지티브의 전선에 배치된다. 해체주의는 철학전통 전체를 해체의 대상으로 삼는다는 점에서 그 자체가 전체로 보이기도 하지만 이러한 진리에 대한 의지를 관철하는 것은 불가능하다. 그렇기 때문에 해체주의는 전체처럼 보이지만 실상 부분에 불과하며, 부분에 지나지 않으면서도 전체처럼 보이기도 한다 (Kleinschmidt 2007, 59).

정전과 관련해서 중요한 것은 해체주의를 통해 철학의 정전텍스트가 새롭게 읽히고 토론되고 다른 관점에 놓이긴 하지만, 이러한 과정에서 역으로 정전성이 증명되고 지식의 권위가 새로운 의미를 획득한다는 것이다. 형이상학 정전의 안정성은 흔들리지만, 이것은 긍정적인 역동적 과정이다. 더욱이 역동성을 구성하는 구성요소들은 모두 외부에서가 아니라 디스포지티브 내부에서 온 것이다. 그렇기 때문에 안정성이 파괴되지는 않는다. 결국 해체주의의 도움으로 서양철학은 부정 속에서 긍정되며 재정전화된다.

권력과 지식에 대한 해체주의의 이러한 관계를 통해서 최종적으로 정전형성의 구조를 파악할 수 있다. 데리다에게 탈정전화는 반정전의 산물이 아니라 탈정전화의 과정인바, 해체주의의 용어를 빌자면 삭제되는 것 자체가 다시 인식대상이 되게 만드는 삭제이다. 중요한 것은 해체주의가 정전을 부정하는 것이 아니라 정전의 끊임없는 변화과정을 명료하게 밝힌다는 점이다. 해체주의는 정전이 끊임없이 변화하는 것을 정전 자체의 전략처럼 보이게 하는 기능을 수행한다. 정전, (탈)정전화, 정전형성의 구조와 관련하여 해체주의가 갖고 있는 이러한 특별한 기능은 정전이론에서 정전처럼 취급되는 문화적 기억의 논리와 확연하게 대조된다. 얀 아스만에 의할 때 정전은 "개인적 정체성의 토대로도 작용하는 집단적 정체성을 형성하고 공고화하는 원리"이자 "사회화를 통한 개인화의 매개"로서 자아정체성과 집단적 정체성을 연결해준다. 또한 정전은 "사회 전체를 대변하는 동시에 해석체계이자 가치체계"인바, 이러한 체계를 신봉함으로써 개개인은 사회에 편입되고 사회의 일원으로서 자신의 정체성을 구축한다. 나아가 정전은 새로운 형식의 문화적 결속을 낳는 원리이기도 하다(J. Assmann 1992, 127). 아스만은 이렇게 정전과 개인적·집단적 정체성 그리고 문화적 결속을 동일시하는 반면, 푸코에게서는 정전과 권력이 동일시된다. 아스만에 의하면 정전은 개인과 집단의 정체성형성의 매개이지만 정전이 곧 권력이라는 입장에서 보면 아스만의 정전이론에서 정전은 개인과 집단의 정체성 형성절차를 억압하는 권력으로 보인다. 개인과 집단을 규정할 때 전제되어야 하는 차이가 무시되기 때문이다. 진정한 자아와 규범에 의해 규정되는 자아는 다르며, 실제의 집단과 척도에 의해 규정된 집단은 다르다. 정전형성도 마찬가지이다. 해체주의적 사고에서 보면 정전에 대한 아스만의 정의와 정전형성을 주도하는 모든 척도와 규범은 지식·권력 복합체의 산물로서 해체의 대상이다. 그런데 이러한 척도와 규범의 차이를 드러내는 언어수행절차로서의 해체주의도 지식·권력 복합체로 병합되어 지식정전이 된다는 점을 감안한다면, 정전형성은 차별화되고 늘 위치가 바뀌는 영속적이고 역동적인 변화과정 자체로 볼 수 있다. 결론적으로 해체주의의 역설을 통해 알 수 있는 것은 차이를 통해 탈정전화가 추구되지만 이러한 해체전략도 전통적인 정전체계로 병합되어 동일화되는바, 이러한 병합의 영향으로 그때마다 발생하는 정전체계의 변화를 정전체계의 역동성이라고 할 수 있다.

02
정전연구의 공시적·통시적 착안점

정전비판이 검열, 특정 계층(시민계층)의 이해관계, 인종과 성과 계급이라는 범주를 앞세워 권력에 의해 구성된 정전 자체의 정당성을 문제 삼는 방식으로 행해졌다면, 정전옹호는 정전의 복잡성과 개방성이 정전의 보편성과 초시대성을 보장하는 미적 속성이라는 해석학적 전통에 의거하여 정전을 비역사적 기념물로 간주하는 경향을 보인다. 그러나 최근의 정전연구에서 이러한 일방적 정전비판과 정전옹호는 모두 문학정전의 복잡한 역사적 속성을 고려하지 않은 비생산적 논쟁으로 여겨진다.

먼저 정전은 더 이상 단순하게 권력의 산물로 이해되지 않는다. 푸코의 디스포지티브 개념에서 볼 수 있듯이 권력은 의미를 통제하면서도 생산하기 때문이다. 어쩔 수 없이 제한된 수의 문학작품을 선택해야만 문학에 대한 소통이 비로소 가능해지고, 이러한 문학적 소통이 문학적 문화의 전제가 된다(Hermann 2007, 22). 정전 없이는 문학문화에 대한 후기구조주의적 이론논쟁의 대표자, 다시 말하면 "정전을 비판하는 정전저자들"(Willems 2001, 219)인 부르디외, 푸코, 데리다의 정전비판 역시 불가능하다. 아주 비판적이고 급진적이고 부정적이라고 해도 문학에 대한 모든 언술은 정전을 이미 전제하고 있다. 정전텍스트와 관계없는 문학적 언술은 있을 수 없다.

반면 보편적이고 시대를 초월하는 가치로서 정전을 옹호하는 『서양 정전』의 저자 블룸은 "기념비적 불멸성"[7]을 문학의 유일무이한 존재이유로 간주하는 듯하다. 블룸은 문학작품의 위대함은 "과거의 천재와 현재의 야심 간의 투쟁"(Bloom 1994, 8)을 의미하는 경쟁에서 자신의 이름과 작품을 인류의 기억 속에 영원히 살아남게 하려는 창조적 예술가에게만 허락된다고 주장한다. 또한 "정전은 생존을 위해 서로 투쟁하는 텍스트에서의 선택"(Bloom 1994, 20)이라고 보는 그의 견해는 순전히 문학비평적인 관점에서 "미적인 것의 근본주의"(A. Assmann 1998, 49)에 대한 "격정적인 개인적 변호"(A. Assmann 1998, 48)의 차원에 매몰되어 있다는 비판으로부터 자유롭지 않다. 나아가 블룸은 방법론적으로도 역사와 사회제도를 부정하고 정전화과정을 불멸성에 이르기 위한 위대한 인물의 고독한 투쟁으로 간주하고 있다. 이렇게 자못 비장하고 엄숙한 블룸의 정전이해에서는 정전비판의 입장에서 금기시하는 정전의 문학권력적 측면을 노골적으로 옹호하는 반동성까지 찾아볼 수 있다. 또한 정전을 사회적 조건과 역사성을 고려하지 않고 불변의 권위적 담론의 힘으로 이해한다는 점에는 분명한 한계가 있다. 알라이다 아스만의 『서양 고전』에 대한 비판은 정전에 대한 문예학적·문학비평적 시각을 문화학적·문화사적 시각으로 수정하려는 의도와 관계가 있다. 한스 로베르트 야우스Hans Robert

7 이 개념에 대해서는 I. 3. 참조.

Jauß의 『문예학의 도전으로서 문학사』(1967)를 패러디한 「문예학의 도전으로서 정전연구」(A. Assmann 1998)라는 제목의 논문에서 아스만은 정전문제를 통해 문예학이 문화학적 관점으로 전향하기를 희망한다. 정전문제는 오늘날 더 절박하게 지금까지 문예학의 변두리에 머물러 있던 문학의 제도적 측면과 삶의 세계와 관련된 맥락, 예를 들자면 성, 계급, 민족, 문화에 특수한 정체성형성 매체로서 문학의 역할에 대한 물음을 제기하기 때문이다(A. Assmann 1998, 50). 그래서 야우스의 수용미학이 역사적 차원에 주목하며 언제 어떤 텍스트가 누구에 의해 읽혔는지에 관심을 가진다면, 알라이다 아스만의 정전연구는 역사의 차원에서 이러한 텍스트의 구속력에 대한 문제에 관심을 갖는다.

정전논쟁에서 정전현상은 근본적으로 상이한 두 가지 관점에서 논구된다. 하나는 정전을 현재와 연관된 가치를 가진 것으로 전제하며, 현재에서 요구되는 가치와 연관된 문학텍스트를 정전으로 간주하는 관점이다. 다른 하나는 정전을 역사적 현상으로 관찰하면서, 정전이 고정불변의 단수가 아니라 복수 형태로 존재할 수 있다고 본다(Hermann 2007, 24). 정전에 대한 이러한 관점은 문제제기의 급진성의 정도에 따라 서로 비교해볼 수 있는 여러 가지 논쟁을 유발할 수 있다. 말하자면 서로 다른 동기에서 정전을 문제 삼는 것인데, 첫 번째 동기는 정전을 수정하려는 것, 두 번째 동기는 자유로운 정전수정을 위해 아예 문학의 개념을 바꾸는 것, 세 번째 동기는 정전의 정당성에 근본적으로 의문을 제기하는 것이다(Willems 2001, 220f.).

정전수정은 오직 전승된 정전의 수정을 목표로 한다는 점에서 가장 덜 급진적이다. 여기에서는 전통적인 정전이 확장되거나, 블룸의 경우처럼 다시 제한되기도 하며 아니면 다른 작가와 작품에 초점을 맞추어 재조직되기도 한다. 특히 문학정전을 근본적으로 미심쩍어 하며 정전의 폐기와 독문학 강의의 방향전환을 요구한 1968년 학생운동 이후 계속해서 정전을 확장하려는 시도가 여기에 해당한다. 학생운동 당시에는 학문의 정치화를 위해서는 문학을 포함한 문헌학보다는 사회학이나 역사학이 더 중요하고 유익하다고 여겨졌고, 이러한 맥락에서 문학의 죽음이라는 구호와 독문학을 폐기하자는 주장까지 등장했다. 그럴 수 없다면 싸구려소설과 TV드라마 그리고 오락영화가 새로운 독문학의 연구대상으로 요구되기도 했다(Erhart 1998, 108). 학생운동과 더불어 일반적으로 정전확장의 대상이 된 것은 정전형성에서 낙오되었거나 부당하게 잊힌 작가와 실제로 등한시되었거나 등한시되었다고 생각되는 모든 반정전이었다. 당시까지는 대체적으로 레싱, 괴테, 실러, 켈러, 폰타네, 토마스 만, 릴케, 고트프리트 벤 등이 독일문학의 정전작가로 인정되고 있었지만 이제는 빌란트, 하이네, 뷔히너, 하인리히 만, 브레히트 등의 작가가 정전의 대척점에 있는 반정전으로 주목되었다. 또한 학생운동과 같은 사회변혁의 시대에는 계몽주의, 문학의 자코뱅주의, 청년독일파와 3월 전기, 사회주의문학, 망명문학 등 정치적 참여문학과 전단이나 팸플릿 같이 정치적 해방을 목표로 하는 전투적인 텍스트형식이 관심의 대상이 되었다. 학생운동 이후 오늘날까지 일반적으로 고급문학의 다른 편에 있는 실용적인 문학, 오락문학이나 통속문학, 대중문화나 문화산업 그리고 대항문화나 하위문화의 생산물 등이 정전확장의 대상으로 요구되는 경향이 존재한다.

정전을 수정하려는 시도가 어느 정도의 성과를 거두고 방법론적 통찰까지 동원되어 수행될 경우 정전논쟁은 두 번째 문제, 즉 문학 개념 자체에 주목하는 더 급진적인 양상을 보인다. 정전과 문학은 상관 개념이기 때문에 정전을 통해 문학이 무엇인지 알 수 있으며 문학 개념을 통해 정전이 구성되는 기제가 드러난다. 정전이 없다면 사실 문학이라는 것을 생각할 수 없으며, 문학정전의 폐기는 문예학이라는 학문의 존재를 부정하는 것이다. 바로 이러한 딜레마 때문에 1968년 이후 정전을 확장하려는 노력은 확장된 정전과 어울리는 방식으로 문학 개념을 수정하려는 의지를 포함하고 있다. 예컨대 팝문화나 하위문화 생산품의 코드와 기호를 의미 있는 언어구조로 읽어내고 미적 질을 인정함으로써 미적인 것의 의미가 확장되고 결과적으로 문학의 개념도 확장되는 것이다(Neuhaus 2002, 150).

정전논쟁의 세 번째 관심은 정전 개념의 정당성이다. 정전의 부정은 문학의 완전한 부정을 의미하기 때문에 보다 정치적 올바름이라는 구호에서처럼 보다 올바른 정전과 보다 올바른 문학 개념을 추구하는 앞의 두 가지 정전논쟁 차원보다 더 급진적이다. 정전 개념이 정당한지 여부는 소위 고전과 고전적이라고 부르는 개념과 비교해봄으로써 알 수 있다. 일반적으로 고전은 시대와 사회적 상황이 아무리 변해도 읽을 만한 가치가 있고, 반드시 전형이나 모범은 아니더라도 창조성의 원천이며, 문학이론의 정립에 기준이 될 수 있는 대상을 말한다. 고대 고전은 유럽의 르네상스정신과 자연의 모방이라는 예술론과 프랑스 고대와 근대 논쟁의 원천으로서 역사적 소여성을 과시하는 데에 그치지 않고 소재와 주제의 차원에서 오늘날에도 끊임없이 재생산되는 문학전통이다. 셰익스피어와 괴테의 작품 또한 전 세계적으로 회자되고 그 의미가 늘 새롭게 반추되는 우리 시대의 고전임을 부정할 수 없다. 문제는 고전적이라는 개념이 변함없이 지속적인 영향력과 팽창력을 발휘한다 해도 고전이 언제나 정전으로 인정되는 것은 아니라는 점에 있다. 특정한 시내와 특정한 역사적 단계마다 차이는 있겠지만 고전작가와 고전작품은 정전으로서는 유동적이다. 앞서 학생운동의 예에서 볼 수 있듯이 정치적 변혁기에는 문학의 앙가주망 형식이 선호되고 고전의 미적 질은 제한적으로만 수용된다. 심한 경우 시대에 따라 특정한 고전작품이 전면에 등장하거나 뒷전으로 내밀리기도 하며 때로는 잊히고 때로는 부활하기도 한다. 따라서 초시대적 가치라는 표상을 지닌 고전 개념보다는 배제와 제한을 연상하게 하는 정전 개념이 문학과 관련된 제반 역사적 경험을 정확하게 파악할 수 있는 도구가 될 수 있다.

이러한 이유에서 정전을 그때마다의 상이한 역사적인 조건하에서 달라지고 변화하는 현상으로 관찰하는 정전연구, 즉 역사적 정전연구의 중요성이 부각된다. 정전을 역사적 관점에서 보면 정전은 확정되어 있는 단수로서의 정전이 아니라 늘 다른 모습으로 대두되는 복수의 정전들이다. 정전의 역사는 신新정전화·탈정전화·재정전화의 끊임없는 역사이기 때문이다. 또한 "문학정전의 변화는 사회적 변화 및 사회의 구조와 기능에 대한 문제제기와 함께 대두되는 가치변화의 표현이자 매개"(Willems 2001, 227)이다. 아우구스티누스와 히에로니무스의 시대의 기독교문화, 계몽주의의 자연중심주의문화, 독일 낭만주의에서 민족적인 것의 우성화優性化 등은 기독교 신앙세계의 팽창, 계몽주의의 자연 개념, 민족주의 사상에서 유발된 것이다. 여기에 문학사나 문학이론이 적극 동참한 것은 사실이지만 문학사와 문학이론이 문학 내적으로 변신하는 과정에서 이러한 변화를 주도한 것은 아니다. 정전의 변화를 사회적 가치변화의 표현이자 매개로 보는 역사적 정전연구는 따라서 문학을 순수하게 문학적으로만 보지 않고 각각의 역사적 단계에서 요구되었던 정체성 형성의 수단으로 관찰하는 데에 기여할 수 있으며, 문화학적인 의미에서 문학문화를 재정립하고 문학과 삶의 유기적 관계를 도출해내는 가능성을 제공한다.

정리하자면 서로 다른 전제와 동기를 가지고 있는 정전논쟁의 관점을 각각 공시적 관점과 통시적 관점으로 분류할 수 있다. 공시적 관점은 현 시점에서 통용되는 단수의 문학정전이 어떻게 이루어진 것인지, 정당성이 있는지, 기능은 무엇인지에 대해 묻고자 한다. 이러한 관점에서는 현존하는 정전을 부분적으로 또는 전체적으로 문제 삼고, 경우에 따라 대안을 제시함으로써 능동적으로 정전형성에 관여한다. 구체적으로는 기존 자료정전과 해석정전의 유지와 강화, 기존 자료정전의 유지와 해석정전의 변화, 정전에서 제외된 반정전텍스트의 구성, 기존 정전의 확장, 기존 텍스트 도입을 통한 정전수정, 정전의 복수화 같은 방식을 통해서 실행된다(Anz 1998, 8).

공시적 관점에서는 특히 문학정전을 수정하거나 개혁하려는 목적에서 어떠한 가치가 문학정전의 본질인지에 대한 문제가 논쟁의 중심을 차지한다. 당연하지만 미적 견지에서 훌륭한 텍스트는 정전에 포함되고 나쁜 텍스트들은 그렇지 않기 때문이다. 정전을 바꾸기 위해서는 이러한 미적 특질을 규정하는 기준들의 근거에 대해 문제를 제기해야 한다. 또한 정전이 되려면 텍스트가 어떤 기준을 충족해야 하는지, 문학비평에서 정전으로 간주되는 텍스트는 어떠한 특성을 갖고 있는지도 공시적 정전연구의 관심사이다(Neuhaus 2002, 8). 그러나 정전텍스트의 미적 특질과 기준이 무엇인지 어떠한 가치를 통해 정전텍스트로 평가할 것인지에 대한 논의의 폭은 매우 넓다. 현재의 정전연구에서는 분명 가치평가의 문제가 가장 현안문제이지만 이에 대한 규범적인 답을 내놓는 것은 쉬운 일이 아니다. 분명한 것은 포스트모더니즘적인 입장이 등장한 지난 세기 80년대 이래 다원성과 차이가 가치평가의 주도적 개념으로 등장한 것이다. 이와 더불어 통일성, 보편성 같은 전통적인 가치평가 개념은 권력지향적이고 전체주의적인 가치관으로 치부되기도 한다. 그렇기 때문에 현대세계에서 보편적 구속력을 갖는 정전은 존재할 수 없다는 사실도 대개는 상실로서 애도되기보다는 오히려 자유주의적 가치의 발현으로 환영받는다.

통시적 관점의 정전연구는 시대에 따라 어떻게 상이한 정전이 형성되고 역사적으로 어떻게 변화해왔는지 규명한다. 변화의 원인과 조건에 대해 묻는 한편, 개별 텍스트와 작가들의 정전화의 역사를 기술하는 것도 통시적 관점의 관심사이다. 이러한 관점에서는 문학정전은 물론이고 문학정전의 본질적 구성요소인 가치와 가치척도도 사회사적·문화사적 현상이다. 문학정전과 그것의 가치는 문화사적 발전에 의해 결정적으로 영향을 받는 문학문화의 이면이며 문화현상의 일부이다. 따라서 통시적 관점에서는 정전을 만드는 가치척도를 조사하고 비교하기는 하지만 특정 시대의 특정 가치를 절대화하지 않는다. 가치척도는 시대에 따라 달라지는 역사적 심성구조를 반영하기 때문이다(Hermann 2007, 27). 그래서 공시적 관점의 정전연구가 특정한 기준을 토대로 하는 규범적 방식을 택한다면, 역사비평적 의미에서 수행되는 통시적 관점의 정전연구는 순수하게 현상학적이고 기술적記述的이다(Anz 1998, 8).

정전의 변화과정과 생성조건을 구조적으로 기술할 수 있는 개념을 제시함으로써 통시적 정전연구에 획기적인 이정표를 제시한 바 있는 하이데브란트는 일단 잘 보호되어 대표성을 지니는 정전의 존재를 전제한다. 여기서 정전은 "실제로 잘 알려져 있다거나 애호되는가에 관계없이 어떤 공동체 내에서 가치가 부여된 다수의 작품들과 작가들"(Heydebrand 1998, 613)을 의미하는데, 이러한 정전으로 확립되게 만드는 판단기준이 곧 해석정전이다. 해석정전은 "정전의 함축적인 기준과 가치표상 및 대변하고

자 하는 프로그램을 경우에 따라 내레이션의 형식으로 그리고/또는 척도가 되는 해석의 형식으로 포함"(Heydebrand 1998, 616)하고 있다. 구체적인 예를 들자면 문학사, 시선집의 편집자 서문, 작품해석 등이 해석정전이다. 해석정전 자체도 역사의 변화에 맡겨져 있지만, 이러한 해석정전이 결정적인 요소로 작용함으로써 역사적으로 자료정전이 다르게 구성된다.

그런데 가치와 집단 그리고 정전 자체도 역사적으로나 사회적으로 서로 구분될 수 있다. 서로 다른 집단들이 서로 다른 시대에 각각 상이한 가치표상들에 따라 구성되는 상이한 정전들을 소유한다. 따라서 정전에 대한 역사적이고 통시적인 관점에서는 정전다원주의가 기본적으로 가정되는바, 이것이 공시적 관점과 가장 큰 차이이다. 하이데브란트는 또한 해석정전 외에도 정전의 규범성과 정전보호의 정도, 정전의 사회적이고 시간적인 유효범위, 정전이 관철되는 정도에 따라 그에 맞는 수식어가 붙은 정전 개념을 제시함으로써(Heydebrand 1998, 613f.) 역사적 유기체로서 정전현상을 체계적으로 접근할 수 있는 길을 제시한 바 있다. 예컨대 지배적인 모든 정전 또는 공식정전에는 한편으로는 반정전이, 다른 한편으로는 부정정전이 존재한다. 반정전은 대안적인 정전이 될 수 있으며 공식정전과 마찬가지로 규범적인 추동력을 행사하는 경우도 드물지 않다. 『노튼 미국문학 명작선』의 반정전인 『노튼 여성문학 명작선』이나 『노튼 아프리카계 미국문학 명작선』이 여기에 해당한다.[8] 부정정전은 정전에 부합되지 않는 것으로 배재되는 작가와 작품을 일컫는데, 정전화된 작품과 정전작품에 대한 해석은 이러한 부정정전을 부정함으로써 지탱되고

8 여기에 대해서는 VI.1 참조.

뒷받침될 수 있다. 일반적으로 새롭게 정전을 구성하고자 할 때는 잘 알려진 어떤 작가나 작품을 부정적인 대상으로 논박함으로써 정당성을 얻을 수 있다. 어떤 정전이 특정한 미적 준칙이나 이데올로기적 가설에 토대를 두고 있으면 이 정전이 속했던 시대의 모든 정전이 금기시되는 부정정전으로 간주되기도 한다. 예를 들자면 교의적인 사회주의리얼리즘은 낭만주의문학과 모더니즘문학을 배척했다. 역설적이지만 지금은 사회주의리얼리즘이 부정정전의 패러다임이 되어 있다. 20세기 초의 아방가르드운동, 특히 다다이즘은 서구에서도 1950년대까지 유보적으로만 가치를 인정받고 서적시장에서는 거의 가치가 없는 부정정전이었다. 하지만 10년 후에는 조형예술과 실험문학에 다양한 영향을 끼쳤다는 점이 인정되면서 문학적 모더니즘의 핵심정전으로 도약할 수 있었다(Korte 2002, 35). 이렇게 정전이 변하면 반정전과 부정정전도 변하며 반정전과 부정정전이 정전으로 부활하는 현상을 관찰하는 것이 통시적 정전연구의 중요한 과제이다.

IV.

정전형성의 모델

01
정전모델이론

사회운동 차원의 정전비판의 격랑이 잠잠해진 이후 정전은 실용적인 측면에서 필수적이고 학문의 방법론적 측면에서도 불가피하며 무엇보다도 문화를 이루는 조건으로서 인정되었다. 1970년대의 논쟁이 대학과 학교에서 연구하고 가르치는 전통적 정전이 독자의 욕구 및 문학사적 사실과 일치하지 않아 보였기 때문에 주로 정전을 문제 삼으면서 정전수정에 집중했다면, 1990년대 중반부터는 정전현상을 보는 시각에 중요한 변화가 생긴 것이다. 정전이라는 실체를 변화시키는 것이 아니라 정전의 의미를 여러 관점에서 파악하고 그것의 특수한 구조를 규명하려는 태도가 그것이다. 요컨대 논쟁적 토론의 대상이었던 징진이 문예학과 문학사 연구의 중요한 대상이 된 것이다. 그래서 2000년대 들어 나온 논문집들은 정전의 기능에 대해서는 이전의 정전논쟁에서 충분하게 개진된 만큼 이제는 역사적 정전연구를 통하여 정전형성의 메커니즘을 이론적으로 도식화하려는 주제를 선택하고 있다.

그래서 계몽주의 같은 특정 사조를 대상으로 그 시대 문학정전현상에서 공통분모를 찾고자 하며(Lütteken 2009), 정전형성을 텍스트요소와 문화적 기능 그리고 윤리적 실천이 복합적으로 작용한 결과로 보기도 하고(Ehrlich 2007), 독일민족의 문화적 정체성을 이루기 위한 과정의 산물로 이해하기도 한다(Charlier 2009). 이러한 연구의 잠정적 성과는 문학사서술의 문제로 확대되어 기존의 문학사서술에서 재검토해야 할 현상과 보완 내지는 수정되어야 할 사항들이 제안된다(Karg/Jessen 2014). 또한 정전화과정과 정전형성을 이론화하기 위한 수단으로 세분화된 여러 개념들이 체계적으로 제시되었으며(Heydebrand 1998, 613f.; Korte 2002), 정전형성의 구조적 특성을 역사서술이론(Küpper 1997), 텍스트 이론(Hölter 1997), 해체주의(Kleinschmidt 2007), 체계이론(Herrmann 2007; 2012), 페미니즘과 젠더(Sylvester-Habenicht 2009), 포스트식민주의(Uerlings 2012) 같은 사회이론을 착안점으로 모델화하는 시도가 수행된다.

하지만 문학정전이 형성되는 방식, 말하자면 어떤 기제가 문학정전이 형성되는 복잡한 과정에서 어떤 역할을 하는지에 대한 포괄적인 정전모델이론은 아직까지 존재하지 않는다. 그러나 이론적 모델과 이러한 모델로 포착되는 현상들 간에는 절대적이거나 상대적인 동일성의 관계가 존재하지 않을 수도 있지만 구조적인 유사성은 분명 찾아볼 수 있다. 그런 만큼 학문적으로 익숙한 개념들을 이용하여 정전이론을 구축하려는 다양한 시도는 역사적 관찰만으로는 규범화할 수 없는 제반 정전현상을 통시적으로 모델화할 수 있다는 점에서 바람직하다.

우선 주목할 만한 것은 대부분의 연구에서 정전화과정이나 정전형성을 설명하고자 할 때 제도나 여러 사회적 콘텍스트가 결정적인 요소로 인정된다는 것이다. 이 경우 정전화는 사회문화적·담론적·제도적 권력의 공동작용에 의해 이루어진다. 정전을 문화적 자본의 조건, 가부장적 질서, 다양한 유형의 검열 조치, 전형적인 이데올로기적 해석, 학교와 대학 같은 가장 중요한 정전보호기관이 모두 관여하는 메커니즘의 결과로 보는 것이다. 이러한 정전형성모델과 이 모델에서 전제되는 가정은 특히 대학의 교양시민정전에 대한 페미니즘 비평에 의해 촉발된 것이다(Winko 2002, 9). 이 경우의 정전은 어떤 사회나 문화가 전승에 관심을 가지고 있는 텍스트로서, 여러 측면에서 권력과 불가분의 관계를 맺고 있다. 그러나 정전을 이데올로기나 권력의 산물로 보는 이러한 모델이 투명하게 정전현상을 모두 비쳐주는 것은 아니다.

몇 가지 예를 들어보자. 정전형성에는 매우 다양한 심급이 얽혀 있다. 예를 들어 어떤 문학텍스트를 (다시) 펴낼지 결정하는 과정에서는 출판업자와 평론가가 주도적인 역할을 하겠지만 그때마다 독자들의 기대지평도 무시할 수 없다. 또한 출판업자와 독자를 매개하는 문학비평이 객관적이지도 공정하지도 정의롭지도 않고 때로는 자의적이거나 경우에 따라서는 부패해 있을 수도 있다. 문학비평가의 개인적인 취향도 문제이며, 심지어 특정 출판사와 문학비평가가 경제적으로 결탁함으로써 문학비평가의 판단이 윤색될 수도 있다. 뿐만 아니라 문학비평가가 균형감을 상실하고 과도하게 권력을 행사하는 것도 문제이지만 그렇다고 영향력이 큰 비평가가 자의적으로 하나의 완전한 정전을 결정할 수 있는 것도 아니다. 정전은 사회의 수많은 집단들에 의해 생산되고 또 다시 수정된다. 그런 만큼 정전은 이데올로기나 특정 집단의 선호에 따라 결정되는 것이 아니며, 영원히 계속되지도 않는다. 정확하게 말하자면 정전의 역사는 언제나 "정전이 변화하는 역사"(Willems 2001, 226)이다.

다음으로는 가장 중요한 정전보호기관인 학교와 대학을 정전현상과 관련시켜 보자. 우선 교육제도의 기득권층이나 권력자들은 학교의 커리큘럼을 확립함으로써 정전을 만들어낸다. 하지만 현장의 교사 개개인은 교육정책자가 정해놓은 범위 내에서나마 나름의 선택을 통해 정전형성에 기여한다. 대학 차원에서도 무엇을 가르칠지는 교수 개개인의 관심과 연구영역에 따라 달라진다. 정전형성에는 이렇게 각계각층의 다양한 입장과 그들의 경험을 반영하는 논리가 작용하는데, 이러한 논리는 다시 토론을 통해 수정될 수도, 정당화될 수도 있다. 심한 경우 특히 영미권에서 대학생들은 수업료를 내는 만큼의 대우를 바라는 고객으로 간주되기 때문에 대학생들의 관심에 부응하는 작품선택과 수업모델이 제공된다(Schmidt 2007, 15). 정전의 선택이 그때마다 수요자의 요구에 의해 좌우되기도 하고, 문학연구에서 고유하고 독창적인 가치로 여겨졌던 것들의 의미가 상실되기도 한다. 정전논쟁이 촉발되었던 영미권 대부분의 독어독문학과에서 독일의 문학정전은 더 이상 주도적인 교육대상이 아니다. 문학수업의 대상은 대개 20세기 문학으로, 심하면 전후문학으로, 더 심한 경우에는 1990년대 이후의 최근문학으로 축소되어 있다. 대학교육현장에서 문학교육이 거의 사라져버린 것은 물론 실용적인 지식에 대한 요구와 매체환경의 변화 때문이기도 하다.[1] 이러한 사례를 보면 정전을 사

1 영미권 독문학도의 수업에서는 번역과 통역을 포함한 언어능력이 우선이고 다음으로는 영화나 시사(독일어), 20세기 역사(특히 국가사회주의)가 관심 대상일 뿐, 20세기 이전의 독일문학정전은 거의 접할 기회가 없다고 해도 과언이 아니다. 교양시민계급 출신으로 전통적인 교양욕구를 자아형성의 수단으로 생각하지 않는 사람들에게 대학은 점점 더 돈벌이가 되는 숙련기술을 배우는 교습소로 간주된다(Schmidt 2007, 18). 구조와 기능에 관한 지식으로 끝나는 자연과학과 달리 문학을 통해 의미와 가치선택의 가능성에 대한 지식을 얻는 것이 문학연구의 본령이라는 점에서 유감스러운 일이지만 우리나라의 외국문학교육도 해당 국가에 대한 지역학교육으로 탈바꿈하기를 강요받고 있다.

회적·문화적 권력과 지배적 이데올로기의 이해관계에 의해 전승되는 텍스트의 집합으로 보는 정전모델은 세부적인 정전형성현상까지 해명할 수 있을 만큼 치밀하지 못하다. 그럼에도 대개의 정전연구에서 이러한 모델이 당연하게 전제되고, 텍스트 자체의 문제는 전혀 고려되지 않는다는 점을 빙코는 다음과 같이 반어적으로 요약하고 있다.

> 우리가 최근의 정전모델을 진지하게 받아들인다면, 모든 텍스트는 어떤 특성을 지녔든지 간에 권력에 관심을 둔 게임에 속수무책으로 내맡겨진 것처럼 보인다. 이 텍스트가 정전의 위계질서에서 어떤 자리에 위치하게 되는지는 많은 것들에 의해 좌우되지만, 유일하게 텍스트의 특성에는 아무런 영향을 끼치지 못한다(Winko 2002, 10).

정전을 권력게임의 결과로 보는 정전모델의 반대편에는 정전텍스트의 미적인 질에 천착하여 정전현상을 설명하려는 연구가 있다. 꼭 문학전문가가 아니더라도 문학애호가들은 문학에 관한 일상적인 대화에서 "이런 작품은 별 볼 일 없다."나 "역시 고전이 훨씬 낫다."라는 상투어를 별 거리낌 없이 쓸 터인데, 이러한 발언의 배경에는 대개 작품의 미적 질에 대한 나름의 평가가 전제되어 있다. 문학사서술도 실상 이러한 미적 판단을 전제하고 있다. 문학사에 소개되는 작품들은 당연히 그 시대의 다른 어떤 문학텍스트보다 미적으로 우위에 있기 때문에 선택된 것으로 여겨진다. 정전화된 특정 텍스트를 연구할 때도 대개는 그 텍스트의 미적 특질이 그 텍스트의 가장 확실한 미덕이자 장점인 것처럼 다루어지며, 반대로 어떤 텍스트가 정전화되어 있다는 사실은 이러한 미적 특질을 지적함으로써 정당화된다. 이 경우 정전은 미적인 면에서 가장 뛰어난 텍스트의 집합으로 이해된다. 물론 문학연구에서 텍스트의 특성을 찾는 것은 당연한 일이고, 텍스트에 대한 평가는 특정한 특성을 찾아내는 것과 동의어이다. 하지만 텍스트에 대한 가치평가의 척도가 자명하게 주어져 있는 것은 아니다. 가치를 평가하는 사람들의 서로 다른 가치관에 의해 평가대상은 얼마든지 다르게 재단될 수 있기 때문이다(Heydebrand/Winko 1996, 9). 하지만 이러한 연구방법을 선호하는 학자는 텍스트의 일람과 분류를 본연의 과제로 여기고 문학텍스트에 대한 재판관 역할을 함으로써 자신의 능력을 과대평가할 뿐만 아니라 시대에 뒤진 역할에 집착한다는 비판을 피해갈 수 없다. 정전화의 가치가 있는 텍스트의 특징이 무엇인지에 대한 연구가 오직 텍스트의 특징을 이해하는 것으로 그친다면, 정전형성이 미적 특질을 포함한 여러 가지 요소의 복합작용이라는 것을 외면하는 것이다. 그래서 어떤 연구자는 정전현상을 "보이지 않는 손(invisible hand)"의 현상(Winko 2002, 10)이라고 정의한다. 정전이 생산되는 방식은 누구의 의도에 의해 미리 계획된 것도 아니고, 많은 사람들이 정전생산에 참여하지만 그렇다고 원래부터 이러한 결과를 염두에 둔 것도 아니라는 것이다. 바꾸어 말하면 정전은 우연하게 생산되지만, 그렇다고 생산과정이 제멋대로 진행되는 것도 아니다(Winko 2002, 10).

정전을 이론적으로 모델화하는 것이 간단치 않다는 것은 18세기 말, 19세기 초의 독일문학에 대한 서로 다른 이해방식을 놓고 설명할 수 있다. 이 시기의 독일문학에 대한 상이한 평가는 정전이론과 문예학적 연구 간의 균열을 보여주는 좋은 예이다. 학문사적으로 볼 때 독일민족문학의 개화기 또는 전성기로 상찬되는 "독일 고전주의" 또는 "바이마르 고전주의"는 19세기 독일 문예학이 과제로 설정했던 문화적 정체성 찾기의 결과물이다. 19세기 초 독일의 역사서술에서 가장 절실하고 시급한 문제는 새로운 역사의식을 확립하는 것이었다. 이것의 배경은 물론 프랑스혁명이다. 프랑스혁명에 대한 독일의 반동은 첫째, 야만적인 사건으로부터 휴머니즘이라는 문화적 자본을 지켜야 할 필요성, 둘째, 연속성을 보장받기 위해 역사를 통일적이고 의미 있는 과정으로 파악해야 할 당위성의 측면에서 이해할 수 있다. 프랑스에게 패배한 예나-아우어슈테트 전투(1806) 이후 독일의 민족의식은 열광적 애국주의로 표출되고, 민족의 통일에 대한 자유주의적인 열망이 좌절되면서 교육과 문화의 영역에서 민족적 자존을 찾으려는 보상심리가 당대의 시대정신으로 부각되었다(고규진 2012, 73f.). 하지만 그 시기의 독일문학이 과연 "고전"으로서 성격에 부합하는지에 대한 의문은 문학사마다 서로 다른 개념을 동원하는 데에서 확연하게 드러난다. "독일 고전주의"라는 개념규정에는 고대 고전의 모방과 독일적 변용이라는 의미가 내포되어 있는데, 과연 고대 고전의 연장선상에서 이해할 수 있는 괴테와 실러의 "고전" 작품이 무엇이며, 어떤 면에서 그런 것인지 명확하게 와닿지 않는 것이 사실이다. "바이마르 고전주의"라는 개념은 "독일 고전주의"라는 개념의 옹색함과 국수주의적 파토스를 우회하면서 괴테와 실러가 바이마르에서 함께 활동하던 시기의 공동작업에 주목한다. 하지만 현실주의자였던 괴테와 이상주의자였던 실러의 미학이론과 작품에서 공통적인 고전적 특질을 추출하기도 쉽지 않을뿐더러, 두 시인 모두 스스로를 고전작가로 칭한 적이 단 한 번도 없었다. 그래서 외국 독문학자들은 괴테와 실러를 포함한 이 시기의 독일문학을 유럽 낭만주의라는 큰 틀에서 관찰하는 경향이 있다. 여하튼 외국학자들과는 달리 독일에서 고전주의문학은 "민족의 정체성을 부여하는 기관"으로, "(영속적인) 사회비판과 문화비판"의 수단으로, "완전한 낙관주의'의 의미에서" 수용되었다. 독일 "민족정신의 엔텔레키"(Vosskamp 1987, 511)로서 결코 포기해서는 안 되는 엄연한 민족적 자산인 것이다. 하지만 1970년대 초에 나온 논문집의 제목처럼 독일의 "고전주의"가 실제로는 민족의 정체성 확립이 최고의 지상과제로 떠올랐던 19세기의 민족문학사서술을 통해 가공된 독일 정신사의 전설(Grimm/Hermand 1971)에 불과한 것일 수도 있다. 괴테와 실러가 헤겔의 변증법적 방식을 통해 독일 고전주의작가로 통합된 것은 독일문학의 역사를 통틀어 가장 주목할 만한 현상이다. 당대의 시대정신에 영합하여 과거의 문화를 기능적으로 도구화한 것은 게오르크 고트프리트 게르비누스Georg Gottfried Gervinus의 『독일인의 시적 민족문학의 역사』(1835~1842)에서 비롯된다. 이후 독일의 "고전주의"를 특히 괴테와 실러라는 영웅과 동일시한 것은 19세기 독일의 민족문학사서술의 주된 특징이었다. 게르비누스가 독일문학의 다채로운 과거에서 오직 괴테와 실러의 시대와 그들의 활동공간을 독일문학의 전성기로 제한하고 그들을 완성에 도달한 독일문학의 대표자로 지목한 것은 다른 유럽국가들의 전성기에 버금가는, 특히 프랑스의 의고주의와 유사한 독일문학의 황금시대를 주창하기 위해서였다. 후기 르네상스시대에 이미 대부분의 유럽국가는 르네상스를 통해 부활된 고대 고전의 형식과 정신세계를 모국어로 된 민족문학으로 수용했고, 특히 프랑스는 의식적으로 고대의 모범을 향한 노력을 중요한 강령으로 삼고 다른 나라와 대비되는 진정한 의고주의를 구현한 바 있었다. 전성기로서 고전주의를 상정한 게르비누스의 구상은 따라서 프랑스에서 고전주의가 정전화되어 전성기로 인정된 과정을 따르고자 한 것이다(고규진 2012, 75f.). 이렇듯 고전주의 개념은 고대 고전과의 연계성을 부각시키기 위해서도 중요했지만 그보다는 민족어나 민족문학의 발전사에서 최고봉을 지칭하기 위해 필요한 시대구분이었다.

독일민족문학사에서 고전주의라는 명칭으로 통합되어 지칭되는 시대는 곧 독일문화의 전성기가 되어야 했다(고규진 2012, 75). 그럼에도 정전연구의 관점에서 분명하고 중요한 사실은 당대의 독일문학을 유럽적인 맥락에서 낭만주의로 본 슐레겔이나 세계문학의 이념을 견지한 괴테의 의도와도 확연하게 다른 정전화가 수행되었다는 것이다.

그렇다면 독일의 고전주의문학을 연구할 때 고전적이라는 규정은 완전히 임의적일까? 실제 문학연구를 놓고 보면 꼭 그런 것만은 아니다. 많은 문예학적 개별연구에서는 함축적이나마 좁은 의미에서 고전에 속할 수 있는 텍스트가 있다고 논증된다. 고전적인 미적 프로그램도 구현되어 있고 고전텍스트와 꽤 분명한 상호텍스트성을 보여주기 때문에 고전으로 볼 수 있는 텍스트가 엄연히 존재한다는 것이다. 괴테의 『타우리스 섬의 이피게니』가 대표적이다. 그런 만큼 고전으로서의 자격 유무는 해당 텍스트 자체에 초점을 맞추어야 판정될 수 있다. 이러한 정황은 텍스트의 내적 구조와 특성이 정전화과정에서 모종의 역할을 수행한다는 것을 암시한다. 어떤 텍스트가 어떤 사조에 속하는가에 대한 질문에서는 텍스트분석이 바탕이 되어야 하며, 그런 만큼 독일 고전주의 정전의 존재를 순전한 가설로 간주해서는 안 된다.[2] 그렇지 않다면 이 질문은 역사상 존재했던 특정 시기의 고전인지 그렇지 않은지를 판별하는 데에 그치는 문헌학적 문제로 변질되기 때문이다(Hermann 2007, 24). 이런 이유에서 빌헬름 보스캄프Wilhelm Voßkamp 같은 학자는 『비교로 본 고전: 유럽 고전

2 정전연구용어로 말하자면 독일 고전주의야말로 가장 성공적인 반정전프로젝트이다. 민족문학사서술과 함께 독일 고전주의 정전이 교양계층의 일상문화에서 고대 고전 작가보다 선호되었기 때문이다.

주의의 규범성과 역사성』이라는 책을 통해 유럽 각국의 상이한 고전주의(들)의 양상을 비교하면서 고전에 대한 대립적 관점을 절충하고자 했다. 그에 의하면 고전적인 것으로 규정된 모든 정전은 고대 고전의 규범성과 당대 현실의 역사성 간의 긴장관계 속에서 생산된 것이다. 만약 고전을 고대 고전으로 한정할 경우 프랑스의 의고주의라는 사조도 독일의 고전주의라는 개념도 성립될 수 없을 것이다. 또한 특정 시기의 역사적 현상으로만 볼 경우 전통으로 전해 내려온 고대 고전의 규범적 가치가 완전히 무시된다. 그렇기 때문에 규범성과 역사성의 긴장관계에서 비로소 고전이라는 문학연구의 대상이 생기는 것이다(Voßkamp 1993, 1).

이러한 역사성과 규범성의 긴장관계를 정형화하는 것이 곧 정전모델 연구의 과제이다. 이론적으로 보면 정전은 우선 외부의 조건이 필요조건으로 작용하여 생기는 것처럼 보이지만, 실제적으로 보면 텍스트의 특성과 내적 구조가 정전의 충분조건으로 작용하는 복잡한 과정의 산물이다(Hermann 2007, 25). 이러한 충분조건과 필요조건을 분석하는 것이 정전 연구의 양대 축이며, 정전모델연구에서는 정전현성의 필요충분조건을 통시적으로 이론화하고자 한다. 한편에서는 정전을 확립, 전승하는 것이 필요한 사회구조, 즉 정전의 사회적이고 역사적인 관계가, 다른 한편으로는 텍스트의 미적 특성과 구조 그리고 텍스트 간의 내적 연관성을 규명하는 것이 정전모델의 필요충분조건인 것이다.

02
역사이론적 모델

이론적으로 정전문제를 기술하려는 정전모델에서는 통시성에 주목하며 정전의 예속성·역사성·상대성이 강조된다. 지금까지 정전연구에서 이 모델들은 정전에 대한 정전적인 설명의 본보기로 인정받는 추세이다. 먼저 역사이론적 정전모델을 살펴보기로 하자. 이 모델에서는 역사학자 E. H. 카 이래로 회자되는 역사관, 즉 역사는 과거와 현재의 대화 또는 과거의 사실과 현재의 역사가의 대화라는 점이 전제된다. 모든 역사는 현재의 역사이고, 역사는 단순한 사실이 아니라 현재의 필요와 관점으로 바라본 가설이자 해석인 것이다.

요아힘 퀴퍼Joachim Küpper 같은 연구자는 우선 종교경전과 달리 "문학정전은 진실에 대한 담론으로 귀속될 수 없는 (...) 역사서술담론의 한 형식이다."(Küpper 1997, 43)라는 테제에서 출발하는데, 정전화과정의 토대에 대한 물음은 역사서술의 토대에 대한 물음과 같다는 것이다. 모든 역사서술의 형식이 그렇듯이 정전은 정전을 내세우는 그 시대의 가치판단과 전략과 요구에 의존되어 있다. 그럼으로써 과거를 선별하고 보존하는 극도로 주관적인 시선이 문제시된다. 대표성과 목적론 그리고 초시대성에 대한 요구는 모든 역사편찬의 세 가지 요소이다. 이 세 가지 요소에 상응하는 것들이야말로 현재에 대해 기능을 행사할 수 있기 때문에 역사가 될 수 있는 역량을 갖고 있다. 퀴퍼는 이것을 역사서술의 세 가지 기능이 서술되어 있는 프리드리히 니체의 『반시대적 고찰』 제2권 「삶에 대한 역사의 공과功過에 대하여」(1874)로부터 이끌어낸다.

먼저 니체가 고전작품을 염두에 두고 제시한 기념비적 역사는 인류의 삶에 존재했던 위대한 순간에 대한 기억을 장려하고 육성하는 것을 의미한다. 기념비적 역사는 "이미 오래전에 지나간 순간들 중 최고의 것이 (...) 아직 생생하고 밝고 위대하다."(니체 2015, 303)라는 전제를 바탕으로 한다. 이러한 가정은 "과거에 '인간'이라는 개념을 더욱 확대하고 더 아름답게 성취할 수 있는 능력을 가졌던 것은 이런 일을 영원히 하기 위해 영원히 존재해야만 한다."(니체 2015, 302)라는 믿음, 즉 보편적 인간성에 대한 믿음에 다름 아니다. "과거에 대한 기념비적 고찰, 지나간 시대의 고전적인 것을 다루는" 이유는 "과거에 있었던 위대한 것이 어쨌든 한 번 가능했으며, 그래서 앞으로도 가능할 것이라는 사실을 유추"해냄으로써, 현재의 것도 기념비적 지위를 얻을 수 있다고 믿기 때문이다. 달리 표현하자면 역사에 대해 기념비적 관점을 갖는 공동체는 과거를 정관靜觀하는 데 머물지 않고 과거의 중요한 성취에 잠재된 본질적인 촉매기능을 적극 현재화하면서 "용감하게 자신의 길을 걸어"(니체 2015, 304)간다.

그러나 역사서술의 측면에서 보자면 기념비적 관점은 사실 신화나 허구에 가깝다. 왜냐하면 현재의 지평에서 옛것을 본보기로 간주할 경우 옛것은 어쩔 수 없이 원래의 모습이 왜곡될 수밖에 없기 때문이다. 현재의 관심과 동기에서 옛것과 현재의 것을 비교하는 것은 유동적이고 불완전하고 부정확할 수밖에 없다. 그래서 니체는 "(옛것과 현재의 것의) 비교가 강화하는 작용을 하려면, 얼마나 많은 차이점들이 간과되어야 하며, 과거의 개성은 얼마나 강압적으로 보편적 형태 속에 끼워 맞춰져야 하고 예리한 모퉁이와 선은 모두 일치를 위해 파괴되어야 하는가!"(니체 2015, 305)라고 기념비적 관점의 허구성과 문제점을 진단하고 있다. 요컨대 기념비적 태도의 가장 큰 특징은 일반화와 동일시를 통하여 옛것이 생겨나게 된 역사적 원인을 도외시하고 단지 결과만을 부각함으로써 "어느 시대에나 효과를 발휘할 수 있는"(니체 2015, 306) 형성체를 구성하는 것이다. 이를 위해 과거는 변용되고 아름다운 것으로 재해석되며, 그럼으로써 기념비적 과거와 신비적 허구가 거의 구분될 수 없는 상황을 초래하기도 한다. 이 지점에서 역사에 대한 기념비적 관점은 현재에 대해 부담으로 작용한다. 과거의 위대한 것은 현재를 자극하는 기제가 될 수 있지만 다른 한편으로는 현재의 것을 오도하여 "용감한 자를 무모함으로, 감격하는 자를 광신으로 선동"함으로써 완전한 실패를 야기할 수도 있기 때문이다. 만약 "힘센 자와 활동하는 자"가 아니라 "무력한 자"와 "활동하지 않는 자"(니체 2015, 307)가 기념비적 관점이 순수한 믿음이라는 사실을 깨닫지 못하고 이러한 관점에 매몰될 경우 폐해는 더 커진다. 여기서 니체는 창조정신의 필요성을 역설한다. "역사로부터 진실로, 즉 삶을 위해 배울 수 있고 배운 것을 고차원적 실천으로 옮길 수 있는 유일한 사람"은 즉 강한 예술정신의 소유자이다. 이와 달리 창조적이지 못한 자들의 손에서는 고전적인 것이 "현대적이라서 아직 기념비적이지 않은 모든 예술"과 개혁성향을 지닌 모든 것을 억압하는 도구로 이용될 수 있다. 이를 통해 니체는 자신이 살고 있는 시대의 위대한 예술에 대한 증오를 지난 시대의 위대한 예술에 대한 감탄으로 포장하는 "가면무도회 의상" 같은 기념비적 관점과 "위대한 것을 이룰 능력이 없는 위대한 것의 애호가"(니체 2015, 309)를 비판하는 한편, 인류의 삶에서 과거의 위대한 순간을 기억하는 목적은 위대한 본보기를 통해 현재의 것이 성과를 거둘 수 있도록 자극하고 격려하는 것임을 분명히 밝히고자 한다(Küpper 1997, 51).

다음으로 역사에 대한 골동품적 태도는 지나간 것을 무차별적으로 수집하는 것을 일컫는다. 이러한 태도는 "과거에 한 번 존재했던 것을 맹목적으로 수집하고 쉴 새 없이 긁어모으는" "고물수집벽과 만물수집벽"(니체 2015, 313)을 통해 사소한 것과 제한적인 것에게도 특권을 부여하는 결과를 초래한다. 골동품적 역사관은 기념비적이고 위대한 것에서 자신을 재인식할 능력이 없는, "혜택을 덜 받은 종족"(일족, 주민, 민족)에게 전통을 부여한다. 그들은 이런 식으로 "나무가 자신의 뿌리에 대해 느끼는 쾌감, 자신이 완전히 자의적이고 우연하다고 생각하지 않고, 상속인으로서 꽃과 과실로서 과거로부터 성장하여 그로써 자신의 실존에 대한 해명을 얻고 정당성을 얻는 행복감"(니체 2015, 311), 즉 전통과의 일체감을 느낀다. 이러한 니체의 진단에는 물론 사회적 위계질서에 대한 정역학적 구상이 전제되어 있다. 그러나 니체와 다르게 사회적 위계질서를 동역학적으로 본다면 역사에 대한 골동품적 태도는 개혁적으로 볼 수 있는 해방과정을 의미할 수도 있다. 왜냐하면 기념비적이 아닌 과거의 모든 것에 대해 이야기하려는 욕망은 자신의 사회적 몫에 대한 욕망을 전제하기 때문이다. 또한 이러한 욕망이 급진적일 경우에는 전통과의 가파른 단절을 요구할 수 있고, 온건할 경우에도 동등한 몫을 요구하거나 위대한 전통의 시각에서 보면 전혀 전승 가치가 없는 어떤 전통을 기획하고 구상할 수도 있다(Küpper 1997, 53).

그렇지만 역사를 골동품적으로 소유하는 것의 단점은 명백하다. 이미 경험한 역사적 사건에서 알 수 있는 바와 같이 "한 인간이나 한 도시 공동체 또는 전체 민족의 골동품적 감각은 항상 제한된 시야를 가진다."라는 것이다. 작은 부분을 너무 가까이서 보기 때문에 숲을 보지 못하고 나무만 보는 것처럼 전체적인 맥락을 알지 못한 상태에서 작은 것은 고립되어 관찰된다. 그 결과 "모든 것을 똑같이 중요하다고 생각하며, 그래서 각각의 개별적인 것을 지나치게 중시"(니체 2015, 312)한다. 또한 골동품적 역사는 "사물 간의 가치의 차이와 비례"에 대한 의미를 과소평가하고, 생성 중에 있는 새로운 것을 거부하고 적대시함으로써 "새로운 것에 대한 힘찬 결단"과 더불어 활동하는 행위자를 마비시킨다(니체 2015, 313). "혜택을 덜 받은 종족"이 스스로를 재인식할 수 있는 전통을 구성하고자 할 때는 "게토화"의 위험이 따른다. 자신의 정체성이 유일무이한 진리처럼 간주될 수 있기 때문이다. 이 경우의 정체성은 "덜 혜택 받은 존재"의 옛날 운명을 비추기 때문에 전체적인 맥락에서 보면 필연적으로 협소하고 제한적인 어떤 모습으로 나타난다.

마지막으로 비판적 역사는 과거를 법정에 세우고 고통스러운 심문 후에 판결을 내리는데, 이 판결은 본질적으로 무자비하고 그런 한에서는 부당하기도 하다. 그도 그럴 것이 인간은 언제나 과거를 파괴하거나 해체할 힘을 갖고 싶어 할 뿐만 아니라 이러한 선고는 인식의 순수한 샘에서 나오는 것도 아니기 때문이다(니체 2015, 314). 역사에 대한 비판적 태도는 모든 것을 기본부터 뒤흔드는 해방과정에 수반되는 문화혁명적 태도라고 볼 수 있는데, 이러한 문화혁명에서는 두 가지 방식이 가능하다. 하나는 전통의 파괴인바, 서구에서는 엄밀한 의미에서 한 번도 체험해본 적이 없는 것이다. 다른 하나는 전통의 해체인데, 이것은 가차 없는 비판을 통하여 전통으로 일컬어지는 것의 가면을 벗기는 것이다. 여기서 니체는 비판적인 사람들과 그들이 활동하는 시대는 항상 "위험하고 위험에 처한 시대들"(니체 2015, 315)이라고 지적한다. 비판적 태도에는 우리의 오늘날이 있게 만든 과거의 오류와 범죄를 비판함으로써 보다 나은 인간이 될 수 있을 거라는 환영이 바탕을 이루고 있기 때문이다. 하지만 니체는 또한 "인간은 살기 위해 과거를 파괴하거나 해체할 힘을 가져야만 하고 때에 따라 실제로 그렇게 해야 한다."(니체 2015, 314)라고 덧붙임으로써 비판적 태도가 때로는 불가피한 선택이라는 점도 인정하고 있다.

니체가 「삶에 대한 역사의 공과에 대하여」에서 결론으로 제시한 진실은 단순하다. 그것은 "각각의 인간이나 민족은 자기 목표나 힘, 고난에 따라 과거에 대한 특정한 지식을 필요로 한다. 어떤 때에는 기념비적 역사, 다른 때에는 골동품적 역사, 그러다가 비판적 역사가 필요해진다."(니체 2015, 316)라는 것이다. 그런데 현재의 정전논쟁에서 가장 두드러지는 입장들은 현재가 역사를 다루는 이러한 세 가지 기능과 비교될 수 있을 뿐만 아니라, 정전화와 관련된 모든 행동의 이면에 있는 의도와도 일치한다. 일단 거칠게 대비해보자면 정전의 옹호는 기념비적인 관점과, 정전의 확장은 고물상적 관점과 그리고 정전의 거부는 비판적 관점과 상응한다고 볼 수 있다. 여기서 중요한 것은 과거를 바라보는 여러 가지 방식에 대한 니체의 비유가 현재의 정전논쟁을 비판적으로 점검할 수 있는 동인을 제공한다는 것이다. 요컨대 니체의 글을 염두에 둔다면 정전옹호, 정전확장, 정전거부 같은 제안들은 제각기 "공적과 과오"를 내포하고 있어서 과거와 미래를 이어주는 온전한 현재적 관점을 대표한다고 볼 수 없다. 나아가 이러한 다양한 제안을 서로 직접적으로 경쟁관계에 있는 것으로, 그래서 특정한 제안을 선택해야 하는 것으로 보는 것은 애매하고 의심스러울 뿐만 아니라 바람직한 태도가 아니다. 더욱이 우리는 이미 오래전부터 과거에 대한 역사적 담론에서뿐만 아니라 과거의 문학에 대한 문학적 담론에서도 더 이상 특정한 관점이 지배할 수 없고 그럼으로써 특정한 관점의 과오가 계속해서 지배할 수 없는 시대에 살고 있다. 현실적으로도 기념비적인 정전의 옹호나 고물상적인 정전의 확장 중에서 어떤 하나의 관점이 선택되고, 다른 것은 배제되어야 할 당위성이나 고정불변의 법칙은 존재하지 않는다. 또한 성차별적·인종주의적 전통과의 단절을 목표로 "정전을 불태워라!"라는 전투적 구호를 대안으로 내세웠던 비판적 관점에서의 정전거부도 분명한 한계가 있다. 1960년대 말 이후 정전비판의 국면에서 나온 이와 같은 요구는 오늘날 이미 역사가 되어버린 현상으로 간주되고 있다.

이러한 전제를 바탕으로 역사이론적 정전모델에서는 역사를 바라보는 관점에 따라 정전으로 인정되지 않았던 텍스트를 정전의 대상으로 삼을 수도 있고 정전텍스트를 다시 구성할 수도 있을 만큼 문학정전은 우연하고 자의적인가(Küpper 1997, 44), 라는 근본적인 물음에 답하고자 한다. 정전을 역사서술로 간주하면 정전현상은 우연하거나 임의적인 것도 아니고 추상적인 권력의 결과도 아니다. 정전화과정은 물론 개별 행위자들과 그들의 의식적·무의식적 동인들이 부분적으로 혹은 예시적으로 해명됨으로써 재구성될 수 있다. 하지만 퀴퍼에 의하면 정전화과정의 우연성은 역사의 우연성 그 자체이며, 역사진행의 필연적인 결과이다. 역사를 내러티브로 보면 역사의 우연성과 정전화의 우연성 간에는 명확한 유사성과 평행관계가 존재한다. 역사는 역사가 진행되어왔던 방식 그대로 진행되었고, 정전은 역사가 만들어냈던 바로 그러한 정전을 만들어냈다고 볼 수 있다. 역사는 현재 정전을 이루고 있는 바로 그러한 텍스트들이 대답을 제공하는 욕구를 만들어왔기 때문이다. 말하자면 고전작가들이 바로 현재의 우리의 것인 이유는 그 고전작가들이 다름 아닌 우리의 욕구에 응답하기 때문이다. 퀴퍼는 이것을 "만약 역사가 다른 길을 걸어왔다면 아마도 우리는 다른 고전작가를 만들어냈을 것이다."(Küpper 1997, 59)라고 가정한다. 이렇게 역사와 정전은 나란히 흘러간다.

이러한 가정은 서양문화의 근간으로 이어져 내려온 호메로스의 경우를 예로 들어 설명할 수 있다. 정전을 의도나 기능의 측면에서 서로 다르게 이해하는 입장들이 충돌하는 현재의 정전논쟁상황을 가능하게 만든 동인은 아무래도 철두철미한 상대주의이다. 엄격한 상대주의의 시각에서 보면 미적 가치라는 것도 근본적으로 우연한 것이다. 고전성이라는 것이 존재하게 된 것도 역사의 특정 시기에 그렇게 선언된 것을 있는 그대로의 사실처럼 인정하고 있기 때문이다. 호메로스도 2,000년 이상 유통되고 장려됨으로써 오늘날까지 관심을 끌고 있는 하나의 저자에 불과하다. 그래서 앵글로색슨 정전논쟁에서 극단적인 상대주의를 대변하는 바버라 헌스타인 스미스Barbara Herrnstein Smith 같은 학자는 고전작가들이 제도화된 것은 문화권력을 추종하는 대리인들에 의해 이러한 가치가 적극 확산된 결과로 이해한다(Smith 1988, 30~53). 그러나 상대주의에서 강조되는 이러한 우연성을 고전이나 정전의 성립과 결부시키는 것에 대해서는 많은 반박가능성이 있다. 단적인 예를 들어보자. 만약 고전이 오직 문화권력의 소산이라면, 달리 말해서 그러한 가치가 다만 허용된 가치에 불과하다면, 변화된 권력관계하에서는 다른 가치들이 얼마든지 허용될 수 있을 것이다. 이 경우 니체의 표현을 빌자면 고물상적 관점에서 중요한 텍스트들이 당장 기념비적으로 중요한 텍스트를 대치할 수도 있을 터이지만, 서구 역사상 이러한 일이 관철되었던 경우는 극히 드물었고 관철되는 듯이 보여도 오래 지속되지 못했다. 이렇게 보자면 문화권력이 있었기 때문에 우연히 고전이라는 미적 가치가 오늘날에도 존재한다는 상대주의의 논리는 원인보다는 결과에만 주목한 성급한 주장으로 보인다. 또한 상대주의는 정전과 비정전의 분리가 오로지 미적 가치에 따라 결정될 수 있다는, 널리 퍼져 있지만 증명되지 않은 가정에서 출발하고 있다는 비판(Küpper 1997, 57)에 동조할 수 있다.

이러한 비판은 다음과 같은 우회적 논거를 통해 정당화될 수 있다. 첫째, 호메로스가 의도적으로 2,000년 이상 유통되지 않았더라면 결코 보편성을 획득하지 못했을 거라는 추측이 틀린 것은 아니다. 하지만 역사적으로 권력지형이 수없이 달라졌어도 호메로스의 텍스트는 늘 고전의 중심에 있었다. 이것은 호메로스 텍스트의 전승이 오직 문화 권력의 영향력 때문만은 아니라는 것을 의미한다. 그렇다면 미적 가치 때문일까? 그것만도 아니다. 정전텍스트에 비해 결코 미적 가치가 뒤지지 않을 뿐만 아니라 늘 보수주의를 지향하는 권력자들의 노력이 있었음에도 불구하고 한때 수용되었다가 공명을 얻지 못한 채 사라진 텍스트는 수없이 많다. 따라서 정전화현상에서 미적 가치는 필수조건이지만 충분조건은 아니기 때문에 결정적인 전제라고 볼 수 없다. 둘째, 역동성을 본질로 삼는 서양문화와 호메로스 이후 2,500년 동안의 시대공간에서 미적 특질을 책정하는 기준이 무엇이었는지 확정적으로 단정하기도 어렵지만, 그렇다고 정전이 순전히 자의적 결과라는 조급한 결론에 만족할 수도 없다. 미적 특질은 분명 형이상학적으로 보장되어 있는 것도 아니고 추측컨대 부르디외가 『구별짓기』에서 주장하듯이 사회적 엘리트가 세계와 맺고 있는 관계를 비유적으로 양식화한 것에 다름 아닐지라도 바로 이러한 이유 때문에 기본적으로 우연하다고 할 수 없다. 왜냐하면 비유적 양식화라는 형식은 고대 그리스의 분업적 계급질서에서 살았던 도시국가의 인간이 창출한 유일한 문명형식이었고, 그런 한에서 엘리트계층의 존재와 그들의 세계상을 결코 우연한 것으로 매도할 수 없기 때문이다.

전승되어 현존하는 고전과 정전을 실재의 사실로 인정해야 하는 당위성은 영향사에 바탕을 둔 가다머의 철학적 해석학을 통해 살펴볼 수 있다. 가다머는 만일 선입견 없이 합리적으로 이해될 수 있다면 역사적 사실은 그 사실 자체만으로도 권위와 전통을 가진 것으로 이해한다. 우선 가다머는 고전성의 문제를 미적 특질의 문제와 관련짓지 않는다. 고전이 고전으로 인정되는 우선적인 이유는 견줄 만한 다른 텍스트보다 더 아름답고 더 훌륭해서가 아니다. 고전은 언제나 대답을 해주기 때문에 고전이다. 그렇다고 시대를 초월하여 대답을 제공하는 가능성과 잠재력이 문예학에서 흔히 주장되듯이 고전텍스트의 복잡성에서 비롯되는 것도 아니다. 가다머에 의할 때 고전적인 것은 "후대의 모든 시대를 향해 생생한 현재형으로 직접 뭔가를 말하는 그런 것"이며 "고전적으로 일컬어지는 것은 후대의 입장에서 굳이 역사적 거리를 극복할 필요조차 없"는 것이다. "과거와 현재의 부단한 상호매개 작용을 통해 고전적인 것 자체가 그러한 극복을 수행하기 때문이다." 결론적으로 "고전적인 것은 확실히 무시간적이지만, 그러한 무시간성이야말로 역사적 존재의 존재방식"(가다머 2012, 170; Gadamer 1975, 274)이다.[3] 요컨대 어떤 고전텍스트가 어느 시

---

3 가다머는 고전텍스트를 스스로를 중재하는 텍스트로 정의함으로써 일정 부분 플라톤주의의 객관주의전통에 접목되어 있지만 야우스는 현재적인 것의 강조를 통해 이러한 객관주의의 잔재를 극복한다. 야우스는 『도발로서의 문학사』에서 위대한 예술의 전통은 과거에 대한 현재의 대화적 관계가 전제되며, 그렇게 본다면 현재의 관찰자가 과거의 작품을 되살리는 질문을 제기했을 때 비로소 그 작품이 대답을 할 수 있다는 주장을 통해 가다머의 고전적 것에 대한 테제를 비판하고 현재적인 것의 우위를 강조한 바 있다(Jauß 1970, 188).

대에 대답을 제공했다고 할 때 이 대답의 특성은 그 시대의 존재방식 자체와 연관되어 있다. 진행되어온 방식 그대로의 역사와 연관된 대답을 제공해온 것이다.

오늘날의 시각에서 가다머를 재해석하자면 역사는 당연히 우연의 결과이며, 이와 마찬가지로 고전성 또한 필연적인 것이 아니라 우연한 것이다. 만약 역사가 다른 길을 걸어왔다면 지금과는 다른 작가가 고전작가로 인정받을 수 있었을 것이다. 하지만 달리 보자면 현재 인정되는 고전작가와 고전성은 분명 사실로서의 유일한 역사 속에서 객관적으로 존재하는 것이기도 하다. 문학 자체도 우연하다는 점에서는 "이루어진 일(res gestae)"로서의 역사에 못지않다. 하지만 문학의 경우 이러한 우연성은 작품의 탄생에만 해당된다. 『오디세우스』라는 작품이 나온 것, 호메로스라는 사람이 세상에 태어난 것, 호메로스가 이러한 작품을 쓰게 된 것은 모두 가능할 수도 불가능할 수도 있었을 우연이다. 그렇지만 정전과 전통은 이렇게 우연한 사실을 모아놓은 것이 아니라 훗날 이러한 사실들을 모델화한 목록이다. 그런데 이렇게 모델화하는 행위 자체는 자유로운 것이 아니라 과거에 존재했던 것과 현재 존재하는 것에 종속되어 있으며, 나아가 현재가 적절하다고 여기는 옛것과 지금의 것의 관계에 따라 결정된다. 특히 옛것과 지금의 것 간의 관계설정 문제는 바로 니체가 삶을 위한 역사의 공적으로 본 것이다. 그리고 현재를 위한 정치적 결정이나 권력의 이해관계가 과거를 가치 평가하는 과정에 개입할 수도 있지만, 권력이 현재의 삶과 과거의 전통을 결정하는 유일무이한 절대자는 아니다.

구체적인 문학사적 예를 들어 보자. 오늘날 세르반테스는 세계문학에서 빼놓을 수 없는 고전작가로 찬양된다. 그런데 괴테가 미적인 면에서 세르반테스에 뒤지지 않는다고 평가했던 세르반테스의 동시대 작가 칼데론Pedro Calderón de la Barca(1600~1681)은 완전히 다르다. 에스파냐 황금세기의 극작가인 그의 작품의 특징은 가톨릭에의 절대적 귀의와 국왕에 대한 충성 그리고 극단적인 명예심이다. 일반적으로 그의 죽음과 함께 에스파냐 바로크문학이 끝난 것으로 간주된다. 칼데론은 세르반테스와 달리 세계문학의 차원에서는 거의 잊힌 존재나 다름없다. 그 이유는 정전화과정의 우연성 때문도 아니고 문화엘리트나 권력층의 세계주의적 기준에 세르반테스의 문학이 더 일치하고 칼데론의 문학이 덜 일치하기 때문도 아니다. 미리 말하자면 그들이 활동했던 역사적 시대 자체의 우연성이 작용한 것이다. 르네상스도 바로크도 아니었던 17세기 초엽은 문학과 예술이 과도기였던 것처럼 유럽의 정치와 종교에서도 권력을 유지하는 심급들이 서로 갈등에 빠진 시대였다. 정치적으로는 금욕적 가톨릭을 신봉했던 에스파냐의 펠리페 2세의 서거(1598) 및 세속적 프로테스탄티즘 방식의 삶을 추구했던 영국의 엘리자베스 여왕 1세의 서거(1603)로 인해 스페인과 영국의 세력이 약화되고 프랑스의 입지가 상대적으로 강화되는 등 유럽의 정치적 지형이 불안정했다. 종교적으로는 프로테스탄티즘이 당당히 하나의 교파로 자리 잡고 인문주의자들의 신앙 무차별론이 득세하던 혼돈의 시대였다. 이러한 난국을 극복하는 동시에 담론의 자유화로 부를 수 있는 이탈리아의 르네상스운동에 맞서기 위해서는 어떤 식으로든 하나의 질서를 다시 제도화함으로써 동시대의 자유분방한 무질서에 해답을 제시하는 것이 절실했다. 그 대안 중 하나는 에스파냐의 바로크드라마에서와 같은 복고적 담론을 재탄생시키는 것이었으며, 다른 하나는 세속적인 것과 종교적인 것을 분리함으로써 현세적이고 주관적인 합리성의 영역을 인정하는 것이었다. 칼데론이 첫 번째 대안에 동조했고, 세르반테스가 두 번째 대안에 관여했다는 것은 잘 알려져 있다. 중요한 것은 일단 개방적 담론의 물결이 휩쓸고 지나간 다음에는 다원화를 저지하면서 다시 정통 보수로 회귀하려는 일체의 시도가 쉽지 않았고, 그 여파로 유럽의 근대가 설계되기 시작했다는 것이다. 여기서 세르반테스는 진행되어가는 방식 그대로의 역사와 전체 유럽의 보편적 역사로 자리 잡은 역사, 즉 근대에서 언제나 대답을 제공하는 작가로 화려하게 등장했다. 반면 현재를 거슬러 과거로 회귀한 칼데론은 더 이상 역사적 현재에 대답을 제공해주지 못했다. 이것이 세르반테스가 세계문학의 고전작가가 된 이유이며, 칼데론이 에스파냐라는 한 국가에서만 많은 고전작가 중의 한 사람으로 인정되는 이유이다. 이러한 역사적 사실은 세르반테스와 칼데론 작품의 미적 특질이나 복잡성도, 그 당시에 영향력이 컸던 권력 심급의 문학적·미학적·이데올로기적 선택도, 고전작가로 인정받는 것과 결정적 인과관계가 성립하지 않는다는 것을 증명한다 (Küpper 1997, 60).

호메로스와 단테의 정전화도 이와 비슷하다. 작품이 탄생되었을 때 공론장에서 애호된 시대적 배경도 무시할 수 없지만 그들의 텍스트가 오늘날까지 핵심정전인 이유의 하나는 다른 텍스트에서 찾아볼 수 없는 어떤 명백한 미적 특질 때문이 아니다. 그들의 텍스트는 다른 텍스트와 달리 역사의 진행이라는 표상에서 중심적인 동인을 코드화했기 때문이다. 먼저 단테의 『신곡』은 애매모호한 이중성이 특징이다. 『신곡』은 시인에 의해 창조된 허구인 동시에 진리에의 요구를 담고 있는 종교적 교훈시의 면모를 지니고 있다. 그런데 이러한 이중적 형상화는 권위적인 진리 담론의 이데올로기적 통제를 부정하고 제 나름의 고유한 권리를 가진 진리들을 전해주는 오늘날 고급문학의 특징과 일치한다. 다원성을 형상화하는 것은 단테 이후 오늘날까지 서구의 일신교문화를 변화시키기 위한 노력의 일환으로 볼 수 있다.

호메로스의 서사시도 긴 역사 속에서 늘 기념비적 텍스트로 여겨질 수 있었다. 그 이유는 술책에 능한 오디세이아 같은 인물이 활동적 이성을 통해 신화적 숙명론에서 벗어나 자신에게 권능을 부여하는 문명세계의 주체를 형상화하고 있기 때문이다. 『오디세이아』 같은 고전은 오래된 정전텍스트일수록 역사의 진행과정에서 과거와 현재의 대화 및 지평의 융합을 통해 가치가 더 견고해진다는 증거가 될 수 있다. 나아가 『오디세이아』는 주체적이고 개인주의적인 인간상을 그려낸 후대의 모든 세계문학 텍스트보다 더 가치가 있다. 그 이유는 첫째, 개성과 주관성의 역사를 기독교문화 이전 시대로까지 확장함으로써 서구의 문화적 전통이 기독교 시대 이전에 기원을 두고 있다는 증표가 되기 때문이다. 두 번째로 『오디세이아』에서 수행되는 인간의 자기성찰은 근동의 우상숭배 중의 하나였다가 우연하게 세계종교로 부상한 기독교의 인간이해나 기독교적 세계관과는 차원이 완전히 다른 가치를 가지고 있기 때문이다.

결론적으로 보자면 역사를 내러티브로 보는 퀴퍼의 역사이론에서 고전성은 객관적인 것이다. 하지만 이러한 고전적 표징은 본질적으로 우연성이 특징인 역사에서 만들어진 것이지, 텍스트 내적 특징이나 텍스트의 복잡성에서 비롯된 것이 아니다. 다른 역사를 가진 다른 세계에서라면 서구의 고전작가들은 결코 고전작가가 될 수 없었을지도 모른다. 하지만 서구세계에서는 어느 누구도 아닌 이들이 고전작가이며, 따라서 그들은 전통을 연관 짓는 고리로서 미래로 계승된다. 그러나 다른 한편으로 신과 세계정신이 사라진 오늘날 미래의 세계가 활짝 열려 있다고 가정한다면, 현재의 고전작가가 미래의 세대에게도 고전작가로 남을 것이라고 자신하기 힘들다. 아무리 기념비적 정전이라고 해도 역사가 "혜택을 덜 받은 종족"의 해방을 위한 과정으로 진행된다면 페미니즘문학이나 소수민족문학 같은 고물상적 관점의 문학과 함께 정전수정의 격랑이 몰아칠 수 있을 것이다. 또한 서구역사에서 단 한 번도 성공한 적이 없지만 비판적 역사관과 더불어 전통의 파괴가 철두철미 수행되는 문화혁명을 가정한다면 고전작가들이 더 이상 대답이 되지 못하는 역사를 전혀 상상할 수 없는 것은 아니다.

1990년대 이후 방법론논쟁과 문화투쟁으로서 정전논쟁의 열기는 점차 냉각된 대신, 보편적인 문화와 학문문화 그리고 정전형성 간의 관계를 이론적·역사적으로 규명하는 정신과학의 "문화적 전환"이 대세가 되었다. 이러한 문화학적 연구에서는 문학사와 문화사를 긴밀하게 연관된 것으로 본다. 또한 민족의 정체성은 기억문화가 결정적으로 관여한 상상적 가정으로 전제된다. 민족문학정전이라는 문화적 기억에 관심을 가지게 된 것도 이 때문이다. 또한 민족의 정체성형성을 위한 도구 중의 하나였던 문학사의 정전형성기능에 주목하게 되었거니와, 역사서술이론에서 착안한 퀴퍼의 정전형성모델도 넓게 보면 고전과 정전 문제를 기능주의 관점에서 바라본 것이다.

그런데 전통적 정전이 격렬한 공격을 받던 시기에도 공격 대상이 된 많은 문학텍스트를 그대로 정전으로 답습한 독일문학사는 중단 없이 저술되었다. 이러한 현상은 분명한 실제적 욕구에 대해 이론적으로 유보적인 입장을 맞세웠다는 점에서 아주 모순적으로 보이는 만큼 주목할 만하다. 똑같은 정전을 고수함으로써 문학사가들은 현상유지에 급급하다는 비판을 받았다. 그래서 이에 대한 대응논리를 제시해야 했는데, 퀴퍼의 경우 오늘날에는 오히려 고급문화에 대한 요구가 더 커졌다는 이유를 내세운다. 그는 철학자 요하임 리터Joachim Ritter와 헤르만 뤼베Hermann Lübbe

의 보상으로서의 고급문화라는 테제를 근거로 든다. 리터는 인간이 인간보다 더 큰 힘을 가졌던 자연과 옛날의 사회적 구속으로부터 해방되었지만 사회와의 관계에서는 더 소외되고 약화되었기 때문에 만일 주관적 내면성을 매개로 역사적 실체로서의 존재감을 실천할 수 없다면 이러한 해방은 부정적이고 추상적일 뿐이라는 테제를 내놓은 바 있다. 이러한 의미에서 정신과학의 육성과 향유 및 예술과 인간 본성의 미학화는 역사의 상실과 생활세계의 탈마법화가 특징인 현대사회에서 보상의 기능을 한다는 것이다. 쾨퍼는 이러한 보상이론을 바탕으로 기존 전통의 붕괴로 정의할 수 있는 근대화는 붕괴속도에 비례하여 전통의 현재화에 대한 욕구를 낳는다고 진단한다(Küpper 1997, 47). 퀴퍼의 전통과 고전에 대한 이러한 테제는 오래된 고전텍스트일수록 더욱 가치가 있다는 믿음으로 발전되어 있다. 그러나 만일 고전텍스트가 시대를 뛰어넘어 영향을 미치는 것이라면 더 먼 과거의 텍스트를 끌어들일수록 역사가 일관적이고 필연적으로 진행된다는 환영을 제공할 수 있다. 또한 그러한 고전텍스트는 오늘날의 인간도 미래로 변함없이 계속되는 수미일관된 전통에 종속된 수동적 존재에 불과하다는 의식을 매개할 수도 있다. 그렇다면 결국 퀴퍼의 정전모델은 다른 세계의 다른 고전작가의 존재가능성과 인간과 현존 역사의 유연성과 유한성을 잊게 만든다는 비판에서 자유로울 수 없을 것이다.

03
"보이지 않는 손"의 현상

정전형성과정에 대한 역사적 연구와 정전모델에 대한 연구에서는 제도적인 요소 및 그 밖의 전후 사정이나 사회적 맥락과 관련된 요소를 결정적인 것으로 간주한다는 점에서 공통적이다. 정전연구에는 아직 충분할 만큼의 성과가 누적되진 않았지만 이와는 정반대의 관점도 존재한다. 일반적으로 어떤 문학텍스트를 성공작 또는 실패작이라고 평가하기도 하고 정전화된 작품이 그렇지 못한 작품보다 훌륭하다고 단정하기도 한다. 대개의 문학사적 연구와 문학사서술은 이와 비슷한 논증과 절차를 통해서 이루어진다. 1970년대 이후 문학사에서는 텍스트와 문학사조 그리고 장르 등을 위계질서나 우열관계로 평가하는 것을 자제한다는 취지에서 "대작大作", "민족문학의 전성기", "가장 시적인 장르" 같은 명시적 표현도 많이 사라지고, 맥락상 필요하다면 정전화되지 않은 작가들에게도 가급적 지면이 할애되는 경향이 있다. 하지만 겉으로 분명하게 드러내지는 않아도 대부분의 정전화된 텍스트는 여전히 미적인 질의 표징처럼 다루어진다. 그러나 어떤 텍스트가 이미 정전화되어 있기 때문에 그 텍스트의 미적 질에 관심을 갖고 이를 통해 재차 이 텍스트의 정전성을 정당화하는 것일 뿐, 정전화된 텍스트와 정전화의 가치가 있는 텍스트의 공통적인 미적 특징이 무엇인지 귀납적으로 추출해내기는 쉽지 않다. 그럼에도 분명한 것은 정전화된 개별 텍스트의 미적 특성은 자명한 것처럼 널리 알려져 있고, 문학의 미적 특성과 관련된 지식은 대개 콘텍스트적 요소가 아니라 텍스트의 특징과 관련되어 있다는 것이다. 이 경우 정전은 어떤 사회나 문화가 관심을 가지고 전승시킨 텍스트의 집합이 아니라 텍스트의 미적 특질이 두드러지는 가장 훌륭한 텍스트들의 집합으로 이해할 수 있다. 하지만 이런 식의 정전이해는 아직까지 납득할 만한 연구결과가 없기 때문에 공식적으로 인정받기에는 무리가 있다.

복잡한 정전현상을 체계화하려는 연구입장에서 볼 때 이러한 미학적 접근은 고급문학의 순혈주의 전통과 접목되어 있는 것으로, 문화학적으로 보면 협소한 문학주의에 불과하다. 더욱이 정전화되지 않은 텍스트는 부지불식간에 폄훼된다. 또한 문예학자들이 문학텍스트를 평가, 선별, 분류하는 자신의 과제와 능력을 침소봉대하면서 문학텍스트의 감정사나 재판관이라는 시대착오적 역할에 집착한다는 비판도 받는다. 반면 텍스트의 질과 특성을 강조하는 연구자들은 공식화된 정전모델 연구자들의 텍스트에 대한 무관심을 지적하며 텍스트가 어떤 특성을 가졌던 간에 모든 텍스트가 권력의 유희에 속수무책일 수밖에 없는 것인지 반박한다. 어떤 텍스트가 정전의 위계질서에서 어떤 자리를 차지하는지는 여러 복잡한 요인에 의해 결정되지만 오직 텍스트의 속성과는 아무 관계가 없다는 식의 주장은 사실 극단적일 수 있다. 정전을 선택적인 역사서술의 결과라고 보는 역사이론적 모델에서도 정전텍스트를 구성하는 문학적 요소들의 특성이나 특징은 관찰의 대상이 되지 않는다. 텍스트의 구조와 응집력은 작가의 주관적의 발로로 볼 수 있지만, 대부분의 작가들이 전통적인 정전텍스트의 내적 요소들을 매개하거나 자신의 진술의도에 맞게 개성적으로 수용하는 엄연한 현실적 차원과 문학생산의 작동방식이 고려되지 않는 것이다. 정전은 문학을 작동시키는 하나의 체계이거니와, 문학담론의 원재료인 정전이 훗날의 문학텍스트를 규정하고 제한한다는 점을 전제한다면 정전은 분명한 내적 구조를 통해 정전으로 인정될 수 있다는 것도 부정하기 어렵다(Hermann 2007, 31). 정전뿐만 아니라 다른 많은 문학텍스트도 체계로서의 문학전통이라는 틀에서 발생되는 것이지 완전히 임의적으로 생산되는 것이 아니다. 따라서 정전형성모델에 대한 연구에서도 문학담론을 수행하는 원동력인 정전의 내적 구조를 고려해야 한다는 것이다.

그렇다면 어느 한쪽의 관점을 배타적으로 선택하는 대신 상호배치되는 두 입장을 함께 결합할 수 있는 가능성을 타진하는 것이 바람직한 정전모델일 터인데, 이러한 면에서 가장 주목받는 모델은 시모네 빙코 Simone Winko가 제시한 바 있다. 빙코는 스승인 하이데브란트와 함께 쓴 『문학의 가치평가 입문』(1996)을 토대로 삼아 도대체 정전텍스트에서는 어떠한 텍스트 내적 특성이 문제시되는지 세밀하게 검토하면서 새로운 정전모델을 제안하고 있다.

빙코는 「"보이지 않는 손"의 현상으로서 정전」이라는 논문(Winko 2002)에서 루디 켈러Rudi Keller가 언어학에 차용한 경제학자 애덤 스미스의 "보이지 않는 손"이라는 비유를 이용한다. 『국부론』에서 보이지 않는 손은 자유경쟁시장에서 생산자와 소비자 간의 자원배분의 효율성과 시장의 자기조절을 설명하기 위한 개념이다. 켈러는 애덤 스미스의 개념을

『언어의 변화: 언어에서의 보이지 않는 손에 대하여』(Keller 2003)라는 저서에서 그때마다 통용되는 언어사용의 규범은 보이지 않는 손의 작용에 의해 생기고 변화한다는 것을 증명하기 위해 도입한다. 켈러에 의할 때 언어는 제3의 질서 현상이다. 개인적 차원에서 언어행위는 발화의 목표를 갖춘 상태에서 특정한 조건에 의해 선택되는데, 결과적으로 비슷한 의도를 가진 여러 발화자들은 특정한 언어형태를 자주 사용한다. 그렇지만 이러한 언어사용은 그 자체로는 아무런 목적도 없는 더 포괄적인 자연규칙에 따른다. 미리 그렇게 사용하도록 지시되어 있는 것이 아니라 그때마다의 현재에 대응하여 사용된다는 것이다. 켈러는 이러한 주장과 함께 "자연언어는 제3의 현상이다. 그래서 언어를 제3의 현상으로 관찰하는 것은 언어의 영원한 변화에 합당한 언어개념을 만들어낸다."(Keller 2003, 85)라는 테제를 제시하고 있다. 켈러가 자신의 책 4장에서 직접 예로 든 제3의 현상의 기본적인 특징을 살펴보자. 풀밭에 원래는 없던 길이 사람들이 자주 다니게 됨으로써 새로 생기는 경우가 있다. 이것은 많은 개인들이 풀밭의 특정 장소를 지름길로 이용한 행위의 결과로서, 말하자면 하나의 집단적인 현상이다. 그런데 이러한 현상을 유발하는 행위는 특정한 동형성을 가지고 있다. 풀밭을 지나가는 사람들은 가능한 한 짧은 구간을 이용하려면 이 길을 선택해야 한다는 원리에 따라 행동하는 것이다. 이 동형성은 그 자체로 보면 사소한 것일 수도 있다. 하지만 계속 반복됨으로써 원래부터 의도된 것은 아니었지만 분명한 원인이 작용한 특정한 결과를 초래한다(Keller 2003, 90). 풀밭에 새로 생긴 길이라는 예에서 볼 수 있듯이 제3의 현상은 언제나 의도를 가지고 이러한 현상의 출현에 관여한 개인 및 그들의 행위(미시영역)와 이 행위가 원인이 되어 결과로 나타난 구조, 즉 새로 난 길(거시영역)로 구성되어 있다. 그래서 제3의 현상은 부분적으로나마 비슷한 의도를 가진 개인적 행위들이 원인이 된 결과로 정의된다(Keller 2003, 92). 특정 결과를 예측하지 못한 상태에서 보이지 않는 손에 이끌린 사람들에 의해 만들어진 현상인 것이다. 제3의 현상의 또 다른 예로 자동차의 정체를 들 수 있다. 운전자들은 도로가 막히게 하려고 속도를 줄이는 것이 아니다. 하지만 뒤따르는 운전자들은 안전상의 이유에서 더 강하게 브레이크를 밟으며 결국 어떤 자동차는 완전히 멈춰서야만 하는 결과가 생긴다. 이때 처음 브레이크를 밟은 운전자를 포함하여 어느 누구도 정체를 계획적으로 유발한 것은 아니지만 결과적으로 정체가 발생한다. 이러한 현상은 자연현상도 아니고 예술품과 같이 인간이 만들어낸 것도 아닌 제3의 현상이다.

빙코는 켈러가 언어와 언어변화를 개인들의 사회적 행위와 사회적 제도의 인과관계로 보는 방법론과 이러한 절차에서 사용된 미시차원과 거시차원이라는 전문용어를 병렬적으로 문학정전현상의 규명에 이용한다. 우선 빙코는 공식화된 정전모델연구에서처럼 하나의 문학텍스트가 대작으로 전승되는 이유를 일차원적으로 도식화하는 것은 불충분하며 대작을 만드는 데 관여한 심급도 많은 경우 중요도에서 서로 큰 차이가 있다고 본다(Winko 2002, 11). 더욱이 이러한 심급들 간의 상호작용이 매우 복잡하다는 것은 개개 텍스트나 작가의 정전화에 대한 많은 역사적 정전연구에서도 밝혀진 바 있다. 문학정전은 단순히 만들어진 것도 아니고 그렇다고 자연적인 현상도 아니다. 그렇다면 도대체 문학정전은 어떻게 생기는 현상일까? 이 지점에서 빙코는 문학정전이라는 사회적·문화적 현상을 행위의 목적을 염두에 두지 않은 채 수많은 사람들이 관여한 과정으로 설명하기 위해 보이지 않는 손이라는 비유를 수용한다. 어느 누구도 어떤 목적을 가지고 바로 이런 식으로 문학정전을 만든 것은 아니지만 그럼에도 불구하고 많은 사람들이 문학정전의 형성에 의도적으로 관여한 것도 부정할 수 없다. 따라서 문학정전도 우연하지만 자의적이지는 않은 두 가지 차원의 현상으로 볼 수 있다. 정전은 정전을 형성하려는 것과는 다른 목적을 가진 수많은 개별 인간들의 행위(미시차원)의 결과이자, 정전형성의 일반적 전제를 이용하여 정전이라는 것이 성립되게 한 과정(거시차원)을 작동시킨 행위의 결과이다. 이러한 가정은 정전보호의 심급도 존재하고 정전이 우연의 산물이 아니라 일정한 목적을 지닌 조치에 의해 강화되고 촉진된다는 사실과도 모순되지 않는다.

1. 미시차원

먼저 빙코는 개인들의 개별 행위와 동기라는 미시차원을 기술하기에 앞서 모든 정전형성의 일반적인 전제를 두 가지로 압축한다. 하나는 어떤 사람도 모든 문학텍스트를 다 읽을 수 없다는 것이고 다른 하나는 인간은 의미가 있는 행위를 지향한다는 것이다. 첫 번째 전제는 수많은 텍스트 중에서 일부만 선택될 수밖에 없는 필연성으로 이어진다. 두 번째 전제는 어떤 것을 임의적으로 선택하는 것이 아니라 특정한 선택의 기준을 세운다는 것을 의미한다. 이러한 기준은 개별적인 욕구나 취향에 따른 것일 수도 있고, 정치적으로나 도덕적으로 보편타당성이 있다는 이유에서 선택된 대상을 중요하게 생각하는 특정한 관점 때문에 생길 수도 있다. 그렇다고 처음부터 이러한 특수한 기준이나 이 기준의 세력범위로 인해 정전이 형성되는 것은 아니다. 이러한 기준들이 이용됨으로써 자의적으로 보이는 행동이 의미 있는 선택이 되어감에 따라 정전이 형성될 수 있는 토대가 마련된다. 이 두 가지 전제는 결과적으로 보이지 않는 손의 현상과 관련된 법칙을 인과적으로 해명하는 기능을 수행한다.

그렇다면 정전의 형성과 유지에 기여하는 미시차원에서 개인적 행위란 구체적으로 무엇을 일컫는 것일까? 우선 이러한 개인적 행위에는 명시적으로나 함축적으로 늘 가치평가의 동기가 내포되어 있으며, 문학에 대한 가치평가행위가 정전형성에 중요하다는 일반적인 가정이 전제되어야 한다. 정전형성에 중요한 행위는 언제나 선택과 판단인데, 이러한 행위의 목표는 큰 차이가 있다. 몇몇 예를 들어보자. 어떤 작가가 카프카의 문체에 관심을 갖거나 동시대의 현실을 카프카 텍스트 고유의 문제적 상황에서 유추하는 것도 하나의 가치평가행위이다. 문학사의 저자가 독일어권 문학의 발전과정에서 중요하다고 생각되는 작품들을 선별하거나 괴테의 『빌헬름 마이스터의 수업시대』를 교양소설로 정의하며 세계문학에 기여한 독일문학의 최고봉으로 자리매김하는 것도 마찬가지이다. 또한 얼마 전에 작고한 "문학의 교황" 마르셀 라이히-라니츠키Marcel Reich-Ranicki가 체트데에프 방송의 〈문학 사중주〉라는 서평프로그램에서 신간 비평을 주도한 것, 『슈피겔』의 표지에 그가 귄터 그라스의 신간소설 『광야』를 말 그대로 찢어발기는 사진이 실린 것도 아주 대표적인 가치평가행위이다. 이후 귄터 그라스와 라이히-라니츠키가 아주 적대적인 관계가 되었으며, 마르틴 발저Martin Walser가 라이히-라니츠키를 자신의 소설 『어느 비평가의 죽음』에서 노골적으로 풍자한 것도 이러한 가치평가로 인해 벌어진 아주 흥미진진한 일화이다. 나아가 어떤 교사가 독일어수업에서 계몽주의문학의 특색을 가장 잘 드러내는 작품으로 레싱의 『에밀리아 갈로티』를 선택하는 것, 대학교수가 다음 강의에서 다룰 작품을 선택하거나 특정한 시각에서 특정 작품에 대해 논문을 쓰는 것,

심지어는 현대독문학 전공의 대학생이 다음 학기에 수강할 과목을 정하는 것도 가치평가행위와 관련된 것이다. 중앙지의 문예란 편집자가 특정 작가의 특집을 꾸미는 것, 하다못해 어떤 독자가 오래전에 작고한 작가의 마지막 소설을 사면서도 유명한 생존 작가의 신간을 사지 않는 것도 마찬가지이다. 오늘날의 세계에서는 문학작품이 영화화된 이후 정전으로 부상하는 경우도 드물지 않다.

많은 차이에도 불구하고 정전형성에 크고 작은 영향을 끼치는 이러한 행위들은 미시적 관점에서 연구될 수 있는 규범적 동인을 가지고 있는데, 예로 든 많은 경우에서 규범적 동인의 하나는 행위자 모두가 가치평가를 한다는 것이다.[4] 가치평가는 일반적으로 어떤 주체가 하나의 대상에 긍정적일 수도 부정적일 수도 있는 특성을 부여하는 것을 의미한다. 어떤 대상은 그 자체로서 가치가 있거나 없는 것이 아니라, 특정한 가치의 척도와 얼마나 일치하는가에 따라 특성을 부여받을 수 있다. 문학에서 가치평가의 대상은 문학텍스트에 그치지 않는다. 문학장르와 저자, 한 시대의 문학적 생활의 환경이나 작가의 행동방식 등도 가치평가의 대상이 될 수 있다. 또한 가치평가의 중심이 텍스트라면 텍스트 전체가 대상이 되겠지만, 텍스트의 형식적·언어적 특징 같은 개별 요소도 별도의 가치평가대상이 될 수 있다.

빙코는 또한 문학텍스트를 평가하는 두 가지 유형을 제시하는데, 위에서 든 예에서 알 수 있듯이 하나는 언어로 표현하는 평가이며, 다른 하나는 비언어적으로 수행되는 평가이다. 언어적 평가에서는 텍스트의 의미

---

4 또 다른 공통점은 이러한 행위를 수행하는 주체가 이것을 특정한 역할 속에서 한다는 것인데, 이것은 거시적 차원에서 다루어질 대상이다.

와 내용을 명시적으로 평가하기도 하고 부차적으로 언급하면서 함축적으로 판단하기도 한다. 어떤 텍스트를 다른 텍스트보다 선호하는 선택행위는 특정한 동기에서 유발된 가치평가라고 할 수 있는데, 이러한 비언어적 가치평가에서는 가치척도가 행위의 동기로 작용한다. 이러한 두 가지 유형의 가치평가는 모두 정전형성에서 중요한 역할을 한다. 구체적으로 보자면 특정한 텍스트를 읽고 출판하고 중재하는 것이 비언어적 가치평가인데, 이러한 비언어적 가치평가는 또한 텍스트를 읽고 출판하고 중재하게 만든다. 언어적 가치평가는 이러한 일련의 행위에 논거를 제공한다. 따라서 가치평가행위에도 정전형성의 두 가지 전제, 즉 선택의 필연성과 비자의적 선택의 동기가 자리 잡고 있다(Winko 2002, 14).

지금까지 논의는 미시차원에서 수행되는 여러 행위를 관찰자의 시점에서 본 것이다. 그런데 참여자의 입장에서는 어떤 다른 것이 문제시될 수 있다. 우선 눈에 띄는 것은 위에서 예로 든 행위자들이 서로 다른 목표를 추구한다는 것이다. 카프카를 이용하는 동시대 작가는 자신의 작품이념을 문학적으로 훌륭하게 형상화하려는 목표가 있다. 교사의 행위는 학생들에게 고전작가를 가르치려는 목적에서, 교수는 대학생들에게 적당한 예를 통해 문학사적 지식을 전달하려는 목적에서 비롯된다. 비평가의 목표는 문학에 관심 있는 사람들에게 문학작품의 질적 수준을 평가하고 소개하는 것이다. 그런데 이렇게 상이한 목표를 추종하는 행위자들은 그들 자신의 가치평가가 더 큰 구속력을 가져야 한다는 요구를 내세울 수 있다. 이러한 구속력의 범위는 가장 영향력이 큰 문학사의 가치판단으로부터 아주 사소해 보이는 개인의 구매결정에 이르기까지 스펙트럼이 아주 넓고 다양하다.

다른 한편으로 대부분의 행위에서는 가장 훌륭한 것, 가장 긴장감 넘치는 것, 가장 중요한 것, 미적으로 가장 아름다운 것을 골랐거나 중재한다는 확신 및 개인적 관심이나 선호도가 함께 작용한다. 그러나 행위자의 개인적 선호나 확신은 전후 맥락 없이 느닷없이 생긴 것이 아니라 알게 모르게 훌륭한 문학이란 무엇인가에 대한 기존의 지식을 수용함으로써 생긴 것이다. 또한 훌륭한 문학에 대한 기준 자체도 보편적 공감을 불러일으키는 면이 아주 없는 것은 아니지만 그럼에도 늘 근거를 확정하기가 어려운 난제이다. 따라서 행위자의 확신도 해당 텍스트가 이루어낸 어떤 업적이나 그 텍스트에 내재된 특정한 특성을 근거로 증명되지 않으면 안 된다(Winko 2002, 15). 따라서 행위자의 행동 목표와 의도를 이해하기 위한 차원에서도 이미 서로 대립적인 정전모델, 즉 정전텍스트가 전승되는 이유를 콘텍스트적인 기준으로 환원하는 공식적 정전모델과 텍스트 자체의 특성에서 끌어내려는 비공식적 정전모델이 모두 필요한바, 두 모델이 상호보완될 때 보다 온전한 정전모델이 제시될 수 있다.

2. 거시차원

미시차원의 행위들은 최종 목적지가 정전형성인 역동적 과정에 영향을 끼친다. 이러한 과정에서 정전형성에 기여하는 조건을 살펴볼 수 있는데, 하나는 개별 행위들이 문학체계로 피드백되는 것이고 다른 하나는 가치평가가 축적되는 것이다(Winko 2002, 15).

먼저 첫 번째 조건을 설명하기 위해 앞서 예로 된 행위들을 다시 살펴보자. 이 행위에서는 행위자의 원래 의도를 벗어나는 측면을 찾아볼 수 있다. 이 행위들은 개인적 목적이나 의도에 머무르지 않고 각각 문학의 창작, 교육, 연구, 학습, 비평처럼 서로 다른 역할과 기능을 가진 문학의 세부영역을 형성한다. 따라서 모든 행위자들은 상이한 영역으로 구성된 문학이라는 체계에서 서로 다른 기능을 행한다(Scholz 1987, 56ff; Schmidt/Vorderer 1995, 144ff. 참조). 그들의 모든 행위는 순수하게 사적 차원에 그치지 않고 언제나 특정한 경로를 거쳐 문학체계와 다시 연관된다. 이러한 경로는 다양하다. 작가의 경우 작품의 판매라는 경제적 경로를 통해, 문학비평과 문예학은 공론장의 의사소통을 통해, 대학의 문학교육은 구체적인 교육대상에 대한 통계, 즉 작품, 작가, 장르, 시대사조가 선호되는 지표를 통해 문학체계로 피드백된다. 행위의 중심에 개별적이고 독자적인 의도가 있다고 하더라도 행위자의 최종목표는 언제나 특정한 역할을 따른다. 김나지움교사, 대학교수, 출판업자, 서적상, 비평가는 자신이 속한 영역에서 정해진 원칙에 따라 문학의 가치를 평가하기 때문이다. 행위자의 목표뿐만 아니라 행위자의 가치평가기준도 결국은 역할에 의해 규정된다. 뒤집어 바라볼 수도 있다. 각각의 문학사 저자는 개인적 취향이나 선호에 따라 작품을 선택하거나 판정할 수 있다. 하지만 그들이 눈에 띌 정도로 개인적 편애를 드러내거나, 행위자마다 다르기 때문에 보편적 구속력이 없는 미적 만족을 선택의 기준으로 삼을 때에도 그 결과는 전혀 주관적인 것이 아니다. 사적인 편애가 제도 속에서 제도의 이름으로 수행되는 행위로 용인되면 더 이상 사적인 것이 아니다(Winko 2002, 16).

문학체계로 피드백되는 과정에서 행위자로서 독자의 역할도 무시할 수 없다. 독자가 다른 텍스트 대신 하필 어떤 특정 텍스트를 읽기로 결정하는 것이야말로 가장 주관적인 선택이다. 여기서 가치평가의 개인적 요소와 집단적 요소라는 개념을 통해 문학체계에서 독자의 역할이 해명될 수 있는데, 그것은 개별적인 가치평가가 문학체계에 피드백되는 과정에서 개인적이고 주관적인 요소와 집단적 요소가 함께 작용하기 때문이다. 실제로 가치평가과정에서는 집단적 요소가 개인적 요소에 영향을 미치며, 반대로 개인적 요소가 집단적 요소에 영향을 미친다(Winko 2002, 16). 그러나 개인적·집단적 가치평가행위가 온갖 방향으로 무질서하게 확산되는 것이 아니라 어느 정도까지는 서로를 구속하며 응집되기 때문에 정전이 형성되고 유지될 수 있다. 이러한 응집력은 특히 여러 집단적 요소들이 개별 행위의 주관적 공간을 제한하는 경우에 더 강해진다.

다음으로 거시차원에서 정전형성에 기여하는 두 번째 조건, 즉 가치평가가 축적되는 문제를 살펴보자. 가치평가가 축적되는 현상은 지금까지 개괄적으로 설명한 메커니즘과 긴밀한 관계가 있는데, 양적 측면과 질적 측면으로 나누어볼 수 있다. 양적 측면은 가치평가가 같은 방향으로 수행되고 여기에서도 의견의 일치를 찾음으로써 정전형성의 토대가 조성되는 광범위한 경향을 말한다. 개인의 평가와 선택행위는 통상 정전이라는 결과가 만들어질 때 최소한의 의미밖에 지니지 못하며, 광범위한 대중의 의견일치가 있어야만 정전이 형성된다. 질적 측면은 개별적 판정과 가치평가도 그 중요도에서는 서로 현격한 차이가 있다는 것을 의미한다. 어떤 문학제도에서 평가되는지, 어떤 매체에서 가치평가가 중재되는지, 가치평가행위자의 지위가 얼마나 높은지 등이 다른 요소보다 더 결정적으로 작용할 수 있다. 따라서 질적인 측면에서도 개별 행위자의 권력과 영향력이 과소평가되어서는 안 된다. 그럼에도 전체적으로 보자면 문학체계에서 대부분의 행위는 개별적인 판정이나 개별적 선택행위보다는 광범위한 경향에 의해 좌우된다. 대학의 문학사가 대표적이다. 19세기 중반에 본격화된 독일 대학 독문학의 민족문학사서술은 민족고전과 독일문학 정전형성의 초석이 되었고, 오늘날까지 이러한 문학정전이 지속되게 만드는 결정적인 역할을 하고 있다.

3. 성과와 한계

역사적으로 정전이 형성되거나 정전에서 배제되는 방식을 해명하기 위해서는 가능한 한 다양한 착안점의 도움을 받아 종합적으로 판단해야 한다. 다양한 방식의 해명이 조합된다면 논증의 포괄성과 포용성이 높아지기 때문이다. 반대로 정전형성을 일방적인 접근 방식과 논리로 설명하는 것은 설득력이 떨어진다. 예를 들어 어떤 인종의 특성에 대해 인종차별주의적인 편견을 가진 문학비평가에게 이 인종의 문학텍스트가 정전에서 배제된 것에 대한 책임을 묻는다면, 그것은 전체적 표상이 아니라 부분적 관점을 해명하는 것에 불과하다. 그러한 인종차별주의를 확인하고 비판하는 것은 문예학의 중요한 과제 중의 하나지만, 복잡한 현상을 단일한 원인으로 환원하는 것은 나무만 보고 숲을 모르는 것과 같다.

빙코의 정전모델은 스스로 밝히고 있듯이 "목적과 관련된 설명과 인과적인 설명"(Winko 2002, 11)을 통해 마치 블랙박스 같은 정전현상을 체계화하려 한다는 점에 강점이 있다. 지금까지 설명을 종합해서 보충하자면 인과적인 설명이란 정전에 포함되는 현상을 그 원인으로 작용한 특정한 권력집단과 구조적 조건과 텍스트의 특성으로 소급하는 것을 의미한다. 여기서 빙코는 이러한 여러 가지 원인 중에서 정치적 조건, 경제적 조건, 사회의 상징적인 질서 같은 정전형성의 콘텍스트적인 요인이 일방적으로 더 많은 관심과 주목을 받았고, 이에 못지않게 중요한 요인 중의 하나인 텍스트의 특성에 대한 연구는 소홀했었다고 비판한다. 텍스트를 내용과 형식으로 구별해볼 수 있는 이상, 정전화된 텍스트의 내용도 내용이려니와 형식적 공통점이 무엇인지 찾아내려는 노력을 통해 정전모델의 맹점을 극복해야 한다는 것이다. 또한 대부분의 정전모델에서는 정전화된 텍스트의 특징은 복잡성이며, 선행한 문학 개념의 기준에 부합하는 특성을 갖고 있다는 테제가 제시되지만, 이렇게 매우 포괄적이고 일반적인 테제는 정전텍스트의 자체연관성·복잡성·개방성의 측면에서 더욱 세분화된 연구를 통해 보완되어야 한다(Winko 2002, 21f.). 빙코에 의하면 정전현상을 모델화하는 목적은 모든 대상에 적용할 수 있는 미적 기준을 찾고 이러한 기준의 보편타당성을 성찰하는 것이다. 이러한 성찰은 물론 주관적이고 직관적인 수준을 넘어서야 한다(Winko 2002, 22). 이런 이유에서 빙코는 복잡성·자체연관성·개방성이 어떤 텍스트가 정전화되기 위한 미적 가치인지 역사적 연구를 통해 보완해야 할 필요성을 언급한 것이고, 이러한 구체적 가치들은 공시적 정전논의에서도 필히 고려되어야 한다고 역설한다. 그런 한에서 빙코가 제안한 가치기준은 매우 실용적으로 보이지만 역사적 정전연구의 입장에서는 다시 빙코를 반박할 수 있다. 이러한 가치들은 서로 상이한 가치들을 바탕으로 실현된 역사상의 다양한 정전들의 구조를 밝혀내야 하는 정전모델의 토대로 이용될 수 없다는 것이다. 텍스트의 가치와 텍스트를 선택하는 기준도 역사적으로 변화하며, 상이한 역사적 단계마다 또는 문학체계의 각 부분영역마다 이러한 기준을 활용하는 방식도 다르기 때문에 텍스트 내적인 몇 가지 가치가 기준이 된 단수의 정전은 인정할 수 없다는 것이 역사적 정전연구의 확고부동한 입장이다. 또한 19세기 독일민족문학사에서 내세운 독일의 고전주의라는 하나의 정전에 대해서도 이러한 가치들을 완전하게 적용하기는 어렵다(Hermann 2007, 32). 역사적 정전연구의 입장에서 볼 때 독일 고전주의의 정전화는 일차적으로 독일 시민계급의 정치적 불만과 지체된 정치적 발전을 문화적 차원에서 보상받으려는 문화정치적 프로그램의 산물에 불과하기 때문이다.

빙코의 목적과 관련된 설명방식은 정전화과정의 목표나 최종적인 결과와 관련된 것이다. 너무도 익숙해진 정전연구의 기본 입장이지만, 어떤 텍스트를 가치 있는 것으로 여기는 것은 특정 계층, 집단, 그룹이 이를 통해 정체성을 추구하기 때문이다. 정전은 어떤 집단의 정체성형성에 기여할 뿐만 아니라 다른 그룹과 경계를 설정하고 이 경계를 정당화하는 데에도 이용된다. 또한 정전은 문학체계의 행위자들을 서로 이어주는 척도로 이용되기도 한다(Heydebrand 1993, 29). 통시적 차원에서 보면 작가들이 정전에 관심을 갖는 것은 확고한 지위를 가진 텍스트를 모방하거나 그 텍스트를 개혁하는 방식으로 경계를 짓기 위해서이다. 독자에게 정전은 독서대상을 선택과 수용을 손쉽게 하는 향도向道기능을 한다. 또한 출판업자 같은 문학중재자들은 정전을 출판함으로써 문학시장을 주도할 수 있다. 비평가나 문예학자 같은 문학가공자들에게 정전은 문학에 대한 자신의 콘셉트를 증폭할 수 있는 가능성을 제공한다. 또한 자유주의적인 계몽이나 문화적 차이에 대한 존중 같은 가치도 정전을 수단으로 실현할 수 있다. 또한 정전은 다른 인간 집단에 대한, 예컨대 식민지에 대한 제국주의의, 여성에 대한 남성의, 다른 종교에 대한 기독교의 우월성의 표상과 결합될 수도 있다.

목적과 관련된 설명방식은 다양한 착안점을 제공한다. 예를 들어 사회의 변두리로 내몰린 집단이나 그룹이 어떤 이유와 어떤 방법으로 부분적으로는 그들 자신의 주변화를 고착하는 것처럼 보이는 텍스트와 동일시하는지를 파악할 때도 도움이 될 수 있다. 여성들이 성차별적 이데올로기를 담고 있는 남성작가의 텍스트를 읽거나 연구한다면, 그 텍스트와 그 텍스트의 가치가 제공하는 다른 특성들이 문화적인 이득을 제공하기 때문이라고 가정할 수 있다. 경우에 따라서는 그 텍스트의 문학적인 복잡성과 그것의 결과인 지적 자극으로부터 정체성형성의 동인을 찾을 수도 있을 것이다. 아니면 텍스트에서 다루어지는 사회적 문제와 동일시할 수도 있을 것이고, 대화 주제로서 그 텍스트의 가치 및 사회에서 인정하는 그 텍스트의 특권과 자신을 동일시하고 싶을지도 모른다. 단적으로 말하자면 텍스트는 남녀를 막론하고 관여하고 싶은 상징적 자본으로서 위상을 지닐 수 있다(Schmidt 2007, 17). 특히 상징적 자본으로서 정전텍스트는 다양한 차원과 여러 측면에서 정체성형성의 수단으로 이용된다는 점에서 생명력이 길다. 하나의 정전텍스트가 동시발생적이고 모순적으로 수용된다는 것을 감안하면 정전텍스트는 항구적으로 유효한 가치가 있어서가 아니라, 개인이나 사회 집단의 필요에 부응하는 여러 가지 가치를 내포하고 있기 때문에 정전으로 인정받는 셈이다. 또한 정전들은 서로 다른 입장에 기초한 논리를 통해 구성되며, 특히 민주주의사회에서는 새로운 논리들이 언제라도 토론공동체의 합의를 통해 합법화될 가능성이 있다. 특정한 공동체 안에서 힘의 균형에 변화가 생기는 경우, 공동체의 새로운 참여자들은 자신의 새로운 입장을 대변하는 정전을 적극적이고 긍정적으로 가치평가할 수도 있고, 기존 정전에서 자신들의 이해관계를 대변하는 가치를 새로 부각시킬 수도 있다. 그래서 새로운 텍스트의 정전화와 이미 상징적 자본으로 정전에 포함된 기존 텍스트의 다른 측면에 대한 정전화가 점진적이고 모순적인 방식으로 서서히 이루어진다(Schmidt 2007, 17). 특히 대학에서 다루어지는 상징적 자본인 핵심정전이 쉽게 변하지 않는 이유는 이 때문이다.

비판적으로 보자면 빙코의 착안점은 보이지 않는 손의 현상이라는 모델이 무력해질 수 있는 몇 가지 전제에서 출발하고 있다. 가장 문제적인 것은 아담 스미스와 마찬가지로 특정한 기술적 조건(서적출판)과 사회문화적 조건(두터운 독자층과 문학모임이 활성화된 구조의 정착)이 공급과 수요를 조절하는 상대적으로 자유로운 (문학)시장이 존재한다고 가정된 것이다(Beilein 2010). 그러나 시장의 독재가 수요를 지배하는 신자유주의적 자본주의체제에서 문학시장이 빙코의 전제처럼 보이지 않는 손에 의해 합리적으로 조절되고 있는지는 문학사회학적으로 상세하게 규명해볼 문제이다. 또한 빙코의 모델에서는 미시차원의 개별 행위가 함께 작용하여 결과적으로 정전성을 형성한다고 전제되는데, 이러한 개별 행위가 과연 합목적적으로 구분되고 분류될 수 있는지, 또한 각각의 행위가 모두 정전형성의 기제로 정당화될 수 있는지는 아직까지 명확하게 규명되어 있지 않다(Beilein 2013, 74). 나아가 빙코가 정전모델연구에서 반드시 고려해야 한다고 강조한 텍스트의 특성이 정전화과정에 어떤 식으로 관여하는지도 해결된 문제가 아니다. 그러나 이것은 빙코의 착안점이 잘못되었다는 것을 의미하지 않는다. 이러한 여러 가지 문제는 지금까지 대부분의 정전모델에서 맹점으로 남아 있기 때문이다.

04
문화적 기억으로서 정전

문화적 기억에 대한 이론은 문화를 통시적 차원에서 상징적인 재생산과정으로 연구한다. 사회학이론에서 문화라는 주제가 대개 상호작용, 행위, 소통, 수행성, 의례 같은 개념과 더불어 공시적으로 다루어지는 것과 달리, 문화적 기억이론은 어떤 그룹의 정체성형성을 위해 존속되어야 하는 특정한 내용들이 어떠한 노력을 통해 후세에 전승되는지 규명하고자 한다. 이러한 관점에서 보면 문화는 상징들이 코드화되어 전승된 것이다. 문화는 투쟁의 대상이 되어 관철되거나 변화되거나 재구성될 뿐만 아니라 망각되기도 하는 장기간에 걸친 역동적 과정이다. 정전연구에서 미적인 질을 정전형성의 척도로 보는 관점과 교양, 경제, 국가나 민족, 정체성 등의 요소들을 정전형성의 전제로 규정하는 관점은 규범적 이론에 해당한다. 이러한 규범적 이론에서는 정전이라는 사실 자체보다는 정전이 어떠해야 하는지가 더 중요한 관심사이며, 그런 한에서는 스스로 정전형성과정에 참여한다고 볼 수 있다. 이와 반대로 문화적 기억이론은 정전형성과정을 역사적으로, 경우에 따라서는 비교하면서 서술하는 기술적 이론이다.

문화적 기억이론은 20세기 초 프랑스의 사회학자 모리스 알박스Maurice Halbwachs(1877~1945)와 독일의 예술사학자 아비 바부르크Aby Warburg(1866~1929)의 연구를 문화학적으로 발전시킨 것이다. 이들은 각각 "집단적 기억(mémoire collective)"과 "사회적 기억(soziales Gedächtnis)"이라는 개념을 도입함으로써 기억이라는 개념을 개인적이고 심리적인 차원에서 사회적·문화적 연관성으로 확장한다. 알박스는 『기억의 사회적 조건』(1925)과 『집단적 기억』(1939)에서 개인적인 기억능력은 지금까지 주목받지 못했던 사회적인 전제와 조건에 의해 유도되고 지탱된다는 테제를 통해 기존의 상식을 완전히 뒤집었다. 개인들이 매번 중요하고 의미가 있고 기억의 가치가 있다고 여겨지는 것을 선택하는 이유는 자신이 속한 그룹-예를 들자면 가정, 세대, 종교공동체, 국가-의 소통욕구 및 소통규칙과 조화를 이루기 위해서이다. 개인이 이러한 그룹의 요구와 반대로 자신만의 척도를 고집하는 것은 쉬운 일이 아니기 때문이다. 반면 반복되지 않거나 접속능력이 없는 것은 망각된다. 알박스는 기억에 대한 이러한 전제에서 집단적 기억을 개념화한다. 집단적 기억은 그룹을 위해 의미 있는 어떤 상像과 그룹의 결속을 뒷받침하는 특정한 상이 구성될 필요가 있는 그때마다의 현재로부터 개인과 그룹의 상호작용을 통해서 생겨난다.

바부르크는 예술사전통에서 집단적 기억의 역동성에 주목하는데, 예술작품과 그것의 관찰자 간에 일어나는 상호작용이 그것이다. 그리스신화의 기억의 수호신 이름을 딴 바부르크의 므네모시네프로젝트의 목표는 유럽문화에서 고대가 아주 다양하게 계승되고 있다는 것을 보여줌으로써 고대가 기억 속에 살아 있다는 이론을 전개하기 위해서였다. 바부르크에 따르면 고대는 학식이나 미적 취향을 거쳐 중재되는 것이 아니라 더 심층적인 태고의 영혼 층위 속에서 재생산된다. 기억의 파도가 시대를 가로질러 현재에 직접적 자극과 충동을 주는 것이다. 이러한 무의식적 전승형식의 핵심이 소위 정형화된 파토스이다. 고대 예술의 파토스, 즉 고대의 모범에서 볼 수 있는 동작과 표정을 통한 감정묘사가 르네상스 문화와 예술에서 거듭 확인된다는 것이다. 바부르크의 이론은 인간의 육체적 감정표현에 대한 역사적 심리학이라고 부를 수 있다. 이러한 관점에서 바부르크는 기억 속에서 살아 있는 형식과 몸짓과 상징의 상-예컨대 춤, 결투, 멜랑콜리를 표현하는 동작 등-이 다양하게 변주되어 공명되고 재생산되는 통시적 특성을 강조한다.

알박스와 바부르크의 문화적 기억이론은 문화를 오직 문자전통과 관련하여 주제화한 전통적 이론과 분명하게 대비된다. 전통적인 입장에서 문자텍스트로서의 정전연구에 이론적 토대를 제공한 대표적인 학자는 가다머이다. 전통에 대한 가다머의 이론은 문자전통의 연속성에 의지하고 있으며 특히 전통을 수용하는 측면에 관심을 두고 있다. 가다머가 결정적으로 중요한 것은 독서행위가 결코 전제 없이 이루어지는 것이 아니라 언제나 이미 전통이라는 사건에 삽입되어 있다는 통찰 때문이다. 인간과 역사는 전통으로부터 자유로울 수 없다. 서구의 대표적 전통인 고전적인 것의 개념이 가다머의 철학적 해석학의 핵심이다. 『진리와 방법』에서 고전적인 것은 규범적이고 형성적인 동인이 있기 때문에 역사적 변화과정에서 저절로 효력을 발휘하는 텍스트이며, 따라서 보존하고 장려해야 하는 텍스트를 일컫는다. 고전적인 것은 "시대 개념이나 역사적 양식 개념 이상의 어떤 것이면서 그렇다고 초역사적 가치를 가리키지는 않는다는 바로 그 지점에서 역사적 범주"(가다머 2012, 166)이다. 이러한 가다머의 해석학적 입장은 위에서 다룬 역사서술로서의 정전이론과 같은 기술적인 정전모델에 이론적 착안점을 제공한다.

최근의 연구에서 주목받는 얀 아스만과 알라이다 아스만의 문화적 기억이론은 기억, 망각, 전승 형식과 기능과 과정에 대한 집단적 기억이론의 다양한 관점을 통합한 시도로 평가된다. 얀 아스만은 주로 문자전통에 의한 전통형성을 연구한다. 『문화적 기억: 초기 고급문화에서 글, 기억, 정치적 정체성』(1992)에서 얀 아스만은 이집트와 이스라엘 그리고 그리스에서 문자문화를 통한 기억의 가공방식의 차이가 해당 민족의 정체성형성과 독자적인 문화발전의 근간으로 작용했음을 밝히고 있다(상세한 것은 고규진 2012, 38 이하). 반면 알라이다 아스만은 『기억의 공간: 문화적 기억의 형식과 변천 』(1999)에서 문자, 그림, 몸, 장소 등 다양한 기억매체를 연구의 중심으로 삼는다. 그럼에도 두 사람에게 공통적인 것은 역사적 실상과 발전의 양상 그리고 시의적 문제를 비교할 수 있는 통시적 틀을 가지고 문화가 어떤 이유와 방법과 조건하에서 정체성을 보증하는 지식을 지속 및 전승 가능하게 형식화하는지 묻는 것이다(A. Assmann 2013, 78). 이 이론의 중심개념인 문화적 기억은 역사학의 역사서술과는 다른 방식으로 과거에 이르는 통로를 시험하는 수단이다. 문화적 기억이라는 인류학적 틀에서 보면 과거는 아직 완전하게 지나간 것이 아니라 현재의 "재원財源"이자 "담보擔保"(A. Assmann 2013, 79)이다. 따라서 기억이라는 개념은 과거를 돌이켜보는 회상에 그치는 것이 아니라 현재를 합법화하는 기능 및 미래의 방향을 인정하는 형식과 연관되어 있다. 알라이다 아스만은 자신의 책 마지막 문장에서 이것을 "우리가 기억을 소홀히 한다 해도 그 기억은 우리를 놓아주지 않을 것이다."(아스만 2003, 532)라는 말로 압축하고 있다. 이러한 결론을 놓고 보면 이 이론의 구조가 매우 도식적으로 보이기도 하지만 전통이 훗날의 세대에 의해 언제나 새롭게 평가되고 변화되고 비판되어왔다는 것까지 부정하는 것은 아니다. 그럼에도 이 이론에는 인간은 미래의 토대와 전망을 제공하는 과거와 현재의 문화적 장치에 의지할 수밖에 없다는 포괄적인 가정이 전제되어 있다. 이러한 문화적 장치를 훗날의 세대에게 전승하려는 기획이 모든 문화의 핵심과제이다. 이 이론에서 문화, 기억, 정체성 같은 개념들이 밀접하게 짝을 이루는 이유도 여기에 있다. 이렇게 문화적 기억이라는 패러다임은 집단적 정체성의 구성과 민족이나 국가의 정체성정책에 대한 새로운 시야를 제공하고 있다. 하지만 이 이론이 정체성의 형성과정과 정체성정책의 배경에 대한 비판적 탐색 대신, 스스로 그러한 정체성문제에 규범적으로 참여하고 있다는 비판을 받는 것도 사실이다. 현실에 대한 거리두기 대신 자신의 입장을 연구에 포함시키고, 학문적 객관성 대신 민족이나 국가 같은 개념을 현실정치의 측면에서 긍정적인 전제로 다루고 있기 때문이다.

이제 문화적 기억 개념을 직접 정전 및 정전화의 문제와 연결해보자. 성경을 필두로 문학이나 철학의 고전은 엄격한 선택 절차를 통과하고 가치평가가 축적되면서 수백, 수천 년 동안 안정적으로 존속해 온 텍스트이다. 알라이다 아스만에 의하면 정전화는 선택, 가치, 지속을 특징으로 하는 방법론적 절차를 통해 이루어진다. 먼저 선택에서는 언제나 권력투쟁과도 연관되어 있는 어떤 결정을 전제로 한다. 다음으로 가치를 부여한다는 측면에서 정전화는 그것이 종교텍스트이건 아니면 개인이나 예술작품이건 간에 신성화를 의미한다. 마지막으로 정전은 영속적인 존속의 표상이다. 정전화된 것이 계속해서 효력을 발휘하는 것이야말로 정전화가 추구하는 목표이기 때문이다(Assmann 2013, 81). 나아가 문자문화의 초기에서부터 정전화된 텍스트는 주석이라는 메타텍스트를 만들어낸다는 것을 알 수 있는데, 이러한 텍스트는 후세의 주석작업이 계속되면서 점차 정전의 위상을 갖게 된다. 또한 이차문헌의 생산을 통해 일차문헌이라는 의미에서 고전작가의 생산적인 수용이 계속된다. 결론적으로 알라이다 아스만은 이렇게 이미 존재하는 것을 소환하여 재수용하는 것이 문화적 기억을 위한 작업으로 본다. 이러한 지속적인 보호와 토론의 결과 특정 텍스트와 그림 그리고 여타의 예술작품이 낯설지 않고 망각되지 않을 뿐만 아니라 언제나 새롭게 현재와 대면함으로써 세대를 뛰어넘는 활기를 부여받는 것이다.

나아가 알라이다 아스만이 1990년대 중반 이후 정전논쟁에 뛰어들면서 정전을 "문화적 기억기능"(A. Assmann 2001, 22)의 형식으로 모델화한 것은 정전의 기능을 검열과의 연관하에서 사회적 통합으로 보았던 예전의 입장과 달리 정전이 지니는 어떤 자체적인 동력과 내적 구조를 고려한 것이다. 어떤 사회의 기억은 순수하게 자료의 측면에서 기능하는 저장고나 기록물보관소의 내용물과는 다르다. 사회의 기억은 정체성과 안정성을 제공할 수 있는 요소의 선택을 의미한다. 기억저장고로서의 기록물보관소가 순수하게 자료를 보호하고 문화를 전승하는 장소라면, 기억기능의 한 부분인 정전은 의식적인 회상 및 의식을 끌어내는 회상을 가능하게 하고 그럼으로써 정체성형성의 토대를 만들어내는 선택의 장소이다. 정전은 입장이자 관점의 반영이고 평가되고 서열화된 것이기 때문에 정전은 "보호하는 보관소가 아니라, 내재적인 힘이자 어떤 자체동력을 가진 에너지"(A. Assmann 2001, 16)로부터 생긴다는 것이다.

05
체계로서의 정전

정전에 대한 통시적 관점에서 한편으로는 정전의 사회적이고 역사적인 관계를 서술하고 다른 한편으로는 정전의 내적 연관성과 텍스트의 특성을 반영함으로써 빙코가 지적한 바 있는 정전모델의 맹점을 극복할 수 있다면 가장 바람직한 정전모델일 것이다. 이러한 관점에서 위에서 소개한 정전모델의 한계를 지적할 수 있다. 우선 정전현상을 모든 역사서술이나 내레이션과 같은 역사편찬의 형식으로 보는 퀴퍼의 역사이론모델에서 정전은 욕구와 기대에 부응하는 이야기를 짜맞추어 자기의 역사에 의미를 부여하는 행위의 결과이다. 물론 이러한 의미는 원래부터 역사에 고유한 것은 아니다. 그래서 어떤 작품이 정전에 포함되고 포함되지 않는지는 순전한 우연의 결과가 아니라 정체성형성과 의미형성에 대한 욕구에 의해 좌우된다. 그런데 이러한 욕구는 정전형성의 토대이지만 특정한 역사적 과정에서 우연하게 생기는 것이다. 이미 살펴보았듯이 퀴퍼는 정전의 우연성을 역사 자체의 우연성의 결과로 본다. 우리가 만들어낸 고전작가는 바로 그러한 고전작가들에 대한 욕구를 만들어낸 역사의 결과이다. 넓게 보자면 특수한 사회적 욕구구조를 정전형성의 추동력으로 보는 퀴퍼의 역사이론모델에도 문화적 기억이론이 전제되어 있다. 정전은 우연한 것이긴 해도 정체성을 형성하고 정체성을 보장하는 하나의 가설로서 가치를 지탱하고 결속을 만들어내야 하는 집단적 기억의 일부이기 때문이다. 정전은 또한 전통형성의 매개체이며 그 자체로서 우연을 보상하는 기능을 수행한다.

문제는 이러한 이론이 정전형성에서 중요한 두 가지 측면을 간과한다는 것이다. 그 하나는 이를테면 A라는 특정한 텍스트가 특정한 기억욕구에 어떤 식으로 대답을 제공하여 정전이 될 수 있는가의 문제이다. 이것은 텍스트의 특수한 의미가 구성될 때 독자의 욕구와 텍스트의 의미론적 특성이 어떤 관계에 있는지 규명해야 한다는 것을 의미한다. 다른 하나는 여러 텍스트들이 정전으로 통합되는 것에 대한 질문이다. 요컨대 서로 다른 특성을 갖고 있는 상이한 텍스트들이 어떻게 정전이라는 하나의 범주로 통합되는지 구체적으로 해명되어야 한다. 어떤 요소 때문에 정전이 될 수 있는지, A라는 요소가 B라는 요소보다 정전이 되는 데 더 유리한지, 그리고 정전에 포함되고 배제되는 메커니즘은 어떻게 설명될 수 있는지가 중요한 것이다(Hermann 2012, 67).

알라이다 아스만의 문화적 기억이론도 같은 기준에서 비판될 수 있다. 아스만 이론에서도 정전의 내적 구조나 정전텍스트의 내재적 특성이 정전화의 결정적 요소로 관찰되지 않는다. 아스만에 따를 때 무엇을 기억해야 할지는 언제나 새롭게 대두되는 필요성에 따라 결정되기 때문에 정전과 기록물보관소 사이의 경계는 언제라도 변화될 수 있다(A. Assmann 2001, 16). 말하자면 모든 임의의 텍스트가 모든 시대에 걸쳐 정체성형성의 기능을 가진 것이 아니라 그때마다 필요에 따라 이런저런 텍스트가 문화적 기억을 위해 소환된다고 가정할 수 있는데, 이러한 소환의 요건이 될 수 있는 텍스트의 구조적 특성 자체가 무엇인지는 구체적으로 다루어지지 않았다. 물론 정전 자체는 한 사회가 망각하고 싶지 않은 요소들을 고착시킴으로써 정전의 내용까지 결정하는 구조를 가지고 있고, 문화적 기억기능으로서 정전은 특정한 요소들이 망각되는 것을 방지할 수 있다. 하지만 기억기능을 작동시키고 새로운 요소들을 정전에 통합하는 의식적인 의지야말로 텍스트가 정전으로 남을 수도 기록물보관소에 박혀 있을 수도 있게 하는 결정적인 것이다. 이렇게 보면 새로운 요소들에게 기능을 부여하고, 특정한 목적을 위해 이 요소들을 의도적으로 통합하는 과정을 밝히는 것이 중요함에도 불구하고, 알라이다 아스만의 문화적 기억 이론은 시대와 역사에 따라 변화하는 이러한 정전화의 역동적 과정을 포착하지 못한다는 비판을 받는다(Hermann 2007, 32).

정전의 역사성과 정전텍스트의 내적 특성을 동시에 고려하는 모델을 기획할 때 니클라스 루만의 체계이론은 여러 가능성을 제공한다. 예술이나 문학을 사회체계와 마찬가지로 하나의 체계로 간주하면서 루만에 의해 개진된 체계, 환경, 관찰, 코드, 소통 등의 개념을 적용하면 예술과 문학 체계의 특수성과 역사성을 포착할 수 있기 때문이다. 어떤 이유에서 문학을 체계로 볼 수 있는가라는 질문은 체계이론을 착안점으로 하는 문예학의 주된 관심사이다. 문예학에서 체계이론을 수용하여 응용하는 방식은 여러 갈래가 있다. 그중 하나는 루만이 『사회의 예술(Die Kunst der Gesellschaft)』(1997)에서 예술과 사회의 관계를 정립하기 위해 도입한 예술체계의 주도구별 '미/추'를 수용하는 것이다. 하지만 이러한 이항코드를 세분화된 예술 전체에 적용하기는 어렵다. 아름답다고 인식되지 않는 작품들도 얼마든지 예술적이거나 문학적이기 때문이다(Jahraus/Schmidt

2001, 77ff). 그래서 보쿰Bochum학파로 불리는 체계이론적 문예학모델에서는 '미/추'의 코드는 예술체계를 성찰하는 미학에서 유래했고, 미학 자체는 철학의 특수한 분과학문이며, 철학적 진술이 '진실/거짓'의 변별을 필요로 하는 한 철학이나 미학은 예술의 하위체계가 아니라 학문의 하위체계라고 본다. 미학은 예술에 대한 외부의 기술이고 아름다움에 대한 학문이자 예술에 대한 철학일 뿐, 예술의, 하물며 문학체계 자체의 자기기술로 인정할 수 없다는 것이다(고규진 2000, 441). 반면 1800년경부터 문학은 사회 전반의 분화과정에서 더 이상 어떤 규범에도 얽매이지 않고 오직 문학 자체에 대한 차이로부터 역동성을 획득한다. 말하자면 문학은 자신의 역사를 언제나 새롭게 벗어나야 할 과거로 연출하는 데에서 문학의 시대적 역학을 창출했고, 이렇게 스스로에 대한 거리두기가 영속적으로 지속됨에 따라 문학은 흥미로워질 수 있었다. 그리고 오늘날 흥미로운 것으로 간주되는 작품이 내일은 시시하고 지루한 것으로 여겨지는 반복이 되풀이되기 때문에 보쿰학파는 문학적 소통의 코드를 '흥미로운/지루한'이라는 이항코드로 본다(Plumpe/Werber 1993, 31ff.). 체계이론적 문예학의 두 번째 연구경향은 문학을 언어를 수단으로 하는 상징체계 및 사회적 행위자로서 사회체계라는 두 측면에서 보는 것이다(Ort, 1993). 특히 라이덴Leiden학파 모델에서는 문학을 체계이자 환경으로 보는 보쿰학파와 달리 상징체계와 사회체계의 차이를 텍스트와 콘텍스트의 차이로 치환한 후, 이 차이의 경계에 있는 텍스트가 의미구성요소인 콘텍스트의 사회적 차원을 상징적으로 실현한다고 본다(Berg/Prangel 1997, 117ff.). 오늘날 주목받고 있는 세 번째 경향은 얀 아스만과 알라이다 아스만의 문화적 기억이론을 루만의 체계이론과 결합하는 연구이다(Esposito 2002; Holl 2003; 2005). 루만에 의하면 전체 사상이 변화, 선택, 고착되는 메커니즘을

거쳐 의미가 생기는데, 뒤에서 상세하게 다루게 될 이러한 연구에서는 루만의 의미론 개념을 기억의 형식과 구조 그리고 발전 메커니즘의 규명에 적용하여 정전화과정을 설명하려 한다.

비교적 최근에 간행된 메츨러Metzler출판사의 『문학이론과 문화이론』 사전에서도 체계이론을 문학연구에 적용하면 "다른 사회적 영역과 구분되는 문학적 특수성을 동시적인 것이면서도 차별적인 것으로 고려하면서 문학의 역사적·사회문화적 전제조건을 참작"(Reinfandt 2004, 646~648, 여기서는 648)할 수 있다고 정의되어 있다. 이러한 가능성이 실현된다면 문학정전을 역사적·사회적으로 구축된 가설로 보면서도 정전화된 문학텍스트 간의 내적 연관성을 포착할 수 있을 것이다. 우선 루만의 체계이론은 두 가지 접근방식을 제공한다. 첫째, 루만의 지식사회학적 이론 틀 하에서 정전은 소통하고 기억하고 의미를 만들기 위해 사회체계가 만들어내는 의미론으로 이해될 수 있다. 중요한 것은 두 번째인데, 체계개념 자체를 정전이라는 현상으로 전이시킬 수 있으며 정전을 본보기적으로 기술하기 위하여 체계 개념을 이용할 수 있다는 것이 그것이다. 정전은 체계로 관찰될 때 더 이상 일방적으로 사회적이고 역사적인 조건들에 종속되어 있지 않고 스스로가 이러한 조건들의 일부분이 될 수 있다.

루만의 기능적 · 구조적 체계이론에서 사회는 다른 모든 사회체계를 포괄하고 있는 하나의 체계이다. 사회는 더 이상 전체와 부분의 차이가 아니라 체계와 환경의 차이, 체계의 기능적 분화, 체계의 자기생산, 체계 내에서 사건의 속성을 가지는 요소들의 재생산을 지칭하는 연산演算의 폐쇄성 같은 통시적·공시적 개념을 통해 역동적인 진화과정으로 관찰된다. 하나의 체계는 그 체계에 속하지 않는 연산들과 구분될 수 있는, 의미적으로 서로 긴밀하게 연관되어 있는 연산들의 그물로 이해된다. 그

체계와 관련된 의미 관계를 맺지 못해서 그 체계에 속하지 않는 모든 것은 그 체계의 환경이다. 루만의 체계 개념에서 본질적인 것은 이렇게 체계 내부와 체계 외부를 구분하는 경계를 가정하는 것이다. 어떤 것은 체계에 속하거나 그렇지 않으면 환경에 속하기 때문에 특정 체계와 환경 간의 관계를 다루는 것이 체계이론의 가장 근본적인 물음이다. 어떤 체계의 코드에 상응하여 주변 환경으로부터 발생한 사건들은 그 체계에 특수한 사건으로 변형된다. 또한 새로운 요소들이 체계에 통합되거나 기존의 요소들이 체계에서 배제되기도 한다. 체계는 복잡하고, 복잡성이 고조되는 경향이 있으며, 자체 내에서 하위체계들을 만들어낸다(Luhmann 1993, 21).

이러한 체계의 특성을 정전현상으로 전이시켜볼 수 있다. 정전을 하나의 특수한 체계로 볼 수 있는 것은 특정한 작품들을 체계로 받아들이고 다른 작품들을 환경으로 배제함으로써, 다른 사회체계와 마찬가지로 환경에 대한 차이를 보여주기 때문이다. 달리 말하자면 정전이라는 현상에서 외부에 대한 경계는 정전이라는 구상 자체의 본질적인 부분이다. 외부 환경에 대한 이러한 차이 때문에 정전은 체계로 기술될 수 있다. 정전체계에 속하는 작품들은 서로 관계가 있고 정전 체계 내에서 서로 소통한다. 소통은 체계의 연산방식이다. 하지만 언제나 똑같은 작품과 작가들이 정전체계를 대변하는 것은 아니다. 환경의 영향으로 정전체계 내에서 작품과 작가들에 대한 관계와 소통방식이 변하면 그 즉시 기존의 정전은 복수의 정전들로 분화될 수 있다. 루만은 "체계분화는 사실상 체계와 환경의 차이를 체계 내부에 반복 적용시키는 것과 다를 바 없다."(루만 2007, 67)라고 말한다. 정전과 환경의 사이의 차이를 만드는 것은 해석정전이다. 정전체계의 코드는 해석정전을 통해 구성되며 해석정전에서 추구되는 코드에 따라 작품과 작가가 수용되거나 배제된다. 그런데 역사적·사회적 관점에 따라 이러한 해석정전도 변화하며, 해석정전과 함께 정전도 변화한다. 정전을 이렇게 체계로 보는 모델은 정전의 내적 구조를 기술하려 하고 텍스트의 특정한 특성들을 정전화과정의 토대로 가정한다는 점에서 일단 다른 모델과 차별성을 보인다.

정전화과정의 구조적 특징인 구체적 가치와 텍스트의 특성이라는 문제를 명확하게 규명하기 위해서는 의미론에 대한 루만의 개념정의에 주목할 필요가 있다. 한 사회에서 지식과 인식이 어떻게 생성, 유포, 적용, 보호되는지가 연구대상인 지식사회학의 입장에서 볼 때 의미론은 보존가치가 있는 것으로 밝혀졌기 때문에 소통을 목적으로 저장되고 이용되는 관찰과 경험들을 뜻한다. 의미론에는 모든 사회구조가 중첩되어 있으며 그 사회구조의 의미를 담고 있다. 따라서 어느 사회에서나 전통형성과 정전화를 위해 보존가치가 있는 소통을 보호하는 의미론이 존재하며, 사회구조와 의미론은 서로 끊임없이 관계를 맺기 때문에 사회의 구조가 변하면 사회의 의미론도 변한다. 이렇게 볼 때 정전은 문화적 소통을 위해 보호되는 의미론에 해당한다. 소위 보호된 의미론을 사회의 구조 및 변화와 더불어 상세하게 기술하는 착안점은 에스포지토와 홀의 연구(Esposito 2002; Holl 2003; 2005)에서 찾을 수 있다. 앞서 간략하게 언급했듯이 두 사람은 루만의 지식사회학적인 체계이론을 얀 아스만과 알라이다 아스만의 기억이론과 통합하면서 기억의 형식과 구조와 발전 메커니즘을 루만의 의미론 구상에 전이시킨다. 이를 통해 의미론의 상세한 관찰이 가능해지는 동시에 기억과 사회의 상관관계가 고려될 수 있거니와, 여기서 중심이 되는 착안점은 루만의 의미론 구상이 사회적 기억과 역사의 상을 모델화하는 가능성을 제공한다는 것이다.

체계에 고유한 의미론은 어떤 기능체계가 자기자신을 환경과 구분하며 정의 내리게 할 뿐만 아니라 이 기능체계가 존속될 수 있도록 자신을 끊임없이 지속적으로 과정화한다.[5] 또한 (자기)성찰을 수단으로 형성되는 체계 고유의 정체성 외에도 모든 사회체계의 복합체인 전체 사회를 위한 성취 및 사회적 기능체계와 개인적 심리체계를 위한 기능을 제어한다. 그럼으로써 루만의 의미론이라는 개념은 사회적 기억이라는 이념과 역사의 상을 모델화하는 접점이다 (Holl 2005, 110).

나아가 홀은 역할과 소통에 기여하는 것과 "지식의 조직화"와 "구조형성과 변화 사이의 상호작용"(Holl 2005, 110)을 밝혀내는 것도 의미론의 과제로 본다. 에스포지토의 경우에도 루만의 의미론을 순수한 저장소가 아니라, 기억과 망각의 메커니즘을 통해 포함과 배제, 다시 말해서 밀접하게 체계의 연산과 연동된 역동적 기능"(Esposito 2002, 22)을 하는 것으로 파악한다. 루만이 거칠게 의미론으로 지칭한 것을 더 상세하게 보완함으로써 분명하게 정전화의 과정을 연상시키는 두 사람의 착안점은 체계이론적인 정전모델의 구상으로 이어진다.

이러한 착안점에서 출발하자면 정전(들)은 하나의 코드(해석정전)에 의해 환경과 구분되는 체계(들)로 모델화할 수 있다. 이 정전코드에 일치하는 텍스트들은 그때그때마다 정전의 일부이며, 일치하지 않는 텍스트들은 환경의 일부이다. 그런데 여기서 체계와 환경을 알라이다 아스만의 정전과 기록물보관소라는 구분으로 등치시킬 수 있다. 이렇게 보면 특정한 코드에 의해 가치 있는 것으로 여겨지는 텍스트가 정전이고, 이와 반

5 여기서 과정화는 "활성태와 가능성 사이에서 의미를 구축하는 차이를 부단히 새로 창출"(루만 2007, 1권 158 이하)하는 것을 말한다.

대로 전승되어 있고 계속해서 이용 가능하지만 특별한 가치가 없는 텍스트는 기록물보관소의 자료에 해당한다. 만약 하나의 텍스트가 기록물보관소에서 정전으로 자리가 옮겨졌다고 가정한다면, 특정한 시대의 어떤 사회적 욕구가 작용한 것으로 볼 수 있다. 그러나 이러한 기억이론적인 접근방식의 의미론은 지나치게 사회에 종속되어 있다는 비판을 받을 수 있다. 사회적 욕구구조를 그대로 모사하는 것이 정전형성의 유일한 매개변수로 간주되기 때문이다(Hermann 2012, 69). 여기에서는 특정한 텍스트가, 다른 텍스트가 아닌 하필 그 텍스트가 정전으로 통합되는 이유와 방법이 제대로 설명될 수 없다. 한 사회가 그때마다의 필요에 따라 새로운 텍스트들을 정전으로 받아들이거나 정전에 통합되었던 텍스트들을 제거하는 등 정전의 연산을 완전히 임의적으로 좌지우지할 수 있는 것은 아니다. 체계 외부의 사회적 욕구가 실현될 수 있는 필요충분조건은 어떤 텍스트의 특징이나 특수한 잠재적 의미가 체계 내부의 해석정전에서 추구하는 규범 및 가치와 일치해야 하기 때문이다. 또한 정전체계 내부에서는 정전현상을 조절하고 제어하고 보존하는 나름대로의 메커니즘, 즉 체계분화가 작동한다. 루만에 의하면 "내부 분화(체계분화)는 (환경분화와는) 전혀 다른 절차를 사용한다. 환경분화는 체계를 통한 환경관찰의 요구에 관련되고 동시에 이를 통해 자극받고 한정되는 반면, 내부분화는 자기생산적 증식(재생산)의 과정으로부터"(루만 2007, 1권 345) 발생한다. 따라서 정전의 내적 구조를 정확하게 관찰하기 위해서는 환경분화보다는 내부분화를 주도하는 자기생산(Autopoiesis)이라는 체계이론의 개념이 매우 유용해 보인다.

일단 체계 개념을 정전현상에 적용할 수 있는 것은 밖을 향한 경계, 복잡성, 체계분화, 구별 같은 체계이론의 개념을 통해 체계와 정전의 구조적 유사성을 가정할 수 있기 때문이다. 바이마르 고전주의 같은 하나의 정전을 체계로 간주해보면, 오늘날 우리가 바이마르 고전주의 작품으로 알고 있는 작품들이 바이마르 고전주의라는 정전에 포함되게 된 것은 순전한 우연이 아님을 알 수 있다. 여기서는 해석정전이 "체계의 정보 가공 가능성을 제어하는 구분으로서의 주도구별"(Luhmann 1985, 19)로 작동하면서 특정 사조에 해당할 만한 작품들을 선택하기 위해 작품들을 구별하는 기능을 수행한 것이다. 환원하면 해석정전은 구조적으로 유사한 작품들을 모으고, 작품의 내적인 특징에 초점을 맞추어 고전적인 것을 규정하기 위해 예술, 교양, 휴머니즘, 자연에 대한 이해가 서로 유사하고 프랑스혁명에 대한 반대구상으로 표명된 작품들을 선택한 것이다. 딜타이의 「우리 문학의 고전시대에 대한 문학사 작업」 이래로 1780~1790년대 독일문학은 반혁명적인 질서를 찾거나 복구하려는 문학이념이나 문학적 형상화의 맥락하에서 이해되었다. 이러한 전제조건을 충족시키는 작품들이 소위 독일 고전주의, 정확하게는 바이마르 고전주의 정전으로 선택된 것이다(Vosskamp 1987, 512). 바이마르 고전주의 정전에서 알 수 있듯이 정전은 자신의 해석정전을 통해 규범화되고, 해석정전이 갖고 있는 관찰로서의 지위를 통해 역사적으로 상대화된다. 일반화하자면 정전은 한편으로 자신의 체계경계(연관성 있는 의미론)를 통해 분명하게 환경과 구분된다. 다른 한편으로는 환경과 계속 소통하거니와, 체계에 특별한 의미가 있는 사건들(프랑스혁명)을 포함 또는 배제의 형식으로 소화하면서 그 사건에 대해 입장을 취한다고 볼 수 있다. 이제 남는 문제는 이러한 주도구별(해석정전)의 변화를 설명하는 것이다. 주도구별은 환경의 영향을 받지 않고 독립적으로 존재하면서 체계를 환경과 구별 짓는 기능을 한다. 그런데 주도구별은 바라보는 시점에서 정전이라는 체계를 만들어내는 관찰의 범주이다. 이렇게 보면 일단 해석정전은 정전체계 내부에서 텍스트와 독립적으로 텍스트 외부에 존재하는 것으로 가정할 수 있다.

루만은 자신의 사회체계이론을 "스스로를 생산하는 자기생산체계의 이론"(Luhmann 1987, 28; 루만 2007, 74)으로 정의하면서 일반체계이론의 패러다임을 크게 바꾸어놓는데, 정전체계도 이러한 자기생산체계로 분석하면 정전과 해석정전의 관계를 새로운 시각에서 정립할 수 있다. 우선 체계는 폐쇄된 연산체계인데, 그 이유는 "체계는 자신이 연산하는 것을 행할 뿐이며, 우리의 관찰은 외부에서 강요된 무엇이 아니라 우리가 원하는 방향으로의 관찰에 대한 재귀기술"이고, 그런 점에서 "내가 원하지 않는 것은 행하지 않"기 때문이다. 체계는 "이러한 순환고리 안에서 자신을 끊임없이 생산하고 재생산"하는데, 예를 들자면 "사회체계에서의 소통(커뮤니케이션)은 주고받는 교환행위가 아니라 끝없는 관찰의 연쇄 속에서 관찰에 대한 관찰, 기대에 대한 기대를 유발하는, 목적인目的因이 결여된 생산과정"(박여성 2007, 23)이다. 이러한 패러다임 전환은 체계이론의 인식론적 관심이 바뀌는 것을 의미한다. 그래서 루만의 체계이론에서는 "설계와 통제에 대한 관심이 자율성과 환경에 대한 민감성에 대한 관심으로" 바뀌며, 계획수립 대신 진화가, 생산 대신 재생산이 문제시되고 이에 따라 구조적 안정성보다는 역동적 안정성(Luhmann 1987, 318)의 메커니즘을 규명하고자 한다.

체계를 자기생산적인 것으로 가정하면 그 자체로는 체계/환경의 구별이 존재하지 않는다. 구별을 만드는 것은 체계 자체이다. 체계/환경이라는 구별은 이제 체계와의 동일성/체계와의 비동일성이라는 구별이 된다. 체계 자신이 만들어내는 기준에 따라 내부에서 통일성이 수립되기 때문이다. 또한 체계는 자신과 외부의 차이를 스스로 창조함으로써 스스로를 생산하고 재생산한다. 자기생산적 체계에서는 하나의 체계가 연산적으로 이용하는 모든 통일성은 체계 자체를 통해서 구성되어야만 한다(Luhmann 1987, 314). 그럼으로써 자기생산적 체계는 스스로 그 자신의 구성을 위해 필요한 범주를 제공한다. 그래서 이러한 체계는 자신을 구성하는 요소들 자체를 서로 관련시킴으로써 스스로 조직되고, 스스로 보존되며, 내적인 구조들을 형성한다. 자기생산적 정전체계에서는 후속 연산능력, 즉 "이미 정전에 들어선 텍스트와 새로 정전화될 텍스트 간의 의미론적 관계가 생산될 가능성"(Hermann 2012, 70)이 있는지가 포함과 배제를 결정하기 때문에 정전을 형성하고 있는 텍스트들과 후속 연산능력이 있는 텍스트들만 이 체계에 진입할 수 있다. 그러나 후속 연산능력의 기준은 정전화 과정을 이끌어가는 정전의 내적 구조를 고려한다는 것을 의미할 뿐인 만큼, 후속 연계능력이 있는 텍스트의 내적 특성을 해석정전에서 제시하는 바와 같이 분명하게 정의할 필요는 없다. 자기생산체계의 분화과정에서는 점점 더 많은 텍스트들이 스스로 정전의 구성을 결정하기 때문이다.

정전이 자기생산적인 체계라고 해서 외부의 영향이 부정되는 것은 아니다. 오히려 자기생산적 체계라는 구상의 핵심은 내생적內生的이고 외인적外因的인 요인들의 경계선을 따라 체계의 발전을 기술하는 것이다. 자기생산적인 체계들은 스스로 조직되고 스스로 보존되지만, 환경으로부터 고립되어 있지 않다. 환경에 적응되어 있고 환경의 구조를 통해 결정되기 때문이다. 또한 폐쇄적 연산체계이긴 하지만, 인지적인 면에서는 개방적이며 그들의 환경에서 일어나는 사건들을 동일화하고 체계에 특수한 사건으로 옮길 수 있다. 중요한 것은 이러한 일들이 체계 외부의 주도구별에 따라 생기는 것이 아니라, 체계가 자체적으로 설정한 코드에 따라 일어난다는 것이다. 이를 통해 구체화할 수 있는 것은 정전이라는 자기생산적인 체계가 정전화에 대한 외부의 요구와 필요에 대해 열려 있지만 이러한 것들이 정전화의 유일한 조건은 아니라는 것이다. 정전 내부의 텍스트에 대한 후속 연산능력이 두 번째 필수적인 조건이기 때문이다. 요컨대 자기생산적인 체계로서의 정전모델은 사회가 정전에 미치는 영향을 고려하는 한편, 정전화된 텍스트와 정전이 될 수 있는 텍스트의 어떤 특성을 인정하면서, 그 특성에 따라 특정 텍스트의 정전화 내지는 탈정전화가 결정되는 것으로 본다.

이렇게 본다면 체계이론적 정전모델에서 정전과 해석정전의 발전을 상호의존적 과정으로 기술하는 이유를 알 수 있다. 외부의 해석정전이 아니라 정전 자체의 코드가 텍스트들의 후속 연산 가능성이나 불가능성을 결정하기 때문에 새로 포함되거나 배제되는 것들과 더불어 기존의 기준과 규범도 상응하여 변한다. 어떤 텍스트가 정전으로 진입하면 해석정전은 그 즉시 그 텍스트까지 고려하여 정전의 구조를 다시 정의한다. 그래서 변화된 정전의 내적 구조에 따라 어떤 텍스트가 정전으로 포함되거나 배제되는 텍스트의 특성이 다시 결정되는 것이다. 이렇게 정전과 해석정전은 역동적으로 함께 진화하며 이러한 역동성 속에서 규범적인 동시에 역사적이다. 부연하자면 정전 자체는 코드와 자기자신의 구성을 위한 규범을 지니고 있다. 그런데 이러한 코드는 정전의 변화와 마찬가지로 변화한다. 그래서 정전은 절대적이거나 비역사적인 규범이 아니라, 정전을 역사적 관련 속에서 때로는 더 안정적으로, 때로는 더 유동적으로 만드는 많은 기준 그 자체이다(Hermann 2007, 39; Hermann 2012, 70). 정전의 진화는 정전 자체에 의해 (함께) 모습을 갖춰나가는 변화인 것이다. 요약해서 정리하자면 체계이론적 정전모델에서 정전화과정은 세 가지 층위의 구조적인 조건의 결과이다. 첫째, 정전화는 특수한 역사적 상황에서 정체성 찾기와 안정화에 대한 특수한 욕구로 표현되는 특정한 사회적 욕구구조의 결과이며 둘째, 특정한 텍스트가 특수한 잠재적 의미와 잠재적인 수용가능성이 있어서 이러한 욕구에 대답하는 능력이 있을 경우 정전화될 수 있다. 마지막으로 기존 정전의 내적 구조에 이 텍스트가 후속 연산능력으로 작동할 때 정전화가 최종적으로 완성된다(Hermann 2012, 70).

루만이 자기생산체계이론을 "정역학과 동역학의 대립을 넘어 역동적 안정성의 이론"(Luhmann 1987, 317)으로 구상했다고 밝힌 바와 같이 정전도 자기생산체계로서 역동적 안정성을 실현하고자 한다. 이러한 정전모델에서는 텍스트의 구체적인 특성이나 가치를 따지지 않고도 정전의 내적 구조와 텍스트의 특성이 갖는 의미를 변증법적으로 우회함으로써 복잡다단한 정전의 발전을 안정성과 유동성의 변증법으로 기술할 수 있다는 점에 장점이 있다(Hermann 2007, 41). 그럼에도 이 모델의 장점은 단점의 이면이기도 하다. 정전의 본질적 요소인 구체적인 가치에 대한 문제를 추상적으로 일반화하여 구조적으로 기술할 수밖에 없는 한계가 있기 때문이다. 다시 말해 체계로서 정전모델에서는 해석정전이 대변하고 사회에 의해 수용되는 정전의 가치만 고려할 뿐, 정전 자체가 갖고 있는 특수한 가치는 체계적으로 기술되지 않는다. 더욱이 현대사회에서 개개인은 정전을 더 이상 전체성의 모습으로가 아니라 정전이 계속해서 분화되는 수많은 부분체계와 하위체계 속에서 만나게 된다. 특정한 사회그룹이나 개인들이 정전으로부터 기대하는 가치는 매우 편차가 있기 때문에 하위정전(Subkanon)[6]이 일반화된 현대사회에서는 정전의 다원성과 복수성이 인정되어야 한다. 그렇지만 체계로서의 정전모델은 이러한 정전의 다원성을 급진적으로 단순화한다. 그렇기 때문에 통시적인 관점에서 어떤 시대나 어떤 장르에 속하는 서로 통일적인 텍스트와 그 텍스트의 가치뿐만 아니라, 공시적인 관점에서 특정한 그룹이나 사회적 계층이 선호하는 텍스트와 그 텍스트의 가치를 서로 차별적으로 기술하지 못하는 문제점이 있다.

---

6 예를 들자면 여성문학이나 청소년문학, 실험문학, 홀로코스트문학 같은 것이다.

V.

현대사회의 정전현상과 가치평가

01 정전·제도·가치평가

역사적 정전연구와 함께 문학을 중재하는 다양한 영역에서 행해지는 가치평가와 정전화과정의 상관관계를 분석하는 것은 정전연구의 두 축을 이루고 있다. 특히 오늘날처럼 문학을 중재하는 형식과 제도가 다양해진 사회에서는 가치평가와 정전화가 문학을 중재하는 제도에 의해 좌우될 수 있을 정도로 영향력이 크다. 그래서 최근의 정전연구에서는 역사적 정전연구와 함께 가치평가와 문학중재 기관이나 제도 간의 상관관계에 대한 연구도 활발하다(Saul/Schmidt 2007; Freise/Stockinger 2010; Beilein 2012a; Rippl/Winko 2013). 독일에서 가장 매출규모가 큰 출판사와 정전은 어떤 관계에 있는지 면밀하게 검토한 『정전과 출판사: 독일 문고판 출판사 데테파우(dtv)의 정전화실제를 위한 연구』(Kampman 2011) 같은 연구서도 이런 맥락에서 나온 것이다. 데테파우는 1960년에 설립된 이래 2009년 7월까지 문학서적과 실용서를 4만 1,000종 이상 출판했고, 총 판매부수는 4억 2,500만 권에 달하는(Kampmann 2011, 3) 최대 규모의 출판사이다. 문학정전, 문학의 가치평가, 문학중재에 대한 연구가 삼위일체를 이루면서 여기서 도출된 기준들은 다시 대학의 학문적인 정전연구나 출판시장분석 및 출판전략 등 경제적 목적 그리고 문학 전공 대학생들의 새로운 직업 전망과 개척을 위해서도 적용된다. 말하자면 지금과 같이 문학산업이 제도적으로 커다란 영향력을 발휘하고 있는 경우, 문학 본연의 특질에 대한 연구 외에도 문학을 둘러싼 환경에 대한 사회학적·사회사적 분석은 불가피한 측면이 크다. 예를 들자면 『독서의 사회사』(Schneider 2004) 같은 책은 철저하게 독자 입장에서 바라본 정전(형성)의 역사에 대한 연구이다.

사회학적 관점에서 현대사회를 "지식사회(Wissensgesellschaft)"로 규정하는 이론[1]은 우리 시대의 정전현상분석을 위한 많은 시사점을 제공한다. 지식사회의 착안점에 따를 때 현대의 지식사회에서는 문학과 교류하거나 문학이 취급되는 방식이 이전의 교양시민계급사회와는 구별되며 문학의 전형적인 가치도 영향력을 발휘하지 못한다. 첨예하게 표현하자면 문학을 통한 사회화의 자리를 이제는 정보화와 전산매체화(Beilen 2012b, 1)가 차지하고 있다. 따라서 후기 시민사회라고도 부를 수 있는 이러한 지식사회에서 고도로 전문화된 지식은 그 복잡성 때문에 사회 전체

1 지식사회라는 개념은 1966년 미국의 사회학자 로버트 레인(Robert E. Lane)에 의해 사용되었는데 대니얼 벨(Daniel Bell)의 『포스트산업사회의 도래』(1973)와 함께 대중화되었다. 대니얼 벨에 의하면 산업사회에서는 노동, 원자재, 자본이 중요한 기능을 하지만 포스트산업사회의 중요한 자원은 이론적 지식이다. 또한 경제 분야의 구조변화는 서비스산업의 발전 및 전문지식과 지식노동이 생산에 산입되는 현상에서 관찰할 수 있다. 1960~1970년대의 논쟁과 달리 20세기 말의 지식사회 관련 논쟁에서는 현대사회의 특징을 세계적 차원의 합리화, 지식생산에서 알 수 없는 것의 증가(지식의 증대될수록 알 수 없는 것도 더 많아진다), 이와 결부된 불확실성, 위험, 모순 등으로 본다. 불확실성은 지식사회의 특성상 변화는 끝이 없을 것이고, 지식도 끊임없이 수정될 수밖에 없을 거라는 전망에서 나오는 것이다. 이러한 불확실성이 고조되면 미래예측력도 줄어든다.

에서 적절하고 타당한 방식으로 소통될 수 없다. 이러한 이유에서 지식을 조절하고 중재하는 새로운 방식이 등장하는 것이다.[2] 문학과 문화가 취급되는 방식도 이러한 상황을 반영한다. 후기 시민사회의 전문가문화는 전승된 가치를 존중하거나 기존의 가치평가모델을 전승하는 일에는 관심이 없다. 새로운 분야의 전문적 지식과 개방성이 특징인 지식사회에서는 근본적으로 불확정성이 두드러지거니와, 정전과 같은 전승된 문화적 정체성의 모범이 전체적으로 의문시된다. 하지만 이와 병렬적으로 전통적 가치도 보편타당성을 요구한다. 문학비평영역에서 교양시민사회의 자율미학전통에 바탕을 둔 가치평가기준이 여전히 통용되는 것도 사실이다. 나아가서 전통적인 정전을 다시 고착화하려는 시도도 여전히 활발하다. 교양시민사회의 정신적·지적 자산을 재발견하고 재평가하려는 시도, 즉 재정전화는 지식의 조절을 통하여 지식사회의 불확실성에 다시 방향을 제시하려는 반동으로 볼 수 있다.[3]

---

2 이와 관련된 대표적인 저서는 니코 슈테어(Nico Stehr)의 『지식정책: 지식의 감시』(Stehr 2003)를 들 수 있는데, 지식과 권력의 관계 및 그것의 정당화는 이미 푸코와 리오타르의 연구에서 터전이 닦인 바 있다.

3 저명한 비평가 라이히-라니츠키의 "'정전', 독일 문학" 프로젝트와 우리나라에도 번역 출판되어 큰 선풍을 일으킨 영문학교수 출신 작가 슈바니츠의 『교양: 우리가 알아야 할 모든 것』(1999) 그리고 VI장에서 다루게 될 학교와 대학에서 권장도서목록을 예로 들 수 있다. 베를린의 계몽주의자 프리드리히 니콜라이(Friedrich Nicolei, 1733~1811) 이래 독일 문학비평에서 가장 결정적인 영향력을 행사한 비평가로 일컬어지기도 하는 라이히-라니츠키의 정전프로젝트는 2002년에서 2006년까지 인젤(Insel)출판사에서 장르별로 나뉘어 5부(장편소설, 소설, 드라마, 시, 에세이)로 간행되었다. 장편소설은 17명의 20개 작품이 20권(8,112쪽)으로, 소설(노벨레, 단편소설, 우화, 전설, 동화 등 포함)은 90명의 180개 작품이 10권(5,700쪽)으로 모아졌다. 또 드라마는 23명의 43개 작품으로 총 9권(4,500쪽)이며, 시는 251명의 시인들의 1370편을 골라 8권(2,096쪽)으로 묶었다. 마지막으로 에세이는 166명의 255개 텍스트를 6권(4,448쪽)에 수록했다. 문헌학 분야에서 이러한 시도는 고전문헌학의 대가 만프레드 푸어만(Manfred Fuhrmann)의 저서 제

그럼에도 불구하고 현대 지식사회에서 정전의 위상을 객관적으로 진단하기 위해서는 정전에 대한 가치평가가 사회적 요소에 의해 좌우되는 현실을 외면할 수 없다. 1980년부터 정전연구의 핵심과제는 어떤 메커니즘과 기준에 의해 정전이 형성되었는가에 대한 물음이었다. 상당히 일반적이지만 정전은 대부분 역사적으로나 문화적으로 복잡한 선택과 의미부여과정의 결과라는 것, 정전화는 학교나 대학 같은 정전화기관에 의해 수행된다는 것, 정전화에서는 문학 내적요소와 문학 외적요소-텍스트의 질, 문학적 규범, 생성시기와 수용시기의 사회적·문화적 조건 등-가 함께 작용한다는 것이 대체적인 합의이다(Heydebrand 1998, S. 612ff.) 정전형성에 영향을 주는 이러저러한 심급들에 대해서는 대부분 의견이 일치한다. 하지만 각각의 심급에 대한 적절한 기술이나 분석도 더 요구되며, 특정 심급의 비중이나 중요도 등에서도 아직 일치된 합의가 없다. 예컨대 선택의 과정을 권력의 이해관계를 관철하기 위한 의도적인 것으로 볼 수 있는지, 만약 그렇다면 어느 정도까지 그런 것인지, 아예 계획적이지 않은 비의도적인 것으로 보는 것이 더 적합한지도 논란거리이다. 문학의 정전화에 대한 "하나의" 모델을 찾는 것이 의미가 있는지, 아니면 세분화해서 사회적 조건이나 역사적 시대공간에 따라 모델들을 상대화하는 것이 더 나은 결과를 도출할 수 있는지도 분명치 않다. 또한 분명한 이론적 근거를 토대로 1980~1990년대에 정전비판과 정전의 무용성이 강력하게 대두되었음에도 불구하고 현실적인 측면에서 보자면, 특히 오늘날과 같

목 『교양: 유럽의 문화적 정체성』(Fuhrmann 2002)과 『유럽의 교양정전』(Fuhrmann 2004)에도 잘 나타나 있다. 한국 독문학자가 최근에 내놓은 『한국 교양인을 위한 새 독일문학사』(안삼환, 2016)의 제목도 크게 보면 이러한 경향을 반영한다.

이 다변화된 사회에서도 문학정전이 계속해서 형성되고 있는 현상도 해명이 필요한 부분이다(Beilein 2012b, 3).

정전형성의 근거를 텍스트에서 찾는지 아니면 사회적인 것에서 찾는지에 따라 서로 상반된 정전이론이 전개되어왔다고 해도 과언이 아니다. 정전이론은 거의 모두 이러한 양극적인 입장 사이에서 진자처럼 움직인다. 요컨대 어느 범위까지 사회적 메커니즘이 문학텍스트의 정전화에 작용하는지, 텍스트의 특성들은 어느 정도까지 정전화에 기여하는지가 여전히 해결해야 할 문제인 것이다. 먼저 문학텍스트는 오직 초시대적인 미적 특질 때문에 정전으로서의 위상을 갖는다는 견해에 주목해보자. 그러나 이미 여러 나라에서 관찰할 수 있는 탈정전화와 재정전화는 문학은 질에 의해 관철된다는 소박한 주장에 대한 반증이다. 단적인 예로 미국에서는 포스트모더니즘의 영향하에 엘리트문화의 탈정전화와 미국 신화의 재정전화가 정전논쟁의 중심으로 떠오른 바 있다. 이러한 사례들은 최소한 정전화과정에서 더 중요한 다른 요소들이 작동한다는 사실을 암시한다. 사실 이것은 문학에 대한 가치평가이론의 관점에서 보면 전혀 놀랄 만한 일이 못 된다. 가치평가는 하나의 주체가 구체적인 상황 속에서 어떤 가치척도나 정전에 귀속될 수 있는 전제를 근거로 특정 대상에 이러한 가치를 부여하는 사회적 행위로서 모든 정전형성의 기본적인 요소이다. 이렇게 본다면 정전형성과정에서는 필연적으로 사회적인 요소가 작용한다. 문학의 가치평가이론의 정전으로 인정되는 하이데브란트와 빙코의 『문학의 가치평가 입문』에서는 사회적 행위로서의 가치평가를 다음과 같이 요약하고 있다.

가치평가는 사회체계인 문학의 모든 행위영역에서 상이한 출현형식으로 또한 상이한 전제와 결부되어 나타난다. 가치평가는 언어의 형식이나 비언어적 선택행위로 나타날 수 있다. 작가, 수용자, 분배자의 가치평가는 개인적·제도적·사회적 전제와 함께 결정된다. 텍스트 자체는 가치평가의 일부일 뿐이며, 가치평가의 다른 부분들은 예컨대 텍스트의 영향, 성립조건과 배포조건 또는 텍스트의 저자를 향한다. 가치평가는 결코 텍스트의 문학적 질만 평가하는 것이 아니라 세계관적·정치적·종교적 척도 등을 포함한다(Heydebrand/Winko 1996, 37).

다음으로 사회적인 메커니즘을 정전형성의 전제로 보는 입장을 살펴보자. 단적으로 말하자면 문학텍스트의 정전화가 특정한 권력상황의 결과라는 테제는 사회적 요소가 지나치게 강조되어 정교하지 못하다는 비판에서 자유로울 수 없다. 정전으로 선택되거나 배제되는 메커니즘을 다루는 사회학적 모델들은 문학텍스트의 특성과 미적인 질의 측면에서 보다 세밀하게 보완되어야 한다는 것이다. 역사적 정전연구는 정전형성의 메커니즘에 대한 물음에 역사적인 개별적 사례를 통해 접근한다. 그런데 이러한 연구결과로 부각되는 정전형성요소는 특정한 작품이나 작가의 경우에만 적용할 수 있다는 점에서 제한적이다. 이런 점을 극복하기 위해서는 계속해서 더 세밀하고 더 포괄적인 역사적 정전연구가 필요하다. 다른 한편으로 서로 다른 역사적 시기에 속하는 텍스트들의 구조를 함께 고려한다면, 정전화에 합당하거나 아니면 부적절한 텍스트의 특정한 요소들이 존재하는지 규명할 수 있을 것이다. 결론적으로 말하자면 정전이 지배그룹 권력작용의 산물이라는 테제는 정전이 스스로 관철되는 미적 특성의 결과라는 견해와 똑같이 너무 단순하고 소박하다.

어떤 텍스트가 대학교 문학세미나의 대상이 될 만큼 정전으로서 기회를 가졌거나 가지고 있게 만드는 특성은 여러 가지 측면에서 살펴볼 수 있다. 하이데브란트 같은 학자는 두 가지 특성을 제시하는데, 그 하나는 텍스트가 여러 번에 걸쳐 읽힐 정도로 충분히 복잡해야 한다는 것이고, 다른 하나는 텍스트가 여러 가지 복잡한 독서방식과 상이한 가치평가방식에 접목될 수 있어야 한다는 것이다(Heydebrand 1998, 612ff.). 이와 달리 대학에서 선호되는 정전의 특성을 훨씬 다양한 관점에서 이해해보려는 경험적 연구도 있다. 독일 대학 독문과(문예학과)의 현대독문학 전공 대학생을 위한 권장도서목록에 포함되었거나 포함되지 않은 특정 작품을 제시하고 이 작품이 권장도서목록에 포함된 이유 내지는 포함되어야 할 이유에 대해 교수들을 대상으로 설문조사한 것이 그것이다. 이 설문조사에서 제시된 질문목록은 개별 작품에 대한 가장 일반적인 가치평가 기준으로 생각해도 무방할 터인데, 질문목록은 다음과 같다(Stuck 2004, 297~304).

(예컨대 괴테의 『빌헬름 마이스터의 수업시대』, 하이네의 『독일: 겨울동화』, 켈러의 『젤트빌라 사람들』[4] 등을 평가할 때)

① 흥미로운 형식적·미적 특성이 있는가?

② 내용과 주제의 측면에서 실제적인 삶의 세계와 연관될 수 있는가?

③ 문학사적으로 혁신을 이끈 작품으로 볼 수 있는가?

④ 사회사적으로 중요한 주제를 다루고 있는가?

⑤ 특정 시대를 대표하는 작품으로 볼 수 있는가?

⑥ 특정 장르의 본보기가 되는 작품인가?

⑦ 상호텍스트적인 특성을 통해 새롭게 다룰 수 있는 작품인가?

---

4 독일 리얼리즘시대의 대표적인 작품으로 총 10편으로 구성된 노벨레 연작집이다.

⑧ 많은 독자들에게 감정이입을 주는가?

⑨ 독문학 전공자의 전문지식의 일부로 볼 수 있는가?

⑩ 독일문학의 차원을 넘어 유럽문학이나 세계문학에서도 중요한 역할을 하는가?

설문대상자는 각각의 질문에 대하여 "해당한다", "부분적으로 해당한다", "해당하지 않는다"를 선택해야 하는데, "해당한다"가 많이 선택된 설문내용이 텍스트 내적이거나 텍스트 외적인 그 작품의 특성으로 간주될 수 있을 것이다.

그런데 정전문제와 정전에 대한 가치평가를 미적 혁신, 사회사, 문학사, 장르이론과 연관된 대학의 전문지식으로 수렴할 수 있는 것은 아니다. 대학의 문학전문가그룹과 별도로 가치평가의 기준과 실제는 오직 이 텍스트를 읽는 그룹들과의 연관하에서만 규명될 수 있다는 것이 오늘날 널리 퍼진 정설이다. 위 설문조사에서 2번과 4번 그리고 8번은 설문대상자의 세계관이나 문학관에 따라 얼마든지 다르게 평가될 수 있는 항목이다. 예를 들어 교양시민계급에게서 정전화된 텍스트는 특히 교양시민계급의 세계관을 대변하는 방식으로 인간사회의 문제들을 다룬다. 그러나 무엇이 누구(어떤 계층이나 계급)를 대변하고 어떤 문제들이 소위 본질적이고 인간적인 것인지에 대한 평가는 의심할 바 없이 다양한 사회그룹의 이념과 규범에 의해 좌우된다. 다른 한편으로 이러한 텍스트가 인간사회가 존재하는 한 영원히 문제시되는 일련의 주제를 다루고 있고, 이러한 주제의 구조는 상당히 가치중립적이라는 데에도 동의할 수 있다(Beilein 2012b, 5). 따라서 정전형성과 정전화과정에 대한 연구에서는 언제나 텍스트 자체의 특질과 사회적 요소가 똑같이 관심의 대상이 되어야 하며,

이러한 측면에서 정전연구가 심화되어야 한다.

1. 문학제도와 가치평가

오늘날 정전화과정에 결정적 영향을 주는 문학중재제도들은 원칙적으로 어느 정도 문학영역에 속하는가에 따라 구분될 수 있다. 먼저 작가단체나 문학단체 같은 문학 내부적인 제도의 행위자는 오롯이 문학영역에 속한다. 반면 출판사나 서점은 경제, 학교나 대학은 교육이 주영역이지만 문학영역과 교집합관계에 있다. 신문, 잡지, 라디오, 텔레비전, 인터넷 같은 저널리즘 매체와 국가기관 및 지방자치단체는 문학영역의 경계에서 일정한 권력을 행사할 수 있는 제도이다. 물론 경계가 분명한 것은 아니다. 상이한 영역의 행위자들은 한 개 이상의 영역에서 활동하는 경우가 비일비재하기 때문이다. 단적인 예로 오늘날과 같은 문학의 공론장과 문학경영시스템에서는 작가가 저널리스트나 공적 자금으로 운영되는 문학상의 심사위원으로 활동하기도 한다. 또한 신문과 잡지의 편집자가 소설을 쓰는가 하면 대학의 교수가 관련 분야의 서평을 쓰고 시를 발표하기도 한다. 이러한 경계 넘나들기는 모두 열거할 수 없을 정도이다.

많은 문학제도들은 전통적인 위상을 그대로 지키고 있다. 예를 들어 학교와 대학은 문학교육 교과과정이 계속 변하긴 하지만 문학을 중재하는 가장 중요한 제도 중의 하나이다. 그러나 새로 등장하거나 크게 변한 제도들도 많다. 독일을 예로 들자면 낭만주의 이래 문학담론의 보금자리였던 문학살롱은 완전히 자취를 감추었고, 공동의 창작목표로 뭉친 작가 단체나 서클은 주변부로 밀려나 있다. 문학잡지는 발행부수가 현저하게 줄어들면서 근근이 명맥을 이어가는 실정이다. 반면 19세기 이후 오늘날까지 완전히 새로운 제도가 등장함으로써 문학 중재의 스펙트럼은 훨씬 다채로워졌다. 작가의 기념문학관이나 문학박물관, 책의 대여 외에도 독서장려프로그램을 진행하는 공공도서관, 시청각매체의 독서토론, 대학의 문예창작과 같은 제도화된 글쓰기학교, 시민들의 독서동아리, 문학기행, 온라인과 오프라인의 독서강좌, 주문형도서출판사, 전자책과 오디오북, 웹 2.0 등을 예로 들 수 있다.

이러한 제도들이 문화와 문학의 선택과정, 즉 정전화과정에서 결정적인 의미를 지니고 있으며, 소위 고급문학뿐만 아니라 모든 예술영역의 생산품을 대상으로 선택의 원칙을 제공한다는 것은 논란의 여지가 없다. 하지만 이러한 제도와 정전형성의 상관관계에 대한 연구는 아직까지 만족할 만한 수준은 아니다. 특정 제도에 대한 상세한 경험적 연구의 좋은 예로 앞서 소개한 『정전과 출판사』 외에 주목할 만한 최근의 연구서는 『가치평가와 정전(Wertung und Kanon)』(Rippl/Winko 2013)인데, 여기에는 "문학의 가치평가 및 문학의 형성과 보호 기관: 문학경영의 역할"이라는 제목으로 한 단원이 할애되어 있다. 여기서 다루어지는 문학중재제도는 ① 문학시장(출판사와 서점) ② 매체 ③ 서평(문학비평과 서평) ④ 문예학(문학사, 편집, 대학의 커리큘럼) ⑤ 학교 ⑥ 기타 문학운용기관(극장, 문학박물관과 작가기념관, 문학의 집, 문학상, 문학단체) ⑦ 아카이브와 도서관 ⑧ 교육과 학문의 후원 ⑨ 저자 ⑩ 독자, 청자, 시청자 등인데, 정전과 가치평가의 문제에서 가장 중요한 심급으로 여겨지는 몇몇 문학중재제도를 선별하여 살펴보자.

1) 출판사와 서점

정전화과정에서 서점은 두 가지 점에서 중요한 의미가 있다. 먼저 서점에서 구매할 수 있다는 변수는 특정 시점에 특정 작품의 정전화 정도에 대한 간접증거가 될 수 있다. 다음으로 출판사와 서점의 특정한 행위는 의도적으로 정전화나 재정전화를 노리는 것으로 볼 수 있다. 문학시장의 정전형성기능은 매우 복잡한 문제이지만 그중에서도 출판사의 출판프로그램은 결정적인 역할을 한다(Rippl/Winko 2013, 125). 독일 출판사의 출판프로그램은 편집 유형과 출판의 목적 및 염두에 둔 수요자에 따라 역사비평본, 학업본, 일반독자본 등으로 분류할 수 있다. 우선적으로 전문독자층을 염두에 둔 역사비평본은 특정 작가의 모든 텍스트를 발생학적으로 규명하는 상이점 고증자료(Apparat)를 제공해야 하는 대규모 프로젝트이다. 역사비평본 출판은 비용과 시간 그리고 인력이 많이 들기 때문에 소수의 정예 정전작가들만 대상이 되며 한 국가의 문화정치적 측면에서도 중요하기 때문에 대부분 공적 자금이 투입된다. 학업본과 일반독자본에서는 대개 텍스트비평의 원칙이 엄격하게 준수되지 않는다. 김나지움 학생이나 대학생들을 대상으로 하는 학업본은 텍스트해설 같은 주석이 첨부되어 있는데, 현재적 시점에서 텍스트의 이해 또는 상이하게 대치되어 있는 해석에 대한 비교 등은 독서와 작품해석의 길잡이가 된다. 경우에 따라 역사비평본과 같은 학문적으로 보증된 판본을 낱권으로 출판하는 학업본은 학문적 자료를 제공하면서도 비싸지 않다는 것에 장점이 있다(상세한 것은 고규진, 2010). 전집이 출판된 작가나 고전작가 시리즈에 포함되는 작품은 주로 핵심정전이며, 신문사나 잡지사의 설문조사를 통해 선정되는 세계문학 100선, 독일문학 100선 같은 프로젝트도 상업적 의도를 지니고 있긴 하지만 정전화와 재정전화에 커다란 영향을 끼친다.

상업 목적에서 출판사와 서점에서 사용하는 "고전작가", "…문학의 고전" 같은 문구는 정전으로서의 가치를 기정사실화하는데, 독일서적상연합회에서는 대개 어떤 작가의 대표작이 1945년 이전에 발표되었다면 고전작가의 범주에 넣는다(Rippl/Winko 2013, 125). "롱셀러", "스테디셀러", "최고의 작품" 같은 광고문구나 "세기의 소설", "…이래로 최고의…" 같은 최상급 표현도 정전화현상에 영향을 주지만, 학문적으로 볼 때는 논란의 여지가 많을 뿐만 아니라 대상 작품을 과연 고급문학으로 볼 수 있는지 의심스러운 경우가 많다. 우리나라에도 잘 알려진 파트리크 쥐스킨트의 『향수』가 단적인 예이다. 막스 베버Max Weber의 용어를 빌리자면 출판사가 정전성을 인정받은 작가의 작품을 출판한다면 가치적 합리성을 지향한 것이고, 정전화의 정도가 약하거나 정전으로 인정되지 않은 작가의 작품을 출판한다면 대개 유행에 편승하기 위한 목적의 합리성에서이다. 가치적 합리성에 의한 출판은 핵심정전이 지속되는 데 기여하며, 목적의 합리성에 의해 출판된 작가나 작품이 성공적인 정전화로 귀결되는 경우는 매우 드물다.

2) 매체

정전, 정전화와 매체는 다양한 분야에서 서로 연관된다. 정전화와 정전형성에서는 언제나 정보를 저장, 전달, 가공하는 매체가 전제된다. 정전화현상만 해도 18세기 하반기부터 싼 가격으로 제공된 책이라는 매체를 통해 많은 사람들이 인지도가 높은 순수문학을 접하게 됨으로써 가능해진 일이다. 19세기 이후 오늘날까지 학교나 대학의 독서정전은 저렴한 학업본이 계속 제공되면서 정전의 위상을 이어나갈 수 있었다. 하지만 현대사회에서 문자매체가 정전화될 수 있기 위해서는 다양한 중재시스템을 통해 전파되고 시청각 매체로 확산되어 반향을 일으키는 것이 중요한 전제가 될 수 있다. 예를 들어 18세기 이후 작가의 낭독회는 문학의 대중화에 기여하고 있다. 낭독된 텍스트의 확산뿐만 아니라 낭독의 수행성을 통해 증대되는 문학의 감성화는 문학이 하나의 이벤트가 될 수 있는 좋은 기회이기 때문이다. 또한 문학텍스트가 라디오방송극이나 만화 또는 TV드라마로 번안되는 것도 텍스트의 정전화에 기여한다. 청각과 시각 이미지가 텍스트의 감성적인 호소력을 고양하기 때문이다. 문학작품의 영화화는 정전화과정에서 순수한 청각매체나 시각매체보다 큰 역할을 한다. 제작비와 상업적 성공이 우선시되기 때문에 소수의 텍스트만 영화화되지만, 영화를 통해 널리 알려진 문학텍스트는 영화와 함께 (대)학교의 수업시간에 활용될 수 있다. 물론 텍스트의 인지도와 정전화가 직접적인 인과관계에 있는 것은 아니다. 라디오나 TV의 독서관련 프로그램도 마찬가지이다. 새로 출간된 문학작품을 놓고 세 명의 문학비평가와 한 명의 초대손님이 격론을 벌이는 독특한 구성방식으로 인기 있던 체트데에프의 〈문학 사중주〉(1988~2001)가 대표적이다. 이러한 프로그램에서는 주관적인 독서평과 문학비평이 뒤섞이기 때문에 고급신문의 문예란보다 가치평가의 신뢰성이 떨어질 수도 있다. 여하간 방송프로그램을 통해 유명해진 문학텍스트는 영화화된 문학텍스트처럼 (대)학교의 수업시간에 활용될 수 있고, 텍스트나 작가의 정전화에 직접 기여하지 않더라도 당대의 독서정전으로 수용되는 데에 더 유리할 수 있다.

문학텍스트의 영화화에서 볼 수 있듯이 매체가 정전형성의 바로미터는 아니지만 대중들이 텍스트를 선택할 때 방향을 제시하는 기능을 한다. 저널리즘 분야에서 주기적으로 발표되는 베스트셀러목록은 출판사의 광고수단으로 활용되어 대중의 관심을 집중시키는 효과를 낳는다. 그렇지만 매체의 방향제시가 언제나 순기능만 가지는 것은 아니다. 예를 들어 전문가나 일반인을 대상으로 한 설문조사를 바탕으로 꼭 읽어야 할 한정된 수의 문학작품목록을 공표하는 경우 문학전문가들은 문학의 다양성을 강제적으로 제한한다고 비판할 것이다. 정전비판에 대한 반동으로 2000년대 초반부터 독일이나 프랑스의 신문 잡지에서 자국과 세계의 대표적인 문학작품을 선정하여 발표하고 이를 출판으로 연결하는 사례도 매체의 방향제시기능으로 볼 수 있다. 2004년에 『쥐트도이체 차이퉁』은 20세기의 위대한 소설 50권을 선정하여 각 소설마다 판권을 소유한 출판사의 이름을 명기한 후 하드커버로 제작하여 매우 저렴하게 판매했다. 신문에서 대대적으로 광고되었고 당연히 기차역 서점에서 눈에 가장 잘 띄는 판매대에 진열되었다. 이후 『빌트Bild』, 『브리기테Brigitte』, 『포쿠스Focus』, 『게오Geo』, 『디 차이트』 같은 신문사와 잡지사가 이러한 선례를 뒤따랐고, 책뿐만 아니라 영화, 오디오북, 음악CD, 만화책을 대상으로 대개 50개에서 100개의 작품을 선정하고 판매하는 유행을 낳았다. 이와 함께 탄생한 "매체의 도서관(Medienbibliothek)"이라는 신조어는 대중들이 여러 장르나 분야의 가장 중요한 작품들을 갖춘 자신만의 도서관을 구축해야 할 것 같은 의무감을 은근히 부추긴다. 여기서 한정된 수의 선택은 불변의 정전이라는 암시이기도 하다.

정전화와 관련된 매체사회의 또 다른 특징은 문학을 스캔들과 이벤트의 대상으로 삼는다는 것이다(Rippl/Winko 2013, 136). 많은 독자의 관심을 끌기 위해 신문 문예란의 편집자나 비평가는 뜨거운 감자로 여겨지는 사회적 주제를 의도적으로 제기하고 특정 문학텍스트를 과대포장하거나 왜곡할 수 있다. 우리나라 같은 경우는 진보와 보수의 대립, 분단과 통일

문제, 일본과의 관계설정(위안부, 독도, 친일 등) 등이 여기에 해당할 것이다. 문학권력논쟁으로 확산된 신경숙 작품의 표절문제도 몇 주 동안 문예란에서 집중 조명되었다. 그러나 스캔들이 직접 텍스트의 정전화에 기여하는 상징적 자본으로 바뀌는 것은 아니다. 스캔들의 제재인 특정 세계관이나 하위문화가 가치평가의 핵심축이 될 수 없기 때문이다. 문학의 이벤트화는 매체가 문학축제, 문학상 시상, 도서박람회에 대한 관심을 유도함으로써 특정 작가에 대한 관심을 조종하는 것을 말한다. 이러한 계산된 이벤트 외에 신작 출간도 하나의 커다란 사건으로 소개되고 선전될 수 있다. 작가의 판권이 특정 출판사에 전속되어 있을 때 이러한 현상은 더 두드러진다.

마지막으로 주목해야 하는 것은 디지털환경이다. 디지털시대의 정전화는 문학마케팅, 문학비평, 인터넷의 측면에서 관찰할 수 있다. 먼저 문학마케팅에서 출판사의 역할이 줄어들 수도 있는 환경이 제공되어 있다. 디지털환경에서는 작가들이 출판사의 전략에 의지하지 않고 자신의 웹사이트를 운영할 수 있기 때문이다. 오스트리아의 노벨문학상 수상작가인 엘프리데 옐리네크의 경우 자신의 웹사이트에서 시의적인 사회 문제나 사건을 논평할 뿐만 아니라 직접 『질투(Neid)』 같은 문학텍스트를 발표하기도 한다. 또 다른 작가들은 웹사이트 접속을 통해 직접 독자와 교류함으로써 출판사의 중개기능보다 더 직접적인 작가와 독자의 관계를 창출한다. 또한 인터넷서점에서는 고객이 어떤 구매태도를 가지고 있는지 쉽게 알 수 있기 때문에 소위 행동기반 표적광고를 이용하여 고객의 선호도에 부합하는 책들의 기획광고가 가능하다. 판타지소설 구독자에게는 계속해서 판타지소설이 광고된다. 이러한 마케팅을 보면 전체 사회를 대변할 수 있는 정전의 출현은 점점 더 어려워질 거라는 예측이 가능하다(Rippl/Winko 2013, 139). 다음으로 웹 2.0 인터넷 공간은 문학비평 측면에서도 엄청난 변혁이다. 모든 독자가 원칙적으로 어떤 텍스트를 논평할 수 있는 가능성이 있기 때문이다. 함량미달의 의견이나 반지성적인 여론조작을 두려워하는 비판적인 목소리가 있지만 많은 사람들은 이러한 비평에 열광적으로 반응하고 자신의 의견을 덧붙인다. 따라서 신작에 대한 소위 주례사 비평의 효과도 약화될 수 있으며, 인터넷의 무한한 저장기능 때문에 언제든 비평과 평가를 검색하고 전유할 수 있는 "롱셀러"가 베스트셀러보다 정전화될 가능성이 더 커진다. 이런 점에서 인터넷은 문학정전의 보호와 정전수정에서 중요한 기능을 수행한다. 책의 형태로는 몇 권 남지 않아 원격대출서비스도 받을 수 없는 오래된 텍스트도 디지털복사를 통해 언제든 접근이 가능하다. 또한 사망한 지 70년이 지나 저작권시효가 만료된 약 1,700명의 독일작가의 8,000여 개 작품(2016년 6월 기준)을 컴퓨터로 접근할 수 있는 "구텐베르크 프로젝트 Gutenberg-Projekt" 같은 문학아카이브에는 핵심정전뿐만 아니라 저작권의 효력이 끝난 덜 알려진 텍스트도 있기 때문에 고전작가와 덜 알려진 작가의 텍스트가 동등하게 제공됨으로써 정전의 복수화에 기여할 수 있다.

3) 문학비평과 서평

서평은 여러 형태의 문학비평 중에서도 가장 영향력이 큰 텍스트이다. 17세기 후반부터 서평(Rezension)의 어원인 라틴어 동사 "recensere"는 "자세히 관찰하다", "시험적으로 검사하다", "꼼꼼하게 검토하다"는 뜻과 결합되었다. 그런 만큼 공론장에 신간을 소개하고 그것의 가치를 평가하는 서평은 출판사에 의한 광고문구나 늘 긍정적인 가치평가와 달리 비판적 비평이라는 점에 특징이 있다.

문학비평은 독일의 경우 우선 지식인과 대학의 문학연구(문예학)와 태생부터 달랐다. 문학연구와 상류사회 사교계에서 문학교류방식 간의 대조적 차이는 19세기 후반기부터 상업적인 대중신문이 등장하고 이 신문의 문예란(Feuilleton)에서 문학비평이 수행됨으로써 더 심화되었다(Rippl/Winko 2013, 147). 문학비평은 대학의 엄격한 학문성과 분리되어 기본적으로 저널리즘영역에서 수행된다. 문학의 역사를 연구하는 분과학문인 문예학이 당대 문학과는 가급적 거리가 두고 최소한 한 세대 이전의 문학을 연구대상으로 삼아 텍스트비평적 편집학, 작품해석, 문학사서술, 정전형성과 정전보호 기능에 몰두한다. 반면 주로 아직 정전화되지 않은 새로운 문학을 대상으로 하는 문학비평은 문학비평가에게 심판관, 옹호자, 친구, 투사로서 더 큰 유희공간을 보장하며 다른 한편으로는 대중사회에서 요구하는 현재성에 부응하고자 한다.

문학비평은 첫째, 선택과 포괄적인 가치평가행위에 참여함으로써 둘째, 문학텍스트를 분명하게 평가함으로써 정전화에 관여한다. 선택을 결정하는 언어적이거나 비언어적인 가치평가행위, 즉 출판사의 원고 채택이나 거절, 전문비평가에 의한 최고의 작품목록과 문학상 수상자 결정, 서평 대상 작품의 선택, 유명 비평가의 서평 등이 첫 번째 유형에 해당한다. 두 번째 유형인 문학텍스트에 대한 분명한 가치평가는 작가와 출판사가 가장 기대하는 것이다. 가치평가와 학문 또는 비학문적 비평과 비비평적 학문 간의 엄격한 분리가 정당한 것인지는 차치하더라도 문학비평은 문예학보다 훨씬 분명하게 가치평가행위를 목표로 삼고 있고, 그만큼 당대 문학의 정전화에 더 큰 영향력을 행사한다. 다른 한편으로 오늘날에는 온라인에서 비전문가도 문학의 가치평가에 참여하거니와, 가치평가를 하는 문학비평과 서평도 가치가 평가되는 시대이다. 이렇게 본다면 제도로서의 서평과 문학비평 및 제도화되지 않은 온라인 고객서평과 독자비평도 문예학적 정전연구의 연구대상이다.

4) 작가와 독자

작가의 위상변화와 정전화의 문제에서는 매체의 영향이 제일 크다. 문학에 대한 매체의 관심은 자주 작가라는 인물을 향하기 때문이다. 작가의 일대기, 성격의 특이성, 자기만의 문학생산 방식 등은 종종 작품의 특별한 미학적 특질보다 더 큰 관심의 대상이 되기도 한다. 정전작가에 대한 신화나 일화는 정전형성에 일조하며, 구전으로 전수될 뿐만 아니라 문학사와 같은 매체를 통해 확산된다. 하지만 작가에 대한 숭배가 지나치면, 그 작가의 문학생산에 대한 가치평가와 크게 유리되는 상황도 발생한다. 이에 대한 최근의 예는 토마스 만이다. 그에 대한 대중적 인기와 공론장에서의 이미지는 작가로서의 토마스 만의 위상과 큰 차이가 있다. 토마스 만 서거 50주년 기념으로 〈만 일가(Die Manns)〉가 방송된 2005년 이후 대중들에게 토마스 만은 독일 옛 시민문화의 대표자로 간주되었으며, 개인이 아니라 가족의 중심인물로 인지되었다. 토마스 만이라는 인물에 대한 일련의 관심은 그의 작품이 많이 팔리게 했지만 세간의 수요는 다른 대작보다 초기의 가족소설 『부덴브로크가의 사람들(Die Buddenbrocks)』에 집중되었다(Storbel 2009, 269f.).

대학의 문학연구가 본격화된 19세기 중반 이후 작품에 대한 작가 개인의 의견과 자평自評은 해석정전의 중요한 좌표가 되었다. 오늘날 매체를 통해 확산되는 작가의 인터뷰와 인터뷰의 질문목록은 작품의 특정 측면을 부각하기 때문에 정전화의 관점에서 작품을 해석하고 평가하는 중요한 척도가 된다. 작가들은 스스로의 의미부여, 작품과 관련된 기억이나 회상 또는 작품의 생산과정에 대한 정보를 제공함으로써 해석정전에 영향을 준다.

오늘날과 같은 상업적 문학중재시스템에서 작가는 하나의 상표일 수 있기 때문에 성공적인 정전화를 노리는 작가들은 매체환경을 이용하여 적극적인 자기연출을 시도하며, 독자는 나름대로 독후감 차원 이상의 가치평가를 내림으로써 작가의 문학생산에 영향을 끼친다. 독자의 문학수용은 보상이나 오락의 차원에서 또는 전통적 교양추구나 사회그룹의 이해관계 측면에서 세분화될 수 있다. 현대사회에서 정전화를 독자 입장에서 관찰하기 위해서는 아래에서 다루어지는 체험사회라는 착안점이 도움을 준다.

지금까지 다룬 중요한 문학경영제도 외에도 학교, 극장, 문학박물관이나 작가기념관, 도서관, 교육과 학문을 후원하는 제도도 정전화과정에서 일정한 기능을 행사한다. 먼저 학교의 문학교육에서는 국가의 교육관련 부서에서 정하는 교과운영지침이 길잡이가 된다. 특히 시험(우리나라의 대학수학능력시험이나 독일의 아비투어)과 연동되어 있기 때문에 정전의 육성과 보호에 특히 기여하는 바가 크다. 학교교육에서 특히 중요하게 다루어지는 것은 독해방식과 관련된 해석정전 및 효과적인 독서교육을 위해 부교재로 이용되는 당대의 자료정전(영화, 연극, 방송극)이다.

자료정전 중 가장 긴 역사를 가진 연극은 특히 주목할 만하다. 드라마작품과 연극은 텍스트성과 수행성이라는 별도의 기호학적 전제를 가지고 있기 때문에 정전화된 드라마가 더 공연기회가 많은 것은 사실임에도 불구하고 드라마작품의 정전화에 대해 연극이 갖는 기능은 쉽게 단정할 수 없다. 얀 아스만은 정전의 탄생을 소통적 기억이 문화적 기억으로 옮겨지는 과정으로 설명하는데(Assmann 1992, 48ff.), 연극무대는 이와 반대로 문화적 기억의 요소인 정전을 공연을 통해 소통적 기억으로 옮겨놓고 새로운 가치평가를 내리는 제도라고 할 수 있다(Rippl/Winko 2013, 205). 따라서 연극은 끊임없이 해석정전을 창출하며, 그런 점에서 핵심정전의 보호와 육성에 이바지한다.

문학박물관과 작가기념관은 매체시대에서도 정전형성에서 일정한 기능을 수행한다. 영상과 이미지로 명화名畵를 생생하게 감상할 수 있는 시대에 굳이 루브르박물관과 유명한 외국 화가의 국내전시회를 찾는 것과 같은 이치이다. 요컨대 문학박물관과 작가기념관은 원본의 아우라 가치를 통해 일반인의 관심을 유도한다. 정전화되지 않은 작가는 전집출판기념사업이나 학술대회를 통한 문학사적 위상 부여를 통해 정전화의 길에 들어설 수 있다. 문학의 집(Literaturhaus)은 문학의 중재와 문학 행사를 주관하는 기관으로 독일의 거의 모든 도시에 있다. 예컨대 유럽에서 가장 규모가 큰 뮌헨의 문학의 집 같은 경우 주된 과제는 ① 작가, 출판업자, 서적상, 저널리스트를 위한 회합장소 제공 ② 서적 관련 분야 직장인의 교육 ③ 글 쓰는 사람과 독서하는 사람을 위한 포럼 제공[5] 등이다. 문학박물관, 작가기념관, 문학의 집은 요컨대 작가들을 후원함으로써 문학시스템의 진화에 참여하는 것이다.

문학텍스트를 대상화하고 객관화하는 심급으로서 아카이브와 도서관은 가치평가과정에 능동적으로 참여할 뿐 아니라 인터넷시대의 특성에 맞게 작품의 디지털화를 촉진하는 과제를 수행한다. 마지막으로 교육과 학문의 후원은 국가기관과 재단 등에서 연구자를 지원하는 것을 말한다. 당연하지만 문학 전공 교수들에게 특정 작가를 새로 발굴하는 연구비를

---

5 http://www.literaturhaus-muenchen.de/ueber-uns.html.(2016. 8. 4.)

줄 경우 이 작가는 정전화될 가능성이 생긴다. 2009년 통계에 의하면 독일 대학 연구비의 35%는 독일연구재단, 25%는 연방주, 10%는 유럽연합, 6%는 재단, 23%는 기업으로부터 나온 것이다. 재단 중에서는 폴크스바겐Volkswagen재단이 가장 많은 연구비를 지원했다(Rippl 2013, 240f.). 일례로 정신과학의 지원에 관심이 큰 폴크스바겐재단은 2006년부터 2010년까지 괴팅엔대학의 박사과정프로젝트팀을 지원했는데, 그 결과물이 『정전·가치평가·중재』(Beilein 2012a)이다.

지금까지 간략하게 살펴본 문학중재기관에 대한 연구에서 특히 중요한 것은 현재진행형인 정전수정을 어떻게 논리적으로 정당화할 수 있는지에 대한 물음일 것이다. 또 하나는 이러한 제도들이 교양시민적인 독서정전의 의미상실에 어떻게 대응하고 문학의 이벤트화에서 어떤 몫을 담당하는지에 대한 물음이다. 이러한 문제제기는 현대의 지식사회에서 문학의 위상이 격하되면서 정전 자체에 대한 관심도 줄고 정전화의 과정도 중요치 않게 되었다는 가정을 내포하고 있다. 그럼에도 불구하고 영향력이 큰 매체에서 독서프로그램이 진행되고 있고, 정전을 재확립하고 정전의 유효성과 적실성을 증명하려는 시도들은 다양한 제도에서 계속 수행되며, 학교와 대학에서 필독서목록은 여전히 유효하다. 문학과 작가를 위한 기념사업도 계속해서 증가한다는 점도 덧붙일 수 있는데, 이것도 정전이 지속된다는 것에 대한 간접증거이다. 또한 고전작가들이 지난 세기의 격동기 때와는 또 다른 지위를 누리고 있다는 점도 언급할 수 있다. 말하자면 예나 지금이나 이러한 고전작가들을 통해 문학의 정체성형성 기능이 계속되며, 이것은 정전의 형성과 정전의 본질을 이루고 있다고 생각되는 가치가 아직도 시의적인 것으로 통용된다는 것을 의미한다. 나아가 신간서적의 홍수 속에서 자신에게 적합한 책을 찾고 싶은 독자들의 욕구도 정전화과정이 현재의 문학시스템에서 중요한 의미가 있다는 것을 증명한다(Beilein 2012b, 8f.).

2. 체험사회에서의 정전

19세기 이후 시민사회문화의 가장 두드러진 특징 중의 하나는 예술에 관여하는 활동에 대한 자기확신이었다. 회화, 음악, 문학에 대한 관심과 예술을 이해하는 능력은 시민적 아비투스의 본질적 요소였고, 이를 통해 시민은 사회적 위계질서 내에서 특권을 키우고 강화할 수 있었다. 예컨대 시민은 결혼시장을 통해 사회적 자본을 강화하기 위해 "피아노를 연주하는 고상한 딸"을 키우는 동시에 문화적 자본을 축적할 수 있었다(Beilein 2012b, 11). 하지만 예술과 문학에 대한 이러한 태도는 지난 몇 십 년 동안 근본적으로 변했고, 대중사회의 보통시민들에게는 시민사회가 만들어낸 가치전범은 한정적으로만 작용한다. 이러한 변화는 교양문화의 가치가 계속해서 해체되는 것에서 기인하는바, 문학도 이러한 시류의 영향에서 벗어날 수 없다. 문학을 통해 추구되던 보편적인 인류학적 가치와 이를 뒷받침하는 해석정전에 대한 지식도 더 이상 시민적 교양의 전제조건이 아니게 된 것은 문학환경의 다양화 및 생산, 수용, 분배 조건의 변화와 더불어 문학에 대한 가치평가의 틀이 크게 변했기 때문이다. 문학에 대한 가치평가와 정전화과정은 달라진 시장조건하에서 진행되며, 현재의 문학경영시스템은 새로운 매체와 시장 그리고 제반 사회적 요소들의 영향권하에 있다. 이러한 인식을 전제로 현대사회에서 문학이 중재되는 특징을 살펴보자.

첫째, 문학은 소위 "문학의 위기"로 불리는 존재론적 문제 외에도 마케팅 및 영리추구라는 시장조건과 맞닥뜨려 있다. 작가의 이름은 곧 상표이며, 작가는 문학시장의 시류적인 요구에 부합하는 입장을 강요받을 뿐만 아니라 다양한 문학중재기관과 함께 자신의 이미지를 만들어내야 한다. 또한 책이 인정받거나 성과를 거둔다고 해도 많은 경우 교양시민적인 문화가치의 덕택이 아니라, 체험의 질을 고조하려는 욕구가 특징인 사회에서 관찰할 수 있는 책에 대한 숭배가치 때문이다(Beilein 2012b, 11). 보다 중요한 것은 문학이 자신의 가치를 이벤트를 중시하는 TV, 영화, 인터넷 등의 매체와의 경쟁을 통해서 증명해야 한다는 것이다. 문학경영의 행위자들을 이것을 잘 인식하고 있기 때문에 문학은 그 어느 때보다 더 분명하게 상품으로 취급되고 연출된다. 그 결과 시장에서는 새로운 중재형식들이 생겨나는데, 많은 시청자를 끌어들여 책을 판매하려는 TV의 문학프로그램이벤트를 예로 들 수 있다. 작가 편에서의 변화도 불가피하다. 문학사에서 "매체의 곡예사"(Fischer 2007, 271)로 알려져 있는 작가의 유형이 다시 떠오르고 있다. 바이마르공화국시대부터 크게 달라진 매체환경을 능동적으로 잘 활용한 브레히트나 에리히 케스트너Erich Kästner(1899~1974) 같은 작가의 후예가 본격적으로 등장할 수밖에 없다. 서적이 영화의 대본, 오디오북, 비디오게임이나 컴퓨터게임 등으로 재생산되는 것은 의도적으로 시장을 노리는 방법 중의 하나이다. 그에 반해 전통적인 교양시민적 가치평가, 예컨대 경제와 문화의 분리나 초시대적 가치에 대한 추구 등은 시대에 뒤진 것으로 여겨진다. 경제적 성공을 위해 공세를 취하는 문학형식이 대두된 것인데, 베스트셀러작가를 보장하는 이러한 문학형식은 태생적으로 혼종적이며 다양한 매체에 접목가능성이 있다. 바르트와 푸코 이후 논쟁거리인 저자성의 변화와 매체를 의식한 작품생산은 정전과 가치평가라는 문제에 매우 상징적인, 엄연한 문학산업의 현실이 투영된 것이다. 극단적인 경우 노르베르트 볼츠Norbert Bolz 같은 매체이론가는 구텐베르크 은하계의 종말 이후에는 작품이 하이퍼자료로 변환되고 작품의 원작자는 익명이자 복수로 남기 때문에 저자성의 종말은 필연적(Bolz 1994, 9)이라고 진단하면서 읽으면서 쓰이는 텍스트, 즉 저자 없는 텍스트의 생산방식에 주목하기도 한다(여기에 대해서는 고규진 2015). 둘째, 시민사회전통선상에서 문학에 대한 관심이 완전히 사라진 것은 아니지만 계속 변두리로 밀려나는 것은 사실이다. 오늘날 문학은 인식의 도구나 교양의 척도로 여겨지지 않으며, 문학 스스로도 언어의 창조적 가공이나 인식론적 지평의 확대라는 목적에만 매달리지 않는다. 오히려 예술은 그 자체적으로 자족적이며 다른 목적에 쓰이지 않는다는 전통적인 자율미학의 사회적 격리성이 다시 강조되는 역설적 상황이 대두된다. 문학이 이런 식으로 진화하는 것은 무엇보다도 "소위 쾌락적 환경의 독서습관"에서 찾아볼 수 있다(이하 Schneider 2004, 328ff.). 중고등학생, 대학생, 직업교육생, 학업중퇴자 등과 같이 아직 확고한 사회적 지위를 갖지 못한 사람들이 이러한 쾌락적 환경의 구성원일 터인데, 이들에게 문학이 소비되는 방식은 매우 독특하다. 책을 선택할 때 비추종주의, 유연성, 개인의 자유가 기준이 되기 때문에 매우 이질적인 책들을 차별 없이 섭렵하는 경우가 많으며, 문학을 바라보는 태도와 매체를 대하는 태도가 별반 다르지 않다는 점도 지적할 수 있다. 말하자면 책의 교양가치에 관심을 갖는 것이 아니라, 책을 통해 자신의 개성을 성찰하고 자아정체성과 연관시킬 수 있는 가능성이 있는지에 따라 책의 가치를 평가하는 것이다. 강한 지적·영적·육체적 자극을 줌으로써 강렬한 삶의 감정을 불러일으킬 때 문학은 독서의 대상이 된다.[6] 또한 현대사회의 다양한 매체현실은 다양한 체험이 가능하다는 것을 의미하거니와, 상이한 삶의 양식과 체험형식이 선호되면서 오락적이고 쾌락적인 환경은 더 확장된다. 이러한 환경에서 추구되는 가치평가방식이나 정전현상은 독서문화의 트렌드로 수렴되며, 여기에서는 독특하고 인습적이지 않은 가치평가와 자아실현욕구를 충족하는 가치 그리고 체험을 풍부하게 제공하는 문화형식이 특히 선호된다. 문학의 소비도 문학을 자신의 자유로운 개성을 성찰하는 매개로 생각하는 개인들의 자유에 맡겨지기 때문에 어떤 고급문화적 가치가 중요한 기준이 되지 않는다. 또한 영상문화가 독서문화를 꼭 방해한다고 볼 수도 없고, 문자매체에서 요구되는 이해력은 하이퍼텍스트를 이해할 수 있는 능력으로 연결됨에도 불구하고 젊은 세대들에게는 단면적이고 선택적인 독서경향이 계속해서 확산된다. 전체적으로 볼 때 개개의 독서행위는 더 표피적으로 변했으며 문학의 문화적 가치에 대한 인식수준은 저하되었다고 할 수 있는데, 그렇다면 이러한 현상을 어떻게 설명할 수 있을까?

후기 시민사회에서 상이한 여러 그룹들이 상이한 가치를 추구하는 현상을 이해하는 데에는 "현재의 문화사회학"이라는 부제가 달린 게르하르트 슐체의 『체험사회』가 도움이 된다. 슐체는 오늘날 복지가 유럽과 미국 산업사회의 일반적인 특징이라는 전제에서 출발한다. 이전 시대에는

6 이 경우 문학이나 스포츠는 별반 다르지 않다. 오늘날 젊은이들이 올림픽에서 경쟁하는 것은 국위선양이나 명예나 전통적인 스포츠정신을 위해서라기보다는 다른 사람과 구별되는 자신의 독특한 체험을 보장하는 스포츠를 통하여 자아실현이라는 꿈을 이루고 싶은 욕구 때문으로 볼 수 있다. 시청자들에게 강렬한 인상을 남긴 2016년 리우올림픽 태권도 종목 동메달리스트 이대훈 선수에게도 중요한 것은 금메달이 아니라 도전정신과 개인적 체험이었다.

대부분의 인간들에게 자신의 존재를 보호하는 것이 삶의 핵심적인 내용이었기 때문에, 관계를 위해 강요되는 것이 아닌 어떤 활동(놀이, 취미활동, 문화적 성과의 향유)에 부여된 공간은 크지 않았다. 반면 많은 현대인은 넉넉한 수입과 예전에 비해 늘어난 여가시간이 있다. 그래서 그들은 아름다운 삶을 추구하는데, 이러한 삶의 중요한 특징은 행복을 주는 체험, 즉 온갖 정신적·감각적 만족을 향유하는 것이다. 이러한 아비투스가 가능한 것은 사회에서 개인주의적 향락주의가 존재감의 충족으로 정당화될 수 있기 때문이다.[7]

슐체의 전제는 오늘날 유럽 산업사회의 구조를 획일적으로 계급이나 계층 같은 대그룹으로 구분할 수 없다는 것이지만, 그럼에도 불구하고 체험욕구나 선호하는 체험영역과 관련하여 볼 때 사회구성원들 간에는 현저한 차이가 존재한다고 본다. 슐체는 사회적 신분이나 지위가 아니라 여가시간을 활용하는 체험영역이 다르다는 것, 그리고 이러한 체험을 통해 지향하는 목적이 다르다는 것에 주목한다. 먼저 슐체는 체험세계를 가능한 한 세분화하려는 목적에서 일상에서 미학적인 것을 체험하는 방식도 고급문화, 일상성, 긴장완화 등의 틀로 도식화한다. 고급문화를 지향하는 틀에서는 관조라는 향유형식을 통해 완벽주의라는 생철학이 추구되며, 일상성을 지향하는 틀에서는 안락추구라는 향유형식과 조화라는 철학이 담겨 있다. 긴장완화를 지향하는 틀에서는 행동이라는 향유형

7 이러한 착안점은 『위험사회』의 저자 울리히 벡(Ulrich Beck)에 의해 1980년대 말부터 널리 보급된 개체화과정이라는 테제에서 출발하는데, 벡에 의하면 개체화와 더불어 사회적인 것의 개별화와 원자화(原子化) 같은 현상(예컨대 싱글사회)이 대두된다. 이와는 반대로 슐체는 이러한 개체화과정을 통한 새로운 환경의 대두에 관심을 갖고 사회적인 차이가 체험의 차이와 미학적인 것에 대한 차별적 태도를 낳는다고 전제한다(고규진 2012, 120 이하).

식을 통한 나르시시즘적인 쾌락주의가 삶의 철학이다. 상이한 일상 미학적 체험을 추종하는 사람들은 그러므로 서로 다른 향유형식을 선호할 뿐만 아니라 생각과 판단에서도 서로 다른 척도를 보여준다. 슐체가 두 번째로 제시한 환경이라는 범주는 추구하는 가치에 따라 고급수준환경, 사회편입환경, 사회융화환경, 자아실현환경, 재미추구환경으로 나뉜다. 체험의 틀과 환경이라는 기본 범주를 축으로 정리한 체험사회의 양상은 다음과 같이 도표화할 수 있다(이하 고규진 2012, 125-128).

환경	교양수준	연령대	생활목표	추구하는 일상미학 도식
고급수준환경	높음	높음	지위	고급문화
자아실현환경	높음	낮음	자아실현	고급문화, 긴장완화
사회편입환경	중간	높음	화합	고급문화, 일상성
사회융화환경	낮음	높음	안정	일상성
재미추구환경	낮음	낮음	자극	긴장완화

고급문화는 특히 교양정전의 현 주소를 파악하고 묘사하기에 적합하다. 도표에서 볼 수 있듯이 고급문화를 지향하는 사람들의 생활목표는 화합과 자아실현 외에도 특히 지위가 중요하다. 그래서 고급문화를 생활목표로 삼는 사람들은 사회적인 높은 서열과 명망을 위해 노력할 뿐만 아니라 대부분은 종교적·윤리적·미적 규범 같은 특정한 전통적 가치를 존중할 것이다(Fuhrmann 2004, 211). 고급문화에 매력을 느끼는 사람들은 이것을 관조적인 태도나 주의 깊은 관찰을 통해 수용한다. 이러한 향유에 참여하는 것은 예나 지금이나 사회적 신분이 높다는 증표가 될 수 있

다. 경제적 여유와 높은 수준의 교양을 갖추어야 가능했기 때문에 특히 부르디외의 의미에서 구별 짓기의 기능을 수행하기도 한다. 하지만 체험사회가 진행될수록 고급문화에 대한 애착이 구별기능과 동일시될 수 없다. 그러한 애착은 개인적 선택의 결과이며, 높은 사회적 신분에 대한 욕망이 없어도 고급문화는 개인에 따라 얼마든지 향유의 대상이 될 수 있다. 또한 고급문화추종자의 예술관이나 문학관이 교양정전에 한정된다고 볼 수도 없다. 아주 상이한 기원과 세계관을 보여주는 예술작품과 문학작품도 개개인에 따라 얼마든지 경탄의 대상이 될 수 있기 때문이다. 따라서 고급문화를 지향하는 향유태도와 소비태도가 더 이상 특정 계층과 평균 이상의 소득수준을 가진 사람들의 전유물이라는 직접적인 증표는 될 수 없지만, 고급문화는 일반적으로 교육수준이 있는 사람들의 관심이긴 하다. 일상성에 주목해보자면 이 틀에서는 교육수준이 상대적으로 낮은 사람들의 여가시간을 채워주는 유행가, 애정영화, 싸구려소설, 삽화잡지, 키치, 통속멜로물 등을 연상할 수 있다. 집중과 긴장은 거의 문제시되지 않는다. 여기에서 추구되는 기본적인 분위기는 안락하고 편안한 느낌이다. 또한 여기서는 조화로운 삶을 위해 낯선 것이 경계의 대상이 된다.

슐체의 이론은 한마디로 벡의 개체화 테제와 가치변화에 대한 테제의 조합으로 불리는데, 각각의 일상미학적 틀에서는 향유형식이나 삶의 철학보다는 서로 간의 차별성이 두드러져 보인다. 예를 들어 고급문화와 관련된 환경(고급수준환경, 자아실현환경, 사회편입환경)은 스스로를 반反야만적인 것으로 차별화하려 하며, 일상성과 관련된 환경(사회편입환경, 사회융화환경)이나 긴장완화와 관련된 환경(자아실현환경, 재미추구환경)은 인습에 매이지 않는 기발한 자극추구를 통해 스스로를 차별화한다. 이러한 차이를 문학수용의 차원에 적용해보는 것은 현대사회에서의 문학정전의 위상과 기능을 가늠할 수 있다는 점에서 매우 흥미롭다. 문화적인 틀에 따라 상이하게 제공되는 차별화된 가치가 상이한 사회적 계층과 그룹에게 기준이나 모범으로 작용하기 때문이다. 예를 들자면 고급수준환경에 있는 사람들에게 전통적인 예술중재제도, 즉 극장, 콘서트, 박물관은 중요한 의미를 가진다. 또한 수준 높은 신문과 잡지를 정기구독하고, TV에서는 문학을 포함한 문화 관련 방송, 예술사프로그램, 다큐멘터리 등을 선호할 뿐만 아니라 독자로서는 전통적이고 고전적인 문학정전을 선호하면서 통속적인 텍스트와 그러한 텍스트를 읽는 사람들과 자신을 차별화하는 경향이 있다. 반면 사회융화환경에 속하는 문학수용자는 고급문학의 인식론적 가치보다는 대중적이거나 통속적인 문학텍스트를 가까이하면서 일상의 편안함을 도모할 것이다. 또한 이기주의와 자아중심적인 개체화를 촉진하는 문화적·매체적 현상(예를 들자면 도박, 전쟁 등의 컴퓨터게임에서 승리)과 관련이 있는 재미추구환경에서는 문학정전은 물론 전통적인 문학장르 자체의 의미까지 쇠퇴할 수밖에 없을 것이다. 기껏해야 기발한 상상력을 통해 흥미와 긴장감을 제공하는 문학텍스트가 선호될 수 있을 것이다. 사회편입환경에서는 정전지식을 갖추고 그것의 기능과 필요성을 인정하면서도 문화적 변화에 순응하는 조화로운 삶을 위해 일상문화의 가치도 소중하게 여기는 중장년의 식자층 독자를 연상할 수 있을 것이다. 반면 활력적인 자극과 유혹으로부터 자유롭지 못한 오늘날의 대학생들에게 고전이나 전통적인 정전은 대개의 경우 자아실현환경의 차원에서 필요한 어떤 것으로 이해되거나 추구될 터이지만, 전통적인 문학정전을 가르치는 대학의 문학강의현장에서 확인할 수 있는 것은 대부분의 대학생들이 자아실현환경보다는 재미추구환경에 더 경도

되어 있다는 것이다.

슌체의 이론을 통해 정전은 각각의 환경에 속한 구성원들의 내적·외적인 정체성형성에서 아주 중요한 역할을 수행할 수 있다는 것을 확인할 수 있다. 굳이 사회심리학적 상호행위이론을 거론하지 않더라도 인간은 누구나 자신을 둘러싸고 있는 사회적 환경에 대하여 적극적이고 확고하고 일관된 인상을 심어주고 또 이러한 인상을 자신의 뜻대로 제어하고자 한다. 예컨대 자신을 표현하고 상징화하는 데에 있어서 고급수준환경이든 사회융화환경이든 아니면 재미추구환경이든 간에 특정한 사회적 환경에서 영향력을 발휘할 수 있는 특정한 문학정전을 읽었거나 이에 대한 지식을 활용할 수 있는 사람은, 특히 시청각 매체가 범람하는 오늘날에는 자신에 대한 인상을 더욱 강렬하게 심어줄 수 있다. 슌체의 이론에서는 또한 정전이 문화의 진화와 더불어 진화하는 것임이 분명해진다. 정전을 통해 각각의 사회적 환경의 정체성과 전통의 형성이 촉진되지만, 다른 한편으로는 어떤 사회적 환경에게나 보편적으로 통용될 수 있는 정전은 존재할 수 없다. 긍정적으로 보자면 복수적인 정전의 존재는 어떤 사회의 문화가 지니고 있는 다양성과 유연성의 표현이다. 또한 문학체계 내에서 보편적인 정전의 존재가 의문시된다면 문화의 변동을 시사한다. 만약 정전에 대한 비판이 정치적인 조치와 함께 수행되거나 정전에 대한 완전한 거부로 이어진다면 결정적인 사회적 변화가 진행되는 것이다(Schmidt/Vorderer 1995, 154f.).

02 가치평가연구와 가치평가척도

어떤 텍스트가 어떤 기준에 의해 전승되는지 또 어떤 메커니즘에 의해 정전에 편입되고 정전에서 배제되는지에 대한 연구가 방법론적으로 기술적인 절차라면, 문학텍스트의 정전화와 새로운 정전형성 또는 정전의 변화에 대한 적합한 척도를 찾는 것은 규범적인 방법론적 절차이다. 정전형성의 문제는 이러한 기술적이고 규범적인 관점에서 문학에 대한 가치평가라는 더 포괄적인 문제와 밀접한 관계가 있다. 하이데브란트와 빙코는 공동저술 『문학에 대한 가치평가 입문』에서 먼저 가치론적 가치와 부가적 가치를 구별한다. 가치론적 가치는 대상을 가치 있게 보이게 하는 척도를 의미한다. 이러한 척도는 형식, 내용, 관계 그리고 영향과 관련된 것이다. 반대로 어떤 작품에 가치론적인 가치와 관련된 어떤 가치가 있을 때 이를 부가적 가치라고 부른다. 하이데브란트와 빙코는 문학을 가치평가하는 데서 나타나는 이견異見의 원인을 첫째, 가치평가대상들이 서로 다르게 파악되고 둘째, 가치평가자들이 가치론적 가치에 대해 서로 다른 입장을 가지고 있고 셋째, 가치평가자들이 가치에 귀속되는 전제에 대해 서로 다른 견해를 가지고 있으며 넷째, 가치평가자들이 그들의 가치론적 가치에 대해 서로 다른 의미를 부여한다(Heydebrand/Winko 1996, 110)는 점에서 본다.

가치평가라는 개념은 주체가 대상, 실상, 인물 같은 어떤 객체에 특성을 귀속시키는 행위를 일컫는데, 특정한 척도, 즉 가치와 관련하여 이 특성은 긍정적일 수도 부정적일 수도 있다. 그러므로 하나의 텍스트는 그 자체로 가치가 있거나 없는 것이 아니라, 가치척도와 관련하여 이 텍스트가 척도에 일치하는지, 일치한다면 어느 정도까지 일치하는지 물을 때에야 비로소 가치유무가 결정된다. 문학에 대한 가치평가에서는 특히 역사적 격변이 심했던 지난 세기 동안 이데올로기비판 및 사회비판적인 관점이 지배적이었다. 반면 특정한 역사적 과정에 집착하지 않는다면 문학에 대한 가치평가도 체계적이고 메타비판적인 관점에서 접근할 수 있다. 하지만 이 경우에도 문학에 대한 가치평가는 근본적으로 주관적이고 수많은 맥락적 요소들에 의해 영향을 받기 때문에 가치평가의 불확정성이 주장되기도 하며, 문학텍스트의 가치평가 대신 문학에 대한 가치평가의 과정들을 추적하는 것이 옹호되기도 한다. 문학으로서의 가치에 귀속될 수 있는 것도 역사적 상대성이 전제되기 때문이다.

1. 가치평가의 형태

문학에 대한 가치평가라는 표현에서는 대개 비평과 같은 문학텍스트에 대한 언어적인 평가행위를 연상한다. 그러나 언어적인 평가행위는 문예학에서 중요하게 생각하는 한 가지 측면, 즉 규범적인 가치평가를 의미할 뿐이다. 다른 한 가지 측면, 즉 가치평가행위에 대한 기술적인 측면도 빼놓을 수 없거니와, 문학을 다룰 때 수행되는 비언어적 행위에 대한 분석도 그만큼 중요하다.[8] 구체적으로 말하자면 문예학에서 이용되는 가치평가의 척도는 규범적 측면에 해당한다. 수많은 미학이나 시학 그리고 개별적인 문학이론에서 주장되는 가치평가이론이 여기에 속한다. 규범적인 가치평가이론에서도 가치평가의 역사성을 관찰하면서 초시대적인 상수를 찾고자 한다는 점에서 다소간 기술적인 방법론을 차용하는 것이 불가피하다. 규범적인 가치평가이론의 가장 대표적인 것으로는 문학텍스트의 소위 미적 가치를 상호주관적인 방식으로 규정하려는 형식주의나 초기 구조주의의 시도를 들 수 있다. 또한 규범적인 가치평가이론에서는 문학에 대한 가치평가와 정전형성모델 간의 관계를 규정하고자 한다. 기술적인 측면은 개인이나 문학시장, 출판사, 서점, 매체, 문학비평, 문예학 등의 제도가 문학과 관계를 맺는 모든 영역에서 가치평가의 과정과 메커니즘을 재구성하고 설명하는 것을 의미한다(Winko 1997, 586). 이 경우 가치평가과정을 체계적으로 모델화하고 역사적으로 탐구하는 것이 목표라는 점에서 규범적인 가치평가이론이라는 개념보다는 가치평가연구(Wertungsforschung)라는 용어가 제안된다(Winko 2007, 234). 여하튼 문학에 대한 가치평가는 정전화를 분석할 수 있는 틀을 제시하거니와, 이 틀을 규범적으로나 기술적으로 연구하는 것은 곧 정전연구의 토대이다.

가치평가의 두 가지 형식인 언어표현에 의한 가치평가(언어적 가치평

8 물론 여기서도 가치평가가 문예학의 대상이 되는 경우로 한정된다. 예컨대 경제학이나 정치학에서 내리는 문학에 대한 가치평가나 문학의 존재론까지 문예학에서 모두 다룰 수는 없기 때문이다.

가)와 가치평가행위(비언어적 가치평가)(Winko 2007, 239)에서는 공통적으로 가치평가의 척도가 필요하다. 언어적 가치평가에서 이러한 척도들은 한 텍스트를 중립적으로 보는 대신 함축적이거나 명시적인 가치평가를 가능하게 하며, 이 가치평가를 정당화하는 전제이자 바탕이다. 분명하게 가치평가를 내리는 표현을 사용하여 대상이나 인물 그리고 상황에 대해 긍정적이거나 부정적인 특성을 부여하는 것이 명시적인 가치평가라면, 함축적이라는 것은 반어, 비교, 유사한 것과의 병행, 대조를 통한 가치평가를 의미한다(Winko 2007, 242ff.). 비언어적 가치평가의 경우 이러한 가치척도들은 행위를 유발하는 동기의 토대이다. 이러한 가치평가는 대개 특정 텍스트를 선택하는 형식으로 표현된다. 이 두 가지 가치평가형식들은 문학과 관계있는 모든 영역, 즉 생산(저자), 배포(출판업자, 편집위원과 편집자, 사서, 검열관)와 중재(문학비평가와 문예학자의 서평이나 작품해설 같은 이차텍스트생산과 중등교육기관에서 문학교사의 활동), 수용(독자)에서 나타난다. 부연설명하자면 먼저 생산영역의 가치평가는 텍스트에 어떤 식으로든 문학에 대한 저자의 가치평가가 담겨 있는 것을 말한다. 저자의 문학관과 관련된 이러한 가치평가는 텍스트가 탄생하는 과정에서 중요한 작용을 하는데, 대개 등장인물, 서술자, 추상적인 텍스트요소를 통해 직·간접적으로 표명된다. 또한 특정 소재를 가공하는 방식, 예를 들어 어떤 소재를 역사소설로 가공하는지 아니면 당대 현실의 문제로 가공하는지도 실제 저자의 문학관 내지는 문학에 대한 가치평가가 반영된 것이다. 상호텍스트성도 문학텍스트에서 문학을 평가하는 전거로 볼 수 있다. 문학텍스트가 모방, 변형, 비판을 통해 어떤 다른 작가 및 다른 텍스트와 관계를 맺는 것은 선택의 행위이며 따라서 정전형성에도 큰 의미가 있기 때문이다. 다음으로 배포와 중재는 문학텍스트를 보급하고 공론장에서 이를 퍼뜨리는 일체의 행동을 의미한다. 문학을 중재하는 모든 활동, 즉 특정 텍스트를 출판, 판매, 비평, 비치하는 선택과 결정에는 언어적·비언어적 가치평가가 함께 작용한다. 문학텍스트를 최고의 정신적 유산으로 정전화하는 가장 대표적인 중재활동은 많은 시간과 돈과 노력을 들여 특정 작가의 역사비평본을 만드는 것이다. 마지막으로 수용영역에서는 평범한 독자나 전문적인 독자가 어떤 텍스트를 읽는 것과 수용된 텍스트를 작품해석, 번역, 번안, 개작, 비평을 통해 계속 가공하는 행위가 가치평가와 관계가 있다. 수용영역에서도 특정 텍스트를 선택하는 비언어적 가치평가와 언어적 가치평가가 모두 작용하는데, 특히 독자의 독서와 문예학에서 문학가공은 가치평가가 나타나는 중요한 형식이기 때문에 상세한 논의를 필요로 한다.

독자가 텍스트를 읽고 이해하는 행위에서는 독자의 가치관에 따라 텍스트의 여러 가지 특징이 선택적으로 수용될 수 있다는 점이 중요하다. 정신적 과정으로서 독서는 경험주의 문학심리학, 심리언어학, 인지심리학의 연구대상이다. 인지심리학의 연구에 따르면 인지 자체가 이미 선택적이다. 다시 말해서 어떤 텍스트에는 다양한 특징이 있지만 독자에 따라 이러한 특징을 수용하는 방식과 그것을 가공하는 방식이 다르다. 오늘날 인정되고 통용되는 경험주의적 문예학연구(Viehoff 1988)에 따르면 텍스트를 이해한다는 것은 텍스트의 정보가 독자의 의식으로 전이되는 수동적 과정이 아니라 독자의 능동적인 의미구성의 결과이다. 텍스트 이해는 의미의 주관적 구성이라는 점에서 "독자와 텍스트 간의 상호행위"(Groeben 1989, 256f.)이다. 이때 텍스트는 언어구조를 통해, 독자는 텍스트를 대할 때 갖고 있는 전제와 현실적인 관점을 통해 상호행위과정에 참여한다. 보충하자면 텍스트 쪽에서는 언어재료가 텍스트이해에 영향을 끼치는바, 문자소文子素와 구문론의 구조, 주제의 구조, 문체의 특수성, 장르의 특징이 일정한 역할을 한다. 독자 입장에서 보면 자신이 갖고 있는 어떤 틀의 도움으로 텍스트를 자신에게 의미 있는 방식으로 읽어낸다. 독자마다 독서와 이해의 방식이 차이 나는 이유는 무엇보다 텍스트의 인지와 이해를 조종하는 틀이 서로 다르기 때문이다. 이 틀은 사회화 과정에서 습득되는 것으로, 주관적인 요소(독자의 경험, 정서적 기질, 습득한 지식, 독서행위의 목표)와 상호주관적인 요소(사회적 인습이나 규범)의 영향으로 형성된다. 물론 사회화과정에서 습득되는 요소도 모든 사회구성원 전체에게 통용되는 것이 아니라 그룹에 따라 다른 방식으로 효력을 갖는다. 앞 장에서 소개한 슐체의 고급문화, 일상성, 긴장완화라는 일상 미학적 틀은 이러한 주관적·개인적 차원의 틀을 사회적 그룹의 차원으로 확대하여 도식화한 경우로 볼 수 있다. 이러한 틀을 넘어 텍스트의 윤리적·정치적·쾌락적·형식미학적 가치도 독자가 의식하지 못하는 가운데 텍스트 이해과정에 영향을 끼친다. 독자의 가치평가행위에서는 주관적 요소와 상호주관적 요소 중에서 여러 개가 동시에 가치평가척도로서 기능할 수 있다. 예를 들어 독서행위를 통해 즐거운 시간을 갖고 싶은 목표와 문학은 세계의 문제에 대하여 입장을 취해야 한다는 평소의 소신 및 도덕적 입장이 똑같이 어떤 텍스트의 선택과 가치평가를 주도할 수 있다.

이와 같이 문학을 접하는 가장 원초적인 형식인 독서는 문학에 대한 가치평가에 의해 이미 결정되어 있는 행위라고 볼 수 있는데, 이러한 독서행위는 문학텍스트를 전문적으로 다룰 때에도 가장 기본적인 토대가 된다. 문예학을 예로 들어보자. 문예학에서 문학에 대한 가치평가는 문학 전체에 대한 가치평가와 개별 텍스트나 텍스트그룹에 대한 가치평가로 나누어 생각할 수 있다. 먼저 문학 전체에 대한 가치평가의 경우 문예학은 문학이라는 대상과 문학을 다루는 일을 당연히 가치 있는 것으로 증명한다. 이러한 가치평가는 문학과 문예학이 문학 외부의 사회환경과 구분되고 정당화하는 데에 이용된다. 일례로 문학만의 특별한 가치는 독자에게 다른 방법으로는 얻을 수 없는 특수한 인식론적·정서적 이득을 주는 데에서 찾을 수 있다. 또한 구체적인 행동을 강요받지 않고도 독자는 문학을 통해 간접체험을 경험할 수 있다는 것도 문학만의 가치이다. 다음으로 가치평가의 두 번째 대상, 즉 개별 텍스트나 텍스트그룹의 가치에 대한 물음은 문예학의 관점에서 수행되기 때문에 내부의 가치평가라고 할 수 있는데, 이러한 가치평가의 유형은 선택, 분류, 가치판정으로 나누어볼 수 있다(Winko 1997, 589).

첫째, 선택은 문예학자들이 수많은 작품들 중에서 소수의 작품을 작품해석의 가치가 있다고 보거나 문학사서술에 포함하는 것을 말한다. 이러한 가치평가의 척도는 개별 연구자그룹에 의해 수용되는 규범이나 가치일 수 있기 때문에 대개의 경우 명시적이지 않다. 또한 특정한 주제, 작가, 장르에 대한 개인적 선호가 이러한 가치평가에 영향을 주기도 한다. 둘째, 분류는 선택 이후에 진행되는 언어적·비언어적 가치평가단계이다. 선택된 텍스트는 문예학에서 중요한 텍스트로 받아들여지지만, 모두 다 동등한 가치가 있는 것으로 평가되는 것은 아니다. 오히려 선택을 위해 끌어들일 수 있는 역사적으로 가변적인 척도에 따라 재차 구분되어 분류된다. 이러한 분류는 명시적인 언어적 가치평가형식으로 수행될 수도 있지만 어떤 문학텍스트가 다루어지는 빈도나 강도를 참고하는 경우가 많기 때문에 대개의 경우 비언어적 가치평가가 동인으로 작용한다. 그래서 문예학에서는 은근히 연구대상의 위계질서가 존재하는데, 이러한 위계질서는 특정 시대에 행해지는 문학 텍스트 분류의 지표로 볼 수 있다.

셋째, 가치판정은 작품해석이나 문학사서술 같은 언어적 행위이다. 20세기 중반까지만 해도 문학사서술에서 명시적인 가치판정이 일반적 현상이었는데, 문학작품의 질을 판정하거나 가치 있고 가치 없는 문학을 구분하는 것 그리고 이러한 것을 분명하게 표명하는 것은 문학사가가 당연히 해야 할 일로 여겨졌다. 반면 근래의 문학사에서는 명시적 형태의 가치평가는 찾아보기 힘들고 대개는 문학의 전개양상에 대한 기록, 문학사적 시대에 대한 설명과 시대순서에 따르는 배열 등이 주안점이 되어 있다. 문학사가는 예전처럼 선택의 기능을 수행하지만 문학사서술의 표현방식은 더 공평하고 더 객관적으로 변했으며, 가치평가도 문학사서술 형태를 자세히 분석해야만 이해될 정도로 암시적이다. 예컨대 20세기 초반까지 독일문학사에서 여성작가의 텍스트는 여성문학이라는 제목으로 별도로 취급되었고, 페미니즘논쟁과 페미니즘문예학의 영향에도 불구하고 오늘날 독일 낭만주의 문학사서술에서 여성문학이 차지하는 비율이 남성작가에 비해 현저하게 적다는 것은 그만큼 여성작가와 여성문학이 부정적으로 평가된다는 것을 암시하며 정전형성에서 늘 불리할 수밖에 없다는 것을 뒷받침한다.

2. 가치평가척도의 유형

역사적 가치평가연구에서 가장 중요한 것은 그동안의 문학사서술에서 적용된 가치판단의 척도와 문학을 다룰 때 불가피한 텍스트선택을 주도한 척도가 무엇인지에 대한 물음이다. 여기에 대한 답은 시학, 미학, 문학이론 등에서 진행된 가치평가논의와 그것의 기준 전체를 전제로 해야 하겠지만, 이것을 역사적으로 체계화하는 작업은 너무 방대한 난제이다. 그런 이유에서 대개는 문학교육적인 의도에서 정보제공을 위한 개괄과 조망 작업에 그친다(Schrader 1987). 예를 들어 형식주의나 구조주의의 문학에 대한 가치평가, 1970~1980년대의 사회사적 가치평가, 오늘날 루만이나 부르디외의 문화사회학적 관점, 젠더이론을 포함한 포스트구조주의적 관점, 1990년대 이후 문화학적 관점은 문학에 대한 가치평가의 이념과 욕구, 목적과 규범 등이 모두 다르기 때문에 가치평가의 결과가 매우 상이하게 도출된다. 그런 점에서 개별적인 가치평가이론에 천착하는 것보다는 아주 다양한 가치평가의 척도를 분류하고 유형화하는 가치평가연구가 정전과 정전형성 연구에 더 시의적이고 실용적인 보조수단이 될 수 있다.

문학에는 늘 특정한 기능이 부여되는데, 이것은 결코 문학 자체의 목적에서 비롯된 것이 아니다. 오히려 문학은 자발적으로 개인과 그룹 그리고 사회에 대해 특별한 기능을 수행함으로써 자신을 정당화한다. 다른 한편으로 문학을 평가하는 가치척도에서는 문학 이외의 사회영역에서 제기되는 문학에 대한 요구를 관찰할 수 있는데, 이러한 요구는 대개 순수하게 문학적인 것이 아니라 주도적인 철학, 종교, 윤리, 사회, 정치 이론에서 규범적으로 규정된 것을 포함한다는 점에서 문학은 전체 사회에 대해 중추적 기능을 수행한다. 이렇게 보면 오늘날까지 문예학에서 문학을 평가할 때 끌어들이는 가치들은 우선 형식적이고 미적인 척도와, 비문학적인 이론들과 밀접하게 연관된 내용적 척도로 나누어 생각할 수 있다. 이외에도 가치평가연구에서는 문학의 연관적 가치척도와 영향과 관련된 가치척도도 고려하는 것이 일반적이다(이하 Heydebrand/Winko 1996, 111ff; Winko 1997, 594f; Winko 2007, 252f.).

1) 형식적·미적 척도

형식적·미적 가치척도는 문학텍스트의 형식적·구조적·언어적 특성과 관련된 것이다. 이러한 가치척도는 문학적 언술을 다른 종류의 언술과 구분 짓게 하는 문학텍스트의 특질 및 고유성을 담보한다. 이 가치척도에 상응하는 대표적인 객관적 가치가 바로 작품내재적 해석에서 주목하는 가치이다. 여기에서는 자기준거, 다의성, 개방성, 아름다움, 조화, 통일성 같은 텍스트의 형식적·미적 측면에서의 성취가 최고의 가치평가척도로 간주된다.

자기준거는 언어의 시적기능에 주목한 야콥슨의 구상에서 출발한 것으로, 일반적으로 언어로 된 텍스트는 만들어진 방식에 따라 예술품이 될 수 있다는 사실을 의미한다. 만들어진 방식에 따라 문학이라는 텍스트종류에 속할 수도 있고 그렇지 않을 수도 있기 때문에 자기준거는 문학 개념을 규정할 때 가장 중요한 특징으로 간주된다. 자기준거적인 작품은 어떤 사회에서 또는 특정한 역사적 조건하에서 자율적 예술이 가치 있는 것으로 여겨질 때 특히 가치가 있는 척도로 인정된다. 자율성과 자기준거라는 개념은 문학텍스트의 수용측면에서 다의성으로 연결된다. 내용보다 언어의 형식이 우성優性인 시적 텍스트, 다시 말해 현실준거보다는 자기준거가 두드러지는 문학텍스트는 연상과 부가의미를 통해서 독자에 따라 다의적으로 수용될 수 있다. 다의성은 완전히 입장이 다른 여러 이론에서도 문학을 구별하는 결정적 특징으로 인정되기 때문에 다의적이라는 판단은 대개 문학텍스트를 긍정적으로 평가하는 것이다. 개방성과 그 반대 개념인 완결성과 같이 자주 사용되는 가치평가의 척도도 자기준거 및 다의성과 맞물려 있다. 개방적 텍스트는 다의적이고 다양하게 해석될 수 있기 때문이다. 자율미학의 관점에서 보면 개방성은 긍정적 가치인 반면, 일의성一義性을 시사하는 완결성은 비문학적인 텍스트를 규정할 때나 대개 문학텍스트를 부정적으로 평가할 때 사용되는 용어이다. 그러나 완결된 형식이 고전주의 예술프로그램이 강조하는 구조학적 법칙과 대칭구조를 의미할 때는 형식의 아름다움이 구체적으로 실현된 것으로 긍정적인 평가를 받을 수 있다.

아름다움은 고전주의에서 확인되는 바와 같이 전통적인 예술의 이상을 대변하는 개념이다. 어떤 텍스트가 아름답다는 판단은 그 텍스트가 아름다움을 속성으로 갖고 있고 형식적인 면에서나 미적인 면에서 성공작이라는 것을 의미한다. 그러나 미학이론마다 아름다움을 이해하는 방식이 다르기 때문에 이 개념은 역사적으로 변화되어왔고, 개별 이론의 논리적인 도식에 따라 긍정적으로도 부정적으로도 평가될 수 있다. 예컨대 아름다움은 칭송할 만한 형식의 조화로운 균형이나 이념의 논리정연한 형상화를 의미할 수도 있다. 또 진실한 것과 선한 것의 조건이 충족되었을 경우, 아름다운 것은 단순히 형식적 완성을 지칭한다. 그러나 의고주의적인 입장과 분명하게 선을 긋고자 할 경우 아름다움은 부정적인 가치이다.

조화, 통일성 등은 대개 아름다움이라는 가치를 상세하게 규정하고 구체화할 때 사용되는 용어이다. 우선 조화는 해석학과 구조주의 문학이론에서 선호하는 가치이다. 구조주의에서 조화는 순수하게 형식적인 면에서 문학텍스트의 여러 차원이 중첩되어 연관된 상태를 지칭하며, 해석학적 문학이론에서는 어떤 문학텍스트의 요소들이 유기적으로 합치된 응집력으로 이해된다. 해석학적 작품해석에서 조화라는 긍정적 가치는 내용과 형식의 일치를 의미하는데, 이때 조화를 더 구체적으로 표현할 수 있는 용어가 완결성이다. 반면 포스트구조주의는 작품해석에서 도출된

조화를 텍스트에 대한 폭력의 결과로 본다. 포스트구조주의에서 모든 텍스트는 콘텍스트와 얽혀 있는 열린 존재이다. 다음으로 통일성은 역시 고전적 가치척도라는 점에서 조화와 불가분의 관계이다. 통일성은 겉으로는 흩어져 보이는 문학텍스트의 부분들을 전체를 향해 있는 것으로 이해하는 독서를 통해 보장되며, 문학텍스트나 저자의 의도가 텍스트에서 일관성 있게 실현되어 있다고 가정된다. 또한 부분들은 서로 조화를 이루어야 하고 전체는 부분들의 합계 이상의 것이다. 따라서 작품은 유기체와 비교된다. 그러나 고전적 가치에 반대하는 작품해석 계열에서는 통일성의 반대개념인 단편斷片과 단편성이 오히려 긍정적인 가치이다. 이 개념은 근대 이후의 문학텍스트 이해에 더 적합한 형식적 특징으로 평가된다.

2) 내용적 척도

문학텍스트의 내용을 평가할 때는 인간 삶의 모든 영역에서 추구되는 가치를 대입하기 때문에 그러한 가치를 전체적으로 제시하기에는 범위가 너무 크다. 개별 텍스트의 내용에서 찾고자 하는 가치가 구체적일수록 그만큼 내용을 평가하는 가치척도의 수는 많아진다. 또한 내용적인 가치평가척도는 가치평가자의 관점에 따라 매우 상대적으로 해석될 수 있다. 문학이론이나 문예학에서는 대부분 정치이론이나 역사철학이 전통적으로 중요한 역할을 해왔는데 진리, 인식, 도덕성, 아름다움, 정의, 휴머니즘 같은 범주가 그것이다.

문학텍스트의 가치를 오로지 형식을 통해 판단하거나 물질적 측면에서 경제적 가치로 환원하지 않는 한, 문학텍스트의 가치평가에 대한 모든 이론은 어떤 식으로든 문학으로부터 진리나 인식 가치를 요구한다. 여기서 진리는 결과를, 인식은 진리에 이르는 과정을 말한다. 그러나 진리와 인식이 무엇인지는 콘텍스트나 가치를 평가하는 사람의 생각에 따라 결정된다. 진리를 신학적으로 해석할 때와 철학적으로 해석할 때는 가치평가에서 사용되는 용어부터가 서로 다르다. 이러한 상대성은 윤리적 영역에서 가장 상위에 있는, 다시 말해 가장 추상적인 내용적 가치인 도덕성에도 해당된다. 도덕이라는 가치는 가치평가자의 세계관에 따라 또는 철학이론에 따라 언제나 서로 다를 수 있다. 고전미학에서 도덕적으로 선한 것은 진, 선, 미의 한 부분인데, 이 트로이카는 서로 밀접하게 연동되어 있다. 말하자면 아름다움을 형식적 가치척도가 아니라 내용적 가치척도로 이해할 경우 아름다움은 인물이나 인물의 행동을 판단하는 기준인데, 아름다운 인물은 도덕적으로 모범이 될 만한 성품을 가진 사람이다. 이러한 의미에서 아름다움은 도덕적 요소뿐만 아니라 진리와 관련됨으로써 인식론적인 요소까지 포함하고 있다.

정의와 휴머니즘도 대부분의 문학에 대한 가치평가이론에 등장하는 윤리적 척도인데, 그만큼 전반적으로 이용되기 때문에 아주 다양한 방식으로 구체화될 수 있다. 예를 들자면 페미니즘 성향의 여성연구자는 텍스트에서 여성이 묘사되는 방식에 따라 정의라는 가치가 실현되고 있는지 따질 수 있다. 페미니즘연구자는 물론이고 이데올로기 비판적인 연구자의 관점에서는 어떤 텍스트가 그의 시대의 사회와 문화에 대하여 동화적이고 유화적인 입장을 취하는지 아니면 비판적이고 전복적인 입장을 취하는지가 중요하다. 사회비판과 문화비판은 윤리와 정치 영역에서 나온 내용적 가치인데, 정의와 휴머니즘이라는 내용적 가치도 사회비판과 문화비판의 도구로 볼 수 있다.

3) 연관적 척도

연관적 척도는 자연언어와 문학전통 그리고 사회적 현실과의 연관관계를 통해서 문학텍스트의 가치를 평가하고자 할 때 이용되는 기준을 말한다. 연관적 척도 중 가장 중요하게 여겨지는 것은 이탈이나 규범과의 단절, 독창성, 개혁, 최신성, 진보와 해방, 적합성, 리얼리즘이나 현실근접성, 시대적합성과 대표성 등이다.

우선 이탈은 일상의 언어적 소통과 차이가 있는 문학언어의 특징을 규정하기 위한 용어이다. 프라그학파의 기호시학 이래 언어적 이탈은 문학의 가장 본질적인 특성으로 간주되고 있다. 운문화 또는 통상적이 아닌 상이나 이미지 같은 형식적 특질을 통해 일상언어와 구별되는 텍스트가 문학텍스트이다. 규범과의 단절은 언어규범, 문학적 규범, 사회적 규범을 의도적으로 깨뜨리는 것으로, 문학텍스트를 통해 이러한 규범을 위반하는 것은 자율미학의 등장 이후 아주 높게 평가된다. 이러한 두 척도는 러시아 형식주의나 몇몇 구조주의적인 구상에서 중요시되는 탈자동화라는 인식론적 가치의 토대가 된다. 독창성과 개혁은 문학전통과의 연관하에서 가치평가의 척도로 등장한 것이다. 평가대상이 되는 문학텍스트를 일련의 선행 문학텍스트와 비교하여 새로운 것이나 다른 어떤 것이 발견되면 독창적이고 개혁적이라는 긍정적 평가를 한다. 여기서 새로운 것은 아름다움 및 통일성의 측면과 내용상의 통찰 및 인식의 측면에서 이전의 문학텍스트와 확연하게 구별되는 것을 말한다.

최신성은 상업적인 영역에서 통용되고 사회적 인정과 관련된 척도라는 점에서 새로움과 구별된다. 최신성은 익히 알려져 있어서 매력을 상실한 문학텍스트의 내용이나 형식을 진부한 것으로 평가하고, 시류나 유행에 부합하는 새로운 것을 긍정적으로 평가할 때 필요한 척도이다. 새로운 추세를 따르면 경제적으로 성공하고 명망도 높아질 수 있다. 사회에는 언제나 앞서 나가는 것을 좋아하는 그룹이 있기 마련이다. 역사적으로 보자면 사실 독창성과 개혁 같은 가치척도도 문학 내부적으로 최신을 추구하는 것과 별반 다르지 않으며, 상업적 이득을 지향하는 사회에서 형성된 경쟁관계와 연관성이 있다(Luhmann 1981, 250ff.). 루만의 『사회의 예술』(1997)에서 예술은 최신성과 복잡성 그리고 자기준거를 속성으로 갖는다는 점에서 대량생산되는 키치와 다르다고 전제된다. 예술과 문학은 일상적 소통과의 차이를 의미하는 최신성, 복잡성, 자기준거를 생산적으로 이용하는 속성을 지니고 있기 때문에 "차이를 위해 선택되는 경우에만 예술에게도 미래가 존재할 수 있다."(Luhmann 1997, 505) 또한 예술에서는 분명하게 특정한 의미를 제공하는 것으로 확정될 수 없는 새로운 형식이 중요하다. 형식의 복잡성은 특별한 보상을 받을 수 있는데, "되풀이해서 통과해도 언제나 새로운 어떤 것을 다시 발견할 수 있는 기회"를 제공하기 때문이다. "(...) 반대로 복잡성의 포기는 그렇게 함으로써 더더욱 이목을 끄는, 냉정하게 얘기하자면, 보다 더 뻔뻔하다고 말할 수도 있을 새로움의 형식이 제공되어야 한다는 것을 의미한다."(Luhmann 1997, 85) 나아가 루만에 의하면 최신성을 먹고 사는 예술은 예술경영시스템에 의해 그 자체로서 인정받을 수 있으며 예술체계가 이용할 수 있는 모든 제도(박물관, 화랑, 전시회, 예술전문가 등)에서 예술작품의 유일성은 확실한 경제적 성과를 얻을 수 있다. 경제체계에서와 달리 예술체계에서는 "가격을 보증하기 위해" "희소가치"가 이용될 수 있기 때문이다(Luhmann 1997, 265). 그렇지만 최신성의 반대개념인 전통과 전통의 수호 또한 경제적인 측면에서는 유용한 것으로 평가될 수 있다.

진보와 해방은 현존하는 사회의 상태를 넘어서려는 의지가 반영된 척도이다. 특히 이데올로기 비판적인 이론에서 선호되는 이러한 가치척도는 서로 다른 목표(예를 들자면 유토피아나 사회주의)를 지향하는 여러 방식의 역사철학이 전제된다. 이데올로기 비판적인 구상에서 역사의 목표는 인간에 대한 인간의 지배를 철폐하는 것이고, 페미니즘에서는 가부장적 권력관계를 청산하는 것이다. 문학은 이러한 목표와 어떤 관계를 갖고 있는지에 따라 가치가 평가된다.

연관적 가치평가 중에서 리얼리즘, 현실근접성 같은 척도는 실제 현실이나 가치를 평가하는 사람의 현실에 대한 생각과 관련된 것으로 문학텍스트의 현실묘사를 통해 이러한 측면을 평가하는 것이다. 두 용어 간에는 역사적으로 사용된 맥락에서 미세한 차이가 있다. 현실근접성이 실제를 세부적으로 충실하게 재현하는 것이라면 리얼리즘이라는 개념은 표면적인 현실이 아니라 심층적 현실의 묘사를 통해 진실에 다가서고자 한다. 그래서 연관적 척도인 리얼리즘은 가상적인 현실이 아니라 현실의 본질과 심층구조를 보여주고자 함으로써 진리 또는 진실한 것이라는 내용적 척도를 뒷받침할 수 있다.

마지막으로 시대적합성과 대표성은 리얼리즘이나 현실근접성과 달리 현실에 대한 관련에서가 아니라 특수한 역사적 상황에 대한 관계에서 평가하는 척도이다. 시대적합성은 대개 문학텍스트가 쓰였을 당시의 상황에 대한 기록물로서 가치를 따지는 것일 수 있다. 또한 가치평가자의 현실적 상황에서 이전의 특정 문학텍스트가 더 이상 오늘날의 시대에 적합하지 않다는 판단을 내릴 때도 이용된다. 대표성은 특정한 사회적·문화적 그룹 또는 계층과 문학텍스트 간의 관계를 찾을 수 있을 때 사용되는 개념이다. 어떤 텍스트가 특정한 계층에 대한 정보를 전달하거나 텍스트에 특정 계층이 대변되어 있다고 여겨진다면 이 텍스트는 그 계층을 대표하는 텍스트로서 긍정적인 가치를 지닌다.

4) 영향과 관련된 척도

영향과 관련된 척도는 문학텍스트가 독자에게 영향을 끼치는 요소들을 가치척도로 삼는 것을 말한다. 이러한 척도는 경험적인 관찰이나 추측을 통해 인식론적 영향, 삶에 도움이 되는 실제적 영향, 정서나 감정과 관련된 영향 등으로 분류할 수 있다. 형식적·미적 척도와 내용적 척도 그리고 연관적 척도가 문예학의 관심사라면, 사회의 다른 영역에서는 영향과 관련된 가치들이 우선적으로 여겨진다. 즉 문학전문가가 아닌 독자에게는 윤리적이고 도덕적인 내용적 가치 외에도 독서의 즐거움 같은 개인적인 차원의 영향과 관련된 척도가 무엇보다 중요하기 때문이다.

먼저 인식론적 가치척도는 문학텍스트가 정보제공이나 지식중재, 선입견의 수정이나 반성 같은 영향을 끼치는 것을 의미한다. 문학텍스트에 서술된 어떤 것을 본보기로 깊이 성찰하고 나아가 자주적 사고를 자극한다는 점에서 반성은 매우 긍정적인 인식론적 영향이다. 또한 독자는 어떤 문학텍스트에서 이탈이나 규범과의 단절 같은 연관적 척도가 두드러질 경우 이에 대한 반성을 통해 일상적이고 전형적인 사고로부터 해방되는 계기를 가질 수도 있다.

두 번째로 실제적인 척도는 행동, 윤리, 실생활과 관련된 것이다. 실제적인 척도는 크게 의미구성과 행동의 방향제시라는 두 가지 측면에서 볼 수 있다. 먼저 세상과 삶의 의미를 묻거나 나름대로 의미를 부여하고 기획하는 문학텍스트는 독자에게 세상의 의미구조에 다가가게 한다는 점에서 긍정적으로 평가될 수 있다. 특히 개체화, 전체적인 연관성에 대한 통찰의 결핍, 전통의 의미상실 등이 특징인 오늘날의 포스트모던사회에서 문학은 독자가 따르고 싶은 세계와 삶의 의미를 설계하고 구성하는 기능을 수행할 수 있다. 따라서 이러한 영향은 대개 순수하게 인식론적인 것이 아니라 본질적으로 실제의 삶과 관련된 것이다. 다음으로 행동의 방향제시라는 척도는 독자의 행동에 영향을 줄 수 있는 문학의 가능성을 염두에 둔 것이다. 자율미학이론에서는 강요나 강제로부터 해방된 인간의 행동도 중요한 주제의 하나이기 때문에 중재적인 방향제시만 긍정적으로 평가되고 직접적으로 행동을 제시하는 것은 부정적으로 평가된다. 반대로 실용적인 텍스트, 즉 계몽적인 문학이나 경향문학에서는 바람직한 행동을 직접적으로 교시하는 것이 오히려 긍정적인 척도로 평가된다.

세 번째는 감정적·정서적 척도이다. 이 가치척도는 문학텍스트가 독자의 감정이나 정서에 영향을 끼친다는 사실에서 출발한다. 이론적으로 확실하게 정립된 가장 대표적이고 가장 오래된 것이 바로 연민이라는 감정이다. 동감이나 동정과 구별되는 가치인 연민은 아리스토텔레스의 영향미학적 비극론과 레싱에 의한 재해석을 통해 잘 알려져 있다. "연민이 있는 인간이 최고의 인간이다."라는 레싱의 유명한 정언은 연민을 불러일으키는 드라마를 좋은 드라마로 판단하는 기준이 되었다. 하지만 브레히트의 서사극이론에서는 관객의 감정 이입이나 몰입보다는 냉정하고 이성적인 판단과 비판이 요구된다. 그래서 등장인물이나 사건에 대한 동일화보다 거리두기가 더 긍정적인 가치이다. 동일화는 대개 다른 사람의 역할이나 관점을 긍정적으로 받아들이는 것이지만, 더 일반적인 경우에는 일시적이나마 재미 삼아 다른 관점에 들어가보는 것을 의미한다. 후자의 경우 동일화는 문학텍스트에 대한 관심의 토대가 되기 때문에 매우 긍정적인 가치이다. 연민과 동일화라는 감정 외에도 당혹감, 즐거움, 재미 같은 정서도 주목할 만하다. 당혹감은 문학텍스트를 읽으며 "이건 뭐지?", "이런 상황은 도대체 뭘 말하고자 하는 거지?"라는 느낌을 말한다. 특히 진리, 아름다움, 정의, 불의를 매개로 문학텍스트가 가치중립적으로 제기하는 세계상이나 인간상이 이러한 느낌을 야기하기 때문에 평범한 독자들에게 지속적인 충격과 장기적인 영향을 끼칠 수 있는 당혹감은 독자의 정신적 계발과 독서능력을 요구한다는 점에서 가장 높이 평가될 수 있는 정서적 가치척도이다. 카프카의 『변신』을 읽을 때 처음 구절을 읽을 때부터 시작되어 작품이 끝날 때까지 계속되는 황당한 느낌이 정확하게 이러한 당혹감에 해당할 것이다. 클라이스트의 『미하엘 콜하스Michael Kohlhaas』는 정의와 불의의 착종을 통해 독자의 당혹감을 불러일으키고, 1955년 발간 당시 세상에서 가장 더러운 책이라는 혹평을 들었다가 뒤늦게 세계문학정전의 대열에 합류한 블라디미르 나보코프Vladimir Nabokov의 『롤리타』는 사랑의 아름다움에 대한 고전적 이해에 정향된 독자에게는 거부감에 가까운 당혹감을 선사한다. 이에 비해 즐거움은 전형적으로 쾌락주의적 가치이다. 어떤 문학이론에서는 즐거움에도 인식론적 요소가 있는 것으로 보며, 이 경우 즐거움은 정신적인 쾌락으로 이해된다. 예컨대 롤랑 바르트의 포스트구조주의적인 구상 『텍스트의 즐거움』에서는 의미구성이라는 문헌학적 의무로부터 해방된 향락적 독서가 큰 가치가 있는 것으로 평가된다.[9] 하지만 롤랑 바르트가 의도

---

9 바르트는 먼저 텍스트가 아니라 독서방식을 가치평가의 대상으로 삼는다. 그는 텍스트에서 의미와 연관성을 찾는 전통적인 독서를 평가절하하면서 해체주의적 독서를 제안한다. 해체주의적 독서의 한 방식은 텍스트에서 의미의 거부와 비연속성을 지적으로 관찰하는 것이고, 다른 하나는 이러한 의미거부와 모순성을 감각적으로 인지하고 에로틱하게 향유하는 것이다. 다음으로 바르트는 이러한 독서방식을 텍스트의 유형에 귀속시킨다. 전통적이면서도 지적이고 해체주의적인 독서는 소위 고전적인 텍스트의 독해에 적합하고, 감각적이고 에로틱한 독서방식은 모더니즘문학의 독서에 적합하다는 것이

하는 즐거움은 전문가의 독서행위에서나 가능한 것이고, 비전문가의 독서에서는 순전히 감각적인 즐거움이나 재미가 중요한 역할을 한다. 순전하게 재미에 그치는 것은 자율미학이나 타율적 문학이론 그리고 교육적 문학관에서 모두 부정적인 가치로 평가된다. 다만 어떤 이념이나 사상이 재미있게 중재되어 있다면 타율적 미학의 관점에서는 아주 높게 평가할 것이다. 그 밖에도 장르나 시대에 독특한 정서적 가치척도도 있다. 추리소설에 특징적인 긴장, 고전주의 문학구상에서 추구된 평온과 조화, 리듬 같은 형식이나 에로틱한 내용에 의해 제공되는 감각적 만족 등도 영향과 관련된 정서적 가치척도이다.

마지막으로 경제적인 가치척도를 들 수 있는데, 이것은 말 그대로 상품으로서의 문학텍스트가 돈과 불가분의 관계에 있다는 것을 말한다. 값비싼 필사본, 수집 가치가 있는 한정판은 경제적 이득을 보장할 뿐만 아니라 소유자의 명망을 보장하는 가치이다. 명망은 문학에 종사하는 문학중재자들에게도 중요하다. 또한 문학의 의미가 높이 평가되는 사회나 계층 그리고 그룹에서는 책의 소유와 문학에 대해 이야기할 수 있는 능력은 곧장 명망과 연결된다. 부르디외의 『예술의 규칙』에서는 예술과 문학장에서 성공하려면 먼저 경쟁을 통해 세간의 "주목" 같은 상징적 자본과 전문가로서의 위상 같은 문화적 자본을 획득해야 하지만, 일단 상징적 자본과 문화적 자본을 갖게 되면 이러한 자본은 경제적 자본으로 교환될 수 있다고 논구된다. 물신숭배와 돈의 지배는 어디서나 확인되기(Bourdieu 2001, 85) 때문이다. 문학장에서 문학작품이 최대한 가치 절상되는 것도 사실 경제적 성공을 위해서이다. 비평가, 출판업자 같은 전문가들은 대상을

다. 요컨대 "텍스트의 즐거움"은 독서의 기술에 의해 좌우될 수 있다.

신성화하는 가능성, 즉 "가치를 부여하고 이러한 작동방식에서 이익을 내는"(Bourdieu 2001, 239) 권력을 갖고 있다.

부르디외의 문화사회학적 장이론에서는 연관적 가치척도인 최신성과 경제적 가치척도의 관계가 상세하게 논구되어 있다. 전문가들의 중재활동에 따라 꽤 많은 대중이 아방가르드와 같이 최신성과 새로움 그리고 전통과의 차이를 추구하는 예술과 문학에 익숙해지면 경제적인 성공도 뒤따른다. 최신성은 경제적 가치척도의 이면인 것이다. 뿐만 아니라 역사적으로 볼 때 "순수한 미학의 고안"(Bourdieu 2001, 174)을 통하여 작가 자신과 몇몇 전문가만 어떤 텍스트의 특별한 가치를 인식할 수 있는 가능성이 생겨났다. 이러한 인식은 물론 가치의 전가행위에서 생기며, 그 자체로서의 가치를 가지고 있는 것은 아무것도 없기 때문에 가치는 수용과정에서 생성되는 어떤 것이다. 문학텍스트는 무언가 새로운 것을 제공하면서 새로운 것을 암호화하기 때문에 우선은 그에 상응하는 글쓰기행위와 독서행위에 정통한 이들에 의해서 이해된다. 글쓰기과정과 독해과정은 일차적으로 말해진 것(내용과 줄거리)에 집중하지 않고, 어떻게 말해지는지(언어와 형식)에 관심을 둔다. 따라서 문학적 질을 보장하는 지표 중의 하나는 문학텍스트가 이전의 글쓰기행위에서 더 크게 벗어나고 기존의 독해행위를 더 혼란스럽게 하는 것이다. 부르디외와 루만 등 대부분의 최신 사회이론에 따르면 아방가르드는 또 다른 차이를 의미하는 새로운 아방가르드에 의해 끊임없이 갱신되거니와, 이 경우에만 가치 있는 문학텍스트로 인정되고 경제적인 성공을 보장받을 수 있다(Neuhaus 2013, 40).

지금까지 거론된 모든 가치척도와 그것이 문예학적으로나 사회적으로 적용되고 이용되는 방식은 역사적으로 변화한다. 개혁이나 독창성 같은 가치척도도 실상 문학이라는 고유한 행위 영역 또는 체계가 형성되면서 생긴 것이다. 이러한 사실은 문예학적인 가치척도가 결코 초시대적인 것이 아니라는 것을 의미한다. 마찬가지로 이러한 가치척도들은 사회적인 발전이나 다른 학문 분야의 이론과 완전히 독립적으로 존재하는 것도 아니다. 단적인 예를 들자면 오늘날 문예학에서 어떤 텍스트가 가부장적 구조를 대변하는지 아니면 해방적 잠재력을 내포하고 있는지에 따라 부정적·긍정적 가치평가를 내릴 수 있게 된 것은 일차적으로 지난 세기 70년대 이후 사회와 대학에서 페미니즘이 계속해서 중요하게 여겨졌기 때문이다. 결론적으로 문학텍스트의 가치평가에 대한 연구는 정전형성도 역사적으로 늘 가변적 가치에 의해 주도되며, 역사와 시대가 요구하는 가치척도에 따라 얼마든지 정전수정과 재정전이 수행된다는 것을 증명하는바, 가치평가연구는 그만큼 정전연구의 핵심적인 분야라는 것을 확인할 수 있다.

03 가치평가의 실제

엘프리데 옐리네크의 노벨문학상 논쟁

1. 자율미학과 신념미학의 대립

2004년 10월 7일 스웨덴 한림원이 그 해의 노벨문학상 수상자로 오스트리아의 여류작가 엘프리데 옐리네크를 선정했고 12월 17일 빈에 있는 스웨덴 대사관에서 상이 수여되었다.[10] 그 이후 다시 갑자기 잠잠해질 때까지 3개월 동안 독일의 문학계에서는 그녀의 노벨문학상 수상에 대해 다양하고 격렬한 찬반입장이 표명되었다. 옐리네크라는 여성작가와 관련하여 이미 몇 십 년 전부터 존재했던 양극화된 입장들이 노벨문학상 수상을 계기로 봇물처럼 터져 나온 것이다. 스웨덴 한림원이 밝힌 수상 이유에서는 그녀의 소설과 드라마에서 "독특한 언어적 열정으로 진부한 사회통념의 불합리성과 강압적인 힘을 폭로하는 목소리와 반대 목소리의 음악적 흐름"과 "계급에서 비롯되는 불의와 성차별적인 억압에 대

---

10 옐리네크는 사회공포증을 이유로 수상식에 불참했고, 그녀의 작품을 출판하던 출판사 사장이 대신 참가했다.

한 저항”[11]이 높이 평가되었다. 그러나 옐리네크의 노벨문학상 수상에 대한 일간신문, 주간신문, 잡지 등에서의 반응을 서지로 편찬한 피아 얀케 Pia Janke에 따르면 옐리네크의 수용은 사회비판과 혁신적인 언어유희 그리고 텍스트의 독특한 구성에 대한 정밀한 평가보다는 그녀의 인물됨, 정치적 입장, 고국 오스트리아에서의 위상 등 극도로 과민한 정서적 반응이 주를 이루었다(Janke 2005, 8).

줄기차게 오스트리아 자유당(FPÖ)과 오스트리아의 파시즘 성향을 공격함으로써[12] 『부르크테아터Burgtheater』(1984) 스캔들 이후 수십 년 동안 “제 둥지를 더럽히는 여자”로 낙인찍혔던 옐리네크의 노벨상 수상 소식 앞에서 조국 오스트리아는 열렬하게 그녀를 찬양했다. 옐리네크는 1974년에서 1991년까지 오스트리아 공산당 당원이었고, 그녀의 사회비판적이고 반파시즘적인 작품과 소신은 특히 정치권으로부터 많은 비판

---

11 출처가 표기되지 않은 인용 및 통계는 스웨덴 한림원의 노벨문학상 공식 홈페이지(http://nobelprize.org/nobel_prizes/literature/laureates/2004/bio-bibl-d.html)와 옐리네크 작품의 수용과 관련된 연구와 자료들을 모아놓은 빈대학의 엘프리데 옐리네크 연구센터(Das Elfriede Jelinek-Forschungszentrum) 홈페이지(http://www.univie.ac.at/jelinetz/index.php?title=Elfriede_Jelinek_-_Preise_und_Auszeichnungen)를 참고했음.

12 오스트리아 자유당은 극우 포퓰리즘 정당으로 민족보수주의와 인종주의 정책을 표방한다. 외르크 하이더(Jörg Haider)가 이끌던 1999년 총선에서는 보수 기독교 정당인 국민당(ÖVP)을 앞지르고 2000년 국민당과 연립정부를 구성하여 그렇지 않아도 극우파의 인기가 상승일로에 있던 유럽연합 회원국들의 심각한 우려를 불러일으킨 바 있다. 유럽의 지식인들은 오스트리아 자유당의 사회적·도덕적 포용력이 유럽의 다른 극우정당과 비교하지 못할 정도로 편협하며, 독일에서와 달리 오스트리아에서는 자유당의 나치 성향이 심각하게 받아들여지지 않는다고 비판한다. 오스트리아에서 자유당의 위세는 지금도 지속되고 있다. 2016년 5월 대선 결선투표에서는 반난민정서를 자극한 자유당의 노르베르트 호퍼(Norbert Hofer) 후보가 무소속 후보에게 근소한 차이로 패했는데, 투표결과에 대한 이의제기가 헌법재판소에 의해 받아들여지면서 10월에 3차 결선투표를 앞두고 있다.

을 받았다. 부르크테아터는 오스트리아 예술의 상징인 빈 궁정극장의 이름이다. 이 극장과 당대 최고의 여배우 파울라 베슬리Paula Wessely를 신랄하게 비판하는 내용의 드라마 『부르크테아터』를 바로 이 극장에서 상연하려던 계획이 미리 공개되어 신랄한 비판과 함께 좌절된 후 수정본이 마침내 독일의 본에서 초연되었을 때 많은 오스트리아 사람들이 이 공연을 보기 위해 본을 찾았다고 한다. "제 둥지를 더럽히는 여자"라는 오명은 이때 생긴 것이다(노영돈/이은지 2013, 149 이하). 또한 1995년 하이더가 이끌던 자유당은 옐리네크를 비롯한 비판적 지식인을 고립시키려는 의도에서 "당신은 숄텐Scholten, 옐리네크, 호이플Häupl, 파이만Peymann(옐리네크의 드라마작품 연출가), 파스테르크Pasterk를 사랑하십니까? (...) 아니면 예술과 문화를 사랑하십니까?"라는 플래카드를 내건 바 있다.

오스트리아 정부의 문화부장관뿐만 아니라 대통령까지 나서서 옐리네크의 반反오스트리아 이미지를 상쇄하려고 그녀의 수상을 오스트리아문학의 영광으로 둘러댄 것은 예견되었던 반응이다. 반면 로베르트 메나세Robert Menasse(1954~) 같은 작가는 순수한 의미에서 "이 상은 지적 능력이 모자라는 오스트리아에 대한 문학의 승리이다. 이 노벨상은 오스트리아에서 격한 논쟁에 휘말려 있는 우리 오스트리아작가들을 돕게 될 것이다."(Geier 2004에서 재인용)라고 환영했다. 당연히 옐리네크의 노벨상 수상에 대해 "진심 어린 증오에서", "오스트리아의 재앙", "카산드라, 귀부인, 제 둥지를 더럽히는 여자", "제 둥지를 더럽히는 여자: 옐리네크에 대한 오스트리아의 애증", "엘프리데 옐리네크의 노벨상: 오스트리아에 대한 성공한 복수" 등의 제목으로 불편한 속내를 드러낸 기사도 많았다. 반면 독일에서의 반응은 거의 정반대였다. 문학활동 초창기부터 이미 독일어권의 중요한 문학상을 휩쓴 그녀였지만[13] 막상 노벨문학상을 수상하자 문학의 공론장에서 막강한 영향력을 행사하던 많은 비평가들이 딴죽을 걸었던 것이다. 여기에서는 대표적으로 라이히-라니츠키, 마티아스 마투세크Matthias Matussek[14], 이리스 라디슈Iris Radisch[15]의 비평을 중심으로 옐리네크의 노벨문학상 수상을 둘러싼 논쟁을 특히 문학정전과 가치평가 문제와 관련하여 분석해보자.

가장 먼저 눈에 띄는 것은 무엇 때문에 옐리네크가 노벨상을 받았는지에 대한 평가인데, 경우에 따라 지나치긴 하지만 전형적으로 오스트리아 사람다운 사회비판성향이 일단 칭찬받을 만한 것으로 인정되었다. 그러나 옐리네크의 노벨상 수상에 비판적인 비평에서 또한 공통적인 것은 이러한 사회비판이 구태의연하고 성과를 기대할 수 없는 잔꾀 정도로 은근슬쩍 평가절하된다는 점이다. 또한 옐리네크 텍스트의 도발적인 잠재력이 예전에는 칭찬의 대상이었던 반면, 이제는 그 점에 대해 미심쩍은 눈길을 던지는 것도 노벨상 수상 발표 이후 옐리네크에 대한 평가에서 공통적이다. 노벨상 수상 자체는 옐리네크가 오래전부터 기성 문단에서 확실

---

13 2004년까지 하인리히 뵐 문학상(1986), 페터 바이스 문학상(1994), 가장 권위 있는 상의 하나인 게오르크 뷔히너 문학상(1998), 하인리히 하이네 문학상(2002) 등 20개가 훨씬 넘는 문학상을 받았지만 그때에는 "스캔들 작가"로서 그녀의 이력에 대한 비판적인 시각은 거의 없었다.

14 마투세크(1954~)는 신문사의 문화부 편집자로 저널리즘 활동을 시작한 이후 1987년부터 2013년까지는 가장 영향력 있는 주간지 『슈피겔』에서 일했는데, 특히 2005년부터 2008년까지는 문화부의 책임자였다. 2014년까지는 『슈피겔』 온라인 판에 「문화를 위한 마투세크의 조언」이라는 블로그를 운영했다.

15 라디슈(1959~)는 1990년부터 주간지 『차이트』에서 활동하는 문학담당 여성 저널리스트이다.

한 위상이 있었다는 증거로 해석되지만, 그럼에도 그녀가 독일어권에서 소위 스타 작가는 아니었다는 지적과 함께 뜻밖의 수상을 조롱하는 분위기가 감지되었다. 옐리네크가 과연 노벨문학상을 받을 만한 작가인가에 대한 근원적인 질문을 던진 것이다. 통계적으로 보면 전적으로 동의하는 비평가와 기사는 극히 드물었고 일정한 유보와 함께 마지못해 동의하는 경우가 대부분이었다고 해도 과언은 아니다. 심지어 옐리네크를 옹호하는 편에서도 스웨덴의 한림원이 엄청난 오해를 했다고 지적했다. 높이 평가되는 아방가르드 여류작가에게 노벨상을 수여함으로써 본의 아니게 이 작가가 중도적인 문학계의 메인 스트림에 휩쓸릴 수 있다는 것이다. 노벨상 위원회가 뭔가 착각하고 오해한 나머지 노벨상이 허용할 수 있는 것보다 훨씬 급진적인 작가에게 상을 주었다는 희한하게 전도된 푸념도 이러한 맥락에서 나온 것이다.

옐리네크를 비판하는 편에 서서 그녀의 노벨상 수상을 가장 혹독하게 조롱한 비평가는 바로 마투세크이다. 마투세크는 먼저 포르노그래피 같은 성행위 묘사의 사도마조히즘과 반파시즘으로 점철된 싸구려 글의 작가가 최고의 문학상을 받은 것에 경악하며, 이 상이 문학을 위한 노벨상이 아니라 정치적 공정함, 즉 여성 안배를 위해 결정된 상이라고 핑계를 대며 자위한다. 또한 1,000만 스웨덴크로네(약 15억 원)의 상금으로 노후 걱정 없이 일하게 되었다는 옐리네크의 인터뷰 기사를 몇 차례나 인용하며 "누가 백만장자가 될 것인가?"를 정한 노벨상 위원회의 선택을 조소한다. 8년 만에 노벨문학상이 여성 몫이 되었다고 비아냥대며 자연스럽게 알리체 슈바르처Alice Schwarzer[16]와 "낡아서 달아빠진 페미니즘 전선"이

---

16 1977년 1월에 처음 세상에 나온 여성잡지 『엠마(Emma)』의 창간자이며, 현재까지도

언급되는데(Matussek 2004, 178f.), 이것은 옐리네크가 수상연설에서 페미니스트로서 자의식과 책임감을 드러낸 것에 대한 조롱이다. 또한 독일인으로서는 가장 최근인 1999년에 노벨상을 받은 귄터 그라스의 『양철북』을 "세계적인 소설"로 거론한 것도 옐리네크에게는 상당히 모멸적인 비교이다. 이러한 조롱은 "제대로 된 신념"도 없이 MTV에서 "종일 억압에 반대하는 노래만 부를 뿐"인 비욘세 놀스Beyoncé Knowles와의 비교에서 최고조에 달한다. 이로써 옐리네크의 가장 큰 무기인 사회비판의식도 신념이 겸비되지 않은 틀에 박힌 몸짓으로 격하되고, 오스트리아의 파시즘에 대한 비판도 "오스트리아를 증오하는 공공근로"로 행해지는 일상화된 밥벌이 수단으로 희화화된다(Matussek 2004, 180f.).

마투세크의 논조는 크게 두 갈래로 나뉘는데, 지금까지 소개한 것이 옐리네크의 도발적인 사회비판의식에 대한 조롱이었다면 다른 하나는 소위 예술성의 측면에서 가해지는 혹독한 비판이다. 마투세크에게는 옐리네크를 전 세계적인 작가로 만든 소설 『피아니스트』마저도 1980년대 페미니즘의 가해자와 희생자 구도의 재연에 불과하고, 두 모녀가 관음증 환자, 범죄자, 포르노그래피 중독자로 묘사됨으로써 반페미니즘을 확인할 수 있다고 폄하한다. 또한 베스트셀러인 『욕망』(1989) 같은 작품도 남성의 여성에 대한 성적 폭력을 소유관계의 반영으로 본다는 점에서 여성운동잡지 『엠마』의 담론을 재탕한 것에 불과하다고 단언한다. 옐리네크의 드라마도 마찬가지 평가를 받는다. 줄거리조차 제대로 갖추지 않은 작품들은 "충격적으로 형편없어서 충격적인 작품들"이다. 이러한 노골적인 비판을 통하여 마투세크는 옐리네크가 확신과 신념을 갖고 있더라

출판 및 편집에 관여하고 있는 독일 여성운동의 대표적인 인물이다.

도 미적인 면에서는 논의의 대상조차 될 수 없다고 단정하고 싶은 것이다 (Matussek 2004, 182).

엘리네크 작품의 사회비판정신에 대한 인색한 평가 바로 뒤에는 문학적 질에 대한 무자격 판정이 뒤따른다. 그런데 이러한 가치평가에는 문학비평에서 오래전부터 구축된 양대 전선, 즉 자율미학과 정치적 참여문학이라는 대립구도가 매 경우 함축적으로나 명시적으로 활성화된다는 것을 알 수 있다. 문제는 사회비판을 위해 동원되는 엘리네크 특유의 텍스트성과 미적 요소에 대한 분석은 아예 제켜두고 "전투구호" 같은 "용기 있는" 주제나 작가의 강박관념에서 비롯되는 "격정적인 분노"와 무관용적인 "급진성"이 늘 똑같이 되풀이된다고 평가함으로써 미학 자체는 아주 단편적으로 애매하게 다루어진다는 것이다. 엘리네크 작품세계의 특징은 "쳇바퀴를 도는 햄스터"처럼 늘 똑같은 상스러운 주제가 제목만 바꿔며 되풀이된다는 것이다. 열렬하게 부정적인 것에만 도취되어 사슴뿔 단추, 오스트리아, 스포츠산업, 여가산업, 미디어산업, 속물시민계급, 문화시민계급, 섹스, 가부장제도에 대한 온갖 음해와 비판이 난무하는 이러한 작품세계에는 하늘, 사랑, 사고, 색조, 음조, 냄새, 빛, 현세, 내세도 없으며 쓰레기 같은 인간, 쓰레기 같은 자연, 쓰레기 같은 인간관계, 쓰레기 같은 사랑, 쓰레기 같은 가족, 쓰레기 같은 미디어, 쓰레기 같은 언어만 존재한다. 이러한 논리하에서 엘리네크는 최악의 패러디 대상이 되어 "인간에 대한 흔들리지 않는 적개심"을 가진 "인간 도살장의 성녀"로 악마화되고, 그녀의 작품은 도덕적으로 정곡을 찌르긴 하지만 미적으로는 두 손 들고 항복한 것이나 다름없는, 결국 문학적으로는 촌스럽고 고루한 "콜라주 언어의 이데올로기적 자동장치"로 낙인찍힌다(Radisch 2004). 같은 맥락에서 엘리네크의 연극이 펼쳐 보이는 어설픈 아방가르드는 조그만 시골 공동체의 어벙한 주민들을 모아놓고 선전, 선동하는 데에나 어울리는 지방문학에 불과하다.

라이히-라니츠키가 옐리네크의 작품에서 "격분하는 도발"을 보고 그녀의 모든 소설이 정도 차이는 있어도 "진부하고", "표면적"이라고 진단한 것은 결국 "엘프리데 옐리네크의 문학적 재능은 조심스럽게 표현하자면 오히려 보잘 것 없다."라는 문학심판관의 판정으로 귀결된다. 문학의 교황답게 어떤 비평가보다 더 서슴없이 솔직한 평가를 내리고 있는 그의 짧은 비평의 제목은 「굴욕당한 여자」인데, 자세히 음미해보면 이 제목은 반어적이다. 남성들의 강간과 성의 대상으로 굴욕적인 삶을 사는 작품 속의 여자들과 옐리네크 작품세계의 중심 주제를 지칭하는 것이면서도 문학비평계에서 옐리네크가 당하는 수모를 은근슬쩍 암시하기 때문이다. 다른 비평가들과 마찬가지로 문학교황의 『피아니스트』에 대한 평가도 미학적 잣대가 중심축을 이루고 있다. 성적인 것을 남성들의 역겹고 혐오스러운 지배도구로 묘사하고 있다는 평범한 해설 후에 "시문학이 즐겨 노래하는 것이 잔인한 정복행위로 나타난다."라는 유감 섞인 속내를 드러내기 때문이다. 여기서 옐리네크는 전통적인 시문학의 소재를 미적으로 다루지 못하는, 다시 말해서 재능이 결여된 인물이기 때문에 비평가들로부터 굴욕을 당할 수밖에 없다는 노련한 심미적 비평가의 비아냥거림을 읽어낼 수 있다. 게다가 여류작가의 사회비판은 "오래전부터 이미 시대에 뒤떨어진 참여문학"이며, 그녀의 "용기", "단호함", "급진성", "시종일관성"은 너무 높게 평가되어서도 안 된다. 그렇다고 이 비평가가 여성작가의 "신념"을 인정하는 것도 아니다. "훌륭한 신념은 누구에게나 공짜"라는 하인리히 뵐의 말을 인용하며 신념도 뵐의 문학처럼 미적 형상화에 성공할 때 비로소 의미가 있는 것임을 에둘러 강조하기 때문이다

(Reich-Ranicki 2004, 180). 옐리네크는 현실참여작가로도 인정되지 않는 것이다.

옐리네크에 대한 비평에서는 미적 가치의 부재에 대한 조롱과 사회비판적 참여문학에 대한 사갈시라는 공통점을 찾아볼 수 있다. 우선 참여문학을 비판하는 주류 비평가들의 논지에서는 베를린장벽이 개방된 1989년 이후 독일 통일과정에서 벌어졌던 소위 "신념미학"논쟁을 어렵지 않게 떠올릴 수 있다. 이 논쟁은 좋게 표현해서 새로운 통일시대를 맞이하여 독일분단 이후 서로 다른 길을 걸어왔던 동독과 서독의 문학을 결산하고자 하는 논쟁이었지만, 이데올로기적으로 보자면 서독의 보수적 논객들이 크리스타 볼프를 비롯한 동독의 작가와 지식인들의 문화적 자의식을 무장해제하려는 시도였다. 이 과정에서 서독의 좌파 성향 진보적 지식인과 사회참여적인 작가까지도 온통 신념미학이라는 구시대적 유산의 추종자로 매도되었다. 보수주의자들에 의한 일종의 헤게모니 쟁탈전으로 볼 수 있는 이 논쟁에서 신념미학을 대체하려한 것은 분단상황에서 위축되어 있던 서독의 반좌파적인 보수적 모더니즘미학과 독일민족주의와 결합된 포스트모더니즘미학이었다. 보수진영을 대표했던 『차이트』의 문예란 책임편집위원 울리히 그라이너Ulrich Greiner는 "신념미학은 다행히 종말을 고한 동독문학과 서독문학에 공통적인 제3의 것"이라 규정하고, 동독과 서독의 작가들이 "복고주의, 파시즘, 교권 절대주의, 스탈린주의 등에 저항하는 투쟁"이라는 "문학 외적 주제"에 더 이상 매달리지 않게 되어 다행이라는 입장을 표명한 바 있다. 계속해서 그라이너는 서독에서 참여문학은 양심, 당파, 정치, 도덕, 과거 등을 과제로 삼았고, 뵐, 그라스, 렌츠, 프리트, 발저, 엔첸스베르거, 바이스 등이 이러한 작가 계열에 속한다고 적시한 바 있었다(Greiner 1990). 그야말로 서독문단을 이끌던 기라성 같은 작가들이 모두 신념미학 내지 참여문학의 올가미에 갇히게 된 것이다. 이러한 역사적 맥락에서 보자면 라이히-라니츠키를 비롯한 주류 비평가들이 여성과 소수의 권리를 위한 옐리네크의 문학을 시대에 뒤떨어진 참여문학으로 간주하는 것이나, 의도는 좋으나 흥미롭지도 않고 긴장감도 없는, 요컨대 미학적으로 신선한 시도를 찾아볼 수 없는 문학이라고 비판하는 것은 그들의 입장에서는 당연해 보인다. 형식 없는 내용, 사회적 폐해에 대한 단순한 계몽으로서의 사회비판은 인정할 수 없다는 것이다. 그런데 재미있는 것은 마투세크가 옐리네크 텍스트의 미적 질을 폄하하려는 의도에서 귄터 그라스를 비교대상으로 내세운 것이다. 그라스는 신념미학논쟁 당시 크리스타 볼프와 함께 시적으로 열등한 참여문학의 대표작가로 혹평받은 바 있다. 이런 마당에 왜 하필 그라스를 끌어들였을까? 그라스가 옐리네크 바로 직전의 독일어권 노벨문학상 수상자였기 때문이다. 이로써 마투세크는 노벨문학상의 권위를 인정하면서도 옐리네크의 수상이라는 엄연한 현실 앞에서 노벨상 위원회의 "희한한 결정"을 탓하는 자가당착을 드러낸다. 그렇다면 자율미학이나 참여문학 어느 한편의 가치평가기준에 경도되지 않고 옐리네크를 객관적으로 자리매김할 수 있는 방법은 없을까? 만약 옐리네크를 마투세크가 『피아니스트』를 평가한 것과 같은 맥락에서 아방가르드 여류작가로 옹호하면 미적 아방가르드와 참여문학이라는 옛날의 이원론으로 퇴보할 위험이 있고, 옐리네크의 텍스트에서 목적이 있는 미적 혁신을 인정한다면 결과적으로 참여문학을 옹호하게 될 것이다(Geier 2004). 이러한 양자 선택을 피하기 위해 일단 옐리네크에게 가해지는 푸대접의 역사적 근원, 즉 배타적인 가치평가의 뿌리를 추적하는 것이 하나의 방법이 될 수 있다. 이 경우 옐리네크가 노벨문학상을 받을 만한 가치가 있다는 것을 특정한 기준을 통해 꼭 증명할 필요는 없을 것이다.

2. 미학 이데올로기

문학에 대한 가치평가에서 미학의 개념들이 과잉 재생산되고 전방위적 척도로 적용되면 비생산적인 혼란을 야기하는 경우가 많다. 미학이 이데올로기장치로 도구화된다면 그 폐해와 부작용은 문학의 발전과 작가의 활동에 어떤 도움도 되지 못한다.[17] 계몽주의 철학자 알렉산더 고틀리프 바움가르텐Alexander Gottlieb Baumgarten(1714~1762)이 『미학(Aestetica)』(1750~1758)에서 근대적 의미의 미학 개념을 도입했을 때, 그가 우선 염두에 둔 것은 감각적 인지에 대한 이론이었다. 오성과는 다른 감각과 감정의 인식능력을 밝히고자 했던 것이다. 바움가르텐의 단초는 곧바로 예술과 예술작품에 대한 이론으로 확장되었고, 특히 독일에서는 예술의 철학으로 확고부동한 자리를 차지했다. 미학이 유독 독일에서만 예술철학으로 귀착된 것은 독일철학의 관념주의 성향 때문이라고 보는 견해가 일반적이다. 테리 이글턴은 이러한 독일적 현상을 명쾌하게 짚어준다. 그는 『미학의 이데올로기』(1990) 서두에서 칸트, 헤겔, 쇼펜하우어,

17 특히 오늘날 매체사회에서는 매체를 통한 퍼포먼스가 가치평가를 결정할 수도 있고, 예술가로서의 작가상을 새롭게 창조할 수도 있다. 옐리네크도 웹사이트를 통한 소통을 적극적으로 활용하는 작가이다. 1996년에 개설되고 최근(2016년 6월 12일)에 개편된 그녀의 홈페이지(www.elfriedejelinek.com)에는 지면으로 발표하지 않은 많은 글들이 실려 있고, 신작 소설 『질투』도 무료로 공개되어 있다. 특히 연극, 음악, 예술, 영화에 대한 에세이와 정치비평 그리고 오스트리아 사회에 대한 시의적 비평 등을 통해 옐리네크는 작가일 뿐만 아니라 전통적인 보편적 지식인의 역할에 충실하다는 것을 알 수 있다.

니체, 하이데거 등에게 예술은 대단한 관심의 대상이었고 미적 경험이 경우에 따라 최고의 가치 형태로 간주되어왔다고 지적하면서, 루카치에서 아도르노에 이르기까지 유물론 전통에서도 예술은 특별한 이론적 특혜를 받았다고 강조한다(Eagleton 1990, 1). 이글턴의 역작에서 특히 두드러지는 것은 근대 이후 미학의 구성은 계급사회의 지배적인 이데올로기 형성 및 이러한 이데올로기 질서에 부합하는 인간의 주관성 형식과 떼놓고 생각할 수 없다는 것이다(Eagleton 1990, 3). 19세기 초 독일 대학에서 문학에 대한 학문이 시작될 때부터 초기 관념론 미학의 여러 개념이 문학 연구에 도입되었고, 오늘날의 독문학에서도 그 동안 누적되고 세분화된 미학 개념이 지배적인 가치평가척도로 작용한다는 것은 굳이 설명할 필요가 없다. 독일 문예학을 특징짓는 미학 개념의 과잉은 인플레이션으로 비유되기도 한다(Becker-Cantarino 2007, 127). 문예학의 대부분의 연구는 다루어지는 문학텍스트를 미적인 것으로 규정하고 그럼으로써 가치가 있는 것으로, 즉 예술이라고 칭할 뿐만 아니라,[18] 미적 가치를 개인적·주관적 혹은 전통적·시학적 관점으로 국한한다. 미적이라는 개념을 중심축으로 삼은 연구 사례는 너무도 많다. 미적 주관성이라는 개념은 브렌타노의 낭만주의적인 편지를 연구할 때 유용하게 쓰인다. 리하르트 바그

---

18 독일 대학의 문학연구 즉 Literaturwissenschaft는 말뜻 그대로라면 문학에 관한 학문이지만 한국 독문학계에서는 일반적으로 문예학으로 번역되어 쓰인다. 근래에 종종 문학학(文學學)으로 바꾸어 부르자는 제안이 있지만 차라리 문학에서 학이라는 단어를 먼저 바꾸지 않는 한 동일한 한자의 어색한 중복 때문에 큰 호응을 얻지 못하는 듯하다. 그런데 문학을 미학적 측면에서 예술로 간주하는 독일의 문학연구 풍토를 감안한다면 문학에 대한 학문이 아니라 예술로서의 문학에 관한 학문, 또는 문자예술로서의 학문이라는 뜻을 드러낼 수 있는 문예학이라는 용어가 오히려 적합해 보인다. 굳이 문학학으로 개칭하고 싶다면 적어도 독일 독문학계의 연구전통에 대한 선지식과 그에 대한 차별화 전략이 전제되어야 할 것이다.

너의 종합예술을 긍정적으로 평가할 때 정치적·미적 유토피아라는 개념이 거의 고착화되어 있으며, 괴테의 예술이론과 문학이론 연구에서는 논쟁적 미학이라는 개념이 등장하기도 했다. 숭고의 미학, 폭력의 미학, 공포의 미학, 추의 미학, (프로이트적 의미에서) 무시무시함의 미학 등의 개념도 이미 낯설지 않으며, 소위 자율미학을 놓고는 끝없는 논쟁이 계속되고 있다. 문학연구가 미학 개념을 유예 없이 늘 선망한 결과인지 이제는 미학이 문학을 흡수 통합한 듯하다. 최근에 메츨러출판사에서 일곱 권으로 간행된 『미학의 기본개념』(2000~2005)에는 예전만 해도 문학, 시학, 수사학과 이것의 인접영역에 대한 전문용어사전이나 편람에서나 찾아볼 수 있었던 개념들이 미학의 기치 아래 다시 가공되어 포함되어 있다. 약간 과장한다면 미학에 의한 문학의 식민지화인 것이다. 그런데 미적 개념의 과잉은 비단 문학 분야에만 해당하는 것은 아니다. 비판적으로 보자면 부재에서 시대까지 총 170개에 달하는 표제어목록은 오늘날 문학비평과 문화비평에서 유행하는 문학적·철학적·역사적·문화적 개념들과 비체계적으로 뒤섞인 것에 불과하다.

좀 더 자세히 들여다보면 미학이라는 단어는 문학의 문체, 형식, 구조, 시학, 방법론 연구에서 차용될 뿐만 아니라 일상영역에도 깊이 침투되어 있다. 여성적인 것이나 남성적인 것, 남성문화와 여성문화, 페미니즘이나 성의 정체성, 혹은 동성애나 이성애를 규정할 때도 미적이라는 단어는 전가의 보도처럼 이용된다. 서로 이질적인 영역에서 미적이라는 공통의 범주를 끌어들이는 이유는 아마도 예술과 같은 가치를 인정받고 싶은 내밀한 욕구 때문일 것이다. 좋게 평가해서 일상의 미학화로 부를 수 있을 이러한 시도는 생활세계의 다른 부문으로 계속 확대될 수 있을 터이지만, 거꾸로 보면 이러한 미적 개념은 피상적이기 때문에 더욱 공허한 인플레이션을 초래한다. 특히 문학비평이나 문예학에서는 당사자가 선호하는 주제나 견해를 상찬하거나 선전 내지 선동하려는 의도가 숨어 있다 해도 과언이 아니다. 여하튼 오늘날 우리가 경험하는 미적인 것의 보편화는 베냐민이 아우라의 상실을 양가감정으로 목격한 것과 같은 맥락에서 미학은 도처에 널려 있으면서도 어디에도 없는 것과 마찬가지라는 느낌, 즉 정서의 진공상태를 야기한다. 프레드릭 제임슨은 이러한 현상을 『포스트모더니즘 또는 후기 자본주의 문화 논리』에서 "오늘날 미적 생산은 상품생산으로 통합되었다."(Jameson 1991, 4)라고 명쾌하게 결론 내린 바 있다. 가혹하게 비유하자면 대부분의 독자는 미적으로 뛰어나다는 비평가의 가치평가가 알고 보니 장삿속에서 나온 것이었음을 뒤늦게 깨닫거나 아니면 영원히 모를 수도 있다. 그럼에도 비평가가 상품미학에 노출되어 있다는 것은 문학전문가가 아닌 독자들도 알만큼은 아는 사실이다.

포스트모더니즘에 대한 비판은 이러한 무의미한 다면성을 겨냥하는 경우가 많다. 그래서 포스트모더니즘 이후를 성찰하는 이론들은 실재로 복귀하기 위하여 포스트모더니즘의 급진적 구성주의로부터 등을 돌린다. 다시 경험과 인식이 가능한 현실과 진실과의 관련성이 중요해진 것이다. 근래에 들어 문학연구 분야에서도 현재와 연관성 있는 미학과 정치적인 신념미학에 대한 신조를 다시 강조하는 경우가 드물지 않다. 원로 독문학자 요스트 헤르만트Jost Hermand(1930~)가 대표적인데, 그는 『포스트모더니즘 이후: 오늘의 미학』에서 미학을 "예술철학적인 사변의 영역"에서 끌어내려 망상으로부터 해방시켜야 한다고 주장한다. 예술철학의 사변은 문학의 사회정치적 기능을 외면하고 기껏해야 흥미롭긴 하지만 쓸모없는 "유리알 유희의 계기"를 마련해줄 뿐이라는 것이다. 그가 "예술을 위한 예술" 이념을 공박하는 이유는 자신에게는 "오늘의 미학"으로 정치적인 참여문학만 필요하다고 생각하기 때문이다(Hermand 2004, 173f.). 물론 모든 문학이 그가 원하는 미학적 가치를 위해 줄을 설 필요는 없지만, 오늘날에도 최소한 일부의 문학은 그가 생각하는 가치에 부합된다. 당연히 문학사적으로도 정치적 참여문학은 예술을 위한 예술에 뒤지지 않는 전통을 가지고 있다. 헤르만트의 경우에서 재차 확인되는 것은 문학이 미학에 의해 예술로 칭해지는 여지와 문학의 가치표상으로 기능하는 공간은 매우 넓고 불분명하며 혼란스럽다는 것이다. 이 공간에서는 사회참여문학의 옹호자와 예술을 위한 예술의 옹호자 간의 반목과 투쟁이 벌어질 수 있으며, 작가와 비평가는 이 공간에서 기능하는 다양한 미학적 위치 중의 하나를 차지해도 무방하다. 그렇다면 이질적인 미학 개념을 동원하여 어떤 텍스트를 높이 평가하거나 가치 없는 것으로 배제하면서 혼돈을 부풀리는 것보다 차라리 가치중립적인 문학의 공간이라는 개념이 유용할 수도 있다(Becker-Cantarino 2007, 129). 이러한 관점을 연구한다면 서열화될 수 없는 문학의 다양한 질적 특성과 현재에 대한 의미를 규명할 수 있을 뿐만 아니라, 미학 개념을 이론화하거나 황차 특정한 미학적 이데올로기를 옹호할 필요도 없을 것이다. 이러한 전제는 문학적 가치평가와 미적 개념 그리고 함축적이거나 분명한 문예학적 판단기준들에 대한 역사적 분석이 중요하다는 것을 의미한다. 더욱이 성과 같은 범주를 대상으로 삼을 때는 특히 의미 있는 결과를 도출할 수 있다.

3. 페미니즘미학과 젠더

대략 1800년부터 시작된 문학의 성에 관한 구상들은 20세기 후반기에야 비로소 본격적인 비판의 대상이 되었다. 18세기와 19세기의 근대화 과정에서 전개된 미학은 남성적 특성으로 점철되어 있다. 소위 남성적인 미학 이데올로기에 의해 여성적인 것이 식민화되고 점유된 것이다. 1970년대의 여성운동과 정치적인 페미니즘은 전통적인 성의 범주를 가장 혁신적으로 변화시킨 중요한 사건이다. 그 이전에도 리카르다 후흐(1864~1947), 넬리 작스(1891~1970), 잉게보르크 바흐만(1926~1973), 크리스타 볼프(1929~2011) 등 성공적인 여성작가가 있었지만 대개는 문학공론장의 변두리에서 독문학계의 주목을 받지 못한 채 작품을 출판했다. 하지만 1970년대에는 여성의 자의식으로 여성적 주제를 다루며 자신들의 작품을 소위 여성문학으로 선언한 새로운 여성작가들의 세대가 시작되었다. 미국의 버지니아 울프와 2007년 노벨문학상 수상자인 영국 출신 도리스 레싱의 여성문학이 독일의 문학시장에서도 커다란 주목을 받았고, 여성운동의 확산과 성과를 위해 설립된 독일의 소규모 신생 출판사 프라우엔오펜시베Frauenoffensive[19]에서 펴낸 스위스 출신 베레나 슈테판Verena Stefan(1947~)의 『허물벗기』(1975)와 크리스타 라이니히Christa Reinig(1926~2008)[20]의 『거세』(1974)는 엄청난 선풍을 일으켰다. 이를 계기로 여성작가의 작품출판에 별 관심이 없던 출판사들이 앞다투어 재능 있는 젊은 여성작가들의 작품을 발굴했는데, 대표적인 것이 주르캄프Suhrkamp출판사에서 펴낸 카린 슈트루크Karin Struck(1947~2006)의 『계

---

19 뮌헨에서 여성운동을 하던 18명의 여성들이 1974년에 설립한 페미니즘 출판사이다. 이 출판사의 중심프로그램은 모권연구와 페미니즘철학이었다.

20 크리스타 라이니히는 처음에는 발라드나 연애시를 주로 썼지만, 1970년대에 동성애자임을 밝힌 후에는 전투적인 페미니즘 계열의 작품을 썼다.

급사랑』(1973)[21]이다. 출판사들은 여성문학시리즈를 발간했고, 이미 고인이 된 여성작가들의 판권을 사들였으며, 여성작가들과 독점계약을 체결했다(Schmidt 1982). 이러한 열광적 분위기는 채 10년도 지속되지 않았지만 문학공론장에 끼친 의미는 결코 간과할 수 없다. 1970년대 이후 문학공론장의 지각변동은 크게 네 가지 측면으로 요약할 수 있다. 첫째, 여성들의 작품이 대량으로 출판된 것은 유사 이래 처음 일이었다.[22] 그 결과 작품 생산과 출판, 서평과 비평에 의한 수용에서 남성작가와 여성작가 사이의 거대한 간극이 점차 줄어들었다. 둘째, 이전에는 출판이 불가능했거나 무명의 군소 출판사에서나 취급하던 여성작가의 작품이 국가 차원에서 지원되고 문학비평의 대상이 됨에 따라 문학공론장에서 여성의 저자성이 확고하게 자리 잡았다. 셋째, 여성 관련 주제와 여성 묘사의 영역이 확장되고 일방적인 남성적 시각에서 벗어나면서 문학에서 여성문제를 다룰 때의 상투성과 인류학적 편견이 폭로되었고 그에 따라 남성의 문학에서도 변화의 조짐이 일어났다. 넷째, 문학비평의 반응은 열광, 거만한 호의, 반어적 무시 등 다양했지만, 작가가 여자로 밝혀지면 곧바로 여성문학이라는 꼬리표를 붙이는 점에서는 공통적이었다(Becker-Cantarino 2007, 140f.). 물론 이 꼬리표는 오늘날까지도 여성작가에 대한 선입견, 편견, 애증, 편애를 지시하는 기호로 작용하고 있다.

매체들이 여성문학을 둘러싸고 야단법석을 떤 덕분에 성이라는 범주와 함께 문학장, 문학의 가치평가, 문학비평, 독문학이 새로운 각도에서

---

21 카린 슈트루크의 처녀작 『계급사랑』은 사적인 현상을 사회의 지진계로 만드는 문학적 양식, 즉 새로운 주관성의 출발을 알리는 작품이다.

22 엘프리데 옐리네크의 초기 작품도 이때 나온 것이다.

조명될 수 있었지만 다른 한편으로 보자면 그 당시에도 여성문학을 논할 때 과연 미적인 작품인가에 대한 회의는 엄연히 존재했다. 여성문학은 문학사에서 언제나 천재 남성작가의 그림자에서 기생하는 이류였고, 진리를 담보하는 예술로서의 자격이 모자랐으며, 미적 판단의 보편성을 극복할 수 없는 어떤 다른 것이었다. 여성문학은 또한 독문학계를 지배하던 작품내재적 해석의 교과서 볼프강 카이저Wolfgang Kayser의 『언어예술작품』에서 요구되는 바와 같은 고귀하고 순수하며 목적에서 자유로운 언어예술에 대한 기대에 부응할 수 없는 것으로 여겨졌다. 근대의 문학생산에 대한 이론과 더불어 탄생한 미적 이데올로기의 중요한 요소인 미적 가치판단의 척도는 중단 없이 전승된 것이다. 그래서 문학비평의 과제는 여전히 전문적인 미적 판단을 내리는 것이며, 비평가는 비범한 인간이자 국외자이자 몽상가인 작가의 미적 세계를 꿰뚫어보아야 했다. 문학을 가치평가할 때 문학비평가의 머리에는 여전히 문학예술작품의 독창성·무목적성·자율성 개념이 똬리를 틀고 있었다. 새롭고 혁명적인 문학, 즉 미래를 위한 선구자역할을 위해 예술의 현실참여이념을 내세운 소위 아방가르드가 등장한 것은 이미 20세기 초였다. 아방가르드와 함께 문학의 새로운 사회정치적 좌표설정과 더불어 취향이라는 범주의 규범적 요소들이 이데올로기 관점에서 비판되었고 천재와 신과 같은 창조성이라는 신화는 붕괴되었다. 고급문학과 대중문학의 경계가 사라졌고, 문학작품에서 영원한 진리를 기대하지 않게 되었다. 사회비판적 문학기능의 대두와 함께 이런 식으로 미적 이데올로기로서 고전적·낭만적 문학개념이 상대화되었지만, 유독 이 미적 이데올로기의 성차별적 측면은 페미니즘 이론이 전면에 등장하기 전까지는 거의 주목받지 못했다.

독일의 경우 소위 여성문학의 특수성과 관련해 미학과 성에 대한 관심을 불러일으키고 여성문학의 가치평가문제를 처음으로 제기한 것은 1976년에 나온 「여성 미학은 있는가? 라는 문제에 대하여」라는 실비아 보벤센Silvia Bovenschen의 논문에서였다. 여기서 그녀는 성에 따라 예술을 지각하는 능력이 다르다는 전통적 미학을 부정하면서, 여성문학이 미적 이데올로기에 일치하지는 않지만 다른 기준을 놓고 보면 많은 가치가 있다는 것을 증명하고자 했다(Schmidt 1982, 158ff.). 이후 여성문학과 정치적 페미니즘을 통하여 미적 이데올로기의 일방적 주행이 문제시되었고, 문학장에서 여성들의 역할과 불이익 내지는 성별정책과 성 간의 관계가 논쟁거리로 떠올랐다. 남자들의 상상과 상징적 구성물에 불과한 문학장의 남성상과 여성상도 해체되었고, 미적 이데올로기에 의한 가치평가가 엘리트주의적인 가부장적 세계관의 전형적인 징후로 폭로되었으며, 종국에는 남성적 미적 이데올로기에 대한 대안이 제시되었다. 여성미학을 통해 천재와 문학에 대한 구상을 여성의 입장에서 설계하려는 개념이 바로 여성적 글쓰기이다. 잘 알려진 사실이지만 이 개념은 보편주의적이고 존재론적일 뿐만 아니라 여성적인 것을 규범적인 것으로 설정했기 때문에 널리 수용될 수 없었다.[23] 라캉의 가부장적으로 구조화된 상징적 질서에 대한 이론 역시 생산적 토론의 대상이 될 수 없는 보편주의적 사고체계라는 문제점을 드러냈다.[24] 크리스테바의 경우 상징적인 것의 고착

---

23 1970년대 이리가레이, 식수스, 크리스테바의 프랑스 페미니즘이론은 남근중심주의를 논박하며 남성과는 다른 여성의 리비도를 주창했다. 그들은 이원적 논리에서 벗어나 애매성이 특징인 이 리비도가 초기 아동기의 사회화과정에서 여성의 창조성과 함께 파묻혔다고 주장한 바 있다.

24 라캉의 이론도 문학의 가치와 수컷중심의 미적 이데올로기를 수성하는 데에는 어려움이 있다. 삶과 세계의 모든 결과는 결코 없앨 수 없는 상징적 질서에 의해 생산된다고 보기 때문이다.

된 권위를 뒤흔들 수 있는 여성의 기호적인 것을 이상화했지만 문학과 예술의 공론장에서 활동하고 있는 실제의 여성들에게는 순진한 정치적 틈새전략에 불과한 것으로 여겨졌다.

오늘날 문학에 대한 가치평가문제에서는 40년 전부터 페미니즘미학이 추구하던 여성성과 성에 관한 본질주의적 사고가 더 이상 유효하지 않지만, 페미니즘미학의 모험적인 이론이 문학과 예술의 공론장에 끼친 도발적 영향은 과소평가될 수 없다. 단적인 예로 옐리네크 같은 현실참여적인 페미니즘 작가와 예술가 그리고 비평은 이러한 페미니즘미학의 사변에 의해 고무되고 자극받았다고 할 수 있다. 여성적 글쓰기, 상징적인 것과 기호적인 것, 언어이론과 정체성이론, 여성의 심리구조와 사회화에 대한 이론은 여성에 대한 새로운 상과 신화를 창조했고, 이것이 특히 옐리네크를 위시한 여성작가와 예술가에게 자극적인 영향을 끼쳤다는 것도 부인할 수 없다(Becker-Cantarino 2007, 144). 이제 여성성 및 여성미학 구상과 작별한 후 여성작가와 예술가들의 주된 관심은 젠더체계, 성차별의 철학적·상징적 차원, 뿌리 깊은 사회적 선입견 등으로 옮겨갔다. 20세기 초 아방가르드와 같이 미래를 위한 확고한 정치적·문학적 프로그램은 없지만 옐리네크를 비롯한 여성작가들은 역사적·문화적·사회적 조건에 대한 비판의식을 토대로 그들 고유의 예술적 프로젝트를 수행한다는 점에 주목해야 한다.

4. 미학·성·노벨문학상

이제 다시 옐리네크의 노벨상에 대한 독일 비평가들의 비판과 이러한 반응의 반대편에서 노벨상 수상의 당위성 내지는 정당성을 검토해보자. 당연하지만 비평가들의 격한 반응은 이제 문학의 공론장에서 아무런 영향력도 없어야 마땅한 참여문학과 페미니즘문학의 추종자가 그야말로 뜬금없이 상을 받은 것에 대한 충격 때문이다. 1946년에 태어난 옐리네크는 독일의 여성운동세대, 즉 페미니즘의 주제와 더불어 정치적 담론과 대결하려 했던 1960년대 후반과 1970년대 여성작가세대에 속한다. 카린 슈트루크나 크리스타 볼프 정도를 제외한다면 실상 페미니즘문학은 역사의 뒤안길로 사라진 거나 다름없던 차에 옐리네크의 수상은 그야말로 역사의 퇴보를 의미했을지도 모른다. 더욱이 구동독에서 강력한 노벨문학상 후보였던 크리스타 볼프는 신념미학논쟁의 와중에서 철저하게 매장된 상태였다. 이런 마당에 여성, 페미니즘, 참여 문학이 다시 전 세계의 이목을 끌게 된 것이다. 그래서 옐리네크의 노벨문학상은 21세기 초 문학장에서 성과 참여문학과 문학에 대한 가치평가의 관계를 꼼꼼하게 들여다볼 수 있는 기회를 제공했다.

먼저 서독의 비평가들이 자율미학과 참여문학의 이분법으로 옐리네크 고유의 참여문학의 가치를 폄하하는 것은 자세히 보면 표면적이고 편파적이다. 옐리네크는 빈에서 일류 학교를 졸업하는 특권을 누렸고 빈에서 대학교육을 받은 후 특히 빈 그룹의 실험적인 문학을 모범으로 글쓰기방법을 익혔다. 여성문학의 물결이 거세던 1970년의 소설 『우리는 미끼야 얘야!』는 명망 있는 로볼트Rowohlt출판사에서 나왔고 이 소설의 몽타쥬는 신선한 기법으로 인정된 바 있었다. 후속 소설과 희곡은 출판되고 공연될 때마다 스캔들을 일으키면서 그녀는 동시대의 독일어권 여성작가 중 가장 유명해졌다. 문학적 가치가 있는 것으로 평가되고 상당 부분 보편적으로 인정되는 것은 어휘의 강렬함과 언어실험, 콜라주 및 몽타주 기법, 담론의 교차점으로서 주체 묘사와 문학적·철학적·문화적 상호텍스트성이다. 또한 문예학과 문학비평 그리고 독자들에게서 찬반 논쟁거리가 된 것은 맨 먼저 마르크스주의와 공산주의로부터 시작되었던 그녀의 정치적 올바름과 오스트리아 파시즘에 대한 비판, 페미니즘진영과의 논쟁, 정치적 사건에 대한 가차 없는 소신표명, 섹슈얼리티와 폭력에 대한 그래픽 같은 묘사 때문이다. 미학 이데올로기를 신봉하는 보수적인 남성비평가들 입장에서 보면 어느 하나도 바람직스러울 게 없는 이러한 주제와 작품 그리고 등장인물은 아예 무시되면 좋았겠지만 기대와 달리 늘 논쟁적 비평을 몰고 다녔고,[25] 그만큼 주목받는 문학적 실험으로 인정되었다고 해도 무방할 것이다. 따라서 옐리네크에 대한 진정한 가치평가는 문학적 실험과 정치적 주제가 변증법적으로 통합되는 지점에서 찾아야 할 뿐만 아니라 전통적인 미학 이데올로기에서 간과되는 "숨겨진 질(qualitas occulta)"[26]을 적극 규명하는 데에서 출발해야 한다. 이런 맥락에서 오늘날 옐리네크에 대한 가치평가스펙트럼은 놀라울 정도로 증폭되어 있고, 그만큼 문예학의 시의적인 연구대상이라는 것을 덧붙일 수 있다.[27]

25 1994년에 이미 옐리네크 작품에 대한 서평이 약 5,000편에 달했지만 문예학적 연구는 거의 없는 거나 마찬가지였다.

26 미학이 탄생되던 낭만주의시대에 슐레겔(A.W.Schlegel)은 이미 미적인 것은 "숨겨진 질"이 되어버린 만큼 미학이라는 "부적당한 표현"을 없애버리자고 제안한 바 있다(Becker-Cantarino 2007, 129).

27 옐리네크의 위상은 놀라울 정도로 높아졌다. 현역작가임에도 불구하고 2001년에 이미 빈대학에 「엘프리데 옐리네크 연구센터」(www.elfriede-jelinek-forschungszentrum.com)가 설립되었는데 이 센터에서 옐리네크를 연구하는 중점은 "오스트리아: 문학적·문화사적 콘텍스트", "국제적·상호문화적 측면", "상호매체성", "젠더" 등이다. 또한 이 센터에서 별도로 운영하는 "JeliNetz"(https://jelinetz.com/)는 옐리네크에 대한 논문,

미학 이데올로기를 유일한 가치평가기준으로 삼는 비평가들은 한 목소리로 노벨상 위원회의 잘못된 선택을 탓하거나 심지어 여성할당제를 거론한다. 그렇다면 옐리네크를 옹호하는 대신 스웨덴 한림원의 결정이 여성할당제에 의한 결과가 아니라는 것을 증명함으로써 언뜻 위기에 처한 듯이 보이는 노벨상부터 변호해야 할까? 그렇지만 먼저 옐리네크의 문학을 더 자세히 분석해보면서 노벨상 위원회의 선택이 정당했음을 증명해보자.

옐리네크는 다른 여성작가들에 비해 성공하기 위한 전제조건이 충분했을 뿐만 아니라 자신의 사회적 자본을 십분 활용하여 작가로서의 자기연출효과를 극대화했다는 점에서 다른 여성작가들과 현격한 차이가 있다. 빈의 지식인층에서 성장하고 교육받은 옐리네크는 영향력 있는 남성지식인들에게 의존할 필요가 없었고 오히려 지식인 계층과 친소관계를 철저하게 이용하여 수준 높은 여성작가로서의 이미지 관리와 경력을 위해 끊임없이 노력했을 뿐만 아니라 훌륭한 매니저의 도움도 받았다. 현명하게 관리되는 인터뷰, 시나리오작업과 영화나 TV 같은 매체의 적절한 활용, 여러 종류의 텍스트를 실어놓은 대용량의 인터넷 홈페이지 등이 이러한 노력의 일단이다. 특히 문자매체와 영상매체로서 『피아니스트』의 성공을 위한 세심한 전략과 기대만큼의 성공, 그리고 이것을 요란하게 보도한 매체가 노벨상 수상에 상당한 역할을 했을 거라는 추측은 어렵지 않다(Becker-Cantarino 2007, 145f.). 『피아니스트』는 사회비판적인 영화

대학에서의 연구, 학문과 예술 프로젝트, 번역작업을 위한 플랫폼인데, 데이터베이스에는 연구논문, 진행 중인 것을 포함하여 40여 편 이상의 박사학위논문, 교수자격논문은 물론이고 심지어 학부세미나과제와 학사, 석사 졸업논문까지 망라되어 있다.

감독으로 잘 알려진 미하엘 하네케에 의해 독일과 프랑스의 합작으로 빈에서 영화화되었다. 시나리오는 하네케가 썼지만 옐리네크 자신도 1980년대부터 시나리오를 써놓고 감독을 물색했다고 한다. 널리 알려진 바대로 『피아니스트』는 2001년 칸영화제에서 심사위원대상을 받았고, 프랑스의 유명한 두 배우 이자벨 위페르와 브누아 마지멜은 여우주연상과 남우주연상을 받았다. 또한 하네케와 옐리네크는 2001년에 『하네케/옐리네크: 피아니스트, 시나리오·대담·에세이』라는 책(2001)도 펴냈다. 영화의 성공은 최고의 선택과 최선의 전략이 빚어낸 당연한 결과였다.[28]

옐리네크는 또한 1970년대 이후 여성작가에게도 개방된 모든 영역과 주제를 이용하여 작품세계의 폭과 깊이를 보장받을 수 있었다. 그녀는 정치, 사회, 매체, 파시즘, 섹스, 폭력을 풍자적으로 비판함으로써 문학비평가에 의해 문학적 가치를 인정받아야 하는 상황을 외면하지 않는다. 『피아니스트』의 모녀관계는 오이디푸스콤플렉스의 통념을 전복하고 새롭게 이론화할 수 있는 독창적인 관점으로 구도화된 것이다. 감각적 만족이 대담하고 노골적으로 묘사되는 그녀의 작품에 포르노그래피라는 딱지를 붙이기도 하지만 성행위 묘사는 언제나 섹스, 섹슈얼리티, 에로

---

28 귄터 그라스 역시 그의 매니저와 출판사 그리고 그 스스로가 거대한 매체 캠페인을 벌인 후 비로소 1999년에 『광야』(1997)로 노벨문학상을 받았다. 이 책의 광고비는 40만 마르크에 달했으며, 그라스는 이 책의 출간 이전에 이미 열 명의 번역자를 만났다고 한다. 또 출간 일주일 만에 독일 신문에는 288편의 기사가 실렸다. 『슈피겔』 표지사진에는 라이히-라니츠키가 이 책을 찢는 사진이 실렸는데, 이 유명한 사진도 소설의 판매에 도움이 되었다. 신문, 잡지의 문예란과 TV 문학프로그램에서 논쟁의 대상이 되는 작품은 오히려 성공을 보장받을 수 있다. 그만큼 문학적 성공은 시장전략과 매체에 종속적이다. 그래서 대개 남성인 출판업자와 문학비평가, 영화와 TV의 역할과 기능은 더욱 중요해졌다. 문학작품이 영화화된 이후에야 주목을 받고 베스트셀러가 되고 정전화되는 경우도 적지 않다. 요컨대 오늘날의 문학장에서는 매체와 시장과 시장을 지배하는 사람들이 새로운 정전형성의 법칙으로 등장했음을 부인할 수 없다.

티시즘, 젠더의 측면에서 의도된 것이다. 성행위를 묘사할 때 또는 성행위 중 사용하는 모든 단어가 남성적 시각에서 만들어진 언어임을 폭로한 베레나 슈테판의 『껍질벗기』와는 완전히 다른 차원의 언어가 유희된다. 포르노그래피는 사랑과 성에 대한 남성적 신화를 남성의 위치에서 해체시키기 위한 전략적 외피에 불과하다. 옐리네크에 따르면 지배관계로서의 욕망에 대한 복잡하고 재치 있는 패러디이기 때문에 오히려 반反포르노그래피인 소설 『욕망』(1989)은 많은 비평가들에 의해서도 가부장제도의 권력과 폭력, 상징적 질서, 이러한 권력을 공고히 지키는 문학적 신화, 성적 폭력이 드러나는 성적 담론 등에 대한 저항으로 읽힌다. 사실 남성이 "돼지"로 등식화되는 것(Reich-Ranicki 2004, 180)이 고상한 것은 아니다. 라이히-라니츠키는 "은퇴한 늙은 학자(파우스트)가 미성년 소녀(그레트헨)를 유혹하여 임신시키고 떠나버리는" "바이마르 고전작가(괴테)"의 "재능 없이는" 불가능한 연극 『파우스트』 이래로 "굴욕당한 여자의 불행"은 문학의 중심 모티브라고 단언한다. 반면 옐리네크의 문학적 재능은 보잘것없고 여기저기서 "숙련된 문체"를 볼 수 있을 뿐이다(Reich-Ranicki 2004, 180). 낭만주의시대에 괴테와 실러가 글을 쓰는 여성들에 대해 천재는 아니지만 숙련되었다고 평가한 것과 동일한 맥락에서 라이히-라니츠키의 관심은 온통 재능과 천재미학뿐이다. 라이히-라니츠키가 짧은 글을 맺으면서 한 말은 "옐리네크라는 이 여자"는 "당당한 성격이 재능을 능가하는" "기가 센 여자"이다(Reich-Ranicki 2004, 180). 이 표현은 문학장의 성차별이 엄연한 현실임을 새삼 증명한다.

성차별은 당연히 미학과 떼어놓을 수 없다. 굴욕당한 여자의 불행은 미적 가치와 문학의 자율성과 예술을 위한 예술을 보장하는 최고의 모티브이다. 가부장적 남성세계와 남성성의 추악함을 고발하는 용도로 쓰여서는 안 된다. 여성작가와 그들의 작품을 단지 여성이라는 이유로 통속화한 1800년경의 미적 이데올로기는 여전히 라이히-라니츠키를 비롯한 보수 논객들의 유전자이자 바뀌지 않는 패러다임이다. 하지만 긍정적으로 보면 참여문학을 둘러싸고 벌어졌던 통일과정에서의 문학논쟁이 아직도 승부가 나지 않았다는 데에서 위안을 찾을 수 있다. 말하자면 문학장에서 진정한 문학적 가치에 대한 "해석권력"(Geier 2004) 또는 해석정전 간의 싸움은 여전히 진행 중인데, 스웨덴 한림원은 이 싸움에서 비윤리적인 파우스트의 자율을 미적으로 포장하는 문학보다는 그레트헨을 불행하게 만든 타율을 고발한 젠더문학의 존재가치를 인정한 것뿐이다.

이렇게 본다면 옐리네크의 노벨상이 여성할당제 덕분일 수도 있다는 억측이 무모한 강변이며 불합리한 피해의식임을 알 수 있을 것이다. 참고로 1901년부터 수여된 노벨문학상은 2004년에 옐리네크가 받을 때까지 100년이 넘는 동안 여성작가들에게 총 열 번이 수여되었다. 반면 옐리네크 이후 2015년까지 10년이 조금 넘는 기간에는 세 명의 여성작가가 이 상을 받았다. 도리스 레싱(영국, 2007), 헤르타 뮐러(독일, 2009), 스베틀라나 알렉시비예치(벨라루스, 2015)가 그들이다. 여성작가의 비율이 근래에 크게 늘었다는 것은, 물론 이 여성작가들의 작품경향을 면밀히 분석하는 것이 전제가 되겠지만, 1970년대 이후 여성작가들에 의한 문학공론장의 지각변동이 긍정적으로 작용하고 있다는 추측을 가능케 한다. 옐리네크를 제외하고 2004년까지 독일어로 글을 쓴 여성작가는 나치체제의 독일을 떠나 스웨덴으로 이주한 후 홀로코스트 시인으로 유명해진 유대인 넬리 작스가 1966년에 전쟁 이후 상처의 치유차원에서 받은 것이 유일하다. 이렇게 보면 설령 여성할당 몫이 실제로 작동했다고 해도 그 비율이 아직도 너무 인색한 것이 아니냐는 항변도 나올 만하다. 어쨌거나 스웨덴 한림원의 노벨상 선정절차는 공정하고 엄격하며 철저한 비밀주의를 지키고 있기 때문에 옐리네크의 수상을 노벨문학상 역사상 최초로 타당성이 의심되는 깜짝 쇼로 보는 것은 결코 옳지 않다. 옐리네크는 또한 여성작가로는 오스트리아 최초의 수상자이다. 이것이 여성 몫인지, 오스트리아 여성작가를 위한 것인지, 사회비판적이고 반파시즘적인 문학을 위한 것인지는 누구도 쉽게 억측할 수 있는 성질의 것이 아니다. 노벨상은 특권이다. 독일에서만 해마다 사오백 개의 문학상이 수여되지만 노벨문학상만큼 열망되는 상은 없다. 이 상을 받을 만한 가치기준은 복잡하고 고정된 것이 아니며 역사적이고 사회적인 변화와 함께한다. 문학장에서 역사적인 상황에 따라 가치기준이 변하고, 변할 수밖에 없고 변해야 마땅한 것과 마찬가지이다.

오늘날의 문학비평, 문예학, 문학생산이 여전히 남성들에 의해 지배된다 할지라도 문학의 가치평가에서 성이라는 범주는 이전 시대에 비해 상당 부분 그 의미를 잃었다. 또한 시대의 변화와 함께 가치의 기준도 더욱 복잡해지고 다양해졌으며 쉽게 조망할 수 없다. 그럼에도 전통적인 미학 이데올로기에 도전하는 시도는 여전히 거부감을 야기하고 조롱으로 이어진다. 옐리네크의 경우는 문학적 가치에 대한 요구를 외면하지 않으면서도 문학에 대한 가치판단이 출판사, 광고, 비평가, 신문 잡지의 문예란, 문학토크쇼, 영화화, 문학상, 작가의 스캔들, 작가단체와 같은 문학경영 시스템과 매체에 점점 종속되는 환경을 적극 이용하여 마침내 노벨문학상을 쟁취(?)했다고 할 수 있다. 막강한 권력을 가진 문학엘리트의 유전자에 남성적인 미적 이데올로기가 계속 살아 있지만 문학에 대한 표상과 가치평가기준은 점점 더 불안정해지고 부분적으로는 모순적인 방식으로 전개된다. 또한 성에 관한 뿌리 깊은 선입견도 역사적·사회적·문화적 변화에 따라 달라지기 마련이다. 이러한 믿음은 적어도 젠더를 지향하는 여성작가의 작품이 문학비평과 문예학에 의해 가치평가될 때 언젠가는 어떤 부정적인 영향도 받지 않으리라는 희망의 다른 표현이다.[29]

29 2016년 노벨문학상은 미국의 대중가수 밥 딜런이 수상했다. "미국의 위대한 노래전통 속에서 시적인 표현을 창조했다."라는 것이 스웨덴 한림원의 선정이유이다. 오래전부터 그의 수상가능성이 조심스럽게 점쳐졌음에도 불구하고 대중가수가 노벨문학상을 받은 것은 매우 이례적이고 놀랄 만한 일이다. 대부분의 신문기사에서는 노벨상 위원회의 결정이 본격문학과 대중문학의 경계를 해체한 것으로 평가한다. 전통적인 미학 이데올로기를 고수하는 비평가들이 어떤 반응을 보일지 궁금해진다.

VI.

정전교육현장

01
다문화사회의 정전
미국의 경우

1. 19세기 이후 정전형성과정

유럽의 시각에서 미국의 당대 문화와 문학을 한편에서는 혼종성의 잔치로 평가하는가 하면, 다른 한편에서는 아메리칸드림이라는 익히 알려진 미국적 성공신화가 여전히 작동하는 무대로 간주하기도 한다. 후자의 경우가 미국의 문화와 문학을 민족문화와 민족문학의 전통선상에서 이해하는 것이라면, 전자의 경우는 다민족사회에서의 다문화적 현상, 즉 포스트민족적인 문학과 문화의 시대라는 진단으로 볼 수 있다. 미국의 당대 문학은 이렇게 민족문학과 포스트민족문학이라는 양극 사이에서 진자운동을 한다고 이해하는 것이 일반적이다. 이러한 일반론에는 민족의 정체성이 다양하고 다각적일수록 그만큼 민족의 통일성과 응집력에 대한 열망은 더 강해지지만, 유럽과 다른 역사와 전통을 갖고 있는 미국의 경우 말 그대로 미국의 본질을 분명하게 포착할 수 있는 문학은 가능할 수 없다는 역설이 내포되어 있다. 이러한 모순적 현상을 정전이라는 개념을 빌어 설명하자면 미국적인 문학정전에 대한 열망은 존재하되 어떤 작품이 진정 미국의 보편적인 문학정전으로 옹립될 수 있는지의 문제는 결코 간단치 않다는 것을 의미한다. 이러한 문제의식에서 미국 문학정전의 역사적 형성과정을 이데올로기 비판적인 시각에서 정리하고, 지난 세기 60년대 이후의 정전논쟁을 특히 수정주의라는 틀을 통해 분석해보는 것은 의미 있는 일이다.

잘 알려져 있다시피 미국의 문화와 문학은 오랫동안 유럽, 특히 영국의 그늘하에 놓여 있었다. 유럽인들이 미국의 문학과 예술을 어떻게 보았는지는 영국의 비평가 시드니 스미스Sidney Smith가 1820년 에든버러 리뷰Edinburgh Review에서 "온 세상에서 누가 미국의 책을 읽겠는가? 아니면 누가 미국의 연극을 보러 가겠는가?"(Manning 2009, ix에서 재인용)라고 던진 유명한 냉소적 질문에서 단적으로 짐작할 수 있다. 실제로 이때까지 미국에서는 본격문학이 아니라, 법적·정치적 구속력을 지닌 「독립선언문」(1776)이나 신생국의 애국적 공동체 의식을 강조한 토마스 페인Thomas Paine(1737~1809)의 철학적·정치적 팸플릿 「상식」(1776) 등이 미국인의 정신적 삶의 발전기 역할을 했다. 나아가 민주적 원칙을 지닌 조화로운 농업사회가 소망되는 크레브쾨르Hector St. Jean de Crèvecoeurs의 『미국 농부의 편지』(1782)와 벤저민 프랭클린Benjamin Franklin(1706~1790)의 『자서전』(1791)은 미국이라는 신생 국가의 정체성 신화를 형성하는 데에 기여한 문화적 독립선언에 해당한다. 특히 프랭클린의 『자서전』은 어려운 환경에서 부와 명예를 얻는 미국적인 자수성가형 인간의 이상을 그려내고 있다. 여기서 이러한 인간형은 인류를 위한 보편적 모델로 격상되며, 이후 미국적인 민족문학의 구상에 결정적인 영향력을 행사한다(Müller 2001, 193f.).

이후 미국에서는 1830년대부터 미국의 르네상스로 알려져 있는 문학의 전성기가 시작되었고, 이 시기의 미국문학은 20세기 초에 대학의 독자적인 연구영역으로 자리 잡는다. 그 덕에 포, 호손, 멜빌, 휘트먼, 디킨슨 등은 전문가뿐만 아니라 일반대중에게서도 크게 사랑받는 미국문학의 핵심정전작가로 발돋움한다. 특히 『큰 바위 얼굴』과 『주홍글씨』의 작가 호손은 새로운 인간이 필요한 미국의 특수한 상황을 고려하여 국가적 신화를 위한 특수한 소설형식의 필요성에 적극 동감한 바 있다. 호손은 소설이 아니라 로망스를 썼다고 주장하거니와, 미국의 비평가들은 이러한 로망스에는 유럽의 풍속소설이나 사회소설과는 다른 주제, 즉 도덕적이고 실존적인 보편적 문제와 급진적 형식의 주관성이 전면에 대두되어 있다고 역설한다. 이데올로기적 동기에서 비롯되어 유럽의 문학장르와 차별화를 시도하는 이러한 문화적 국수주의는 유럽으로부터 정치적 독립을 선언한 이래 공화국의 일관된 특징이기도 했다(Müller 2001, 198).

미국에서는 옛 세계의 질서 또는 질곡에서 해방된 새로운 인간이 필요했다. 천국과 비교될 수 있는 서부를 개척하는 사람, 자연의 온갖 마성과 위협을 극복하고 마침내 신세계를 건설하는 사람, 빈털터리 이민자에서 경제적으로 성공하여 마침내 사회적 명망까지 얻는 사람, 현대적으로 표현하자면 접시닦이에서 백만장자가 되는 인물이 곧 미국의 아담이 되어야 했다. 특히 서부개척은 뉴잉글랜드 국가들의 지리적 중심에 있던 미국의 동부를 포함한 옛 세계의 문명의 사슬로부터 해방된 새로운 미국적 인간의 힘과 생명력에 대한 신비적인 상징이 되어야 했다. 잘 알려진 미국의 프런티어 테제에 따르면 "개인주의, 에너지, 실용적 감각, 발명정신, 낙관주의, 평등하고 민주적인 기본태도 같은 특별히 미국적인 특성들"(Müller 2001, 201)이야말로 황무지와 대적하며 서부를 개척한 미국의 특수한 경험을 낳게 한 원동력이다. 그래서 이러한 새로운 인간들에서 여성이 아닌 남성이 연상되는 것은 당연하다.

미국의 아담이라는 비유는 1955년에 미국문학의 이러한 집단적 신화를 개념화하고 신화의 역사적 유용성을 규명한 루이스R. W. B. Lewis의 논문 제목이기도 하다. 여기서 알 수 있듯이 20세기 초부터 중반까지 미국의 문학비평영역에서는 19세기 유럽문학과 비교할 때 부정적이거나 아쉬운 요소들이 긍정적이고 독창적인 것으로 설파되었다. 대표적으로 리처드 체이스Richard Chase 같은 학자는 『미국의 소설과 그것의 전통』에서 고착된 사회적 전통과 계급구조의 부재, 조밀한 사회적·문화적 구조의 결핍이야말로 작가의 상상력을 자유롭게 전개시키는 이상적인 전제이며, 이로부터 미국소설의 독자적인 토착적 전통이 발현되었다고 주장한다(Chase 1957, iiiv). 체이스는 영국소설의 위대한 전통은 개인이 사회적 관습, 제도, 계급상황에 종속되어 갈등하는 전통적 노선을 따르는 데에 있다고 본다. 반면 미국소설의 위대한 전통에서는 개인이 단순히 사회적인 것의 영역에 침잠되어 있는 것이 아니다. 요컨대 고립된 개인이 삶의 근원적인 힘과 프로메테우스적으로 투쟁하는 것을 대상으로 삼는 작품이 미국소설의 위대한 전통이다. 체이스는 미국다움을 본질주의적으로 이해하면서 로망스의 미국적 모델을 소설보다 훨씬 우월한 보편적 모델로 격상한다. 이데올로기적 토대로서 문화적 국수주의에 근거한 이러한 비평적 입장은 1960년대를 넘어 1970년대 초까지도 계속해서 큰 틀의 변화 없이 많은 비평가에 의해 수용되고 발전되었다. 이렇게 보면 1970년대까지 미국 문학비평의 담론은 신생 공화국 시대의 국수주의적 토포스와 별반 다를 게 없다는 것을 알 수 있다(Müller 2001, 200). 미국은 문화영역에서도 잠재적인 구세주 국가인 것이다.

그런데 이러한 문학비평담론이 생성되고 유포된 것은 미합중국이 서방의 헤게모니 권력으로 부상한 것과 맥락을 함께한다. 미국의 정치적 담론은 미국의 문학정전이 국제적으로 선전되는 데에 지속적으로 작용했다. 호손, 멜빌 등 19세기 작가들은 미국적인 서사문학의 개척자로서, 순수하게 미국적으로 이해된 감수성을 모범적으로 구체화한 작가로서 미국의 고전작가가 된 것이다. 뿐만 아니라 미국의 비평가들은 남북전쟁 이후 고전적 리얼리즘에서 자연주의를 거쳐 모더니즘에 이르기까지 후세대 작가들을 이러한 전통의 연장선상에 편입시키려고 노력했다. 미국은 이러한 문학적 노선에서 보편적 인간의 의미가 구현되는 문학적 질이 성취된 것으로 보는 동시에 이러한 담론을 통해 작가와 작품의 문화적 자본으로서의 가치를 정립하고자 했다.

앞서 주목한 작가들보다 약간 후세대에 속하면서 미국의 강단에서 핵심적인 정전작가로 꼽히는 인물로는 마크 트웨인, 헨리 제임스, 에즈라 파운드, T. S. 엘리엇, 유진 오닐, 스콧 피츠제럴드, 윌리엄 포크너, 어니스트 헤밍웨이, 러시아 출생의 나보코프, 테네시 윌리암스, 아서 밀러, 토머스 핀천 등을 꼽을 수 있다. 여류작가는 에밀리 디킨슨, 토니 모리슨 정도가 정전의 반열에 올라 있다. 여류작가들은 오랜 세월 동안 마이너리그에 소속되어 있었다. 1960년대부터 미국 대학의 강단에서 문학정전이 재구성되고 다양화된 것은 간단히 말해서 마이너의 반란이라고 해야 할 것이다. 백인 앵글로색슨 프로테스탄티즘 출신의 남성작가와 그들이 구축한 미국적 이데올로기에 대한 전면적인 도전이기 때문이다.

2. 1960년대 이후 정전수정과 정전개방

이미 1930년대부터 미국에서는 흑인과 유대인 작가를 중심으로 문화적 다원주의에 대한 열망이 표출되었지만, 제2차 세계대전이라는 휴지기를 거친 후 1960년대에 문화혁명이 진행되면서 문화적 다원주의는 매우 급진적인 경향을 띠게 된다. 여기에서는 남부의 흑인이 도시화된 동부로 이주하여 게토를 이루면서 사회문제가 되었던 할렘 르네상스에 바탕을 둔 1950년대 흑인인권운동도 기폭제로 작용했다(Schaller 2003, 8). 대규모 이주로 인한 인구학적 구조변화도 인종적·문화적 다원주의의 추동력이 되어, 결과적으로 미국 국민의 이질성이 대학을 포함한 사회 각계에서 간과할 수 없는 문제로 대두되었다. 베트남전쟁을 계기로 촉발된 1968년의 학생운동과 인종차별철폐운동 그리고 성 정치학적 운동의 영향으로 대학에서는 치카노, 흑인, 여성에 대한 학문이 등장했고, 강압적이고 편협하게 체감된 미국의 단일문화에 맞서 삶의 현실의 다양성을 전면에 드러내고자 했다. 또한 정치적 입장으로서 다문화주의는 소수 민족이나 인종의 다름을 용인하는 차원을 넘어 그들의 특수한 고유가치도 인정해야 했다. 편견 없는 언어사용이라는 의미를 내포한 정치적 공정함 운동도 이러한 정치적 맥락에서 나온 것이다.

대학의 문학연구 분야에서도 문학연구를 위한 학제 간 분야가 신설되면서 상호협력을 위한 학문단체가 생겼는데, 대표적인 것이 1973년에 창립된 미국다민족문학연구협회(MELUS)이다. 기존 문학정전에 대하여 처음부터 비판적이고 수정주의적인 입장을 견지한 이 협회는 고등학교 문학 학습안을 새롭게 제안하고, 당시에 구입할 수 없었던 작품들의 목록을 제시하는 등, 유사한 활동을 목표로 창설된 다른 기관이나 조직의 추동력이 되었다. 수정주의 입장에서는 특히 갈등요소들이 강조됨으로써 이질적인 다양성과 국가와 역사의 단편적 성격에 관심을 둔다. 문학담론의 수정주의에서는 인종, 민족성, 계급, 젠더 같은 범주들이 주도적인 개념으로 쓰인다. 수정주의적 관점의 목표는 첫째, 백인 앵글로색슨 프로테스탄티즘 남성의 문화적 헤게모니가 관철되는 담론 지형과 제도를 이데올로기 비판적으로 분석하는 것이다. 두 번째 중요한 관심은 부당하게 잊혔거나 억압된 텍스트와 텍스트 전통을 (재)발견하는 것이다. 이에 걸맞게 MELUS의 기관지는 다양한 혈통 출신의 많은 작가들을 학자들에게 알리는 역할을 수행했다.[1]

초창기에는 소수민족 출신 작가들의 작품이 미국 민족문학의 주류보다는 하위문화에 기여하는 정도로 간주된 것도 사실이다. 하지만 1970년대가 지나면서 이러한 경향이 점차 바뀌어 저명한 명작선집에서 예컨대 아프리카 출신 미국작가들의 작품이 상당량을 차지하게 되었다. 여기서 또한 주목할 만한 것은 문학개념의 확장에 대한 요구와 더불어 문학정전의 확장도 수반된 것이다. 차원이 상이한 문체의 텍스트와 종류가 다른 텍스트들, 예컨대 정치적·종교적인 텍스트나 전기와 같은 소위 대중적 텍스트[2]는 물론이고 신화나 민요 같은 전통적인 구술양식도 정전의 대열에 합류하였다. 또한 인디언의 세계창조신화 같은 텍스트도 대학에서 연

---

1 회원 수가 많고 후학양성에 큰 영향을 끼치는 현대언어협회(MLA) 같은 큰 조직도 처음에는 전통적인 미국정전을 고수하는 태도를 취했지만 1990년대 후반부터는 다문화주의에 입각하여 학회 주제를 선정하고 있다. 이 점에서는 역시 영향력이 큰 미국학협회의 경우도 마찬가지이다.

2 이러한 경향은 프랭클린의 『자서전』이나 제퍼슨의 정치적 팸플릿 전통에서 유래하는 것으로, 미국에서 문학 개념은 외연이 상당히 넓다는 것을 의미한다.

구대상이 되어 인디언문학의 정전으로 인정받으면서 점차적으로 미국문학사서술의 구조가 혁신되는 전기가 마련되었다(Rippl/Winko 2013, 298). 나아가 이러한 사회적 상황은 문학작품생산의 영역에도 영향을 주었다. 문학시장에서 인종적 글쓰기가 평가절상된 것이다. 아프리카계 미국문학이 가장 두드러졌지만 북미 원주민과 멕시코계 미국인 문학 그리고 최근의 일이긴 하지만 아시아계 미국인 문학도 문화적인 시장가치를 누리게 되었다. 1960년대 이후 시작된 정전논쟁이 가장 활발했던 곳은 미국이다. 단적으로 말하자면 정전논쟁의 결과는 작가나 작품의 인종적·문화적 다양성을 폭넓게 받아들이는 급진적 정전개방인데, 미국의 문학발전과 함께 진행된 역사적 정전논쟁에서는 언제나 독립선언문의 정신적 유산인 강한 민주화의 동인이 작용한다는 점에서도 다분히 미국적인 현상이라고 볼 수 있다. 이때는 특히 포스트모더니즘과 데리다의 해체주의 언어철학으로 대변되는 정전논쟁의 이론적 배경이 전면에 대두되었을 뿐만 아니라, 정전논쟁이 공공영역의 담론으로 폭넓게 확산되는 결과를 가져왔다. 요컨대 1960년대 이후부터 담론지형과 제도의 변화에 힘입어 아프리카계 미국인 및 북미 원주민에 관한 특수한 학습프로그램과 여성학 강좌의 개설, 정치적 공정함 이데올로기의 확산 등이 급격한 정전개방과 정전수정을 받아들일 수 있는 완충제 역할을 한 것이다.

3. 정전논쟁의 영향

정전논쟁이 정전의 고착 및 파급 효과가 가장 큰 고등학교나 대학교에 어떠한 결과를 초래했는지 알기 위해서는 이와 같은 교육기관의 교재로 쓰이는 문학사와 명작선집을 분석해봐야 한다. 먼저 문학사의 경우 가장 보편적으로 애용되는 『콜롬비아 미국문학사(CLHUS)』(Elliot 1988)와 1994년부터 여덟 권으로 나온 『캠브리지 미국문학사(CHAL)』(Bercovitch 1994ff.)에 주목할 필요가 있다.

먼저 CHAL의 대표편집자인 색반 버코비치Sacvan Bercovitch는 문학사 서술프로젝트의 사전작업으로 출판된 『미국문학사의 재구성』이라는 논문집에서 "수정주의자의 도전"을 합리화하기 위해 미국역사의 성상聖像이 된 제퍼슨과 에머슨을 끌어들인다. 그는 수정주의자의 도전을 "각 세대마다 사회적 개혁이 필요하다는 제퍼슨의 호소"와 "각각의 세대는 자신의 책을 쓰지 않으면 안 된다."(Bercovitch 1986, vii에서 재인용)라고 했던 에머슨을 전거로 인용한 후, "새로운 통찰, 새로운 견해, 새로운 텍스트"(Bercovitch 1986, vii)의 적극적 수용을 옹호한다. 문학사서술에서 완전한 합의가 불가능한 이상 그에게는 "의견불합치의 미덕을 도모함으로써 미국문학사를 재구성하는 것이 현재 세대의 임무"(Bercovitch 1986, viii)로 여겨진다. 여기서 인종, 계급, 젠더는 텍스트분석에 필수적인 형식적 원칙으로 강조되는 반면, 문학사서술방법론에서 가장 중요한 고려대상인 텍스트의 미적 가치에 대한 판단은 그때마다의 역사성에 맡겨진다. 역사를 미적 비평의 중심 범주로 삼기 때문이다. 그럼으로써 버코비치는 수정주의적 문학사를 통하여 미국사회의 정체성에 대한 담론을 통합할 수 있는 정치적 고려를 전면에 내세우고 국가의 정체성이라는 대의를 위한 전화위복의 계기로 삼고자 하는 것이다(Müller 2001, 209).

다음으로 CHLUS의 대표편집자인 에머리 엘리엇Emory Elliot은 이 문학사서술 프로젝트의 성립과정을 기술한 논문에서 CHLUS의 목표가 문학연구영역에서의 최근의 성과와 정전 재평가를 통합함으로써 문학과 비평의 다양성을 공정하게 대변하는 것이 목표임을 분명히 밝히고 있다 (Elliot 1987, 269). 또한 엘리엇은 버코비치의 구상이 문학과 역사의 관계를 대담하고 매우 도전적인 새로운 방식으로 진단하는 비평적 태도를 보여준다고 평가하면서, CHLUS 또한 비전의 다양성을 보장하고 독자에게 접근방식과 견해의 복잡성에 대한 감각을 제공해야 한다고 주장한다 (Elliot 1987, 270). 따라서 엘리엇은 수많은 마이너 작가나 여성작가에 대한 카탈로그가 아니라 주요작가나 주제에 관한 충분하고 심도 있는 연구가 필요하다는 전통적 정전옹호론자들의 주장에 반박하면서, 가능한 한 많은 소수의 목소리에 귀를 기울여야 한다는 입장을 견지하고 있다. 문학을 역사적으로 재평가하기 위해서는 공시적이 아니라 통시적이고 다문화적인 접근방식이 중요한 것이다. 문학사의 내용이나 질보다는 정치적 결정을 우선시하는 그녀의 논문에서는 이에 걸맞게 여성기고자의 비율과 섹션 편집자의 여성 비율을 강조하며(Elliot 1987, 272f), 편집자들에게 북미 원주민, 아프리카계 미국인, 아시아와 히스패닉 남성작가나 여성작가는 물론이고 이전의 문학사에서 경시되었거나 무시되었던 여성작가들에게 특별한 관심을 요구했다는 것을 숨기지 않고 있다.

CHLUS의 문제점은 이렇게 미적인 질에 대한 판단기준보다 정치적인 판단기준이 우선시된다는 것이다. 교의적인 수정주의 열정이 문학적 가치평가의 중요성보다 앞서 있는 것이다.

> 『콜롬비아 문학사』의 정치적 아젠다는 본질적으로 정치적 공정함 이데올로기의 행동원칙으로 환원되어 있다. (...) 요컨대 가능한 한 많은-최소한 가시적인 모든-소수를 만족시키기 위해서 자신의 판단은 철저하게 유보되고 이것은 다시 특히 용감한 문화적 급진주의에 대한 증명으로 여겨진다(Müller 2001,

211).[3]

문화적 급진주의에 입각한 이 문학사서술프로젝트는 결론적으로 소수인종정책이라는 의미에서 정전화논쟁의 한 과정으로 간주될 수 있지만, 어떤 척도에 의해 문학에 대한 가치평가가 이루어짐으로써 문학의 정전논쟁에 기여할 수 있는지의 문제는 처음부터 배제되어 있다고 해도 과언이 아니다. 따라서 CHLUS은 편집자 자신의 표현대로 허구적 소설도 아니고 권위 있는 선언도 아니며(Elliot 1988, xxiii), 다양성과 복잡성 그리고 모순이라는 구조적 원칙이 빚어낸 합성으로서(Ziegler 1993, 62) 오늘날 미국적 정체성의 본보기를 보여준다.

정전논쟁 이후 지난 몇 십 년 동안 발간된 문학선집도 문학사서술프로젝트와 비슷한 경향을 보인다. 우선 미국에서 문학선집은 고등학교나 대학의 수업자료로 활용되기 되기 때문에 정전화과정과 정전형성에서 매우 중요한 역할을 수행한다. 또한 미국은 유럽과 달리 교재에 대한 정치적 통제가 강하기 때문에 이러한 교재가 선택된다는 사실은 학교정책과 대학정책의 결과로 볼 수 있다. 여기에서는 철저한 개정을 거친 『노튼 미국문학 명작선』 제3판(Baym 1989)과 폴 라우터Paul Lauter에 의해 주도된 『히스 미국문학 명작선』 제2판(Lauter 1994)에 주목해보기로 한다.

두 권으로 된 노튼 명작선은 "1620년에서 1820년까지의 초기 미국문학", "1820년에서 1865년까지의 미국문학", "1865년에서 1914년까지의 미

3 역설적이지만 소위 진보적 좌파 자유주의의 문화적 급진주의 담론은 소수 그룹의 문화적 시장가치가 반영되는 위계질서를 만들어낸다. 소수민족의 인구비율에 따라 세계문학전집에 포함되는 소수민족 출신 작가들의 작품 수가 정해지기도 하는 것이다.

국문학", "1914년에서 1945년까지 전쟁기의 미국문학", "1945년 이후의 미국 산문작품" 등 총 다섯 개의 시대구분하에 약 170명의 작품을 2,800여 쪽에 걸쳐 발췌 수록하고 있다. 현대작가들보다는 백인·앵글로색슨·프로테스탄티즘 전통의 남성작가(프랭클린, 제퍼슨, 에머슨, 호손, 포, 소로, 휘트먼, 멜빌, 파운드, 오닐)의 작품에 많은 페이지가 할애된 것도 사실이지만, 당연히 작가들의 선택에는 인종적 다양성이 크게 고려되어 있다. 예컨대 제3판의 서문에서는 기존에 다루어지지 않았던 북미 원주민 출신 여류작가 거트루드 시몬스 보닌Gertrude Simmons Bonnin의 작품과 미국 여성 최초의 노벨평화상 수상자인 사회운동가 제인 애덤스Jane Adams의 글도 수록했음을 밝히고 있다(Baym 1989, xxvi). 요컨대 이 명작선에서는 순수문학영역 바깥의 정치적·철학적 저작도 포기되지 않는다. 따라서 판을 거듭하며 수정된 노튼 명작선이 문화적 다원주의라는 현실에서 다양한 사회적 목소리를 담아내려는 정치적 공정함 이데올로기의 일환이라는 것은 자명해 보인다.

히스 명작선의 경우는 편집방침에서부터 이러한 의도가 더 노골적으로 드러나 있다. 이 명작선의 편집위원회는 남성과 여성, 소수민족과 백인 편집인이 동수로 구성되었다. 또한 편집위원을 선정할 때 전국적 분포도를 고려하였을 뿐만 아니라 모두 여러 종류의 교육기관에서 미국문학을 가르치는 사람들을 망라했고, 미국문학의 시대와 다양성을 대표하는 사람들로 위촉되었다. 또한 "재구성된 미국문학텍스트를 위해서는"(Lauter 1994, xxxv) 어떤 작가와 작품이 포함되어야 하는지 수천 명의 전문종사자에게 설문조사를 실시하여 최종적으로 500명을 선정하는 과정도 거쳤다. 편집자는 이러한 자료선택을 통해 "사실상 새로운 문학의 세계"(Lauter 1994, xxxv)를 열었고 "문학의 진정한 다양성"(Lauter 1994, xxxv)이 구현되었다고 자평한다.

히스 명작선은 선정된 작가의 수가 노튼 명작선의 세 배에 달하고 수록된 텍스트의 분량도 3,000쪽이 넘는다.[4] 소수민족이나 이민자 출신이어서 실제로 고등학교나 대학교 학생들이 발음하기도 어려운 작가들까지도 총망라된 것이다. 구체적으로는 134명의 여성작가, 30명의 북미 원주민 작가, 62명의 아프리카계 미국 작가, 19명의 라틴계 그리고 12명의 아시아계 작가의 텍스트와 부족전통에서 유래한 22개의 익명 텍스트가 포함되어 있다(Lauter 1994, xxxiii). 또한 히스 명작선의 서문에서는 "문학적으로 탁월한 작품"이나 "과소평가된 작가"(Lauter 1994, xxxii) 등의 표현을 통하여 미적 가치에 대해 언급되는데, 그렇다고 구체적으로 탁월하거나 과소평가된 이유에 대해 거론되는 것은 아니다. 오히려 히스 명작선의 경우도 노튼 명작선과 같이 "문학의 가치에 관한 전통적인 생각을 재고"하고 "문학을 이해하고 평가하는 데에 있어서 젠더, 인종, 계급의 문화적 함축성"(Lauter 1994, xxxi)의 의미를 강조함으로써 미적 평가의 문제를 우회하는 듯이 보인다. 그래서 히스 명작선은 순전히 정치적인 동기에서 급진적으로 문학의 위계질서를 파괴하려는 시도로 볼 수 있는데, 이러한 시도에서는 결과적으로 질보다는 동등성을 더 우위에 두고자 한다. 또한 그것의 기준은 문학적이라기보다는 정치적이고 이데올로기적이기 때문에 히스 명작선은 정전모음집이 아니라 만화경이라는 부정적 평가를 받는 것이다(Bak 1993, 76).

---

4 히스 명작선은 이후 간행되는 명작선집의 촉매 역할을 했거니와, 미국문학을 전체로서 다루는 명작선집에서는 계속해서 아시아계 이주자나 인디언 출신 작가들의 수가 증가 추세에 있다(Lowe 2014).

지금까지 살펴보았듯이 1960년대 이래 미국에서는 미국문학에 대한 학문적 담론과 미국문학에 대한 인식이 폭넓게 확장되고 수정되었다. 그렇지만 다른 한편으로 수정주의의 상대주의 전략에 반대하는 목소리에 귀 기울일 필요도 있다. 독일의 정전연구에서도 급진적인 수정주의 경향이 없는 것은 아니지만 독일 학계의 수정주의 반대론자의 입장에서 볼 때 서구의 전통적 사상을 전수하고 있는 텍스트들은 자유, 평등, 개인에 대한 존중 등 민주적 가치의 토대이다. 따라서 이러한 가치들의 명료성에 의문을 제기하는 것은 결국 진정한 다양성을 보장하는 서구의 문화적 성취에 대한 공격으로 간주된다. 그렇기 때문에 수정주의 반대론자들은 텍스트나 문학정전 자체 내에 권력의 이해관계가 숨겨져 있는 것이 아니라 차별철폐와 정치적 공정함을 구실로 내세우는 정전 비판론자들이 권력지향적이며, 오히려 미국의 정신적 빈곤에 책임이 있는 것은 아닌지 의심을 받을 수 있다고 주장한다(Rippl/Winko 299). 수정주의 비판론자들이 결코 포기할 수 없는 차원 높은 교양교육과 개성함양의 토대는 통일적인 상호관련성을 맺고 있는 것으로 여겨지는 서구 고급문화의 고전작가들이다. 고전작가들이 다루는 주제와 소재야말로 인간의 가장 기본적이고 보편적인 문제이기 때문이다. 여기서 더 나아가 수정주의 비판론자들은 인종, 젠더, 계급에 의한 차이에도 불구하고 인간이 경험할 수 있는 잠재적 경험은 언제나 공통적일 수 있다는 첨예화된 논리로 수정주의자들과 대척을 이루며 소위 문화전쟁이라고 불릴 만한 논쟁을 이어나가고 있다. 결론적으로 요약하자면 무시되거나 경시된 작품을 발굴하고 다문화시대의 정신적 다양성에 상응하는 작품을 과감하게 문학사와 명작선집에 포함시키는 수정주의적 프로젝트는 미국문학의 정전을 풍요롭게 할 것이다. 다만 정치적 공정함과 "e pluribus unum(여럿이 모여 하나 되기)"이라는 이데올로기적 전략을 추구하는 수정주의의 급진적 상대주의가 문학을 둘러싼 미적 담론에 어떠한 긍정적인 영향을 끼칠지는 정전연구의 계속적인 과제로 남아 있다. 문학텍스트의 정전화는 텍스트의 미적 질을 둘러싼 논의와 언제나 병행될 수밖에 없기 때문이다.

02
독일 김나지움의 문학교육과 정전

중고등학교 국어과의 문학수업에서 교사들은 어떤 텍스트를 선정하여 가르치고 학생들은 어떤 텍스트를 읽어야 할까? 당연하지만 이 질문은 국어 교과가 존재한 이래 계속되어온, 결코 새로운 것이 아니다. 또한 사회의 변화와 함께 늘 새롭게 제기되는 문학교수법의 핵심적인 문제이다. 하지만 명확한 대답을 찾는 것은 결코 쉽지 않다. 더욱이 문학교육의 전제와 조건 그리고 효과까지 진지하게 염두에 둔다면 상황은 더욱 복잡해진다. 일단은 포스트모더니즘과 매체 변혁의 시대에서 소위 고전적인 문학정전의 위상과 기능은 현격한 변화를 겪을 수밖에 없다는 것, 요컨대 사회·문화적 변화의 결정적인 국면에서 대학 강단의 교양공동체에 의해 합의된 전통적인 정전을 고집하는 것은 시대와 수요자의 요구에 부합하지 않기 때문에 정전은 수정, 보완, 확장되어야 한다는 인식이 많이 일반화되었다는 것을 지적할 수 있다.

우리 학계에서도 독일에서의 정전논쟁을 문학교수법의 차원에서 생산적으로 수용한 글은 이미 낯설지 않다. 대표적인 몇몇 예를 들자면, 권오현은 "탈정전으로서의 동시대 문학"의 교육 필요성을 강조하는 한편, 하로 뮐러-미하엘스Harro Müller-Michaels가 제시한 문학작품의 선별 기준 및 헤센주 김나지움 상급반 독일어교육에서 다루는 중점 주제를 소개하면서 독일 김나지움 문학교육의 현재 좌표를 소개한 바 있다(권오현 2011). 이와는 다른 관점에서 이광복은 독일 문학교육의 역사와 김나지움 문학교재를 분석하는 한편, 독일 문학교육의 목표설정과 관련하여 상호문화적 · 미디어적 능력의 필요성을 강조하고 있다(이광복 2004). 그런데 문학정전의 의미와 현황을 주제로 삼을 때는 보다 근본적인 문제의식이 필요하다. 요컨대 학교의 문학교육현장에서 민족문학정전교육과 문학정전이 과연 꼭 필요한가의 문제에 대해 이론적으로 접근해보는 것이다. 언뜻 급진적인 문제제기로 보이지만 구텐베르크 은하계의 종말, 변화된 매체환경, 다문화사회의 대두, 주체의 정체성 개념변화 등과 연관해서 본다면 원론적인 차원에서 한 번쯤 반드시 논의되어야 할 주제이다. 이를 위해 다음에서는 독일 김나지움의 독일어교육현장에서 (민족)문학정전의 의미에 대한 독일 문학교수법 이론가들의 상반된 의견을 비교, 검토하는 방법을 통해 유동적이고도 가변적인 오늘날 문학교육과 문학정전의 환경을 점검해보기로 한다.

1. 교양과 민족문학정전

독일에서 독일어교육이 시작된 이래 독일민족문학교육은 150년 이상 독일어교육의 알파이자 오메가였다. 오늘날의 독일어 교과영역은–노르트라인·베스트팔렌주의 예를 들면–"말하기와 쓰기", "텍스트와 매체와의 만남", "언어에 대한 성찰"로 세분화되어 있다. 문학교육은 "텍스트와의 만남"에서 다루어지는 하나의 영역에 불과하지만(권오현 2011), 역사적으로 본다면 독일어교육에서 독일의 민족문학정전은 핵심적인 기능을 수행했다. 그래서 "자명하지만 정전은 학교정전이다. 그래서 정전이 없다면 학교도 존재하지 않는다."(Buck 1983, 352)라는 말 또한 지난 세기 1980년대 이후 본격화된 정전논쟁 이전까지는 너무도 자명한 것으로 여겨졌다.

앞서 소개한 뮐러-미하엘스는 김나지움의 문학교육에서 민족문학정전의 중요성을 역설하는 대표적인 학자로서, 민족문학정전이 꼭 필요한가라는 문학교육학적 논쟁에서 보수 진영을 대표한다. 그는 독일의 역사 또는 학교교육의 역사에서 민족적인 것, 즉 독일적인 것의 강조와 남용이 세계사적인 비극과 파국을 초래했다는 것을 인정하면서도, 독일적인 것에서 전통으로 남아야 할 가치를 찾을 수 있다고 강조한다. 특히 통합된 유럽에서 공동으로 지향해야 할 가치에 독일적인 것이 기여할 부분이 있는가라는 물음을 제기하고, 달라진 정치적 상황이야말로 전 유럽적 맥락에서 독일문학의 시의적 의미를 전파할 수 있는 좋은 기회라고 역설한다. 그 이유는 대략 다음과 같다(Müller-Michaels 1996a, 467). 첫째, 19세기 초부터 독일어교육에서 다루어진 독일작가들(헤르더, 포르스터, 괴테, 실러, 횔덜린, 훔볼트, 클라이스트 등)의 세계는 비합리성, 환상에로의 도피 등 부정적인 연상작용에도 불구하고 교양이 제공하는 인간적인 힘과 결부되어 있다. 그리고 이러한 교양이야말로 자유의 원천이다. 둘째, 통일이 늦었던 독일의 역사는 독일인의 분열을 낳았는데, 오히려 이러한 부정적인 역사적 경험은 정체성의 차별성을 생산적으로 성찰하는 계기를 부여했다. 하이네, 토마스 만, 무질, 슈니츨러, 폰타네, 슈트라우스, 하이너 뮐러 등의 작품은 주체의 가능성을 열어놓고, 주체의 바람직한 정체성은 어떠해야 하는지에 대해 대안적 사고를 촉진한다. 셋째, 독일의 문화적인 지체는 거꾸로 문화적 이득이다. 단적인 예를 들자면 독일 고전주의는 당대 유럽을 지배했던 다양한 조류와 고대의 사고를 종합한 사조이다. 비록 유럽문학사의 맥락에서 보면 뒤늦게 발현된 것이지만, 이렇게 심사숙고하는 자세야말로 강제적인 조급성으로부터 미래를 보호하는 수단이며, 따라서 통합된 유럽 전체의 문학 교과에 안성맞춤인 문화적 자산이라는 것이다. 뷔히너, 클라이스트, 토마스 만 같은 작가는 이미 독일인의 습관이 되어버린 이러한 심사숙고하는 태도를 보여주는 좋은 본보기이다. 마지막으로 뮐러-미하엘스는 하이네, 슐레겔 등을 예로 들면서 감정에 충실하고 오성에 약한 것이 독일인의 정형화된 이미지임을 지적한다. 학문의 법칙도 중요하지만 "사랑스러운 감정"(Müller-Michaels 1996a, 467) 또한 계몽의 변증법을 도구적 합리성으로부터 구해낼 수 있는 독일문학의 중요한 덕목이라는 것이다. 결국 뮐러-미하엘스가 이러한 민족작가와 민족문학작품들에 대한 문학교육을 통해 목표로 삼는 것은 자유로운 주체라는 신인문주의 교양철학, 문학을 통한 다양한 교양프로그램, 정치적 후진과 문화적인 지체를 통해 교훈을 얻게 된 과정의 개방성, 진정한 계몽의 변증법을 위한 감성교육 등으로 범주화할 수 있다.

뮐러-미하엘스의 논문에서 언급된 독일작가들은 통일된 유럽에서 "고유한 것으로서의 우리들의 경험과 역사를 다른 사람들과의 대화로 끌어들일 수 있는 장소"(Müller-Michaels 1996a, 469)로서의 의미를 갖는다. 그러나 뮐러-미하엘스의 주장은 상당히 아전인수의 성격이 강하다. 우선 "교양이 자유롭게 하리라."라는 그의 주문呪文은 과연 "진리가 너희를 자유롭게 하리라."라는 성경 말씀처럼 오늘날에도 통용될 수 있는 약속일까? 나아가 영원히 정의할 수 없는 주체의 정체성에 대한 끊임없는 집착이 역사적으로 보자면 오히려 비사회적이고 반사회적인 기형적 주체의 생산에 기여한 것은 아닐까? 그리고 독일 고전주의라는 사조의 실체는 독일의 정치적 지체를 문화적 차원에서 보상받으려는 문화정치적 프로그램을 위해 가공된 결과가 아닌가? 독일인이 정말 감성적이고 감수성이 풍부해서 오성에 약한 민족이라는 것은 다른 민족들도 인정할 수 있는 객관적 진실인가?

문학교육에 대한 독일사회 각계의 인식 또한 매우 보수적으로 전통적인 민족문학에 정향되어 있다. 『프랑크푸르트 알게마이네 차이퉁(FAZ)』이 대표적이다. FAZ는 기회가 될 때마다 독일인에게 전형적인 것을 보존하기 위해 문학정전 선택의 불가피성을 역설한다. 예컨대 외국인의 독일국적부여 논쟁이 이슈화되었을 때는 서로가 이해하고 이해받기 위해서 독일인들은 공유해야 하는 것이 있거니와, 그것은 위대한 독일시인들에 대한 지식이라는 논조를 펼친 바 있었다(Lange 2000, 79에서 재인용). 노골적으로 해석하자면 독일의 위대한 시인들에 대한 지식이 없는 외국인들에게는 독일국적을 취득할 자격을 주어서는 안 된다는 뜻이다. 『차이트』 또한 "더 이상 공동의 대상이 없는 곳에서는 공동의 토론도 존재하지 않는다."(Lange 2000, 79에서 재인용)라는 자극적인 편가르기를 통해 은근히 정치적·민족적 정체성을 위한 민족문학정전의 필연성을 여론화한다. 1999년에 유럽의 문화수도로 선정된 바이마르에서의 개막식에서 로만 헤어초크Roman Herzog 대통령이 바이마르 고전주의를 염두에 두고 모두에게 공통적으로 관계되어 있는 역사가 필수적이라고 연설한 것도 같은 맥락에서 이해할 수 있다. 독일을 대표하는 정치가와 유력 신문에 의해 시시때때로 주장되는 이러한 요청에서 통합된 유럽에서 독일의 위상과 이익을 재고하려는 민족주의적 이데올로기를 상상하는 것은 어렵지 않다. 다만 이러한 주장들에서 20세기 독일인들의 가장 추악한 공동의 역사 홀로코스트가 전혀 언급되지 않는 것도 공통적이라면 공통적이다.

정전논쟁이 시작된 이후 현재까지 독일사회에서 민족문학정전교육의 문제는 뜨거운 이슈이자 뜨거운 감자이다. 문학정전논쟁을 생산적으로 수용한 결과 1990년대 이후 각 연방주의 독일어교육지침이 많은 변화를 겪은 것도 사실이다. 민주국가의 국민으로서의 책임이나 국가, 사회의 민주화에 이바지 등과 같은 교육목표조항이 없어지고, 문학교육의 대상 작가와 작품을 명시한 제한이 사라졌다는 것이 가장 큰 변화이다. 예를 들어 1998년의 헤센Hessen주 김나지움 상급반 독일어 교육지침(이하 HRP로 약칭함)을 보면 독일어수업의 목표는 사회적 책임을 가지고 성공적인 직업생활을 할 수 있도록 개성을 자유롭게 함양시키는 것이다. 1984년의 규정과 비교할 때 HRP의 가장 큰 변화는 탈정치화·기능화로 규정할 수 있다. 정치적·민족적 정체성을 강조했던 자리에 문학을 통한 자기발견, 감정과 사고 그리고 행동의 새로운 가능성 인식과 같은 요청이 들어서고, 보편적 교양이념 대신 직업생활이 직접적으로 명시됨으로써 기능주의적으로 분화된 사회에서 불가피해진 개인들의 상이한 삶의 양식에 도움을 주고자 하는 것이다. 그렇지만 독일 전역에서 대동소이하게 적용되는 교육지침은 탈정치화나 기능화라는 순기능에도 불구하고 "과거에로의 방향설정", "방향감각상실"(Lange 2000, 79f.)과 같은 비판을 받기도 한다. 문학수업의 목표규정이 매우 양가적이고 모호하기 때문이다. 경우에 따라서는 문학수업의 방법이 제한될 수밖에 없는 목표규정도 엄연히 존재한다.

문학수업은 HRP의 "텍스트와의 만남"을 설명하는 부분에서와 같이 여전히 자국 문학전통의 요청을 인정해야 한다는 목표에 대면해 있다. 환원하면 통일된 유럽에서 다양한 직업생활을 위한 자기 계발과 미래지향적 가치를 강조하면서도 세계문학에 대해서는 폐쇄적인 모순성을 지니는 것이다.[5] 이 때문에 교육현장에서는 어쩔 수 없이 슈티프터의 『늦여름』, 헤세의 『유리알 유희』 등, "교양의 공동묘지"(Lange 2000, 80)라고 불릴 수 있을 만큼 복고적 교양 유토피아 성향의 작품들이 다루어지는 경우도 비일비재하다. 민족문학정전의 강제적 구속력은 독자성과 자기책임성 그리고 비판능력을 통해 이루어지는 성숙한 독자의 탄생을 방해한다. 더 크게 보자면 작품선택의 제한은 민족적인 것의 단순성과 문화적 다양성 간의 생산적인 토론을 방기하고 매체사회에서 새롭게 변종되어 나타나는 문화적 가치에 대한 시의적 이해를 차단한다.

민족문학정전교육에 대한 요청과 문학수업의 바람직한 방법 또한 서로 모순적이고 배타적이다. 수용미학, 행위이론, 발견적 교수법을 토대로 하는 문학교수법에서 볼 때 학습은 개인적 과정이다. 따라서 학습자에게 자신의 정신적 발전상태에 부합하는 텍스트선정의 자유와 책임을 제공해야 한다. 다시 말해서 학습자 개개인의 경험과 행동에 정향된 텍스트선택은 독서의지와 최상의 교육효과를 담보하는 문학수업방법이다.

---

5 이것과 비교하면 우리나라의 문학교육지침이 훨씬 더 포용력이 있고 개방적이다. "2007년 개정 교육과정(교육인적자원부 고시 제2007-79호)에 따른 고등학교 국어 교과서 집필 기준"의 문학작품 제재 선정 시 유의사항 7항("통일시대를 대비하여 한민족의 문화적 동질감을 회복할 수 있는 작품을 선정한다.")은 민족적 정체성을 강조하고 있지만, 8항("다문화 사회에서 인류의 문화적 다양성을 폭넓게 경험할 수 있는 작품을 선정한다.)과 9항("지역, 성, 인종, 민족, 계층, 직업, 종교, 신체적 · 정신적 특성 등의 측면에서 편견을 낳을 수 있는 작품을 피하고, 타인의 삶과 다른 문화에 대해 이해와 공감을 넓힐 수 있는 작품을 선정한다.")을 보면 문학교육의 목표가 세계화시대에 필요한 개방적 인문주의라는 것을 알 수 있다.

교사가 민족문학고전으로 일컬어지는 정전을 선택하여 엄격한 규정에 따라 가르치는 것보다 학습자 스스로 성숙한 독자로서 텍스트를 선택한 경우 학습동기가 높아지기 때문이다(Krejci 2001, 273f.). 하물며 난해한 고전문학정전을 누구나 똑같은 수준으로 이해할 수는 없다.

민족문학정전교육을 강조하는 뮐러-미하엘스의 주장은 민족적인 차원에서 보수적인 독일 교양계층의 정서와 분위기를 반영한다고 볼 수 있는데, 가장 큰 문제점은 그가 설정하고 있는 교육학적 전제와 목표가 교육현장에서의 실현가능성과 유리되어 있다는 것이다. 주지하다시피 독일 김나지움의 역사적 명성은 엘리트, 아비투스, 정신적인 것, 계층차이 등에 대한 확신을 전제로 쌓아온 것이다(Oelkers 2000, 93). 그러나 대부분의 교육이론가들이 보기에 엘리트교육, 학생들의 아비투스 측면에서의 독자성, 정신적인 것과 사회적인 것의 경계구분, 계층에 대한 확신, 교육관청이 요구하는 높은 교양수준 등은 이미 과거에 속하는 일이다. 정전연구의 입장에서 보면 민족문학정전은 교양시민계층이라는 특정 집단의 가치와 이해관계의 산물에 불과하다. 오늘날의 젊은 세대는 정전에 대한 지식을 더 이상 엘리트나 고급문화의 표식으로 간주하지 않는다. 『체험사회』에서 게르하르트 슐체가 진단했듯이, 학교생활보다 더 자극적인 일상의 매체문화를 경험하는 청소년들은 오락을 통해 긴장을 해소하는 차원의 체험을 우선적인 가치로 여긴다(Schulze 1992, 125ff.). 재미와 즐거움을 주는 개인화된 체험이 소중한 것이지, 양식이나 형식으로서의 교양이 중요한 것은 아니다. 또한 개체화를 특징으로 하는 현대사회에서 정전은 엄격한 교육지침이나 행정상의 규제를 통해 예전의 기능을 회복할 수 있는 것도 아니다. 정전에 대한 지식은 시험을 위한 제도적 지식이거나 자아발견과 자기묘사를 위한 한 가지 잠재적 가능성으로서, 그것을 활용하거나 포기하는 것은 개개인의 문제이다(Korte 2002, 68). 따라서 계속해서 개체화되는 현대의 의사소통양식을 사갈시하고 구태의연하게 교양정전의 보편적 구속력이 강요된다면, 학교는 결국 생활세계의 대척점에 서게 된다는 경험 많은 교사의 지적(Freise/Stockinger 2010, 143)도 설득력이 있다. 더욱이 교육과 학교의 독점적·독자적 지위는 오늘날 드라마틱하게 변했고, 학교는 교육을 제공하는 많은 가능성 중의 하나로서 입장을 재정립해야 할 상황에 도달했다는 진단도 낯설지 않다. 라틴어 격언을 인용하자면 "우리가 배우는 것은 학교를 위해서가 아니라 삶을 위해서(non scholae, sed vitae discimus)"(Krejci 2001, 275에서 재인용)인 것이다. 또한 학습의 동기를 찾고 삶의 목표를 설정하는 데에 있어서 학교의 교과목보다는 외부의 자극이 더 강하게 작용하는 세대에게 학교의 특정 교과목 성적이나 일정 수준의 성취에 대한 요구는 갈수록 설득력을 상실한다.

이러한 배경에서 유럽통합 이후에는 전 유럽적인 맥락에서 문학, 역사, 철학, 과학 분야의 교양정전의 역사와 그것의 시의성 또는 현재적 유용성에 대한 논의도 활발하다. 일례로 푸어만은 유럽 교양정전의 현재적 의미를 규명하기 위해 절대주의시대에서 오늘날까지 극장, 음악회, 박물관의 발전과정, 고대와 고전어의 르네상스, 백과사전의 시대, 문학정전의 끊임없는 변화, 인문주의적 김나지움의 도입을 둘러싼 논쟁, 교양여행이라는 의례 등에 관한 연구를 통하여 교양정전의 개념과 역사를 추적하고 있다(Fuhrmann 2004). 그가 내린 결론은 교양은 학교나 대학에서 가르쳐야 할 대상으로 응축되거나 환원될 수 있는 것이 아니라는 것이다. 유럽의 교양이념은 아주 다양한 제도와 사회적 인습이 엄청나게 복잡하게 얽힌 그물망에 바탕을 두고 있기 때문이다. 따라서 교양정전에 대한 교육학적 논쟁은 생산성이 없고, 유럽의 문화를 아주 폭넓고 다양하게 이해하

고자 할 때 정전개념은 비로소 흥미로워질 수 있다고 최종적으로 확신한다.[6]

2. 사유이미지로서 문학정전의 문제

전통적인 문학수업의 대상이나 방법에 대한 원론적 비판은 필연적으로 무엇을 어떻게 가르쳐야 하는가에 대한 오래된 질문을 환기시킨다. 도대체 김나지움의 문학수업에서 가르쳐야 할 대상 선택의 기준은 무엇이며, 이러한 대상을 통해 어떠한 가치를 가르쳐야 하는 것일까? 뮐러-미하엘스는 이 주제에 대해서도 논쟁의 단초를 제공한 바 있다. 그는 정전선택의 기준을 제시하기 위하여 베냐민의 사유이미지(Denkbilder) 개념을 원용한다. 어떤 사회의 모습은 그 사회의 문화적 내용과 주도적 이미지 그리고 이러한 이미지의 모범적인 형상화를 통해 설명될 수 있는데, 정전문학에서 찾아볼 수 있는 이러한 형상화가 바로 사유이미지이다(Müller-Michaels 1996b, 114). 구체성과 추상성, 분석과 종합, 상상력과 지성, 동일화와 비판을 균형 있게 연마하는 것이 생산적 이성의 함양이라는 교육목표에도 부합하다는 전제에서, 그에게는 넘쳐나는 일상이미지를 문학을 포함한 예술이미지와의 만남을 통해 이해하게 만드는 것이 중요하다고 여겨진다. 여기서 교양과 교양과정은 지나간 경험을 기억하도록 도울 뿐만 아니라 미래의 이미지를 설계하고 그럼으로써 자신

6 교양정전은 예전과 같은 모습으로 더 이상 존재할 수 없는 시민사회의 소산이다. 교양정전이 더 이상 존재하기 어렵게 된 때부터 정전에 대해 논의되기 시작했다는 사실은 정전을 시의적으로 재생시키려는 조치나 시도는 수상쩍다는 의심과 연결될 수 있다.

의 지평을 끊임없이 확장시키는 이미지들을 구축하는 것으로 이해된다(Müller-Michaels 1996b, 114f.). 사상적·체계적·방법론적 작업으로서의 분석과 생산적이고, 환상을 동반하고, 어느 정도까지는 혼돈스러운 실험으로서의 종합이 동등하게 강화되어야 하는 곳에서 사고와 관조의 결합으로서의 사유이미지가 필요하다는 것이다. 이런 이유에서 그는 사유이미지를 문학수업에서 정전을 결정하는 주도적인 범주로 이해한다. 사유이미지는 학생들의 직접적인 경험에서 유래하는 이미지들을 심원한 역사적 이미지로 확장하고, 부단한 정신적 토론과 학생들을 둘러싼 일상세계의 이해를 위한 자료를 제공한다는 것이다(Müller-Michaels 1996b, 115). 일례로 괴테의 『파우스트』에서는 파우스트적인 노력과 근대인의 오만에 대한 이미지를 생각할 수 있다. 이처럼 위대한 문학작품에는 커다란 영향력을 지닌 채 우리의 현재에 본보기로 작용하는 인간의 다양한 경험들이 마치 오목거울에서처럼 집약되어 있다.[7] 이러한 이론적 전제하에서 그는 본보기로서의 성격, 현재성, 커다란 영향력을 정전선택의 기준으로 제시하며 학생들의 잠재적 경험과 관련된 일곱 개의 사유이미지를 구체화한다. 동일화의 이미지, 사고와 행동의 급진성이 학생들을 경악하게 만드는 인물, 연민이라는 감동적인 사유이미지, 지평의 확장과 발견의 이미지, 시민적 삶의 불행에 대해 비판하는 문학, 교훈적인 문학의 사유이미지, 언제나 다시 읽을 가치가 있는, 인간의 삶과 행복에 관한 문학

7 이러한 생각의 본질은 훌륭한 작품의 문학적 인물과의 만남이 학생들의 주관적 경험을 이전 세대의 보편적 경험과 중재함으로써 학생들의 정서적 능력을 고취한다는 데에 있다. 그러나 이러한 생각은 경험적으로 증명될 수 없는 가정이며, 사유이미지라는 범주는 학교라는 교육현장담론 내에서 문학텍스트를 윤리적으로 정전화하는 수단이자 효과일 뿐, 문학텍스트의 전제는 아니라는 비판을 받는다(Fingerhut 1995, 184).

적 백일몽이 그것이다. 그에 따르면 문학작품뿐만 아니라 신화, 전설, 동화, 성경, 역사(예를 들자면 발렌슈타인, 당통, 갈릴레이, 직조공, 칼레의 시민)가 이러한 사유이미지를 제공한다.

문학교육의 대상과 목표를 둘러싼 교육학적 논쟁은 일반적으로 문학, 해석, 정전이라는 핵심개념을 축으로 진행되어왔다. 이에 대해 뮐러-미하엘스는 많은 독자들에게 문화적으로 중요한 사유이미지를 제공하는 것이 문학이고, 이러한 문학이 곧 정전이며, 해석은 정전작품 속에 담겨진 사유이미지를 부각시키는 것이라고 정의한다. 그런데 그의 사유에서는 무엇이 문학, 해석, 정전이며, 무엇을 위해 문학, 해석, 정전이 필요한가라는 질문과 대답이 서로 순환적이다. 학문이론적으로 볼 때 문학, 해석, 정전에 대한 그의 본질주의적 정의는 문학교육의 전제와 방법과 목표에 대한 다양한 의견에 따라 상대화될 수밖에 없기 때문에 많은 비판에 노출되어 있다. 요컨대 어떠한 가정하에서(사유이미지로서의 문학작품, 미적 가치로서의 문학작품, 교육적 구상의 실현수단으로서의 문학작품이라는 상이한 가정), 누가(어문학자, 문학심리학자, 교사 등 의미를 해석하는 사람), 무엇을(강독이나 해석의 대상이 되는 작품 또는 정전으로 평가되는 작품), 누구를 위하여(해석의 수신자, 학생), 어떤 목적으로(작가의 의도 파악, 인간 행동의 본보기 발견) 어떻게 읽고, 해석하고, 분석하고, 평가하는지에 따라 문학에 대한 정의와 문학교육의 실천방식은 모두 달라진다(Fingerhut 1997, 180). 교육현장에서도 이러한 문학교육의 대상과 목표의 다양성이 인정되고 있다. 그래서 몇몇 주의 김나지움 독일어 교육지침은 문학교육을 통해 일반적으로 기대할 수 있는 사항(문학과의 만남을 통해 기대되는 세계관, 가치에 대한 태도, 학생들의 자기이해), 규정(수업에서 다루어야 할 작품선택의 주제, 시대, 텍스트 종류), 학습목표(문학이 사회, 역사, 문학적 삶과 갖는 관계에 대한 원칙적 통찰)만 개괄적으로 제시하고 있다. 어떠한 학습목표를 가지고 어떤 작가의 어떤 작품을 어떤 방법으로 다룰지는 교사가 결정할 문제이다. 학생도 제도적으로 상투화된 작품해석, 예를 들자면 상투적으로 작가의 의도를 사회적 상황에 대한 비판으로 보는 관점에 대해 자기의 개인적 의견을 고수할 자유를 지닌다.

나아가 문학정전이 사유이미지로서 인간 행동의 본보기이기 때문에 유용하다는 주장은 부르디외가 정의한 바 있는 "카리스마적인 이데올로기"(Bourdieu 1982, 193)가 아닌지 반추해볼 필요가 있다. 실제로 학교에서 예술과 문학정전을 학습하는 방식은 마치 모국어의 문법을 배우듯이 규범적으로 획일화되어 있고, 사고와 인지와 표현의 모델이 의식적으로 주입된다. 부르디외에 따를 때 정전은 교양자본 또는 문화적 자본으로서 생활양식과 정체성 그리고 아비투스의 확립에 기여하지만, 교양이나 문화적인 것을 이해하고 활용하는 취향과 이것에 대한 동기부여나 관심은 출신계층에 따라 다르다. 정전지식을 습득하는 것도 돈벌이와 같이 자신의 가치를 상승시키는 작용을 하기 때문에 재산의 취득과 비교될 수 있다(Fingerhut 1995, 86). 따라서 학교에서 제공되는 문학정전이 학습자들에게 문화적 자본을 취득할 수 있는 계기를 제공하는 것은 사실임에도 불구하고, 예컨대 김나지움 고학년 학생들에게 보편적인 가치평가(예를 들어 『햄릿』이나 『파우스트』를 읽고 이해하는 것이 중요하다는 생각)와 자기자신의 능력에 대한 판단(개인적으로 문학정전에 별로 구애받지 않거나 읽으려고 노력하지 않는 것) 사이에 괴리가 생기는 것은 일면 당연하다.

> 그러나 교육영역에서의 민주화는 동시에 많은 젊은이들이 그들이 속한 사회적 환경에서 어떤 반향도 얻지 못하는 문화적 대상과 대결하는 양상을 명백하

게 만들었다. 이러한 젊은이들은-비유적으로 말하자면-제공된 자본을 그들에게 유익한 자본으로 인지(정)하지 않을 수 있다. 반면 학교와 유사한 문화에서 자란 학생들은 자기들이 힘을 얻었다고 생각한다. 그럼으로써 정전은-교육적인 모든 수단을 동원하여 독서를 유도함에도 불구하고-스스로를 문화의 주역으로 정의 내리는 계층의 생각에서만 선택의 도구로 남을 개연성이 아주 크다(Fingerhut 1995, 87).

학교에서 문학과의 만남을 통해 제공되어야 할 요소 중의 하나는 학습자로 하여금 자신의 주관적 가치를 정당화할 수 있게 만드는 능력이다. 그런데 자신의 주관성을 입증하는 취향, 달리 말해서 문학정전에 대한 해석이나 입장표명 능력도 결국 문학수업의 결과이다. 학교에서 중재되는 가치로부터 해방될 수 있는 자유도 우선은 그 가치의 범주에 동화되었다는 것을 전제로 한다. 그런 한에 있어서 학교의 문학수업은 인식론적으로나 정서적으로 사회에 적응케 하는 수단이다. 따라서 정전문학에 나타나는 세계관이나 인간관을 근간으로 어떤 사회적 갈등에 대해 동질적인 정서적 기질과 윤리적 가치판단을 요구하거나, 뮐러-미하엘스의 경우처럼 정전문학을 인간적이고 초시대적으로 통용되는 사유이미지로 규정하는 것은 개인과 집단의 정체성을 동일시하는 "카리스마적 이데올로기"로 작용한다. 정전지식과 교양시민계급의 문화적 취향을 위하여 학습자 개개인의 주관적인 가치판단과 정서가 도외시되기 때문이다. 또한 사회적으로 결정된 차이, 예를 들자면 학습자들의 상이한 가정적 환경에서 기인하는 정전문학에 대한 태도 차이는 필기시험이나 구두시험을 수단으로 성적상의 불평등으로 바뀐다. 성적의 차이는 재능의 차이로 여겨지거니와 결과적으로 사회적 차별은 천성의 차별로까지 변질된다(Fingerhut

1995, 87). 물론 학습자들이 문학교육의 규율화를 감수하고 승화시키면 그에 따른 보상이 따른다. 독서에 대한 욕구나 문화적 대상을 향유하고 싶은 욕망이 생기는 것이다. 하지만 역으로 보면 정전작품의 독서를 문화적 위계질서의 상층부에 위치시키는 것 또한 전수받은 취향을 세습시키려는 보상심리이다.

주체가 개인화과정에 맡겨지고 전통적인 의미지평이 더 이상 보편적으로 통용되지 않는 오늘날, 대부분의 문학교수법이론에서는 주체적인 자아발견의 중요성이 강조된다. 예를 들어 행위이론과 발견적 교수법의 목표는 학습자 스스로에게 가치 있다고 여겨지는 질서를 찾을 정도로 주관적 능력을 극대화하는 것인데, 이때 결정적인 것은 추상적인 규범의 척도를 제공하는 것이 아니라 학습을 개인적 과정으로 이해하고 학습자의 개인적 경험을 고려하는 학습상황을 제공하는 것이다(Erlinger 2002, 294). 이러한 관점에서 보면 문학도 학습목표가 아니라 학습의 계기일 뿐이며, 따라서 문학정전이 제공한다고 여겨지는 가치를 규범화하는 것은 아무래도 시대착오적이다. 이해의 장벽이 높은 고전문학정전이 제공하는 경험모델보다는 우리 시대의 문학적 · 비문학적 텍스트가 실제로 더 큰 사회화의 기능을 떠맡고 있다는 점을 감안하면 고전으로 대표되는 핵심정전의 역할에 대한 기대에서 과감히 벗어나야 한다. 정전의 정체성停滯性 또는 "어떤 정전의 보편적 구속력"과 기능분화사회에서의 삶의 역동성 또는 갈수록 "개체화되는 삶의 설계"(Erlinger 2002, 298)는 서로 모순적이다. 김나지움 독일어 교과의 문학수업에서 문학정전이 사회의 의미를 해석하고, 감정을 모델화하고, 삶의 전형을 제공할 수 있다는 생각은 환상에 불과하다.

정전의 문제는 영원한 논쟁거리로서 언제나 현재진행형이다. 문화적 독자성이 의문시되거나 토론의 대상이 될 때 탈정전화, 정전수정, 재정전화에 대한 요구는 언제나 존재하기 마련이다. 여기서 교실은 문학정전 논쟁의 가장 중요한 실험실로서의 의미를 지닌다. 이 실험실에서는 고전적인 문화적 가치, 즉 휴머니즘과 교양을 위해 복무했던 고전적 민족문학정전이 해부대 위에 놓인 채 사망선고를 받을 수도 있는 상황이 아닐까라는 문제가 매우 시의적 주제이다. 김나지움 독일어수업에서 문학작품이 삶의 규범적 조건을 위한 담론을 찾는 데에서 일정한 역할을 한다는 것은 누구도 부정할 수 없을 것이다. 그러나 문학정전은 사회적 의미생산의 역할과 한 사회나 민족의 집단적 기억의 기능에 있어서 점차 주변부로 밀려나고 있다. 학교에서 고전정전과 민족문학정전 교육을 의무화한다고 해도 이러한 시대적 흐름을 역행할 수는 없다. 따라서 문학교육현장에서 절실하게 요구되는 것은 문학정전이 학교에서의 권장도서목록으로 영원히 유지될 수 있는 것이 아니라 재정전화과정에 맡겨진 채 끊임없이 변모하는 사회적 과정의 일부라는 개방적 태도이다. 여기서 중요한 것은 문화적 위계질서의 타파, 진정성, 모든 목소리를 들을 수 있는 능력, 모두를 위한 문화에 대한 존중 등의 인문학적 가치가 문학교육담론의 전제가 되어야 한다는 것이다.

1장에서 다룬 교양과 민족문학정전이라는 구상에 대해서는 민족문학이 더 이상 문화정치의 수단이 될 수 없다는 명제를 제시하는 것으로 충분할 것이다. 더욱이 글로벌시대를 상징하는 유럽연합의 통합정신은 독일적 가치가 유럽을 선도하는 것이 아니라 독일이 유럽적 가치를 지향하는 데에 있다. 따라서 김나지움 독일문학교육현장에서도 다양성과 차이를 존중하고 타자들과 공존하는 세계시민주의적인 유럽의 전통이 더욱 강조되어야 할 것이다. 2장에서 다룬 사유이미지라는 구상이 지나치게 협소하고 폐쇄적으로 보이는 이유는, 포스트모던적인 다문화·다매체 사회에서 사유이미지는 전통적인 민족문학정전이나 고전을 통해 몇몇 가지로 유형화될 수 있는 것이 아니라 무궁무진하게 많다는 사실 때문이다. 그중에서 어떤 사유이미지가 본보기로서 가치가 있고 시의적이고 영향력이 큰지는 쉽게 결정될 수 있는 문제가 아니다. 그 자체로서 영원한 의미를 지닌 문학정전은 없다. 전 지구적 차원에서 인간의 가치와 인류의 보편적 행복을 위해 고민하는 합리적인 의사소통과정 자체가 정전으로서 가치를 지니며, 이러한 사회적 합의과정에 시의적인 문학담론을 제공하는 것이 독일어교육에서 다루어져야 할 문학정전이다.

03 독일 대학 현대독문학 전공에서의 정전

정전연구에 방향을 제시한 논문집 『정전과 검열』의 첫 번째 논문 「정전과 검열」에서 이 책의 공동편찬자인 얀 아스만과 알라이다 아스만 부부는 고대 이집트, 유교시대의 중국, 힌두교, 불교, (기독교와 이슬람까지 포괄하는) 유대교, 인본주의시대 이후 서양 등 인간사회에는 수천 년에 걸쳐 동일하게 존속되는 "전통의 지평"이 존재하는데, 이렇게 극히 서로 다른 현상들에게서 공통적인 특징은 시대를 버텨내는 영속의 동인들이라고 단언한 바 있다. 하지만 이러한 지평은 19세기부터 추정적인 것으로 비판되고 자연과 문화는 진화의 관점에서 관찰되기 때문에 아스만 부부는 이런 맥락에서 "전통의 관성력" 대신 "지속적인 변화"와 "이러한 변화의 생물학적·사회학적 법칙"에 대해서 이야기하고 있다(Assmann 1987, 7). 모든 전통적인 삶의 양식은 매우 느려서 당사자들이 인지하지 못하지만 그럼에도 지속적인 과정에 내맡겨져 있는데, 이것을 "잠행적인 변화"로 부를 수 있다는 것이다. 이러한 변화과정의 단적인 예는 언어의 변화이다. 언어의 변화는 의식과 무의식의 경계하에서 우리가 눈치채지 못하는 가운데 늘 진행된다. 당연히 이러한 잠행적인 변화는 문자문화의 모든 영역에서 작동한다(Assmann 1987, 9). 문자문화의 대표적인 유산인 정전도 마찬가지이다. 현재의 정전논쟁과 정전연구에서 지배적인 담론은 정전에 대한 전통적인 이해가 알게 모르게 조금씩 새로운 방향으로 변화하는 것을 반영하고 있다. 현재의 정전담론은 아스만 부부의 표현을 빌리자면 영속성과 비영속성, 잠행적인 변화와 시대를 버텨내는 관성력 간의 긴장관계 내에서 진행된다.

정전 개념은 전통의 관성력 측면과 이와 연관된 규범적 기능이라는 측면 없이는 생각할 수 없다. 모든 정전은 일종의 "(문학적) 교양의 증명서"가 되고자 하며, 문화전통을 중재하고 보존한다는 의미에서 "모범이 될 만큼 뛰어나고 그래서 특히 기억의 가치가 있다고 여겨지는 텍스트들의 집합체"이다(Rosenberg 2007, 224). 모든 정전은 이러한 기능을 바탕으로 자신의 효용성을 내세우며 변화에 대항하는 면역력을 강화한다. 이렇게 정전을 고수하는 과제, 즉 텍스트보호와 의미보호라는 과제는 특수한 기관에 위임되어 정전을 망각으로부터 보호하거니와, 학교와 대학이 가장 영향력이 큰 감시기관이다(Assmann 1987, 11f.). 다른 한편으로 정전의 이러한 기능에 대해 비판적인 정전연구의 입장에서는 정전으로 전승된 텍스트와 전승되지 않은 텍스트 간의 차이와 경계를 문제시한다. 더 큰 문제는 정전텍스트와 비정전텍스트가 훌륭한 대 나쁜, 중요한 대 중요하지 않은 같은 대립적 가치판단에 내맡겨져 있다는 것이다. 현재의 정전논쟁에서는 이러한 정전 개념에 내재된 규범적 힘이 필연적인 것이 아니라 역사적으로 변할 수 있는 우연한 것으로 밝혀짐으로써 정전은 얼마든지 조정과 수정의 대상이 될 수 있다는 입장이다. 이와 더불어 정전/비정전으로 분리된 영역 대신 계속해서 새롭게 다루어져야만 하는 또 다른 영역들에 대한 관심이 대두되었다. 정전문학의 기능을 대체할 수 있는 문학의 하위장르와 예술장르가 매체발전에 힘입어 다양한 모습으로 등장했기 때문이다. 문학의 영화화가 단적인 예이다. 그래서 더 이상 단수의 정전이 아니라 "병렬적이고, 중첩되고, 서로 종속적이며 부분적으로는 모순적이기도 한 일련의 정전들"(Hein 1990, 318)이 문제시된다. 그러나 현재의 역동적인 정전논쟁에서 정전/비정전의 경계가 꼭 불합리한 것으로 여겨지는 것은 아니다. 정전화과정에 수반되는 경계와 수용 및 배제 절차에 대한 의식은 정전형성의 절차를 반성하고 합법화할 뿐만 아니라 경우에 따라서는 정전을 조정할 수 있기 때문이다(Böhm u.a. 2009, 186). 앞서 언급했듯이 학교나 대학에서의 교육은 세대 간의 전통을 잇는 가교이자 갈등이 표출되고 조정되는 공간이기 때문에 정전화과정, 정전형성, 정전수정 등의 문제를 주도하는 가장 주목할 만한 제도이다. 특히 대학에서 교수의 연구와 강의, 대학생을 위한 교과과정과 시험제도 등은 현재 정전논쟁과 정전연구의 결과와 현황을 반영한다는 점에서 매우 시의적이고 경험적인 정전연구의 한 분야가 될 수 있다.

1. 독일 대학 현대독문학 커리큘럼

대학의 커리큘럼은 문학의 가치평가와 정전화에서 여러 가지 기능을 수행한다. 커리큘럼에서 제공되는 독서정전은 문학교육과 대학의 학문분과로서 문예학의 위상과 밀접한 관계에 있기 때문이다. 우선 이러한 관계를 역사적으로 살펴보자. 19세기 초에 최초로 독일 각 대학에서 제공된 독서정전은 독문학 전공 대학생들의 전공내용, 즉 자료정전의 범위를 제시하는 용도로 이용되었다. 또한 독문학은 독서정전을 통해 대학과 공론장에서 독일문학을 연구하는 학문으로 합법화될 수 있었다(Stuck 2013, 170). 이러한 대학의 커리큘럼에서는 당대의 사회사적·문화정치적 정세의 흔적을 찾아볼 수 있는데, 유럽에서 근대 민족국가의 탄생과 민족문학에 정향된 문학커리큘럼이 밀접하게 연관되었다는 것은 당연해 보인다. 또한 대학커리큘럼은 개별 학문의 역사가 겪어온 변화를 반영하고 있다. 문헌학과 독문학에서의 커다란 변혁을 예로 들어보자.

문헌학적 측면에서 보면 독일에서 근대적 의미의 문헌학이 시작된 18세기 후반에 커다란 패러다임의 변화가 있었다. 수사학 위주였던 교양의 목표가 문헌사적인 것으로 대체됨으로써 텍스트를 다루는 방식이 급격하게 바뀐 것이다. 전통적인 수사학교육에서 텍스트는 특정한 시문학 텍스트에 어울리는 글쓰기능력의 습득을 위한 본보기였다. 그런 만큼 정전은 모범이 되는 텍스트의 모음으로 이해되었고, 쓰고자 하는 텍스트의 종류에 따라 본보기가 되는 정전도 각각 달랐다. 18세기 중반부터 시작된 문헌사적 방향전환, 즉 모든 학식의 역사적 맥락에 대한 관심은 일차적으로 읽기 위해 필요한 정전의 등장을 촉진했다. 특히 문학 분야에서는 비로소 민족문학이 형성되었으며, 이러한 민족문학정전이 19세기에는 교양과 교육의 대상이 되었다. 현재의 독일 대학 독문과 커리큘럼에 특히 큰 영향을 준 것은 19세기 초중반의 민족문학사서술이었다. 민족문학사에서는 이미 괴테와 실러를 중심으로 한 독일 고전주의가 독일어로 된 문학의 중심을 차지했고 계몽주의시대의 대표적 작가인 레싱, 클롭슈토크, 빌란트, 헤르더 등도 정전으로 선택되었다. 이후 19세기 말의 문학사에서는 19세기 초중반에 활동한 아이헨도르프와 울란트Ludwig

Uhland(1787~1862), 리얼리즘의 대표적 작가인 라베, 켈러, 하이제 등이 포함되었다.[8] 오늘날 확고한 정전작가로 인정되는 하이네와 뷔히너는 1945년 이후에야 정전작가의 위상을 얻게 되었다. 전체적으로 보면 독일어권 문학에서는 오스트리아나 스위스의 몇몇 작가를 제외한다면 독일의 민족문학이 독일 대학 커리큘럼의 대부분을 차지하고 있고, 특별한 경우를 제외하면 19세기 중반 무렵 이후 문학사에서 정전으로 채택된 작가, 작품, 장르가 여전히 정전의 중심을 이루고 있다.

독문학의 역사에서 대학의 커리큘럼이 겪은 가장 큰 변혁은 1960년대 후반 학생운동에서 전통적인 정전을 전면적으로 배척하면서 시작되었다. 그 결과 20세기 말까지는 정전 개념의 다원화와 복수 정전의 등장이 가장 특징적인 현상이었다. 소위 문화학적 전환과 더불어 정전 개념이 확장되었을 뿐만 아니라 포스트민족주의나 페미니즘의 관점에서 좁은 의미의 정전 개념에 강한 이의가 제기되었기 때문이다. 젠더이론과 포스트식민주의이론도 문학텍스트에 대한 해석과 가치평가의 전환에 기여했고 해석정전과 자료정전의 확장에 영향을 끼쳤다. 그런데 1980~1990년대 이후에는 완전히 반대되는 움직임이 대두된 것도 흥미롭다. 대학에서 정전화를 다시 불가피한 것으로 받아들이고 상대적으로 범위가 좁은 자료정전을 구축하는 현상이 그것이다. 역설적이지만 1960년대 이후 등장한 다양한 문예학 연구방법론은 정전화의 정도가 높은 몇몇 작품들을 대상으로 적용되었기 때문에 그 작품들의 문학적 가치를 오히려 더 주목받게 만들었다. 다시 말해서 다원주의적인 해석정전이 오히려 소규모

8 19세기에 정전작가로서 엄청난 주목을 받았던 파울 하이제(Paul Heyse, 1830~1910)는 20세기 초부터 탈정전화되어 대학의 커리큘럼에서 모습을 감추었다.

의 자료정전을 확립하는 결과를 초래했다는 것이다(Erhart 1998, 118). 예컨대 『문예학의 입장들: 클라이스트의 "칠레에서의 지진"을 대상으로 한 여덟 개의 모델분석』(Wellbery 1985)이라는 논문집은 이러한 주장을 뒷받침한다. 클라이스트의 『칠레에서의 지진』은 담론이론, 해석학, 소통이론과 화용론, 문학기호학, 제도사회학, 사회사적 작품해석, 신화이론과 인류학 등 시의적인 언어, 문학, 사회이론의 착안점을 통해 다양하게 해석될 수 있는 작품으로 인정되면서 누구도 부정할 수 없는 핵심정전이 되었다. 대학에서 다시 대표적인 독서정전을 확정하고 이를 가르치려는 움직임의 또 다른 이유는 사회적인 맥락에서도 찾을 수 있다. 사회에서 오랫동안 우선시된 문학정전의 교양기능이 더 이상 전폭적으로 인정되지 않고 정보사회, 업적사회, 지식사회 등으로 규정되는 현대사회에서는 문학정전과 정신과학 전체가 효용성을 의심받는다. 이러한 사회분위기 속에서 문예학은 정당성을 상실할 위기에 처해 있는데, 이러한 상황에서 공준화되는 자료정전은 독문학과 문예학이 200년 전에 그랬던 것처럼 대학과 공론장에서 학문적 정당성을 인정받기 위한 하나의 전략으로 볼 수 있다(Stuck 2013, 171).[9]

2. 권장도서목록과 정전의 문제

독일 대학 독문과의 현대문학 분야에서는 정전이라는 개념 대신 권장도서목록이라는 개념이 자리를 잡았다. 이것은 실용적인 변화를 의미한

9 여기서 상세하게 다룰 수는 없지만 대학의 독서정전은 볼로냐프로세스로 불리는 유럽의 대학교육개혁에 따른 후속조치와도 관계가 있다.

다. 보편적으로 구속력 있는 규범적 정전의 존재가 상대화되면서 추천의 성격이 강한 권장도서목록이라는 개념을 사용하게 된 것이다. 물론 이 목록은 모든 대학 독문과의 합의하에 만들어진 것이 아니기 때문에 대학마다 서로 다르며, 각 대학들이 공통적인 원칙과 틀에 따라 작성한 것도 아니다. 극단적인 경우에는 개별 교수들이 자신들의 연구와 세미나에서 선호하는 작가와 작품을 모아놓은 것일 수도 있다. 그럼에도 불구하고 이러한 실용적인 권장도서목록은 해당 대학의 경우에만 적용된다고 해도 정전의 효용성을 지닐 수 있다. 탄력적이고 유연하더라도 어떤 식으로든 텍스트를 정해놓을 경우, 이 텍스트는 정전으로서 효력을 주장할 수 있기 때문이다(Zymner 1996, 9ff.).

권장도서목록이 일반화되면서 이를 토대로 대학의 문학수업과 정전의 문제를 본격적으로 다룬 연구서도 등장했다. 엘리자베트 슈투크Elisabeth Stuck의 『정전과 대학의 문학수업』(Stuck 2004) 같은 연구서가 대표적인데, 이 책의 부제는 "대학의 독서 권장에 대한 이론적·역사적·경험적 연구"이다. 책 제목에서 알 수 있듯이 추천도서를 정하는 의도, 권장도서목록의 구성방식 등을 분석한 후 이러한 권장도서목록과 정전은 어떠한 상호작용을 하는지 규명하는 것이 이 연구의 최종적인 관심사이다.[10] 상당수 대학의 권장도서목록은 본격적으로 작품이나 작가가 제시되는 주텍스트에 앞서 머리말 등을 통해 권장도서목록을 제공하는 취지, 권장사항, 권장도서목록의 구속력 여부, 시험과의 관련성 등을 적시한 파라텍스트 Paratext를 포함하고 있다는 점에서 하나의 고유한 텍스트로 볼 수 있다.

10 이 연구에서는 2000년을 기준으로 72개 대학 독문과의 현대독문학 분야를 연구대상으로 삼았는데, 이 중 89%의 대학이 설문조사에 참여하여 연구의 신뢰성이 확보되었다.

저자에 의하면 우선 권장도서목록이라는 텍스트는 제도적으로 보장되는 지위를 갖고자 하며, 집단적 지향성에서 생겨난다. 텍스트를 선정하는 데에 있어서 권장도서목록의 위상, 기능, 구속력에 대해 공동작업팀의 합의가 전제되는 것이다. 텍스트선정의 기관이 집단이 아니라 단 한 사람이라고 해도 집단적 지향성은 엄연히 존재한다. 이 사람은 기관의 이름, 즉 집단의 자격으로 행동하며 독서정전을 통해 특정한 의도를 추구하기 때문이다(Stuck 2004, 157ff.). 슈투크는 또한 권장도서목록의 파라텍스트에는 권장도서목록 작성의 주관자인 교수와 수신자인 학생 모두에게 해당하는 구속력, 즉 권장도서목록과 결부된 요구, 의무, 권리가 명시되어 있다고 강조한다. 하지만 권장도서목록의 구속력이 추천에 그치는지 아니면 의무인지는 파라텍스트에 명기된 내용을 통해서만 규정되는 것이 아니라, 가르치는 사람에 따라 구속력의 강도가 변할 수도 한다. 예컨대 권장도서목록 텍스트의 생산에 참여한 사람은 가르치거나 시험을 치를 때 이 작업에 참여하지 않은 사람보다 이 권장도서목록을 더 중요하게 고려할 것이라는 추측이 가능하다. 또한 권장도서목록이 추천에 그치는 것이라면 교수에 의해 요구되는 구속력과 수용자인 학생이 받아들이는 구속력은 서로 일치하지 않을 수도 있다(Stuck 2004, 157). 그밖에도 권장도서목록이 효력을 발휘하는 데에는 규모와 분량도 중요한 작용을 한다. 일반적으로 규모가 작을수록 구속력이 클 거라는 가정을 할 수 있다. 슈투크는 각 대학의 권장도서목록의 형태를 다음과 같이 크게 다섯 가지로 분류하고 있다(Stuck 2004, 161).

- 최소 목록: 약 20개의 핵심정전
- 학업입문목록: 학업 기간에 읽을 수 있을 대략 50~80개 정도의 목록

- 선택대상목록: 학업 기간에 꼭 읽어야 할 목록보다 훨씬 많은, 대개 100개가 넘는 목록
- 분야별 목록: 개별 작품 제목이 아니라 특정 분야별로 구성된 목록
- 조합형식: 학업입문목록에 몇 개의 분야별 선정목록을 보완한 목록

나아가서 슈투크는 일반적인 권장도서목록의 구조에 나타나는 분류원칙을 아홉 개의 범주-장르에 따른 분류, 역사적 분류, 민족문헌학적 분류, 통계적 분류(추천의 빈도에 따른 배열), 작가와 관련된 분류(예: 성, 인종, 종교, 사회적 출신성분), 알파벳 순서에 의한 분류(예: 주석을 단 작가정전), 실제 목표와 관련된 분류(예: 문학교육학에 필요한 작품들), 개념적 분류(개념체계에 따른 작가들의 그룹화), 독자와 관련된 분류(독자의 나이, 독서경험, 언어능력을 고려한 작품분류)로 구분한다. 이 중에서 대학의 권장도서목록에서는 민족문헌학적 분류, 역사적 분류, 장르에 따른 분류가 적용되고 드물게 통계적 분류가 이용된다(Stuck 2004, 162f.).[11]

독일 각 대학 현대독문학 전공에서 활용되는 권장도서목록 중 수신인을 염두에 둔 파라텍스트를 담고 있는 텍스트를 분석해보자. 파라텍스트는 대개 들어가는 말과 같은 형식으로 맨 앞에 위치하는데, 아예 없는 대학도 많고 있어도 분량은 제각각이어서 길게는 2쪽, 짧게는 몇 줄에 그치고 있다. 분량이 비교적 많은 대학의 파라텍스트에는 문학작품에 대한 특별한 관심과 독서욕구 그리고 자기학습이 독문학 전공 대학생에게 필수적이라는 것을 호소하는가 하면 독서의 습관화를 위한 친절한 조언까

11 반면 중등학교의 권장도서목록은 독자와 관련된 분류와 실제 목표와 관련된 분류가 이용된다.

지 등장한다. 예를 들어 "문학에 대한 특별한 관심"(보쿰대학), "날마다 읽자! 일차문헌을 읽자! 계획을 세워 읽자!"(뷔르츠부르크대학) 같은 것이다. 트리어대학의 파라텍스트에는 독서를 위한 시간 투자와 그룹모임 등을 통한 독서계획 세우기 그리고 세계문학 독서의 중요성이 강조되어 있다. 1995년에 작성된 에센대학의 파라텍스트에는 심지어 "이러한 책들을 읽고 싶은 요구가 전혀 없다고 생각되는 사람은 적성에 맞는 전공을 선택했는지 고민해보아야 한다."(이상 Stuck 2004, 167에서 재인용)라는 문구까지 등장한다.[12] 이와 달리 대개의 경우 파라텍스트의 주된 내용은 작품 선정의 실용적 성격, 독문학 전공을 위한 입문기능, 작품선정의 불완전성, 작품의 선정기준, 권장도서목록의 구조, 수정 및 보완 가능성, 진급을 위한 중간시험이나 졸업을 위한 시험과의 연관성 또는 시험을 보기 위한 선결조건 등이다.

구체적인 분석을 위해 파라텍스트가 가장 긴 편에 속하는 뷔르츠부르크대학 현대독문학 권장도서목록을 자세히 살펴보면서 다른 대학의 권장도서목록과 비교해보자. 뷔르츠부르크대학 권장도서목록의 안내문은 여섯 개 항으로 구성되어 있다. 1항에서는 200개 정도 선택된 작품목록의 시대별·장르별 구조를 밝히고, 61개로 나뉜 텍스트그룹 중에서 하나의 작품을 선택하여 최소한 61개의 작품은 읽기를 권장하고 있다.[13] 트리어대학의 경우는 600여 년에 걸쳐 대략 700개의 작품이 선정되어 가장

12 각 대학의 권장도서목록을 볼 수 있는 인터넷사이트의 주소는 참고문헌에 수록되어 있음.

13 I 그룹(장편소설, 서사시, 자서전)에는 15개의 소그룹이, II 그룹(소설, 노벨레)에는 11개의 소그룹이, III 그룹(드라마)에는 14개의 소그룹이 있다. 서정시(IV 그룹)는 7개, 시학과 에세이(V 그룹)는 14개의 소그룹으로 분류되어 있다.

규모가 큰 목록 중의 하나인데, 시대를 상위범주로, 사조를 하위범주로 하여 다섯 개 영역으로 구분한 후 마지막 영역은 20~21세기의 문학이론과 문화이론서를 추천하고 있다. 쾰른대학은 이 대학 문예학 교수의 특수한 전공을 감안하여 아동문학과 청소년문학 분야의 추천도서를 별도로 지정해놓은 것이 특이하다. 추천도서를 20개 정도로 엄격하게 최소화한 로슈토크대학과 루드비히스부르크사범대학을 제외하면 대개의 경우 추천도서의 수는 500개 안팎으로 엇비슷하다. 뷔르츠부르크대학의 경우에는 유럽문학의 원전이자 원천인 고대 고전문학(호메로스의 『일리아스』와 『오디세이아』, 3대 비극시인, 호라티우스의 『시학』, 오비디우스의 『변신이야기』)과 구약 및 신약 성서의 일부가 추천되기도 한다. 트리어대학에서도 『일리아스』와 『오디세이아』, 그리스비극과 고전 고대의 신화, 구약성서와 신약성서가 추천되어 있다.

뷔르츠부르크대학 파라텍스트의 2항은 이 파라텍스트의 가장 핵심적인 부분이다. 여기서는 먼저 운문서사시와 같은 옛날 장르, 사이언스픽션이나 판타지문학 같은 현대장르, 일기나 편지 같은 실용문학, 헤겔의 철학적 미학 같은 이론서가 빠진 작품목록의 불완전성을 밝히고 있다. 다음에는 이 권장도서목록이 졸업시험이나 졸업 후 직업활동을 위한 실용적인 목적을 위해 최소한도로 선택된 것이고 여기에 선택되지 않은 작품들이 결코 부정적인 가치판단 때문이 아니라는 점이 강조된다. 이 부분은 트리어대학의 권장도서목록과 거의 똑같은데,[14] 트리어대학의 경우 "이러한 작품선택을 정전으로 이해할 수 없다."라는 말이 확실하게 부연

14 약 60%의 대학이 권장도서목록을 만들 때 이미 존재하는 다른 대학의 권장도서목록을 참고한다.

되어 있을 뿐만 아니라 권장도서목록이 "책에 대한 욕구"와 "문학사에 대한 호기심"에 방향을 제시하는 것임을 밝히고 있다. 쾰른대학의 경우에도 오늘날 핵심적인 문학전통에 속하는 것이 무엇인지에 대한 합의가 불가능하다는 것을 전제로 권장도서목록이 학업의 방향제시와 학업능력의 계발을 위한 것임을 밝히고 있다. 자를란트대학의 권장도서목록에서 특이한 것은 2009년에 주간지 『차이트』에서 문예학자와 편집인 그리고 문학에 관심 있는 대중독자가 참여하여 선정한 20개의 작품을 맨 앞에 배치하고 신입생들이 이 책부터 읽기를 권장한 것이다. 뷔르츠부르크대학의 권장도서목록 2항에서 세 번째로 주목할 만한 것은 당대의 문학은 의미 있는 정전화가 불가능하다는 것, 그래서 1980년대까지의 문학작품으로 제한했다는 것이다. 트리어대학도 1999년 이후 작품은 고려하지 않고 있는데, 그 이유는 당대문학은 많이 읽히긴 하지만 선택에 어려움이 따르기 때문이다.

3항은 이 권장도서목록이 대학신입생의 학업을 위한 방향제시성격을 가지는 것이지 결코 "최고의 목록"이 아니라는 내용이다. 우리나라 대학편제로 보면 1, 2학년에 해당하는 기본단계의 문예학과 현대독문학 전공 대학생들이 "어떤 책을 읽어야 하며 어떤 책으로 읽기를 시작해야 하는가?"라고 질문할 때 최소한의 대답이 될 수 있다는 것이다. 그렇기 때문에 독서의 지평을 넓히고자 하는 학생들에게는 서점에서 구입할 수 있는 범위가 넓은 권장도서목록을 추천하기도 한다. 가장 대표적인 책은 실제로 많이 팔리고 있는 불프 제게브레히트Wulf Segebrecht의 『독문학 전공자는 무엇을 읽어야 하는가?』와 자비네 그리제Sabine Griese 외 2인이 참여한 『권장도서목록: 해설이 있는 추천』이다. 보쿰대학에서도 100개 정도의 문학작품 외에도 미학 및 시학 이론서, 문학입문서와 사전, 중요한 문학사서적, 문학잡지 등을 추천한 후 방금 소개한 두 종류의 권장도서목록을 별도로 추천하고 있다. 보쿰대학은 이외에도 독문학 공부에 도움이 되는 아홉 개의 인터넷사이트 주소와 더불어 과제물 작성방법에 도움이 되는 서적과 세미나 및 졸업논문 작성양식을 제공함으로써 학생들에게 자상한 면모를 보여주고 있다. 문학텍스트뿐만 아니라 중요성이 입증된 전문서적과 매체를 소개하는 이러한 배려는 "특히 재미나 문학적인 만족만이 아니라 전문적 관심을 가지고 책을 읽고 싶은 사람들이 방향을 제시받고 싶은 욕구에 부응"(Griese 1994, 7)하는 것이다. 자를란트대학의 경우에는 시중에서 팔리는 권장도서목록에 비교적 최근에 랄프 게오르크 보그너 Ralf Georg Bogner에 의해 출판된 『한눈에 보는 독일문학: 1,200년 동안의 400편의 작품. 정전』이 보충되어 있다.

4항은 독문학 전공 대학생들을 위한 충고이다. 최소한의 60개 작품 외에도 문학공부는 원래 자기학습이라는 점을 강조하며 다독을 권장하고 있다. 5항은 목록에 있는 거의 모든 작품은 값이 저렴한 레클람Reclam 문고로 구입할 수 있다는 것, 6항은 4학기 동안 서로 다른 시대를 대상으로 (16~17세기, 18세기, 19세기, 20세기) 순환되는 강독세미나에 대학 첫 학기부터 참여하기를 독려하는 내용이다. 이렇게 보면 4항부터 6항까지는 파라텍스트의 부차적인 내용으로 볼 수 있다.

그렇다면 권장도서목록에 선택된 작품들은 구체적으로 어떤 기준에 의해 선택되었을까? 쾰른대학의 예를 들어보자. 쾰른대학 독문과의 권장도서목록에는 대략 60개 정도의 작품이 제시되어 있다. 앞서 소개한 슈투크의 분류방식에 따르면 쾰른대학의 권장도서목록은 학업입문목록에 해당한다. 그러나 여기에 제시된 모든 작품을 다 의무적으로 읽어야 하는 것은 아니다. 학생들은 본인에게 의미 있다고 생각되는 20

편 정도의 독일어권 작품을 스스로 선택함으로써 자신의 중점영역을 정할 수 있게끔 되어 있다. 그럼으로써 쾰른대학의 권장도서목록은 학업입문목록과 선택대상목록이 조합된 형태를 띠고 있다. 그러나 학생들이 작품의 문학사적 위상을 판단할 수 있도록 가치론적인 기준이 제시되는 것은 아니다. 따라서 학생들은 『킨들러 신 문학사전(Kindlers Neues Literatur-Lexikon)』(München 1996)이나 『메츨러 문학 편람: 독일어권 작가의 작품(Metzler Literatur-Chronik: Werke deutschsprachiger Autoren)』(Stuttgart/Weimar 1993)에 소개된 작품 중에서 자발적으로 선택해야 한다. 말하자면 이미 정전화과정이 완결되어 사전이나 편람에 수록된 작품들이 의미 있는 것으로 여겨지는 것이다. 동시대문학 중에서 선택할 경우 소위 중요한 텍스트는 문학상(특히 게오르크 뷔히너 문학상, 잉에보르크 바흐만 문학상 등)을 받았거나 시의적인 문학토론(체트데에프 방송사의 〈문학사중주〉 등)에서 거론된 텍스트로 제한된다. "우리"라는 일인칭 복수형으로 등장하는 권장도서목록의 저자들은 자신들의 선택을 정당화할 수 있는 문학작품의 가치평가기준을 제시하지 않는다. "우리"라는 표현에는 쾰른대학의 권장도서목록이 집단 저자에 의해 작성되었고 그럼으로써 최소한 합의에 따른 결과라는 것이 함축되어 있다. 그렇지만 어떻게 합의를 보았는지, 요컨대 소통적 절차를 통한 것인지 아니면 가치와 규범의 집단적 효용성이 전제됨으로써 암묵적 차원에서 이루어진 것인지는 알 수 없다. 다만 선정된 작품의 대부분은 "분명 문학 분야의 모든 전문가들에 의해 문학전통의 핵심으로 평가"되고, 일부 작품은 "학과 교수들의 연구와 강의의 특수한 프로필을 반영"하고 있다는 설명에 그치고 있다(Böhm 2009, 195).

그렇지만 어떤 가치척도가 문학텍스트의 중요성과 의미 또는 효력을 입증하고 권장도서목록에 채택되게 했는지는 수용자의 입장에서 일차적인 관심의 대상이다. 따라서 권장도서목록의 파라텍스트에서 선택의 기준을 상세하고 논리적으로 설명하고, 선택과 배제의 과정을 투명하게 보여주기 위해 가치평가의 제반 척도를 명시하는 것은 매우 의미 있는 일이다. 또한 합의의 논거를 제시하기 위해 가치평가자들이 똑같은 가치론적 가치를 전제하는지 그리고 이러한 가치들을 모두 똑같이 중요하게 여기는지도 명시되어야 한다(Heydebrand/Winko 1996, 107f.). 예를 들어 자를란트대학 독문학과의 파라텍스트에는 문학의 가치평가에 대한 이러한 근본적인 문제가 다음과 같이 정리되어 있다.

> 문학미학적인 내재적 가치평가의 기준 외에도 예를 들어 장르이론의 기준도 고려된다. 장르이론의 기준을 근거로 어떤 특정한 작품이 특별하게 어떤 장르를 대표한다고 여겨질 수 있고, 그러한 이유에서 작품목록에 수용될 수 있기 때문이다. 여기에 덧붙여 다양한 문학사적·역사적 기준도 있다. 말하자면 문학작품은 특별히 개혁적이라는 이유, 뛰어난 영향사를 가졌다는 이유, 대표적인 방식으로 역사적·정치적·사회적 현상 내지는 문학사적 시대를 대변한다는 이유에서 (...) 선택될 수 있다. 마지막으로 작품의 선택에는 지금까지의 전통, 즉 역사적 현상이 된 정전형성도 작용한다.[15]

자를란트대학의 권장도서목록은 이미 수많은 가치판단을 받은 "보편적으로 구속력 있는 정전"을 선택하고 있다. 작품을 제한하고 배제하는 합당한 기준이나 선택의 합법성을 보장하는 구체적 가치평가기준은 구

15 http://www.uni-saarland.de/fileadmin/user_upload/Fachrichtungen/fr41_Germanistik/pdfs/info/Info_Leseliste.pdf.(2016. 7. 29.)

체적으로 명시되지 않고, 막연하게 "문학미학적인 내재적 가치평가의 기준"과 "장르이론의 기준"이 언급될 뿐이다. 그럼으로써 기존 방식의 정전화가 계속해서 확고한 궤도 위를 달리고, 특정한 작가와 장르가 관습적으로 수용되는 반면 비정전 작가와 장르에게는 기회가 부여되지 않는다. 이렇게 보면 지난 세기 90년대 이후 정전이 재추친되고 있다는 주장(Neuhaus 2002, 16)이 확실한 설득력을 얻는다. 독일문학 분야의 추천도서목록이나 정전목록이 여러 종류의 단행본으로 출판된다는 것도 그만큼 일반독자들이 정전을 통해 방향을 제시받고 싶다는 것을 의미할 수 있다. 그러나 역사적·시대적 상황에 따라 정전수정은 언제나 불가피한 요청이라고 볼 때 정전으로 인정받지 못하는 텍스트도 정전에 포함될 수 있는 길은 언제나 열려 있어야 한다. 그러기 위해서는 정전에 속하는 텍스트라면 빠짐없이 포함하고 있는 가치들이 세밀하게 관찰되어야 할 것이다. 만약 그러한 가치가 존재한다면 새롭게 정전화될 수 있는 텍스트도 많기 때문이다(Neuhaus 2002, 16f.).

독일 대학의 권장도서목록 중에서는 일부에서만 꽤 긴 파라텍스트가 덧붙여져 있다. 이 파라텍스트는 독서정전을 합법화하면서도 어떤 경우에는 이 목록이 곧 정전에 대한 합법화가 아니라는 점이 강조되기도 한다. 위에서 예로 든 뷔르츠부르크대학의 파라텍스트는 이러한 맥락에서 독서정전이 실용적인 기능을 위해 어쩔 수 없이 이루어진 단편적인 선택이라는 점이 지적되어 있을 뿐만 아니라 선택행위를 가치평가와 분명하게 구별하고 있다.

> 그렇게 폭이 좁고 규모가 작은 권장도서목록은 이론의 여지가 많은 (따라서 심한 격론이 따르는) 삭제를 통해서만 나오는 것이고 거기에는 필연적으로 결

정론적인 동인이 수반되기 때문에 이러한 권장도서목록은 가치평가적인 것이 될 수 없다(그리고 그렇게 되고자 하지도 않는다).[16]

하지만 이러한 유보적 태도에도 불구하고 이미 이러한 선택은 의식적인 것이고 의식적인 선택은 다름 아닌 가치평가의 행위이다. 파라텍스트에서 문학적 가치평가의 문제점을 적시하고 있는 자를란트대학의 파라텍스트에서는 학생들에게 권장도서목록에 선택된 것을 "자신의 판단에 따라-그리고 자신의 선호에 따라!-수정하고 보완하기"를 호소하고 있다. 이러한 호소는 정전형성과 함께 진행되는 선택과 제한에 맞서기 위해 불가피한 변증법이다(Böhm 2009, 198). 학생들도 독자적인 수정과 보완을 통하여 권장도서목록에 공동의 책임의식을 갖게 되는바, 이러한 책임은 현대의 역동적인 정전 개념과도 일치한다. 또한 대학에서 요구되는 강령적 성격의 독서정전과 포스트모더니즘 이후 규범과의 유희가 대세인 사회의 공론장에서 진행되는 정전형성 간에는 괴리가 존재하는 것도 사실이다(Stuck 2004, 259). 권장도서목록의 변증법적 성격은 아우크스부르크대학에서도 확인된다. 파라텍스트로서 아주 중요한 기능을 하는 권장도서목록의 제목이 아우크스부르크대학의 경우 "함께 발전하는 권장도서목록"이다. 이 제목에 담긴 역동성을 통해 이 대학 권장도서목록은 정전의 역사성을 의식하고 있다는 것을 알 수 있다. 권장도서목록을 정전화가 진행되는 과정의 일부로 보는 것이다. 이러한 제안은 정전에 대한 토론과 결정 과정에 대학생들을 참여시킨다는 민주주의적 측면에서

16 http://www.germanistik.uni-wuerzburg.de/neuere_deutsche_literatur/studium/leseliste/(2016. 7. 29.)

도 숙고할 만한 가치가 있으며, 정전이 위로부터 만들어지는 것이라는 생각에서 탈피하는 데에도 기여할 수 있을 것이다.

참고문헌

• 들어가며: 정전과 정전연구

링크, 위르겐(1994): 『기호와 문학: 문학의 기본 개념과 구조』. 고규진 외 역, 민음사.

슈바니츠, 디트리히(2001): 『교양: 사람이 알아야 할 모든 것』. 인성기, 윤순식, 조우호 옮김, 들녘.

Herrmann, Leonhard(2007). "Kanon als System: Kanondebatte und Kanonmodelle in der Literaturwissenschaft". In: Ehrlich, Lothar u.a. (Hg.): *Die Bildung des Kanons. Textuelle Faktoren-Kulturelle Funktionen-Ethische Praxis.* Köln/Weimar/Wien, 21~41.

Heydebrand, Renate von(Hg.)(1998): *Kanon Macht Kultur. Theoretische, historische und soziale Aspekte ästhetischer Kanonbildungen.* Stuttgart/Weimar.

Knoche, Susanne u.a.(Hg.)(2003): *Lust am Kanon: Denkbilder in Literatur und Unterricht.* Frankfurt a.M.

Korte, Hermann(2002): "K wie Kanon und Kultur. Kleines Kanonglossar in 25 Stichwörtern". In: Arnold, Heinz Ludwig (Hg.): *Literarische Kanonbildung.* München, 25~38.

Neuhaus, Stefan(2002): *Revision des literarischen Kanons.* Göttingen.

Willems, Gottfried(2001): "Der Weg ins Offene als Sackgasse: Zur jüngsten Kanon-Debatte und zur Lage der Literaturwissenschaft". In: Kaiser, Gerhard R./Matuschek, Stefan (Hg.): *Begründungen und Funktionen des Kanons: Beiträge aus der Literatur- und Kulturwissenschaft, Philosophie und Theologie*. Heidelberg, 217~267.

http://www.dieterwunderlich.de/sz_bibliothek.htm(2016. 8. 6.)

• I장: 근대 이전의 정전현상

고규진(2012): 『문학정전』, 연세대학교출판부.

아리스토텔레스(2002): 『시학』, 천병희 옮김. 문예출판사.

Alt, Peter-Andrè(1996): *Aufklärung*. Stuttgart/Weimar.

Assmann, Aleida/Assmann, Jan (Hg.)(1987): *Kanon und Zensur. Archäologie der literarischen Kommunikation II*. München.

Assmann, Jan(1992). *Das kulturelle Gedächtnis. Schrift, Erinnerung und politische Identität in frühen Hochkulturen*. München.

Auerochs, Bernd(2001): "Die Unsteblichkeit der Dichtung: Ein Problem der 'heiligen Poesie' des 18. Jahrhunderts. In: Kaiser, Gerhard R./Matuschek, Stefan (Hg.): *Begründungen und Funktionen des Kanons: Beiträge aus der Literatur- und Kunstwissenschaft, Philosophie und Theologie*. Heidelberg, 69~87.

Barasch, Moshe(1998): "Das Traumland in der Vorstellung der Renaissance". In: Ders.: *Das Gottesbild: Studien zur Darstellung des Unsichtbaren. München*, 75~90.

Cramer, Carl Friedrich(1780): *Klopstock: Er und über ihn, Erster Teil*: 1724~1747. Hamburg, 54~132.

Curtius, Ernst Robert(1993): *Europäische Literatur und lateinisches Mittelalter*. Tübingen.

Dihle, Albrecht(1991): *Griechische Literaturgeschichte von Homer bis zum Hellenismus.* München.

Dubielzig, Uwe(2005): "Kanon". In: Schmitt, Hatto H. /Vogt, Ernst (Hg.): *Lexikon des Hellenismus.* Wiesbaden, 513~519.

Dummer, Jürgen(2001): "Entwicklungen des Kanongedankens in der Antike". In: Kaiser, Gerhard R./Matuschek, Stefan (Hg.): *Begründungen und Funktionen des Kanons: Beiträge aus der Literatur- und Kunstwissenschaft, Philosophie und Theologie.* Heidelberg, 9~20.

Fuhrmann, Manfred(1993): "Der neue Kanon lateinischer Autoren. Traditionsverlust im neuhumanistischen Gymnasium". In: Voßkamp, Wilhelm (Hg.): *Klassik im Vergleich: Normativität und Historizität europäischer Klassiken.* Stuttgart/Weimar, 389~402.

_____(2006): *Bildung. Europas kulturelle Identität.* Stuttgart.

Herzog, Reinhard(1989): *Restauration und Erneuerung(Handbuch der lateinischen Literatur der Antike 5),* München.

Heydebrand, Renate von (Hg.)(1998): *Kanon Macht Kultur: Theoretische, historische und soziale Aspekte ästhetischer Kanonbildungen.* Stuttgart/Weimar.

Hölscher, Uvo(1987): "Über die Kanonizität Homers". In: Assmann, Aleida/Assmann, Jan (Hg.): *Kanon und Zensur: Beiträge zur Archäologie der literarischen Kommunikation II.* München.

Huber-Rebenich, Gerlinde(2013): "Antike Literatur". In: Rippl, Gabriele/Winko, Simone (Hg.): *Handbuch Kanon und Wertung.* Stuttgart, 264~271.

Kapitza, Peter K.(1981): *Ein bürgerlicher Krieg in der gelehrten Welt: Zur Geschichte der Qurelle des Anciens et des Modernes in Deutschland.* München.

Klopstock, Friedrich Gottlieb(1974): *Der Messias.* 2 Bde. Hg. v. Elisabeth Höpker-Herberg, Berlin/New York.

Korte, Hermann(2002): "K wie Kanon und Kultur: Kleines Kanonglossar in 25

Stichwörtern". In: Arnold, Heinz Ludwig (Hg.): *Literarische Kanonbildung*. München, 25~38.

Kramer, Johannes(2000): "Antike Kanonbildung". In: Dahmen, Wolfgang u.a.(Hg.): *Kanonbildung in der Romanistik und in der Nachbardisziplinen*. Tübingen, 3~36.

Lessing, Gotthold Ephraim(1972): *Werke*. Hg. v. Herbert G. Göpfert, Bd. I. München.

Martinez, Matias(1998): "Gelungene und mißlungene Kanonisierung: Dantes *Commedia* und Klopstocks *Messias*". In: Heydebrand, Renate von (Hg.): *Kanon Macht Kultur. Theoretische, historische und soziale Aspekte ästhetischer Kanonbildungen*. Stuttgart/Weimar, 215~229.

Moog-Grünewald, Maria(Hg.)(1997): *Kanon und Theorie*. Heidelberg.

Muncker, Franz u.a.(Hg.)(1889): *Klopstocks Oden*. Bd. 2. Stuttgart.

Neuhaus, Stefan(2002): *Revision des literarischen Kanons*. Göttingen.

Pfeiffer, Rudolf(1978): *Geschichte der klassischen Phililogie*. München.

Rippl, Gabriele/Winko, Simone(Hg.)(2013): *Handbuch Kanon und Wertung*. Stuttgart.

Schindel, Ulrich(1983): "Die 'auctores' im Unterricht deutscher Stadtschulen im Spätmittelalter und in der frühen Neuzeit". In: Moeller, Bernd u.a.(Hg.): *Studien zum städtischen Bildungswesen des späten Mittelalters und der frühen Neuzeit*. Göttingen, 430~452.

Schmidt, Ernst A.(1987): "Historische Typologie der Orientierungsfunktionen von Kanon in der griechischen und römischen Literatur." In: Assmann, Aleida/Assmann, Jan (Hg.): *Kanon und Zensur. Archäologie der literarischen Kommunikation II*. München, 246~258.

Seiffert, Hans Werner(Hg.)(1963): *Wielands Briefwechsel. Bd. 1: Briefe der Bildungsjahre(1750~1760)*, Berlin.

Snell, Bruno(Hg.)(1991): *Lexikon des frühgriechischen Epos*. Bd. 2. Göttingen.

• II장: 근대문학의 형성과 문학정전

고규진(1990): 「독일 교양소설과 유토피아」. 『인문과학』 64집(1990. 12. 연세대학교 인문과학연구소), 189~213.

_____(2001): 「"초록의 하인리히"」와 소설유형학. 『독일언어문학』제16집(2001.12), 1~20.

_____(2010): 「텍스트비평과 편집의 유형」. 『독일언어문학』제48집(2010.6). 251~267.

_____(2012): 「근대 문학정전 형성의 역사적 예: 독일의 고전주의」.『문학정전』. 연세대학교출판부, 65~85.

_____(2015): 「젊은 베르터의 고통」. 『인문고전읽기』. 전북대학교 출판문화원, 353~374.

괴테(2006): 『서동시집』. 안문영 외 옮김, 문학과지성사.

김수용, 고규진, 최문규, 조경식(2001) : 『유럽의 파시즘. 이데올로기와 문화』, 서울대학교출판부.

Barthes, Roland(1976): *S/Z*. Frankfurt a.M.

Becker-Cantarino, Barbara(1999): "Geschlecht und Kanonbildung am Beispiel der 'Autorinnen der Romantik'". In: Caemmerer, Christiane u.a.(Hg.): *Autorinnen in der Literaturgeschichte. Konsequenzen der Frauenforschung für die Literaturgeschichtsschreibung und Literaturdokumentation*. Osnabrück, 11~27.

_____(2000): *Schriftstellerinnen der Romantik. Epoche -Werke - Wirkung*. München.

_____(2003): "Kanon und Geschlecht in der Literaturgeschichte am Beispiel der Autorinnen der Romantik". In: Wiesinger, Peter(Hg.): *Kanon und Kanonisierung als Probleme der Literaturgeschichtsschreibung*(Akten des X. Internationalen Germanistenkongresses Wien 2000. Bd. 8). Bern, 99~104.

______(2007): "Ästhetik, Geschlecht und literarische Wertung, oder: warum hat Elfriede Jelinek den Nobelpreis erhalten?". In: Saul, Nicholaus / Schmidt, Ricarda(Hg.): *Literarische Wertung und Kanonbildung*. Würzburg, 125~149.

Behrens, Katja(1995): *Frauen der Romantik. Porträts in Briefen*. Frankfurt a.M./Leipzig.

Berghahn, Klaus(1985): "Von der klassizistischen zur klassischen Literaturkritik". In: Hohendahl, Peter Uwe(Hg.) : *Geschichte der deutschen Literaturkritik*. Stuttgart, 10~75.

Bloom, Herald(1973): *The Anxiety of Influence: A Theory of Poetry*. London/ Oxford/ New York.

Blumenberg, Hans(1976): *Aspekte der Epochenschwelle*. Frankfurt/M.

Bovenschen, Silvia(1979): *Die imaginierte Weiblichkeit. Exemplarische Untersuchungen zu kulturgeschichtlichen und literarischen Präsentationsformen des Weiblichen*. Frankfurt a.M.

Dilthey, Wilhelm(1988): "Der Bildungsroman". In : Selbmann, Rolf (Hg.): *Zur Geschichte des deutschen Bildungsromans*. Darmstadt, 120~122.

Droste-Hülshoff, Annette von (2000): *Historisch-kritische Ausgabe. Werke. Briefwechsel*. Hg. v. Winfried Woesler. 13 Bände in 25 Teilbänden, Niemeyer/ Tübingen 1978~2000.

______(1994): *Sämtliche Werke*. Hg. v. Bodo Plachta/Winfried Woesler. 2 Bde. Frankfurt a.M.

Dülmen, Andrea van (Hg.)(1992): *Frauenleben im 18. Jahrhundert*. München u.a.

Eichendorff, Joseph von(1990): *Werke*. Hg. v. Hertwig Schultz. Bd. 6. Frankfurt a.M.

Erhart, Walter(1998): "Kanonisierungsbedarf und Kanonisierung in der deutschen Literaturwissenschaft(1945~1995)". In: Heydebrand, Renate von (Hg.): *Kanon Macht Kultur. Theoretische, historische und soziale Aspekte ästhetischer*

Kanonbildungen. Stuttgart/Weimar, 97~121.

Fichte, Johann Gottlob(1960): "Grundriß des Familienrechts". In: Ders: *Grundlage des Naturrechts nach Prinzipien der Wissenschaftslehre*. Hamburg.

Gerhard, Melitta(1968): *Der deutsche Entwicklungsroman bis zu Goethes 'Wilhelm Meister'*. Bern/München.

Göddin, Walter(1994): *Annette von Droste-Hülshoff: Leben und Werk. Eine Dichterchronik*. Bern u.a.

Goethe, J. W. v.(1981): *Hamburger Ausgabe. 14 Bde*. Hg. v. E. Trunz, neubearb. Aufl. München. Bd. 2; Bd. 7.

Gumbrecht, Hans Ulrich(1987): "'Phönix aus der Asche' oder: Vom Kanon zur Klassik". In: Assmann, Aleida/Assmann, Jan (Hg.): *Kanon und Zensur. Archäologie der literarischen Kommunikation II*. München, 284~299.

Hahn, Alois(1987): "Kanonisierungsstile". In: Assmann, Aleida/Assmann, Jan (Hg.): *Kanon und Zensur. Archäologie der literarischen Kommunikation II*. München, 28~37.

Hegel, G. W. F.(1970): *Vorlesungen über die Ästhetik*(Werke in 20 Bdn. Bd. XIV). Hg. v. E. Moldenhauer/K.M. Michel. Frankfurt a.M.

Heydebrand, Renate von(1993): "Probleme des 'Kanons' - Probleme der Kultur- und Bildungspolitik". In: Jonata, Johannes (Hg.): *Methodenkonkurrenz in der germanistischen Praxis. Vorträge des Augsburger Germanistentags 1991*. Bd. 4. Tübingen, 3~22.

______(1998): "Kanon Macht Kultur. Versuch einer Zusammenfassung". In: Dies. (Hg.): *Kanon Macht Kultur. Theoretische, historische und soziale Aspekte ästhetischer Kanonbildungen*. Stuttgart/Weimar, 612~631.

______(2002): "Annette von Droste Hülshoff. Der Weg einer Frau in den Kanon". In: Niethammer, Ortrun (Hg.): *Transformationen. Texte und Kontexte zum Abschluß der Historisch-kritischen Droste-Ausgabe*. Bielefeld, 165~182.

______(2003): "Kanon und Kanonisierung als 'Probleme' der Literaturgeschichtsschreibung - warum eigentlich?". In: Wiesinger, Peter (Hg.): *Kanon und Kanonisierung als Probleme der Literaturgeschichtsschreibung*(Akten des X. Internationalen Germanistenkongresses Wien 2000. Bd. 8) Bern, 15~20.

Heydebrand, Renate von/Winko, Simone(1994): "Geschlechterdifferenz und literarischer Kanon. Historische Beobachtungen und systematische Überlegungen". In: *Internationales Archiv für Sozialgeschichte der deutschen Literatur*. Bd. 19. H. 2, 96~172.

______(1996): *Einführung in die Wertung von Literatur. Systematik-Geschichte-Legitimation*. Paderborn/München/Wien/Zürich.

Honegger, Claudia(1991): *Die Ordnung der Geschlechter. Die Wissenschaft vom Menschen und das Weib 1750~1850*. Frankfurt a.M.

Huch, Ricarda(1951): *Die Romantik. Ausbreitung, Blütezeit und Verfall*. Tübingen.

Humboldt, Wilhelm von(1960): "Über den Geschlechtsunterschied und dessen Einfluß auf die organische Natur". In: Flitner, Andreas/Giel, Klaus(Hg.): *Wilhelm von Humboldt Werke. Bd. 1: Schriften zur Anthropologie und Geschichte*. Stuttgart.

Jacobs, Jürgen(1983): *Wilhelm Meister und seine Brüder. Untersuchungen zum deutschen Bildungsroman*. 2. unveränderte Auflage. München(zuerst 1973).

Jacobs, Jürgen/Krause, Martin(1989): *Der deutsche Bildungsroman: Gattungsgeschichte vom 18. bis zum 20. Jahrhundert*. München.

Jäger, Georg(1984): *Die Leiden des alten und neuen Werther*. München/Wien.

Kant, Immanuel(1956): *Kritik der Urteilskraft und Schriften zur Naturphilosophie*. Hg. v. Wilhelm Weisschedel, Wiesbaden.

______(1960): "Beobachtungen über das Gefühl des Schönen und Erhabenen". In: Ders.: *Werke. Bd.II: Vorkritische Schriften bis 1768*. Hg. v.

Wilhelm Weischedel, Wiebaden.

Kittler, Friedrich A.(1987): *Aufschreibesysteme 1800/1900*, München.

Korte, Hermann(2002): "K wie Kanon und Kultur. Kleines Kanonglossar in 25 Stichwörtern". In: Arnold, Heinz Ludwig (Hg.): *Literarische Kanonbildung*. München, 25-38.

Laufhütte, Hartmut(1991): "'Entwicklungs- und Bildungsroman' in der deutschen Literaturwissenschaft. Die Geschichte einer fehlerhaften Modellbildung und ein Gegenentwurf". In: Titzmann, Michael (Hg.): *Modelle des literarischen Strukturwandels*. Tübingen, 299~313.

Luhmann, Niklas(1985): "Das Problem der Epochenbildung und die Evolutionstheorie". In: Gumbrecht, Hans Ulrich/Link-Heer, Ursula (Hg.): *Epochenschwellen und Epochenstrukturen im Diskurs der Literatur- und Sptachhistorie*. Frankfurt a.M., 11~33.

Mann, Thomas (1974): *Gesammelte Werke in 13 Bänden*. Frankfurt a.M. Bd.X, Bd.XI.

Mayer, Gerhart(1992): *Der deutsche Bildungsroman. Von der Aufklärung bis zur Gegenwart. Stuttgart*.

Niethammer, Ortrun(1993): "Abbruch der Idylle". In: *Ein Gitter aus Musik und Sprache. Feministische Analysen zu Annette von Droste-Hülshoff*. Hg. v. Ortun Niethammer/Claudia Belemann. Paderborn u.a., 81~90.

______(2002): "Kanonisierung als patriarchalischer Selektionszwang? Das Beispiel Annette von Droste-Hülshoff". In: Arnold, Heinz Ludwig (Hg.): *Literarische Kanonbildung*. München, 181~193.

Plumpe, Gerhard(1996): "Roman". In : Mclnnes, Edward/Plumpe, Gerhard (Hg.) : *Bürgerlicher Realismus und Gründerzeit 1848~1890*.(Hansers Sozialgeschichte der deutschen Literatur. Bd.6). München, 529~689.

______(1997): "Kein Mitleid mit Werther". In : Berg, Henk de/ Prangel, Matthias

(Hg.) : *Systemtheorie und Hermeneutik*. Tübingen, 215~231.

Schmid-Bortenschlag, Sigrid(1986): "'La femme n'existe pas'. Die Absenz der Schriftstellerinnen in der deutschen Literaturgeschichtsschreibung". In: Schmid, Georg (Hg.): *Die Zeichen der Historie*. Wien/Köln/Graz, 145~154.

Schulz-Buschhaus, Ulrich(1988): "Kanonbildung in Europa". In: Simm, Hans-Joachim (Hg.): *Literarische Klassik*. Frankfurt a.M.

Selbmann, Rolf (Hg.)(1988): *Zur Geschichte des deutschen Bildungsromans*. Darmstadt.

Selbmann, Rolf(1994): *Der deutsche Bildungsroman*. Stuttgart.

Sengle, Friedrich(1972): *Biedermeierzeit. Deutsche Literatur im Spannungsfeld zwischen Restauration und Revolution 1815~1848*. Bd. II: Die Formenwelt. Stuttgart.

Sorg, Klaus-Dieter(1983): *Gebrochene Teleologie. Studien zum Bildungsroman von Goethe bis Thomas Mann*. Heidelberg.

Speck, Stefan(2003): "Der Kanon als kompromierte Literaturgeschichte". In: Wiesinger, Peter (Hg.): *Kanon und Kanonisierung als Probleme der Literaturgeschichtsschreibung*(Akten des X. Internationalen Germanistenkongresses Wien 2000. Bd. 8). Bern, 21~26.

Stanitzek, Georg(1992): "'0/1', 'einmal/zweimal' - der Kanon in der Kommunikation". In: Dotzler, Bernhard J. (Hg.): *Technopathologien*. München, 111~134.

Steinecke, Hartmut(1987): *Romanpoetik von Goethe bis Thomas Mann. Entwicklungen und Probleme der "demokratischen Kunstform" in Deutschland*. München.

Stephan, Inge(2002): "Schreibende Frau der Romantik". In: Beutin, Wolfgang u.a. (Hg.): *Metzler Deutsche Literaturgeschichte. Von den Anfängen bis Gegenwart*, 6. verb. u. erw. Aufl. Stuttgart/Weimar, 209~212.

Swales, Martin(1982): "Utopie und Bildungsroman". In : Voßkamp, Wilhelm (Hg.):

Utopieforschung. Interdisziplinäre Studien zur neuzeitlichen Utopie. Bd. 3. Stuttgart, 218~226.

Sylvester-Habenicht, Erdmute(2009): *Kanon und Geschlecht. Eine Re-Inspektion aktueller Literaturgeschichtsschreibung aus feministisch-genderorientierter Sicht*. Sulzbach/Taunus.

Vierhaus, Rodolf(1972): "Bildung". In : *Geschichtliche Grundbegriffe*. Bd.1. Stuttgart, 508~551.

Vosskamp, Wilhelm(2004): *"Ein anderes Selbst". Bild und Bildung im deutschen Roman des 18. und 19. Jahrhunderts*. Göttingen.

______(2009): *Der Roman des Lebens: die Aktualität der Bildung und ihre Geschichte im Bildungsroman*. Berlin.

Woesler, Winfried (Hg.)(1997): "Zu Geschichte, Wirkung und Wirkungslosigkeit einer Erstpublikation Gedichte von Annette von Droste-Hülshoff". *Faksimile- Nachdruck der Ausgabe von 1838, mit einem Nachwort von Woesler*. Münster, 3~73.

• III장: 정전연구현황

고규진(2012): 『문학정전』, 연세대학교출판부.

로젠크란츠, 카를(2006): 『추의 미학』. 조경식 옮김, 나남.

슐라퍼, 하인츠(2004) : 『독일문학은 없다』. 변학수 옮김, 열린책들.

Anz, Thomas(1998): "Einführung" In: Heydebrand, Renate von (Hg.): *Kanon Macht Kultur. Theoretische, historische und soziale Aspekte ästhetischer Kanonbildungen*. Stuttgart/Weimar, 3~8.

Assmann, Aleida(1998): "Kanonforschung als Provokation der Literaturwissenschaft". In: Heydebrand, Renate von (Hg.): *Kanon - Macht - Kultur. Theoretische, historische und soziale Aspekte ästhetischer Kanonbildung*. Stuttgart/Weimar,

47~59.

Assmann, Aleida/Assmann, Jan(1987): "Kanon und Zensur als kultursoziologische Kategorien". In: Dies.(Hg.): *Kanon und Zensur. Beiträge zur Archäologie der literarischen Kommunikation II.* München, 7~27.

Assmann, Jan(1992): *Das kulturelle Gedächtnis: Schrift, Erinnerung und politische Identität* in frühen Hochkulturen. München.

Bloom, Harold(1994): *The Western Canon: The Books and School of the Ages.* New York.

Derrida, Jacques(1974): *Grammatologie.* Übersetzt von Hans Jörg Rheinberger/ Hanns Zischler. Frankfurt a. M.

______(1986) : "Semiologie und Grammatologie. Gespräch mit Julia Kristeva". In: Ders. : *Positionen: Gespräche mit Henri Ronse, Julia Kristeva, Jean-Louis Houdebine, Guy Scarpetta.* Graz/Wien, 52~82.

Erhart, Walter(1998): "Kanonisierungsbedarf und Kanonisierung in der deutschen Literaturwissenschaft(1945~1995)". In: Heydebrand, Renate von (Hg.): *Kanon Macht Kultur. Theoretische, historische und soziale Aspekte ästhetischer Kanonbildungen.* Stuttgart/Weimar, 97~121.

Foucault, Michel(1983): Der Wille zum Wissen. Sexualität und Wahrheit I. Frankfurt a.M.

______(1991): *Die Ordnung des Diskurses.* Frankfurt a.M.

Freise, Matthias/Stockinger, Claudia(Hg.)(2010): *Wertung und Kanon*, Heidelberg.

Guillory, John(1993): *Cultural Capital: The Problem of Literary Canon Formation.* Chicago/London.

Habermas, Jürgen(1983): *Der philosophische Diskurs der Moderne. Zwölf Vorlesungen.* Frankfurt a.M.

Hahn, Alois(1987): "Kanonisierungsstile". In: Assmann, Aleida/Assmann, Jan (Hg.): *Kanon und Zensur. Archäologie der literarischen Kommunikation II.* München,

28~37.

Herrmann, Leonhard(2007): "Kanon als System. Kanondebatte und Kanonmodelle in der Literaturwissenschaft". In: Ehrlich, Lothar u.a. (Hg.): *Die Bildung des Kanons. Textuelle Faktoren-Kulturelle Funktionen-Ethische Praxis.* Köln/Weimar/Wien, 21~41.

Heydebrand, Renate von(Hg.)(1998): *Kanon Macht Kultur. Theoretische, historische und soziale Aspekte ästhetischer Kanonbildungen.* Stuttgart/Weimar.

Jauß, Hans Robert(1970): *Literaturgeschichte als Provokation.* Frankfurt a.M.

Kleinschmidt, Christoph(2007): "Der Kanon der Dekonstruktion: Die Auslese Derridas". In: Ehrlich, Lothar u.a.(Hg.) : *Die Bildung des Kanons: Textuelle Faktoren - Kulturelle Funktionen - Ethische Praxis.* Köln, 43~60.

Korte, Hermann(2002): "K wie Kanon und Kultur. Kleines Kanonglossar in 25 Stichwörtern". In: Arnold, Heinz Ludwig (Hg.): *Literarische Kanonbildung.* München, 25~38.

Löffler, Sigrid(2003): *Wer sagt uns, was wir lesen sollen? Die Bücherflut, die Kritik und der literarische Kanon. The 2002 Bithell Memorial Lecture.* London.

Moog-Grünewald, Maria(Hg.)(1997): *Kanon und Theorie.* Heidelberg.

Neuhaus, Stefan(2002): *Revision des literarischen Kanons.* Göttingen.

Schlaffer, Heinz(2002) : *Die kurze Geschichte der deutschen Literatur.* München.

Schmidt, Ricarda(2007): "Der literarische Kanon: ein Organ des Willens zur Macht oder des Gewinns an Kompetenzen?". In: Saul,Nicholas/Schmidt, Ricarda (Hg.): *Literarische Wertung und Kanonbildung.* Würzburg, 9-21.

Willems, Gottfried(2001): "Der Weg ins Offene als Sackgasse: Zur jüngsten Kanon-Debatte und zur Lage der Literaturwissenschaft". In: Kaiser, Gerhard R. /Matuschek, Stefan (Hg.): *Begründungen und Funktionen des Kanons.* Heidelberg, 217~267.

Zima, Peter v.(1975): "Der Mythos der Monosemie. Parteilichkeit und künstlerischer Standpunkt". In : Schmitt, H.-J. (Hg.) : *Einführung in Theorie, Geschichte und Funktion der DDR-Literatur*(Literaturwissenschaft und Sozialwissenschaften 6) Stuttgart, 7~107.

• Ⅳ장: 정전형성의 모델

가다머, 한스 게오르크(2012):『진리와 방법: 철학적 해석학의 기본 특징들 2』. 임홍배 옮김, 문학동네.

고규진(2000):「체계이론과 문학사」.『독일문학』 제74집(41권 2호), 431~455.

_____(2012):『문학정전』, 연세대학교출판부.

니체, 프리드리히(2015):『반시대적 고찰 II』.『비극의 탄생 · 반시대적 고찰』(니체전집 2). 이진우 옮김. 책세상, 285~388.

루만, 니클라스(2007):『사회체계이론 1, 2』. 박여성 옮김, 한길사.

_____(2014):『예술체계이론』 박여성/이철 옮김, 한길사.

박여성(2007): "사회학 이론에서 통섭담론으로". 루만:『사회체계이론 1』. 박여성 옮김, 한길사, 13~38.

아스만, 알라이다(2003):『기억의 공간』. 변학수/백설자/채연숙 옮김, 경북대학교출판부.

Assmann, Aleida(1999): *Erinnerungsräume. Formen und Wandlungen des kulturellen Gedächtnisses*. München.

_____(2001): "Speichern oder Erinnern? Das kulturelle Gedächtnis zwischen Archiv und Kanon". In: Csaky, Moritz/Stachel, Peter (Hg.): *Speicher des Gedächtnisses. Bibliotheken, Museen, Archive. Teil 2: Die Erfindung des Ursprungs, die Systematisierung der Zeit*. Wien, 15~30.

_____(2013): "Theorien des kulturellen Gedächtnisses". In: Rippl, Gabriele /

Winko, Simone (Hg.): *Handbuch. Kanon und Wertung: Theorien, Instanzen, Geschichte.* Stuttgart, 76~84.

Beilein, Matthias u.a.(2012): "Einleitung: Kanonbildung und Literaturvermittlung in der Wissensgesellschaft". In: Ders.: *Kanon, Werung und Vermittlung.* Berlin/ Boston, 1~15.

Berg, Henk de/Prangel, Matthias(Hg.)(1997): *Systemtheorie und Hermeneutik.* Tübingen.

Charlier, Robert u.a. (Hg.)(2009): *Kanonbildung: Protagonisten und Prozesse der Herstellung kultureller Identität.* Hannover.

Ehrlich, Lothar u.a.(Hg.)(2007): *Die Bildung des Kanons: Textuelle Faktoren- Kulturelle Funktionen-Ethische Praxis.* Köln/Weimar/Wien.

Esposito, Elena(2002): *Soziales Vergessen: Formen und Medien des Gedächtnisses der Gesellschaft. Mit einem Nachwort Jan Assmann.* Frankfurt a.M.

Gadamer, Hans-Georg(1975): *Wahrheit und Methode - Grundzüge einer philosophischen Hermeneutik.* Tübingen(4. Aufl.).

Grimm, Reinhold/Hermand, Jost(Hg.)(1971): *Die Klassik-Legende.* Frankfurt a.M.

Herrmann, Leonhard(2007): "Kanon als System: Kanondebatte und Kanonmodelle in der Literaturwissenschaft". In: Ehrlich, Lothar u.a. (Hg.): *Die Bildung des Kanons: Textuelle Faktoren-Kulturelle Funktionen-Ethische Praxis.* Köln/ Weimar/Wien, 21~41.

______(2012): "System? Kanon? Epoche? Perspektiven und Grenzen eines systemtheoretischen Kanonmodells". In: Beilein, Matthias/ Stockinger, Claudia/Winko, Simone (Hg.): *Kanon, Wertung und Vermittlung: Literatur in der Wissensgesellschaft.* Göttingen, 59~75.

Heydebrand, Renate von(1993): "'Probleme des 'Kanons' - Probleme der Kultur- und Bildungspolitik". In: Janota, Johannes (Hg.): *Methodenkonkurrenz in der germanistischen Praxis. Vorträge des Augsburger Germanistentages 1991.* Bd.4. Tübingen, 3~22.

______(1998): "Kanon Macht Kultur: Versuch einer Zusammenfassung". In: Dies. (Hg.): *Kanon Macht Kultur. Theoretische, historische und soziale Aspekte ästhetischer Kanonbildung*. Stuttgart/Weimar, 612~631.

Heydebrand, Renate von/Winko, Simone(1996): *Einführung in die Wertung von Literatur. Systematik - Geschichte - Legitimation*. Paderborn.

Holl, Mirjam-Kerstin(2003): *Semantik und soziales Gedächtnis. Die Systemtheorie und die Gedächtnistheorie von Aleida und Jan Assmann*. Würzburg.

Holl, Mirjam-Kerstin(2005): "Systemtheorie, Gedächtnis und Literatur". In: Erll, Astrid/Nünning, Ansgar (Hg.): *Gedächtniskonzepte der Literaturwissenschaft. Theoretische Grundlegung und Anwendungsperspektiven*. Berlin/New York, 97~122.

Hölter, Achim(1997): "Kanon als Text". In: Moog-Grünewld, Maria (Hg.): *Kanon und Theorie*. Heidelberg, 21~40.

Jahraus, Oliver/Schmidt, Benjamin Marius(1998): "Systemtheorie und Literatur. Teil III: Modelle systemtheoretischer Literatur in den 1990ern". In: *Internationales Archiv für Sozialgeschichte der deutschen Literatur*. Bd.23. Heft 1, 66~111.

Jauß, Hans Robert(1970): *Literaturgeschichte als Provokation*. Frankfurt a.M.

Karg, Ina/Jessen, Barbara(Hg.)(2014): *Kanon und Literaturgeschichte. Facetten einer Diskussion*. Frankfurt a.M.

Keller, Rudi(2003): *Sprachwandel. Von der unsichtbaren Hand in der Sprache*. Tübingen/Basel, 4. Aufl.

Kleinschmidt, Christoph(2007): "Der Kanon der Dekonstruktion: Die Auslese Derridas". In: Ehrlich, Lothar u.a.(Hg.) : *Die Bildung des Kanons: Textuelle Faktoren - Kulturelle Funktionen - Ethische Praxis*. Köln, 43~60.

Korte, Hermann(2002): "K wie Kanon und Kultur: Kleines Kanonglossar in 25

Stichwörtern". In: Arnold, Heinz Ludwig (Hg.): *Literarische Kanonbildung*. München, 25~38.

Küpper, Joachim(1997): "Kanon als Historiographie-Überlegungen im Anschluß an Nietsches Unzeitgemäße Betrachtungen. Zweites Stück". In: Moog-Grünewald, Maria (Hg.): *Kanon und Theorie*. Heidelberg, 41~64.

Luhmann, Niklas(1985): "Das Problem der Epochenbildung und die Evolutionstheorie". In: Gumbrecht, Hans Ulrich/Link-Heer, Ursula (Hg.): *Epochenschwellen und Epochenstrukturen im Diskurs der Literatur- und Sptachhistorie*. Frankfurt a.M., 11~33.

______(1987): "Paradigmawechsel in der Systemtheorie. Ein Paradigma für Fortschritt?". In: Herzog, Reinhart/Koselleck, Reinhart (Hg.): *Epochenschwelle und Epochenbewußtsein*. München, 305~322.

______(1987): *Soziale Systeme. Grundriß einer allgemeinen Theorie*. Frankfurt a.M.

______(1993): "Gesellschaftliche Struktur und semantische Tradition". In: Ders.: *Gesellschaftsstruktur und Semantik. Studien zur Wissensoziologie der modernen Gesellschaft*. Bd. 1. Frankfurt a.M., 9~71.

______(1997): *Die Kunst der Gesellschaft.*, Frankfurt a.M.

Lütteken, Anett u.a.(Hg.)(2009): *Der Kanon im Zeitalter der Aufklärung: Beiträge zur historischen Kanonforschung*. Göttingen.

Nietzsche, Friedrich(1972): Werke - Kritische Gesammtausgabe. Bd. III.1. Hg. von Giorgio Colli/Mazzino Montinari, Berlin/New York, S. 239~330.

Ort, Claus-Michael(1993): "Sozialsystem 'Literatur'-Symbolsystem 'Literatur'". In: Schmidt, Siegfried J. (Hg.): *Literaturwissenschaft und Systemtheorie. Positionen, Kontroversen, Perspektiven*. Opladen, 269~294.

Plumpe, Gerhard/Werber, Niels(1993) : "Literatur ist codierbar. Aspekte einer systemtheoretischen Literaturwissenschaft" In: Schmidt, Siegfried J. (Hg.):

Literaturwissenschaft und Systemtheorie. Positionen, Kontroversen, Perspektiven. Opladen, 9~43.

Reinfandt, Christoph(2004) : "Systemtheorie". In: Nünning, Ansgar (Hg.): *Metzlerlexikon. Literatur- und Kulturtheorie.* Stuttgart/Weimar, 646~648.

Schmidt, Ricarda(2007): "Der literarische Kanon: ein Organ des Willens zur Macht oder des Gewinns an Kompetenzen?". In: Saul, Nicholas/Schmidt, Ricarda(Hg.): *Literarische Wertung und Kanonbildung.* Würzburg, 9~21.

Schmidt, Siegfried J./Vorderer, Peter(1995):"Kanonisierung in Mediengesellschaften". In: Poltermann, Andreas (Hg.): *Literaturkanon-Medienereignis-Kultureller Text: Formen interkultureller Kommunikation und Übersetzung.* Berlin, 144~159.

Scholz, Bernhard F.(1987): "Literarischer Kanon und literarisches System". In: Berger, Günter (Hg.): *Literarische Kanonbildung in der Romania.* 3. Aufl. Rheinfelden, 55~85.

Smith, Barbara Herrnstein(1988): *Contingencies of Value - Alternative Perspektives for Critical Theory.* Cambridge/London.

Sylvester-Habenicht, Erdmute(2009): *Kanon und Geschlecht. Eine Re-Inspektion aktueller Literaturgeschichtsschreibung aus feministisch-genderorientierter Sicht.* Sulzbach/Taunus.

Uerlings u.a.(Hg.)(2012): *Postkolonialismus und Kanon.* Bielefeld.

Voßkamp, Wilhem(1987): "Klassik als Epoche". In : Herzog, Reinhart/Koselleck, Reinhart (Hg.): *Epochenschwelle und Epochenbewußtsein.* München, 493~514.

______(1993): "Einleitung" In: Voßkamp, Wilhelm (Hg.): *Klassik im Vergleich: Normativität und Historizität europäischer Klassiken.* Weimar, 1~5.

Willems, Gottfried(2001): "Der Weg ins Offene als Sackgasse: Zur jüngsten Kanon-Debatte und zur Lage der Literaturwissenschaft". In: Kaiser, Gerhard

R./Matuschek, Stefan (Hg.): *Begründungen und Funktionen des Kanons.* Heidelberg, 217~267.

Winko, Simone(2002): "Literatur-Kanon als invisible hand-Phänomen". In: Arnold, Heinz Ludwig (Hg.): *Literarische Kanonbildung.* München, 9~24.

• V장: 현대사회의 정전현상과 가치평가

고규진(2010):「텍스트비평과 편집의 유형」.『독일언어문학』48집, 251-267.

_____(2012):『문학정전』, 연세대학교출판부.

_____(2015):「저자/저자성의 문제-바르트와 푸코의 영향을 중심으로」. 최문규 외: 『저자의 죽음인가, 저자의 부활인가?』. 한국문화사, 203~230.

노영돈/이은지(2013):「스캔들의 미학과 정치성. 엘프리데 옐리네크의 드라마 "부르크 테아터" 연구」.『독일언어문학』제59집(2013.3.), 149~176.

안삼환(2016):『한국 교양인을 위한 새 독일문학사』, 세창출판사.

Assmann, Jan(1992): *Das kulturelle Gedächtnis. Schrift, Erinnerung und politische Identität in frühen Hochkulturen.* München.

Becker-Cantarino, Barbara(2007): "Ästhetik, Geschlecht und literarische Wertung, oder: warum hat Elfriede Jelinek den Nobelpreis erhalten?". In: Saul, Nicholaus/Schmidt, Ricarda(Hg.): *Literarische Wertung und Kanonbildung.* Würzburg, 125~149.

Beilein, Matthias u.a.(Hg.)(2012a): *Kanon, Wertung und Vermittlung: Literatur in der Wissensgesellschaft.* Berlin/Boston.

Beilein, Mattias u.a.(2012b): "Einleitung. Kanonbildung und Literaturvermittlung in der Wissensgesellschaft". In: Dies.: *Kanon, Wertung und Vermittlung. Literatur in der Wissensgesellschaft.* Berlin/Boston, 1~15.

Beilein, Matthias(2013): "Literatursoziologische, politische und geschichtstheoretische

Kanonmodelle". In: Rippl, Gabriele/Winko, Simone (Hg.): *Handbuch: Kanon und Wertung. Theorien, Instanzen, Geschichte.* Stuttgart, 66~76.

Bolz, Norbert(1994): "Computer als Medium"(Einleitung). In: Bolz, Norbert/ Kittler, Friedrich/ Tholen, Georg Christoph (Hg.): *Computer als Medium.* München.

Bourdieu, Pierre(2001): *Die Regeln der Kunst. Genese und Struktur des literarischen Feldes.* Frankfurt a.M.

Bovenschen, Silvia(1976): "Über die Frage: gibt es eine weibliche Ästhetik?". In: *Ästhetik und Kommunikation* 25, 60~75.

Eagleton, Terry(1990): *The Ideology of the Asthetic.* Oxford.

Fischer, Frank(2007): "Der Autor als Medienjongleur. Die Inszenierung literarischer Modernität im Internet". In: Künzel, Christiane/ Schönert, Jörg (Hg.): *Autorinszenierung. Autorschaft und literarisches Werk im Kontext der Medien.* Würzburg, 271~280.

Freise, Matthias/Stockinger, Claudia(Hg.)(2010): *Wertung und Kanon* Heidelberg.

Fuhrmann, Manfred(2002): *Bildung. Europas kulturelle Identität.* Stuttgart.

______(2004): *Der europäische Bildungskanon.* Erweiterte Ausgabe Frankfurt a.M./Leipzig.

Geier, Andrea(2004): "Lob mit Fußtritten. Über den Nobelpreis für Elfriede Jelinek". In: *Literaturkritik* 11. (http://literaturkritik.de/public/rezension.php?rez_id=7608&ausgabe=200411)

Greiner, Ulrich: "Die deutsche Gesinnungsästhetik". In: *Die Zeit.* 1990. 11. 2. (http://www.zeit.de/1990/45/die-deutsche-gesinnungsaesthetik/komplettansicht)

Groeben, Norbert(1989): "Das Konzept der Text-Leser-Interaktion in der Empirischen Literaturwissenschaft". In: *Spiel* 8. Jg. 2, 255~273.

Hermand, Jost(2004): *Nach der Postmoderne: Ästhetik heute.* Köln.

Heydebrand, Renate von(1998): "Kanon Macht Kultur: Versuch einer Zusammenfassung". In: Dies. (Hg.): *Kanon - Macht - Kultur. Theoretische, historische und soziale Aspekte ästhetischer Kanonbildung*. Stuttgart/Weimar, 612~631.

Heydebrand, Renate von/Winko, Simone(1996): *Einführung in die Wertung von Literatur. Systematik - Geschichte - Legitimation*. Paderborn.

Jameson, Fredric (1991): *Postmodernism, or the Cultural Logic of Late Capitalism*. Duke Univ Press.

Janke, Pia(Hg.)(2005): *Literaturnobelpreis Elfried Jelinek*. Wien.

Kampmann, Elisabeth(2011): *Kanon und Verlag. Zur Kanonisierungspraxis des Deutschen Taschenbuch Verlags*. Berlin.

Luhmann, Niklas(1981): "Ist Kunst codierbar?". In: Ders.: *Soziologische Aufklärung, Bd. 3: Soziales System, Gesellschaft, Organisation*. Opladen, 245~266.

Luhmann, Niklas(1997): *Die Kunst der Gesellschaft*. Frankfurt a.M.

Matussek, Matthias(2004): "Alle Macht den Wortequirlen!". In: *Der Spiegel* 42. 178~182.

Neuhaus, Stefan(2013): "Sozialgeschichtliche und systemtheoretische Wert(ungs)-theorien". In: Rippl, Gabriele/Winko, Simone (Hg.): *Handbuch Kanon und Wertung*. Stuttgart, 32~41.

Radisch, Iris(2004): "Die Heilige der Schlachthöfe". In: *Die Zeit*. 2004.14.10.

Reich-Ranicki(2004), Marcel: "Die missbrauchte Frau". In: *Der Spiegel* 42. 2004, 180.

Rippl, Gabriele/Winko, Simone(Hg.)(2013): *Handbuch Kanon und Wertung*. Stuttgart.

Saul, Nicholas/Schmidt, Ricarda(Hg.)(2007): *Literarische Wertung und Kanonbildung*. Würzburg.

Schmidt, Ricarda(1982): *Westdeutsche Frauenliteratur in den 70er Jahren.* Frankfurt a.M.

Schmidt, Siegfried J./Vorderer, Peter(1995): "Kanonisierung in Mediengesellschaft". In: Poltermann, Andreas (Hg.): *Literaturkanon-Medienereignis-Kultureller Text.* Berlin, 144~159.

Schneider, Jost(2004): *Sozialgeschichte des Lesens. Zur historischen Entwicklung und sozialen Differenzierung der literarischen Kommunikation in Deutschland.* Berlin/New York.

Schrader, Monika(1987): *Theorie und Praxis literarischer Wertung. Literaturwissenschaftliche und -didaktische Theorien und Verfahren.* Berlin/New York.

Schulze, Gerhard(1992): *Die Erlebnisgesellschaft. Kultursoziologie der Gegenwart.* Frankfurt a.M.

Stehr, Nico(2003): *Wissenspolitik. Die Überwachung des Wissens.* Frankfurt a.M.

Strobel, Jochen(2009): "Der Großschriftsteller als Fernsehstar. Heinrich Breloers Fernsehproduktion 'Die Manns'". In: Joch, Markus/Mix, York-Gothart/Wolf, Norbert Cristian(Hg.): *Mediale Erregungen? Autonomie und Aufmerksamkeit im Literatur- und Kulturbetrieb der Gegenwart.* Tübingen, 269~287.

Stuck, Elisabeth(2004): *Kanon und Literaturstudium. Theoretische, historische und empirische Untersuchungen zum akademischen Umgang mit Lektüre-Empfehlungen.* Paderborn.

Viehoff, Reinhold(1988): "Literarisches Verstehen. Neuere Ansätze und Ergebnisse empirischer Forschung". In: *IASL* 13(1988), 1~39.

Winko, Simone(1997): "Literarische Wertung und Kanonbildung". In: Arnold, Heinz Ludwig/Detering, Heinrich (Hg.): *Grundzüge der Literaturwissenschaft.* München, 585~600.

______(2007): "Textbewertung". In: Anz, Thomas (Hg.): *Handbuch Literaturwissenschaft. Bd. 2: Methoden und Theorien.* Stuttgart/Weimar, 233~266.

http://nobelprize.org/nobel_prizes/literature/laureates/2004/bio-bibl-d.html(노벨상

공식 홈페이지)

http://nobelprize.org/nobel_prizes/literature/laureates/2004/press-d.html(노벨상 공식 홈페이지)

http://www.elfriedejelinek.com/(옐리네크 홈페이지)

http://www.elfriede-jelinek-forschungszentrum.com(옐리네크 연구센터 홈페이지)

https://jelinetz.com/("JeliNetz" 홈페이지)

http://www.literaturhaus-muenchen.de/ueber-uns.html.

• VI장: 정전교육현장

권오현(2011): 「독일의 국어교육에서 문학작품의 선별 기준과 정전 문제」. 『우리말교육현장 연구』 제5집 1호(통권 제8호), 29~52.

이광복(2004): "독일의 문학교육 -학습목표와 읽기교재 중심의 역사적 고찰". 독일언어문학 제26집, 133~150.(2003.01.07.)

Assmann, Aleida/Jan(1987): "Kanon und Zensur als kultursoziologische Kategorien". In: Dies.(Hg.): *Kanon und Zensur. Beiträge zur Archäologie der literarischen Kommunikation II*. München, 7~27.

Bak, Hans(1993): "The Heath is on: Canon or Kaleidoscope?" In: Ders.(Hg.): *Multiculturalism and the Canon of American Culture*. Amsterdam, 65~80.

Baym, Nina et al(1989): *The Norton Anthology of American Literature*. New York/London.

Bercovitch, Sacvan et al(1994): *The Cambridge History of American Literature*, Vol. 1, Cambridge University Press.

Bercovitch, Sacvan(1986): "Preface". In: Ders.(Hg.): *Reconstructing American Literary History*. Cambridge, vii-x.

Böhm, Daniel/Karakus, Sehra/Osthues, Julian(2009): "Fluch oder Segen? Zur Situation des literarischen Kanons an deutschen Hochschulen. Ein Problemskizze". In: Hamann, Christof/Hofmann, Michael (Hg.): *Kanon heute. Literaturwissenschaftliche und fachdidaktische Perspektiven*. Baltmannsweiler, 185~205.

Bourdieu, Pierre(1982): *Die feinen Unterschiede. Kritik der gesellschaftlichen Urteilskraft*. Frankfurt a.M.

Buck, Günter(1983): "Literarischer Kanon und Geschichtlichkeit: Zur Logik des literarischen Paradigmenwechsels". In: *DVjs* 57, 351~365.

Chase, Richard(1957) : *The American Novel and Its Tradition*. New York.

Elliot, Emory et al.(1988): *Columbia Literary History of the United States*. New York: Columbia University Press.

Elliot, Emory(1987): "The Extra. The Politics of Literary History". *American Literature*. Vol. 59, Nr. 2, 268~276.

Erhart, Walter(1998): "Kanonisierungsbedarf und Kanonisierung in der deutschen Literaturwissenschaft". In: Heydebrand, Renate von (Hg.): *Kanon Macht Kultur. Theoretische, historische und soziale Aspekte ästhetischer Kanonbildungen*. Stuttgart/Weimar, 97~121.

Erlinger, Hans Dieter(2002): "Kanonfragen für die Medienerziehung im Deutschunterricht". In: Arnold, Heinz Ludwig (Hg.): *Literarische Kanonbildung*. München, 291~307.

Fingerhut, Karlheinz(1995): "Kanon und kultursoziologisches Orientierungswissen im Literaturunterricht: Mit einem Blick auf Deutungen der 'Emilia Galotti'". In: *Diskussion Deutsch*. Heft 142, 86~96.

______(1997): "Kanon, Kommentar und Schulkultur: Didaktische Arbeit am Kanon unter den Bedingungen der Postmoderne". In: *Deutschunterricht*. Heft.4, 180~190.

Freise, Matthias/Stockinger, Claudia(Hg.)(2010): *Wertung und Kanon*. Heidelberg, 139~153.

Fuhrmann, Manfred(2004): *Der europäische Kanon des bürgerlichen Zeitalters*. Frankfurt a.M.

Griese, Sabine/Kerscher, Hubert/Meier, Albert/Stockinger, Claudia(1994): *Die Leseliste: Kommentierte Empfehlungen*. Stuttgart.

Hein, Jürgen(1990): "Kanon-Diskussion in der Literaturdidaktik und Öffentlichkeit: Eine Bestandsaufnahme". In: Kochan, Detlef (Hg.): *Amsterdamer Beiträge zur Neueren Germanistik. Literaturdidaktik-Lektürekanon-Literaturunterricht*. Amsterdam, 311~345.

Heydebrand, Renate von/Winko, Simone(1996): *Einführung in die Wertung von Literatur: Systematik-Geschichte-Legitimation*. Paderborn.

Kerscher, Hubert/Stockinger, Claudia(1996): "Die Leseliste: Konzept und Wirkung" In: *Mitteilungen des Deutschen Germanistikverbandes*. Bd. 43. H. 3, 31~37.

Korte, Hermann(2002): "Historische Kanonforschung und Verfahren der Textauswahl". In: Bogdal, Klaus-Michael/Korte, Hermann (Hg.): *Grundzüge der Literaturdidaktik*. München, 61~77.

Krejci, Michael(2001): "Literaturkanon-didaktisch betrachtet". In: Kaiser, Gerhard R. /Matuschek, Stefan(Hg.): *Begründungen und Funktionen des Kanons*. Heidelberg, 269~284.

Lange, Thomas(2000): "Goldmund und Currywurst. Anmerkungen zum neuen hessischen Rahmenplan 'Deutsch für die gymnasiale Oberstufe'". In: *Der Deutschunterricht*. Heft 1, 75~80.

Lauter, Paul et al(1994): *The Heath Anthology of American Literature*. Lexington.

Lowe, John(2014): "Multikulturelle Literatur in den Vereinigten Staaten". (http://blogs.usembassy.gov/amerikadienst/2000/08/01/multikulturelle-literatur-in-den-vereinigten-staaten.pdf.) (2014. 6. 26.)

Manning, Susan(2009): *"Introduction" of World's Classics Edition von Washington Irving: The Sketch-Book of Geoffrey Crayon*. Oxford University Press.

Müller, Kurt(2001): "Zwischen kulturellem Nationalismus und Multikulturalismus". In: Kaiser, Gerhard R./Matuschek, Stefan (Hg.): *Begründungen und Funktionen des Kanons*. Heidelberg, 191~215.

Müller-Michaels, Harro(1996a): "Noch eine Chance für den Deutschunterricht in Europa? Oder: was ist eigentlich 'deutsch' am Deutschunterricht?". In: *Deutschunterricht*. Heft 10, 458~469.

Müller-Michaels, Harro(1996b): "Zu Geschichte und didaktischem Nutzen einer literarischen Kategorie". In: *Deutschunterricht*. Heft 3, 114~122.

Neuhaus, Stefan(2002): *Revision des literarischen Kanons*. Göttingen.

Oelkers, Jürgen(2000): "Kanon verloren, Niveau schwankend-Gymnasial-pädagogik und Lehrerbildung". In: Gendolla, Peter (Hg.): *Der Siegener Kanon: Beiträge zu einer "ewigen Debatte"*. Frankfurt a.M., 92~97.

Rippl, Gabriele/Winko, Simone(Hg.)(2013): *Handbuch. Kanon und Wertung: Theorien, Instanzen, Geschichte*. Stuttgart.

Rosenberg, Rainer(2007): "Kanon". In: Fricke, Harald (Hg.): *Reallexikon der deutschen Literaturwissenschaft*. Bd. 2 H-O. Berlin, 224~227.

Schaller, Hans-Wolfgang(2003): "Kultur und Literatur in Amerika. Vortrag im Rahmen der Ringvorlesung der Universität Erfurt 'Amerika-fremder Freund'". http://www.db-thueringen.de/servlets/DerivateServlet/Derivate-1564/schaller.pdf.

Schulze, Gerhard(1992): *Die Erlebnisgesellschaft: Kultursoziologie der Gegenwart*. Frankfurt a.M.

Segebrecht, Wulf(2000): *Was sollen Germanisten lesen? Ein Vorschlag*. Berlin.

Stuck, Elisabeth(2004): *Kanon und Literaturstudium: Theoretische, historische und empirische Untersuchungen zum akademischen Umgang mit Lektüre-Empfehlungen*. Paderborn.

Stuck, Elisabeth(2013): "Universitäre Curricula". In: Rippl, Gabriele/ Winko, Simone (Hg.): *Handbuch Kanon und Wertung*. Stuttgart, 169~172.

Wellbery, David E.(Hg.)(1985): *Positionen der Literaturwissenschaft: 8 Modellanalysen am Beispiel von Kleists Das Erdbeben in Chili*. München.

Ziegler, Heide(1993): "The Challenge to American Literary History today". In: Bak, Hans (Hg.): *Multiculturalism and the Canon of American culture*. Amsterdam, 57~64.

Zymner, Rüdiger(1996): "Kanon zwischen Wunsch und Wirklichkeit". In: *Mitteilungen des deutschen Germanistenverbandes*. Bd. 43. H.3, 9~14.

http://dbs.schule.de(2012. 5. 11.)

http://www.db-thueringen.de/servlets/DerivateServlet/Derivate-1564/schaller.pdf.

• 독일 대학 현대독문학 전공 권장도서목록 웹사이트 주소

https://www.uni-trier.de/fileadmin/fb2/prof/GER/NDL/NDL/Ndl_leseliste.pdf(트리어대학)(2016. 7. 29.)

http://www.germanistik.uni-wuerzburg.de/neuere_deutsche_literatur/studium/leseliste/(뷔르츠부르크대학)(2016. 7. 29.)

http://www.germanistik.uni-rostock.de/fileadmin/PHF_Germanistik/Dokumente/leseliste.pdf(로슈톡대학)(2016. 7. 29.)

http://idsl2.phil-fak.uni-koeln.de/fileadmin/idslII/Merkblaetter/literatur/merkblatt7.pdf(쾰른대학)(2016. 7. 29.)

http://www.uni-saarland.de/fileadmin/user_upload/Fachrichtungen/fr41_Germanistik/pdfs/info/Info_Leseliste.pdf(자알란트대학)(2016. 7. 29.)

http://www.ruhr-uni-bochum.de/lidi/Germanistisches_Basiswissen.pdf(보쿰대학)(2016. 7. 29.)

https://www.philhist.uni-augsburg.de/lehrstuehle/germanistik/literaturwissenschaft/Lehrstuhl-Mayer/Studium-_-Lehre-Material/Leseliste/leseliste-pdf.pdf(아욱스부르크 대학)(2016. 7. 29.)

http://www.uni-giessen.de/fbz/fb05/germanistik/abliteratur/leseempfehlungen(기센 대학)(2016. 7. 29.)

https://www.ph-ludwigsburg.de/fileadmin/.../leseliste2006.pdf(루드비히스부르크사범대학)(2016. 7. 29.)

ㅊ

ㅋ

ㅌ

ㅍ

ㅎ

건지학술총서 ❼

정전의 해부

정전현상·정전논쟁·정전이론

지은이 고규진
펴낸이 이남호
펴낸곳 전북대학교출판문화원

초판 1쇄 인쇄 2016. 12. 23
초판 1쇄 발행 2016. 12. 30

전북대학교출판문화원 전라북도 전주시 완산구 어진길 32 (풍남동2가)
전화 (063) 219-5321~2
FAX (063) 219-5323
출판등록 2012년 8월 20일 제465-2012-000021호

값 30,000원

ISBN 979-11-87892-08-3 94850
ISBN 978-89-98534-66-0(세트) 94080

이 도서의 국립중앙도서관 출판예정도서목록(CIP)은 서지정보유통지원시스템 홈페이지(http://seoji.nl.go.kr)와 국가자료공동목록시스템(http://www.nl.go.kr/kolisnet)에서 이용하실 수 있습니다. (CIP제어번호 : CIP2016031313)